共同体模式

解码丝路能源金桥的缔造

孟繁春◎主编

GONGTONGTI MOSHI
JIEMA SILU NENGYUAN JINQIAO DE DIZAO

图书在版编目（CIP）数据

共同体模式：解码丝路能源金桥的缔造／孟繁春主编. —北京：经济管理出版社，2019. 3
ISBN 978-7-5096-6435-3

Ⅰ. ①共…　Ⅱ. ①孟…　Ⅲ. ①能源经济—经济合作—国际合作—研究—中国
Ⅳ. ①F426. 2

中国版本图书馆 CIP 数据核字（2019）第 040436 号

组稿编辑：张永美
责任编辑：魏晨红
责任印制：黄章平
责任校对：董杉珊

出版发行：经济管理出版社
（北京市海淀区北蜂窝 8 号中雅大厦 A 座 11 层　100038）
网　　址：www. E-mp. com. cn
电　　话：（010）51915602
印　　刷：三河市延风印装有限公司
经　　销：新华书店
开　　本：720mm×1000mm /16
印　　张：21. 5
字　　数：398 千字
版　　次：2019 年 6 月第 1 版　　2019 年 6 月第 1 次印刷
书　　号：ISBN 978-7-5096-6435-3
定　　价：79. 00 元

编委会

编写组

序

2009年12月14日，中国、土库曼斯坦、乌兹别克斯坦、哈萨克斯坦四国元首齐聚土库曼斯坦境内阿姆河右岸的沙漠腹地，共同开启了通往中国的天然气管道阀门。产自土库曼斯坦的天然气，通过中亚天然气管道接入中国西气东输管道和陕京管道，输送到中国的西北、华北、华东、华南和香港的广大地区。9年多来已经累计输送天然气超过2500亿立方米，2018年中亚天然气管道向中国出口天然气同比增加22%，有力地支持了中国的蓝天保卫战，成为我国进口天然气的最主要通道。这条能源大通道连接土库曼斯坦、乌兹别克斯坦、哈萨克斯坦和中国四国，加上在中国境内的管道长度长达1万千米以上，是世界上最长的跨境天然气管道。中亚天然气管道D线建成后，还将途经吉尔吉斯斯坦和塔吉克斯坦，古老的丝绸之路已经变成新时代能源运输大通道。这条涉及中亚各国和中国的天然气管道其谈判和建设的复杂性可想而知，能够在短时间内达成协议并建成投产，首先是中国和中亚各国领导人高瞻远瞩的战略决策，并亲力亲为予以推动。在李鹏同志任总理访问土库曼斯坦时就提到过土中天然气管道。温家宝同志在书中也提到，在1984年他就作为第一批专家首访了土库曼斯坦。江泽民总书记两次约见哈萨克斯坦驻华大使，亲自做工作推动中哈能源合作。胡锦涛主席和土库曼斯坦尼亚佐夫总统在参加俄罗斯卫国战争胜利60周年纪念活动时，把建设中亚天然气管道正式提上了日程，并打破外交惯例，由两国元首胡锦涛主席和尼亚佐夫总统亲自签署了建设中亚天然气管道的协议，充分体现了中国和中亚各国的睦邻友好合作关系。习近平把握地缘政治的大背景，在哈萨克斯坦提出了“一带一路”的倡议构想。中亚天然气管道的建设充分体现了国家领导人的深谋远虑。

中亚天然气管道的建设克服了重重困难。中国石油工人在阿姆河右岸沙漠的50℃高温干燥气候的恶劣条件下，发扬了特别能战斗、特别能吃苦的大庆精神，也向国际社会展现了中国石油天然气管道技术的进步和实力。在中亚天然气管道建成后，我曾在一首词中赞扬："石油工人，誉满天山。"中亚天然气管道的成功建设增进了中国和中亚各国的睦邻友好互信关系。土库曼斯坦实现了出口天然气的多元化，向中国出口天然气已经成为土库曼斯坦最重要的外汇来源。目前，中亚国家向中国出口天然气的资源量也从最初的300亿立方米增加到了850亿立方米左右。利用中亚天然气管道，乌兹别克斯坦、哈萨克斯坦也完善了国内的管网，带动本国的天然气出口。在开展"一带一路"工作后，产能合作已经在哈萨克斯坦开花结果，已经有20多个中哈产能合作项目落地。

中油国际管道公司著书记录这一伟大工程的壮举，我作为这一工程的谈判者、组织者、见证人，特为序。

张国宝

2019年3月7日

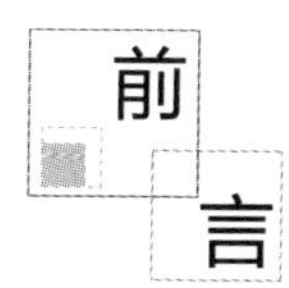

前言

党中央、国务院高度重视能源发展。党的十八大以来，在以习近平同志为核心的党中央坚强领导下，我国能源发展取得了历史性成就和历史性变革。习近平同志创造性提出“四个革命、一个合作”的能源安全新战略，要求全方位加强国际合作，实现开放条件下能源安全；强调务实推进“一带一路”能源合作，加大中亚、中东、美洲、非洲等油气的合作力度，加大油气资源勘探开发力度，加强油气管线、油气储备设施建设，完善能源应急体系和能力建设。

中石油中亚天然气管道有限公司（以下简称“中亚管道公司”）以习近平新时代中国特色社会主义思想为指导，深入贯彻落实党的十九大精神，以保障国家能源安全为己任，充分借助“一带一路”发展的历史契机，积极践行“命运共同体”的主张，建设成了我国最长的跨国能源战略通道，实现了我国和中亚各国的共赢。中亚管道公司成立 10 年来，AB、C、D 线持续投入，管理体系领先行业，合作运营创新高效，安全管理扎实开展，管控能力逐步增强，战略管道规模凸显，对于建设运转良好、开放、竞争、高效、稳定和透明的全球能源市场，对于构建全球能源治理架构，对于推动全球能源转型和促进全球可持续发展、实现人类命运共同体具有深远意义。

2017 年，按照中国石油深化改革方案，原中亚管道公司与原东南亚管道公司合并重组成立中油国际管道公司，公司提出了“两步走”的发展目标，即在“十三五”末建成“世界先进水平国际化管道公司”，到 2030 年全面建成具有全球竞争力的“世界一流水平国际化管道公司”，实现从“世界先进水平”向“世界一流水平”的迈进，公司核心竞争力和国际影响力实现质的飞跃，安全绩效、经营业绩与管控能力等关键指标保持领先，整体综合实力迈入世界大管道公司“第一阵营”。

本书系统回顾了中亚天然气管道十年的发展历程，深入总结了公司“共同体”管理理念、治理模式和治理体系，为全球管道行业发展提供了“中国方案”，贡献了“中国智慧”，讲述了“中国故事”，将助推中油国际管道公司更好实现“两步走”发展目标。

在本书编写过程中，中油国际管道公司总部机关及所属中亚天然气管道各项目公司的各位领导、同事给予了大力支持，中国企业管理研究会的专家、学者通过现场访谈、重点企业实地考察等方式，对中油国际管道公司的历史沿革、经营战略、组织管理和业务发展等诸多方面的管理模式进行了相对系统的考察和梳理，在此表示衷心感谢。

由于本书涉及的内容广、资料多，难免存在不足之处，敬请广大读者批评指正！

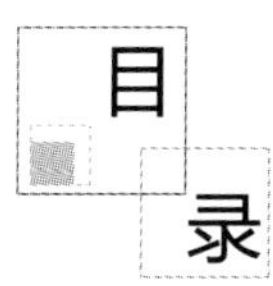

目录

总　论：

以共同体模式铺就能源丝绸之路

引　言

习近平总书记2013年3月在莫斯科国际关系学院演讲时提出："这个世界，各国相互联系、相互依存的程度空前加深，人类生活在同一个地球村里，生活在历史和现实交汇的同一个时空里，越来越成为你中有我、我中有你的命运共同体。"这是中国第一次阐述"共同体"的理念。五年多来，习近平总书记在多个场合、多次演讲以及政要会面中提到了"命运共同体"的主张，为全球治理贡献了"中国方略"，也为我国企业发展提供了新的思想、逻辑和路径。

进入21世纪以来，我国开始大规模开发和利用天然气资源，中国天然气行业正以超越以往的速度发展，进入"石油天然气能源"时代。然而，国内天然气产量和石油产量并不能满足经济社会发展的需求，需要充分利用国外能源市场，补充我国市场需求的缺口。中亚地区地处亚欧大陆的接合处，与中国山水相连，蕴藏着丰富的油气资源，成为我国重要的能源战略合作伙伴。这就迫切需要我国的能源企业打开国门，积极参与国际石油天然气市场竞争，为我国的能源稳定供给提供坚实的保障。

面对复杂的中亚经济和社会环境，中石油中亚天然气管道有限公司（以下简称"中亚管道公司"）勇于担当国家责任，坚持国家战略与公司目标的高度契合，创新管理方式，积极倡导、主动实践和持续发展"共同体发展模式"，最大限度地整合中亚各方资源，争取最大公约数，创造了"中亚管道速度"，走出了一条中国后发赶超、各方路径依赖、持续共赢的"中国式整合"之路，初步形成跨多国基础设施建设运行的"中亚之道"，体现了中国企业"走出去"应有的道路自信、理论自信、制度自信和文化自信，谱写了能源丝绸之路的壮丽篇章。

一、共同体模式：一种全新的企业发展范式

中亚天然气管道是我国第一条，也是目前唯一一条跨多国能源进口通道，其北向通道，即A/B/C线，始自土库曼斯坦和乌兹别克斯坦边境格达伊姆，过境乌兹别克斯坦和哈萨克斯坦达到我国新疆霍尔果斯；南向通道，即D线，始自土库曼斯坦和乌兹别克斯坦边境，过境乌兹别克斯坦、塔吉克斯坦和吉尔吉斯斯坦到达我国南疆乌恰。中亚天然气管道将资源国中亚五国与中国紧密连接在一起，为中亚地区天然气资源实现货币化提供稳定、可靠的渠道，有效拉动过境国经济增长，保障中国天然气消费。中亚天然气管道的快速优质建设和安全、高效、平稳运行，使沿线国家成为真正意义上的利益共同体和命运共同体。

中亚天然气管道项目也是截至目前我国最大的境外固定资产基础设施投资项目。未来，伴随中亚D线的投产运行，中亚天然气管道系统整体投资将超过260亿美元，管输能力达到850亿立方米/年。中亚天然气管道重塑了中亚地区天然气供应格局，成为中亚地区技术最先进、出口规模最大的外输管道系统，同时也是我国进口规模最大的天然气管道，实现我国与中亚国家能源基础设施互相联通，使我国与中亚国家形成真正意义上的利益共同体和命运共同体，有效践行我国“一带一路”倡议和发展理念。

（一）共同体的概念与特征

共同体模式是一种全新的企业发展范式，是将企业的利益相关者整合和组织起来，聚集在一个组织中进行统筹考量，有效发挥各方利益相关者的制度优势、资金优势、法律优势、技术优势等，弥补各自战略实施过程中存在的不足，从而实现利益均衡，优化发展方式，提高综合效益。共同体发展模式不再以自我为主体，而是通过与利益相关者之间的共同参与，将自身利益与利益相关者的利益结合起来，实现资源共享、利益共赢。

当前世界经济仍处于深度调整期，经济增速放缓，经济环境的不确定性非常突出，南北发展差距依然很大。在这样的背景下，中亚管道公司主动实践和创新发展“共同体发展模式”，以“共愿、共商、共建、共享、共赢”为发展的核心理念，以“创新、开放、合作、协同”为发展的主要范式，构建了“国家之间、国家与企业之间、合作企业之间和企业内部”四层次发展共同体，实施了项目组

织和运作模式创新、工程建设管理模式创新、管道协调运行机制创新、财务管理体系创新、绩效管理体系创新、安全风险管理体系创新六大创新工程，推动了我国与中亚命运共同体建设，不仅保障了我国的能源安全和生态文明建设，也给中亚各国带来巨大经济效益、社会效益和生态效益。

共同体发展模式是在新的社会发展环境和市场环境下由利益相关者在多方利益的共同驱使下形成的，具体的形成动因主要有以下三点，如图 0-1 所示。

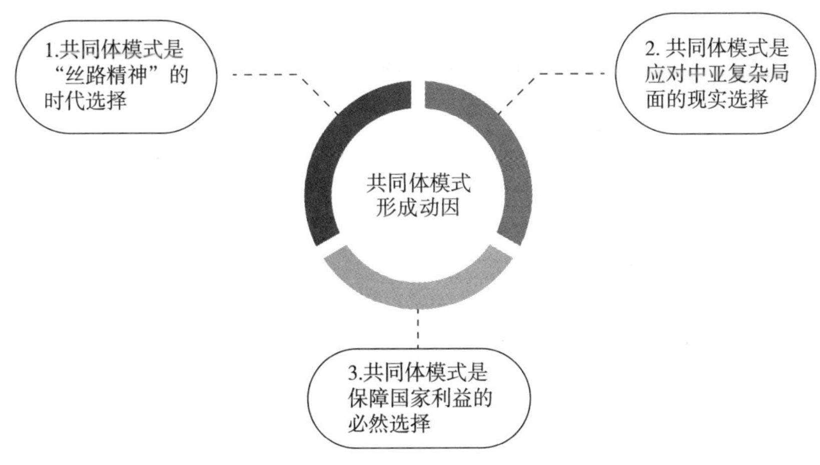

图 0-1　共同体模式的形成动因

1. 共同体模式是“丝路精神”的时代选择

丝绸之路不仅是商业往来的通道，更重要的是形成了多民族、多种族、多宗教、多文化交汇融合的平台，在长期交往过程中，各个国家、各个利益主体之间形成了“合作共赢，开放包容，共同发展”的共同体。这是现代国际社会交往的最基本原则之一，也是全球经济一体化模式下企业发展的必然选择。中国政府在 2015 年 3 月 28 日发布的《推动共建丝绸之路经济带和 21 世纪海上丝绸之路的愿景与行动》中提到，“加强能源基础设施互联互通合作，共同维护输油、输气管道等运输通道安全”。在丝绸之路上，油气这种 21 世纪最有魅力的商品替代了丝绸，成为经贸往来的主角，让中国与中亚、俄罗斯等国的合作找到了一条全新的共赢通道——能源丝路。而搭建涵盖大周边地区开放性的合作平台、畅通各层次的对话渠道、制定合作规则、确定务实的合作项目则是开展能源合作和保障其可持续运营的重要途径。作为最先开通的西部通道，将土库曼斯坦、乌兹别克斯坦、哈萨克斯坦和中国连接起来的中亚天然气管道，就是这样一条无比珍贵的能源动脉。它从中亚地区源源不断输送来的“蓝金”大大缓解了国内供气紧张的局面，也在环境建设、节能减排、拉动区域经济增长等方面发挥着巨大的作用。目前，国内已经有25个省份包括香港特别行政区都已经用上了来自中亚的天然气，所惠及人口超过5亿。

2. 共同体模式是应对中亚复杂局面的现实选择

中亚天然气管道过境多国，利益相关者众多，商务法律环境复杂，项目实施面临的挑战巨大。中亚地区地处欧亚大陆腹地，地理位置以及丰富的油气资源使其成为美、欧、俄等大国博弈的焦点。中亚国家之间由于历史渊源，国家间关系复杂，围绕宗教、民族、边界、水资源等问题，矛盾、冲突、纷争不断。同时，过境国均为发展中国家，大部分国家经济基础脆弱，经济结构单一，法律政策多变。中亚天然气管道项目在实施过程中，既面临严格的工期约束，要求必须加快协调推进，确保项目按计划投产，又要注意规避打破地区地缘政治格局平衡，避免项目运作受到不必要的干扰。这就要求中亚管道公司必须充分考虑过境国各方利益，注重顶层设计，创新项目建设和发展模式，采用分国分段项目建设和运作模式，以双边合作替代多边合作，提高管道建设前期商务谈判效率；发挥中方股东在管道全线占大股比的优势，强化管道一体化运营管理，通过共同价值创造和共享，动态平衡多利益相关方利益诉求，确保长远战略利益和现实经济利益的实现。

3. 共同体模式是保障国家利益的必然选择

中亚天然气管道项目是我国第一条跨国输气管道，是保障国家能源安全、改善整体能源结构的重要举措，它的建设符合中国和中亚各国的根本利益，实现了我国和中亚的共享和共赢，有利于促进中亚地区社会稳定和经济繁荣。从我国经济社会发展来看，天然气作为一种清洁能源和工业原料，是重要的战略物资。中亚天然气管道项目的建设和运行，将有效缓解我国天然气供应的紧张局面，大幅提高我国天然气供应保障程度，并将逐步提高我国使用清洁能源的比重，促进节能减排，有利于保护地球生态环境。从中亚各国的整体利益看，中亚天然气管道的建设，对增加资源国和过境国的收入，带动沿线地区基本设施建设和资源发展，促进当地天然气资源的开发投资、当地设备制造、工程建设行业发展，培养技术人才、促进相关技术进步，增加就业机会，促进经济繁荣与政治稳定都具有积极的作用，尤其对进一步巩固和发展我国与中亚各国的睦邻友好关系，保障地区和平稳定有着重要的政治和经济意义。

（二）共同体模式的核心思想

构建共同体，共愿是前提。利益各方共同商讨和规划未来的发展方向，统一发展目标，凝聚共识，汇聚力量，向着共同的发展愿景和目标奋进。共同体的确立，打破了过去原有"游戏规则"（将强势一方的目标和愿景强加给利益相关方），而是由利益相关方共同构想未来的发展蓝图，不分大小，不分强弱，淡化利益各方的利益冲突，从而形成一种巨大的凝聚力。

构建共同体，共商是基础。"共商"是构建共同体的一种新机制，就是集思广益，通过完善股权结构、创新管理模式、构建多方位多渠道的沟通平台，使企业发展兼顾各方利益和关切，体现各方智慧和创意。

构建共同体，共建是途径。"共建"就是充分调动各方积极性，利用各方的比较优势，各施所长，各尽所能，把双方优势和潜能充分发挥出来，打破体制机制和资源的限制。

构建共同体，共享是机制。"共享"就是建立更加紧密的合作体系，强化产业发展、安全稳定、生态保护、人才交流、要素资源等方面的共享协助，为各方合作提供有力支撑。

构建共同体，共赢是目的。"共赢"就是让建设成果更多更公平惠及各方，打造利益共同体和命运共同体，实现发展的初衷。如图 0-2 所示。

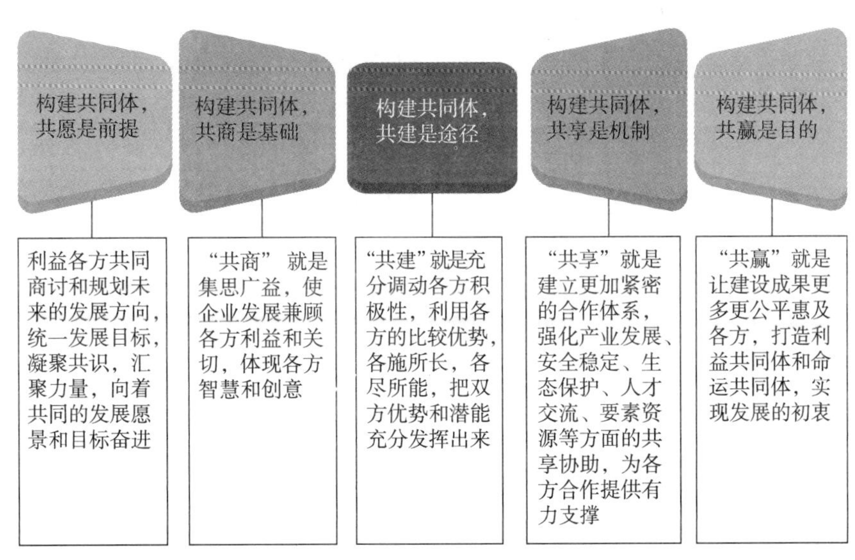

图 0-2　共同体模式的核心思想

（三）对传统企业发展范式的超越

1. 企业共同体发展理念

企业发展理念是企业管理的重要内容，是企业长期发展的文化结晶，也是企业生产、加工、营销等实践成果的固化和提升，指导企业发展的方向和路径。理念开发不能脱离企业所处的时代。经济社会在不断发展，企业发展理念也随之产生了不同的时代特征。传统的发展理念出发点和落脚点是自身的利益最大化，较少考虑关联方的利益诉求，关键点是激发自身管理构架和组织的潜力，核心是规范企业生产经营的思想和行为。这种发展理念在我国社会主义市场经济初期取得了较好的发展效果。但是，当前全球增长动能不足，发展失衡，经济治理滞后。我国立足“人类命运共同体”，本着“共商共建共享”的理念，倡导和推进“一带一路”建设，深度参与全球经济治理改革，推动各国各领域互联互通，共同发展共享繁荣，力图从根本上解决世界经济增长、治理、发展模式存在的问题。在此形势下，没有一个企业个体或单个组织是能够长期单独生存的。企业必须顺应当今社会发展趋势，将“人类命运共同体”和“共商共建共享”的理念落实到企业理念中，倡导“企业共同体”发展模式。

“企业共同体”将企业利益各方看成完整的生态系统，从全局考虑，了解整个生态体系的健康状况以及企业在系统中扮演的角色。基于生态体系，建立企业组织构架，完善企业发展战略，制定企业运营机制，不仅使自身得利，而且使所有体系成员共同受益，从而形成生态链上的良性循环，使企业得以持续健康科学发展。这种发展理念超越了传统价值链、生产链、管理链、资金链等运营理念和商业模式，是充分考虑和评估供应商、经销商、外包服务公司、融资机构、关键技术提供商、互补和替代产品制造商、竞争对手、客户、监管机构与媒体等企业利益相关者的诉求基础上，确定的发展理念和模式。

2. 企业共同体发展方式

一是创新发展。用生态系统的理念和要求重新审视梳理企业的管理目标内容，聚焦各方需求，创新企业管理的手段和方式，推动企业提质增效升级，实现商业模式创新、管理方式创新，拓宽企业实际发展空间。

二是开放发展。统筹利用国内国外两个市场、两种资源，坚持开放发展的策略，加强国际化合作交流，提升国际竞争力。一方面，坚持“走出去”，参与全球化产业合作，开展境外并购和投资活动，提升全球产业链整合能力，实施全球化产业布局；另一方面，完善“引进来”发展策略，加快资本、技术和资源的引进吸收，鼓励境外企业和研发机构在我国设立研发中心，做好先进技术的消化吸收和创新推广。

三是合作发展。充分考虑各方诉求，有效利用各方优势，求同存异，包容发展，保护合作方的利益，让参与者有更多获得感，以增强推进企业发展的动力。企业共同体的目标是促进共同体企业之间的共同成长与发展，随着共同体的不断发展，个体也能够在共同体中得到诉求和利益的满足。

四是协同发展。适应国际化、网络化的新趋势，协调两个及以上不同利益诉求的企业，相互协作完成某一目标，通过政策协同、技术协同、制度协同和金融协同等形式，赢得利益各方的理解和支持，实现共同使命，达到共同发展的双赢效果。如图 0-3 所示。

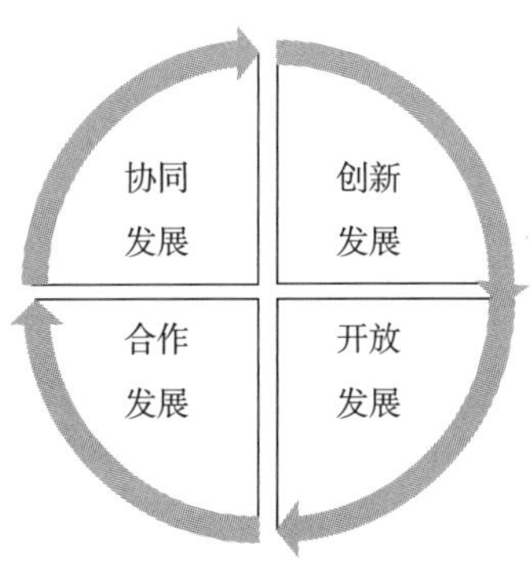

图 0-3　企业共同体的发展方式

二、中亚管道公司对共同体模式的探索创新

2007 年 4 月 30 日，我国和乌兹别克斯坦两国政府签署了《中乌天然气管道建设与运营原则协议》；2007 年 8 月 18 日，我国和哈萨克斯坦两国政府签署《中哈天然气管道的建设和运营原则协议》。2007 年 11 月 8 日，由中国石油天然气集团公司（以下简称“中国石油”）下属的中油勘探开发有限公司（CNPCE&D）出资 40 亿元人民币成立了中亚天然气管道有限公司，在哈萨克斯坦、乌兹别克斯坦两国分别与国有控股的哈、乌国家石油公司成立了合资公司，作为两国管道建设运营的法律主体，负责中亚天然气管道 A/B/C 线的建设和运营。中亚管道公司分别与乌兹别克斯坦（以下简称“乌国”）、塔吉克

斯坦（以下简称“塔国”）两国的国家能源公司设立合资公司持有管道资产，在过境国设立项目公司负责D线建设和运营。同时，考虑到吉尔吉斯斯坦没有国家天然气运输公司，经与吉尔吉斯斯坦（以下简称“吉国”）政府协商，中亚D线吉国段由中方成立独资公司负责运作。中亚天然气管道是“一带一路”宏伟倡议的先期典范践行者之一，也是共同体模式的现行实践者。中亚天然气管道的建设、运行以及代输气业务已经在“政策沟通、设施联通、贸易畅通、资金融通、民心相通，促进就业和可持续发展，以及相逢相知、互信互敬，共享和谐、安宁、富裕生活”等方面初显成效。

（一）公司异质性特点与共同体模式的匹配性

天然气的物理特性要求管道运输各个环节必须协调统一，中亚天然气管道对国内能源供应的重要性要求管道运行必须安全平稳，但是由于多种因素，中亚天然气管道跨多国协调统一运营存在诸多难题和挑战。首先，中亚天然气管道作为中国引进中亚气产业链条的一环，涉及的利益相关方众多，调度协调难度大。中亚A/B/C线运营涉及托运方、管输企业中外方股东、多个资源方以及下游管网销售相关单位，中亚天然气管道的平稳运行要在满足国内管网销售平衡的条件下，通过外部协调确保资源方和管输企业按计划安排资源和完成输气任务，实现上下游资源和市场相匹配。其次，中亚管道公司在项目建设阶段为突破工期瓶颈，采用“分国分段建设和运营”的项目组织和管理模式，管道运营面临多个法律主体的复杂管理局面，即乌国段管道由中乌合资公司运营，哈国段管道由中哈合资公司运营，两个公司负责运营的管道物理相连但相互独立。在外方强烈要求控股的情况下，中亚管道公司历经艰苦谈判，最后折中在乌国和哈国成立两个对等股权合资公司。由于股权对等，中方作为股东并不拥有运营管理的法定权力，管道运输的物理特性以及运营效率要求与公司治理结构和管理体系存在矛盾，加剧了管理的复杂性。如土、乌、哈、中四国技术标准原本不同，“分国分段建设”期间各国家、股东利益的博弈，各项目管理风格差异及EPC采办要求有别形成“路径依赖”，导致运营阶段技术管理标准不一致、设备控制功能多样性、各专业名目不统一、维修抢修资源分散、一体化管理规范缺乏，增加了运营管理的不确定性。

中亚管道公司深刻认识和理解中亚跨多国管道运营的特殊背景、重要使命以及复杂环境，在运营管理中以“构建利益和命运共同体”为战略方针，坚持“确保中方核心利益，关注合作方合理诉求，合作共赢，共同发展”的指导思想，创建“四国多方跨国运行协调机制”，打造多个法律主体参与的跨多国管道运营协调体系，通过在参与各方动态博弈寻找平衡状态，对管理要素进行互补匹配，中亚管道公司逐步形成一套与“分国分段建设和运营”相适应，形分神合、动态优化的跨多国管道运营管理体系，注重维护各国各方利益，发挥各自优势，加强沟通交流，得到了合作方普遍认可，极大地推动了项目建设进程，得到了各国的通力合作和支持。

（二）基于共同演化构建四层次发展共同体

“共同演化”的理念起源于生物学领域，即演化各方在相互影响、相互依赖环境中不断变化，演化一方的适应性变化会通过改变另一个演化方的适应而改变其演化轨迹，而后者的变化又会对前者的演化轨迹形成制约或者促进，在这种相互反馈的过程中，各方均实现了自身的演化。普通演化一般集中于一个物种的演化，而共同演化则主要是物种内部个体之间、不同的物种之间以及物种与环境之间在进化过程中发展的相互适应性。随后，共同演化的思想和理念逐渐扩展到企业管理领域中。中亚管道公司成功运用共同演化理论，打造了四层次发展共同体，这种共同演化注重的是国家、企业以及企业内部系统间的协同发展，是系统间或系统内在和谐一致、良性循环的基础上不断演化而成的高级共同体。

1. 国家之间打造共同体是基石

“共同体模式”构建的重要目标就是打造“共愿、共商、共建、共享、共赢”的利益共同体。基于中亚国家受资源禀赋、产业基础、历史条件等因素的制约，国家之间发展不平衡，而且大部分为发展中国家。“共同体模式”构建有利于中亚各国发挥石油天然气资源优势，形成中国与中亚国家经济利益对接整合的大格局。中国作为世界上最具基础设施建设能力的国家之一，有实力帮助中亚国家开展大规模石油天然气基础设施建设。中亚油气资源丰富，巨大的石油天然气资源、经济高度互补和地理相邻使中国与中亚国家之间形成了天然的能源供求合作条件。共建“共同体模式”为我国和中亚各国提供了难得的发展机遇。

2. 国家与企业之间打造共同体是保障

国有企业是国民经济发展的中坚力量，国家强则国有企业强，国有企业兴则国家兴。一方面，中国石油及其所属中亚管道公司以“保障国家能源安全、稳定国内天然气供应”为己任，将企业使命和社会责任融入发展战略中，把责任扛在肩上。另一方面，中亚管道公司也与资源国建立了较密切的合作关系，展示了良好的中国形象。一些合作项目得到了资源国的高度认可，如纳扎尔巴耶夫总统盛赞中哈油气合作项目是“中哈经济合作的典范”。我国政府和中亚资源国政府的大力支持，是中亚天然气管道得以快速建成和持续健康运营的坚强保障。

3. 企业之间打造共同体是关键

中国石油在中亚地区多年的发展，从政策、法律、资源和文化等方面不断演化，为中亚天然气管道的共同体建设铺平了道路。目前，国际上已建成的跨国长输管道均是由资源国、过境国和消费国共同组成一个联合体，并在一个协议平台上运作项目。然而，由于中亚国家之间存在长期的历史遗留问题和现实利益冲突问题，不可能在规定的工期内完成复杂的多边协议谈判组建联合体。中亚管道公司创新思维，通过构建利益共同体、责任共同体、命运共同体，果断务实地采用了“分段分国建设和运营”模式，创建“四国多方跨国运行协调机制”，打造由多个法律主体参与的跨多国管道运行协调平台，实施多层级、多维度安全风险管理，保障跨多国管道安全运行，巧妙地回避了中亚各国关系紧张这一敏感问题可能给项目带来的影响。中亚天然气管道是世界上第一条在不采用联合体模式情况下，由多个法律主体分别建设和运营的跨多国长输管道。实践证明，正是选择了符合项目实际的共同体运作方式，确保了各方的利益，才使得项目快速推进和持续健康运营成为“世界奇迹”。

4. 企业内部打造共同体是核心

中亚管道公司经过多年实践和总结，搭建了以运行、技术、建设和股东事务为主干，职能管理和审核监督为支撑的主业突出、支持有力、高效运行的组织结构。截至 2016 年底，公司设置 12 个职能部门，下辖 7 个合资和 2 个独资公司。公司总体各系统和部门之间相互影响、相互制约，形成了一个以企业文化为纽带，以企业目标为动力，以部门协调机制为载体，以项目组织和运作模式创新、工程建设管理模式创新、管道协调运行机制创新、财务管理体系创新、绩效管理体系创新、安全风险管理体系创新为主要内容，以平等协调、互利共赢、多元均衡为价值观的企业内部共同体模式，不断完善管理体制机制，提高工作效率和企业绩效，走出了一条“中国式企业管理”之路，体现了中国企业制度自信、理论自信和文化自信，成为参与全球竞争的核心竞争力。如图 0-4 所示。

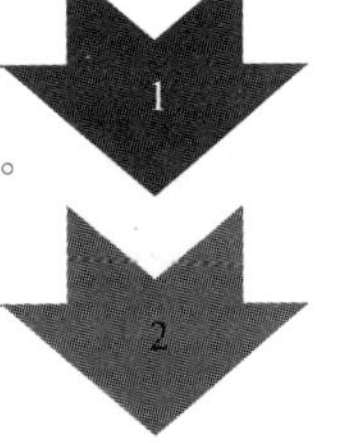

国家之间打造共同体是基石

打造政治互信、经济融合、文化包容的利益共同体、责任共同体和命运共同体，为我国和中亚各国发展提供了难得的发展机遇。

国家与企业之间打造共同体是保障

一方面，中国石油及其所属中亚管道以“保障国家能源安全、稳定国内天然气供应”为己任；另一方面，中国石油及其所属中亚管道公司也与资源国建立了较密切的合作关系，展示了良好的中国形象。

企业之间打造共同体是关键

中国石油在中亚地区多年的发展，从政策、法律、资源和文化等方面不断演化，为中亚—中国天然气管道的共同体建设铺平了道路。

企业内部打造共同体是核心

通过构建利益共同体、责任共同体、命运共同体，巧妙回避了中亚各国关系紧张这一敏感问题可能给项目带来的影响。

图 0-4　基于共同演化的四层次发展模式示意图

（三）公司对共同体模式的创新实践与特色做法

1. 战略共愿

（1）中亚地缘战略新通道。“一带一路”倡议提出前，中亚管道公司就建设实施了中亚 AB 线项目，进口中亚天然气资源，是“一带一路”倡议的先行者。“一带一路”倡议提出后，中亚管道公司沿中亚古丝绸之路规划建设覆盖中亚四国，以中亚 A/B/C 线为北线贯穿乌、哈两国，中亚 D 线为南线横跨乌、塔、吉三国的双方向、协调、安全、高度灵活的中国进口中亚天然气资源管道输气系统，是“一带一路”倡议的忠实实践者，为国际经济合作与跨国项目管理提供了新典范，带动了国内大批企业在中亚国家开展投资活动，帮助中亚国家实现了资源出口的多元化战略。

（2）中国能源战略新渠道。中国是世界上最大的能源消费国，但富煤、缺油、少气的能源结构在一定时期内难以改变。处于陆上“丝绸之路”经济带沿线的中亚地区，油气资源储量十分丰富，开发潜力巨大，与我国地理位置临近，交通运输便利。中亚天然气管道连接了哈、土、乌等国，是目前为止我国最大的境外固定资产基础设施投资项目。中亚天然气管道重塑了中亚地区天然气供应格局，成为中亚地区技术最先进、出口规模最大的外输管道系统，同时也是我国进口规模最大的天然气管道，实现我国与中亚国家能源基础设施互相联通，使我国与中亚国家形成了真正意义上的利益共同体和命运共同体。

（3）集团发展战略新板块。将中亚管道公司打造成世界先进水平国际化管道公司，是中国石油冲刺世界一流企业的重要战略部署。中国石油以做强做优为核心发展目标，大力实施资源、市场、国际化和创新四大战略。中国石油作为我国最早一批实施"走出去"战略的国有企业，历经 20 多年的发展，其海外油气业务从无到有、从小到大，逐渐发展壮大。"一带一路"沿线国家和地区已经成为集团公司海外油气产量和经济效益的主要来源地，国际油气管道建设与运营逐步成为中国石油的重要业务板块。将中国石油建设成为"世界一流的综合性国际能源公司"，是集团公司根据内外部环境和自身资源情况提出的战略发展目标。中亚天然气管道是目前为止中国石油规模最大的陆上进口管道，有效支撑中国石油天然气业务发展战略，同时作为该条管道的建设和运营公司——中亚管道公司追求"世界先进水平的国际化管道公司"建设目标，更是中国石油国际化战略的执行与落地，是集团公司持续"做强做优做大"的重要力量。

2. **业务共建**

（1）"分国分段"合作新模式。中亚天然气管道过境多国，沿线国家间关系复杂，若采取国际上大型跨国管道工程常用的"成立联合体""分段 BOT"等项目多边合作模式，则存在前期谈判难度大、周期长、谈判空间有限等弊端。基于此，中亚管道公司创新"分国分段，双边合作"的新模式，分国别签订政府间协议和企业间协议，组建合资公司持有相应段内管道资产并负责管道项目建设和运营管理。"分国分段，双边合作"模式，在简明法律关系、降低磋商成本、发挥中方优势、平衡各方诉求方面具体显著优势。

（2）"对等股权"公司治理新模式。为使"分国分段"双边合作模式顺利付诸实施，在充分考虑过境国对参股比例的要求和诉求、确保中方话语权和控制力的基础上，中亚管道公司通过与过境国多次艰苦谈判，最终确定了 50%：50%的中外方"对等股权"治理新模式。中亚管道公司按照兼顾各方利益、突出决策和管理效率的原则，推动构建了对等股权合资公司治理新结构。一是设立由参股人大会（股东大会）、监事会、管委会和审计委员会组成的合资公司决策和监督层，其中股东大会是决策机构，管理委员会是执行机构，实现决策权上移。二是合资公司管理层由总经理、第一副总、总会计师和若干副总组成，其中总经理和第一副总经理、总经理和总会计师以及管理委员会下设部门正副职由双方人员分别担任，事项决策采取“双签制”，实现权力制衡。上述治理结构的设计既有利于决策“自上而下”达成一致，减少合资公司层面的矛盾和摩擦，也有利于中外双方在权力制衡中实现高效充分合作。在一定程度上化解了股比均等型公司的合资各方对公司的控制力基本均衡，决策和管理中容易互相掣肘，效率相对较低等问题。

（3）“四国多方”协调新模式。中亚天然气管道“分段分国，双边合作”模式回避了项目初期跨多国协调谈判的矛盾，但也带来了在没有统一法律和合同约束条件下分段实施的多个法律主体如何实现多方联合平稳运营的难题。基于此，中亚管道公司在充分沟通和交流的基础上，建立起“土—乌—哈—中”四国多方跨国协调机制，负责协商确定中亚天然气管道的年度、半年度、月度输气计划和维检修计划等工作，有利于给中亚天然气管道提供“目标统一、责任共担、协调有力、合作共赢”的运营环境。

3. 要素共商

（1）人力资源管理新体系。中亚管道公司始终把党建工作放在首位，充分发挥各级党组织的战斗堡垒作用和党员的先锋模范作用，始终坚持以人为本的理念，根据国际化经营的要求和现代化人力资源管理的基本规律，提出战略型、服务型、人本型、共赢型人力资源管理理念。在此基础上，建立起人力资源管理六大模块，即人力资源规划、招聘管理体系、绩效管理体系、薪酬福利体系、培训管理体系和员工关系管理体系，注重人才国际化、属地化、双向化、动态化培养，确保公司生产经营和各项工作任务的完成。

（2）财务资源管理新模式。中亚管道公司通过内外合作，不断优化财务资源共同体，构建了“战略型与集约化相结合”的新型财务管理模式，从空间上、时间上和过程上实现了“管输费合理较低”的经营管理目标。同时，创新设计并实施了大型跨多国投资项目的投融资管理模式，构建了全主体、全内容与全流程的全面预算管理体系，执行了全面风险管理基本流程，为公司的管理规范化和决策科学化提供支持，保障经营管理的合规性和有效性。

（3）科技信息发展新动力。中亚管道公司充分发挥“科学技术是第一生产力”的作用，将创新驱动作为企业创造力和持续创新的原动力，全面实施创新驱动战略，不断健全科技创新组织体系、科技创新管理制度、科技创新人才体系、科技创新投入体系。同时，通过实施标准化管理增强公司的国际竞争力和影响力；通过全面优化信息化管理，深化信息化应用，实现公司降本增效，推动公司向世界先进水平国际化管道公司迈进。

4. 保障共享

（1）“全面安全”新基石。为保证中亚天然气管道安全平稳、高效运行，中亚管道公司提出“全域、全员、全过程和全方位”的安全管理理念。该理念力求将管道安全管理扩大到“全业务领域”；引导“全员参与”到安全管理过程；确保管道建设运营“全生命周期”安全可控；实现制度、过程、体系、文化“全方位”安全目标。在“全面安全”管理理念指导下，中亚管道公司建立起QHSSEE安全生产体系，涉及质量管理、健康管理、生产安全管理、社会安全管理、环境管理、应急管理的全方位内容，为中亚管道公司长期的安全运营奠定坚实的基础。

（2）“全面绩效”新体系。中亚管道公司为构建多层次、多维度的全面绩效管理体系，重点打造了“计划—执行—考核—提高”的闭环绩效管理体系，并建立起上下联动的工作推进机制，将总部职能部门、业务部门和合资公司绩效指标任务层层分解到各处室和作业单位，并在时间序列上进行滚动推进，实现绩效管理全面覆盖。同时，中亚管道公司创新应用“KPI+PPAD”的绩效管理组合工具，建立起经理人与员工工作、学习发展计划制定实施、绩效沟通、分类考核的平台。

5. 结果共赢

中亚管道公司勇于担当国家责任，坚持国家战略与公司目标的高度契合，明确“确保中方核心利益，关注合作方合理诉求，合作共赢，共同发展”的指导思想，积极构建“共享价值管理”的社会责任新范式，并将“共享价值管理”新范式融入项目建设运营全生命周期、融入全部利益相关方需求、融入公司价值创造全过程，致力于实现经济、环境和社会三大责任的有机统一，最终形成共赢的价值共同体。如图0-5所示。

三、共同体模式铸就卓越的中亚管道公司

（一）共建式铺就卓越的战略管道

1. 保障能源安全

作为“一带一路”合作典范，中亚管道公司立足国家战略大格局，紧扣能源发展大趋势，勇挑重任、负重前行。2004年，中哈原油管道先期工程西北原

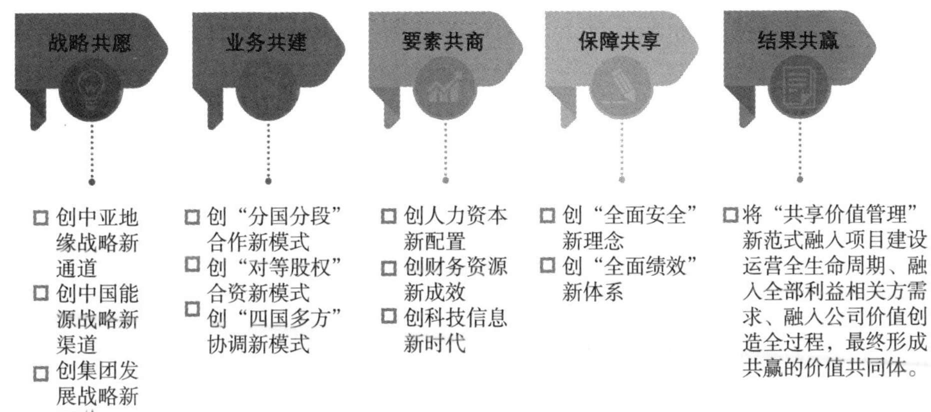

图 0–5　共同体模式的创新实践做法

油管道建成投产，拉开了中国与中亚油气管道合作序幕；2006 年，中哈原油管道建成投产，是我国首条陆上原油进口通道，被誉为“丝绸之路第一管道”；2009 年底，中亚管道公司仅用 28 个月就实现了中亚 AB 线建成投产，按期完成了国家和集团公司交给的任务，是我国首条陆上跨多国天然气进口通道，成为“丝绸之路经济带”旗舰项目，创造了世界管道建设奇迹。2012 年，中亚 A/B 线具备 300 亿立方米/年设计输气能力；2013 年，中亚 C 线开工建设，2014 年投产，2017 年建成 250 亿立方米/年输气能力；2014 年，中亚 D 线塔国段开工。截至 2017 年底，中亚天然气管道年输量占到国内年消费总量的 15%以上，进口总量的 50%左右。按照 30 年管道运营期计算，到运营期结束，中亚天然气管道累计向国内输送的天然气量相当于目前全球天然气消费总量的 80%左右。中亚天然气管道的建成投产，完成了我国四大能源通道中西北方向战略布局，有效缓解我国能源供应的紧张局面，大幅提高我国能源供应保障程度，以能源通道建设为桥梁和纽带打造中国与中亚的命运共同体。

2. **助力能源转型**

中亚管道公司历经十余年发展，规模实力不断发展壮大，实现西北能源战略通道从无到有、从线到网的格局，带动集团公司工程服务、装备物资走出去。中亚天然气管道是我国陆上规模最大的天然气进口通道，年输送规模占到国内年消费总量的 1/6，累计进口量占到同期国内天然气进口总量的 1/2 左右。截至 2017 年底，中亚天然气管道累计向国内供应天然气超过 2000 亿立方米，拉动天然气消费在一次能源消费结构中的比例增长近2个百分点，为优化能源消费结构、推动国内天然气市场发展做出了重要贡献。

3. 促进生态文明

中亚天然气管道自投产以来，管道年输量的年均增速达到178.9%，为“十二五”期间我国天然气市场快速发展，能源消费向低碳转型做出重要贡献。据初步测算，以AB线实现300亿立方米/年输气能力计算，同用煤相比，每年可减少二氧化碳排放0.43亿吨，减排效益十分显著。2017年，AB、C线实现550亿立方米/年输气能力，每年可减少二氧化碳排放0.78亿吨。“十四五”规划末期，AB、C、D线实现850亿立方米/年输气能力，每年可减少二氧化碳排放1.21亿吨，逐步提高我国使用清洁能源的比重，对促进节能减排、减少温室气体排放、保护地球生态环境、促进生态文明建设具有重要的现实意义。

（二）共赢式创造卓越的社会价值

1. 推动中亚合作新局面

在实施中亚天然气管道项目前，中国与中亚地区，乃至俄罗斯和整个独联体地区的合作呈现出“政热经冷”现象。一方面，通过上海合作组织等平台，中国同中亚各国的外交关系和政治联系日趋密切；另一方面，中国和中亚、俄罗斯的经济联系主要体现在双边进出口贸易层面，中国政府主导的针对中亚和俄罗斯地区的投资项目无论从数量还是规模上均处于不高层面。自中哈原油管道项目实施以来，尤其是中亚天然气管道项目实施以来，中国同中亚各国的大型投资项目合作迎来了新的发展阶段。继中亚A/B线顺利投产后，中国同中亚各国又相继启动了中亚C线、D线及中哈二期天然气管道项目，双方在能源领域和其他领域的重大投资项目如雨后春笋般出现，而且通过中亚天然气管道项目的策应效应，已经搁浅多年的中俄天然气管道项目也驶入了快车道并进入项目实施的实质阶段。经济基础决定上层建筑，双边经济联系的日益加强又进一步密切了中国同中亚、俄罗斯的政治和外交关系，为中国地缘政治环境的改善创造了有利条件。中亚天然气管道运行期超过30年，在中国和土、乌、哈、吉、塔等所有中亚国家之间构建了一条维系长期稳定的双边和多边政治经济关系纽带。

2. 带动沿线经济新发展

中亚天然气管道的建设对增加资源国和过境国的收入，带动沿线地区基本设施建设和资源发展，促进当地天然气资源的开发投资、当地设备制造、工程建设行业发展，培养技术人才、促进相关技术进步，增加就业机会，促进经济繁荣与政治稳定都具有积极的作用，尤其对进一步巩固和发展我国与中亚各国的睦邻友好关系，保障地区和平稳定有着重要的政治和经济意义。中亚天然气管道项目建设运行10年来，为沿线各国积累宝贵的天然气管道建设经验，培养大批专业技术人才，全方位带动沿线各国天然气管道工业的发展。据测算，中亚A/B/C/D线建设，累计为中亚过境国带来投资超过200亿美元。A/B/C线运营期可为过境国创造就业岗位近万个，累计缴纳税费可超过100亿美元。

3. 输出国内产能、技术和品牌

中亚天然气管道项目的实施是中国产能和技术转移的一次重要契机。例如，在管道建设中，中亚管道公司多方调研，组织论证，打破常规，将直缝管选型方案调整为螺旋管，成功推动超过一半的钢管、管件等主要设备采办来自中国，超过一半的施工总承包工程量由中国工程队伍承担，仅中哈管道A/B/C线建设期从中国采购的商品和服务总金额就达到45亿美元。震惊世界的“中亚管道速度”，形成了国际上公认的先进技术标准和规范，组建了新型的经济外交和国际合作人才队伍，锻炼了中国企业跨国经营的新军，提升了中国能源企业的品牌价值。

（三）共享式构建卓越的相关方网络

1. 推动中国与中亚利益共同体

中亚跨多国输送天然气战略的成功实施，帮助中亚国家首次实现了油气资源在市场体制中发展共享，打破了中亚国家单一出口的能源外输格局。中亚天然气管道目前年输气量近400亿立方米，未来随着管道能力的提升，输量将进一步增加。2016年以来，俄罗斯和伊朗相继中止从土库曼斯坦进口天然气后，中亚天然气管道已经成为土库曼斯坦唯一的天然气出口通道。按照70~80美元/桶油价下资源国边境交货价格测算，每年300亿立方米的输量为中亚国家带来的天然气贸易额达60亿美元；待中亚D线建成投产后，中亚天然气管道运营30年将带动中国与中亚的天然气总贸易额超过5000亿美元。中亚天然气管道是中亚各国实现天然气多元化发展战略利益诉求最重要的渠道。

2. 促进能源基础设施互联互通

中亚天然气管道项目作为中亚各国在基础设施互联互通方面合作的重要项目，为中亚地区开辟了天然气出口的新通道——前景广阔的中国市场，大大提高了中亚地区对外输气能力。不仅帮助资源国实现资源价值，对过境国来讲，也是重要的基础设施，对稳定当地民生，促进经济社会发展具有重要作用。以哈萨克斯坦为例，中亚天然气通道成为横贯哈萨克斯坦南部地区的能源大动脉，保障了该国南部广大地区的天然气供应。中哈天然气管道投产以来，该国南部地区借助管道可用上来自西部的天然气，也可增输购自乌兹别克斯坦的天然气，彻底解决了该国南部地区广大居民冬季缺燃气的历史。

（四）共演式建设卓越的治理体系

面对复杂环境，中亚管道公司勇于担当国家责任，坚持国家战略与公司目标的高度契合，明确“确保中方核心利益，关注合作方合理诉求，合作共赢，共同发展”的指导思想，立足于中国石油自身的经验和能力，吸收国际先进的管理思想和技术、结合中亚各国的实际情况，实施了包括项目组织和运作模式创新、工程建设管理模式创新、管道协调运行机制创新、财务管理体系创新、绩效管理体系创新、安全风险管理体系创新在内的六大创新工程，以大庆精神、铁人精神为动力，以尊重中亚各国文化传统为前提，形成了兼收并蓄中外融合的文化氛围，逐步形成了一整套跨多国输送天然气战略实施的步骤、方法和经验，走出了一条中国后发赶超、各方路径依赖持续共赢的“共同体”发展之路，初步形成跨多国基础设施建设运行的“中亚之道”。如图 0-6 所示。

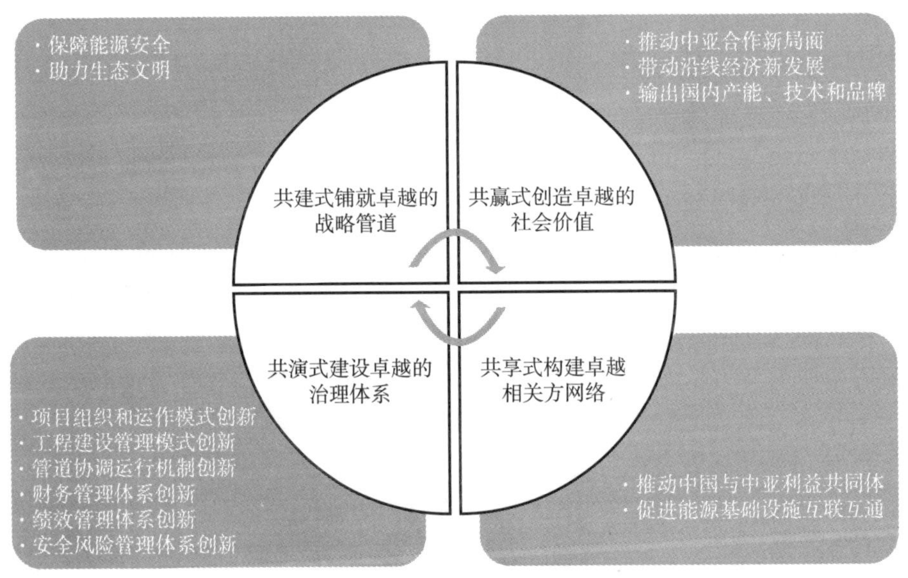

图 0-6　中亚管道公司共同体模式构建示意图

第一章

十年奋斗　同心打造命运共同体

中石油中亚天然气管道有限公司（以下简称“中亚管道公司”）筹建于2007年8月，同年11月在北京注册成立，为中国石油天然气集团公司（以下简称“中国石油”）直属单位。经过10年发展，中亚管道公司已形成下辖9个合资合作公司、建设运行5条天然气管道、2条原油管道的规模，运营管道总长超过1万千米，业务范围覆盖乌兹别克斯坦、哈萨克斯坦、塔吉克斯坦、吉尔吉斯斯坦、土库曼斯坦和中国五国，年油气输送能力超过7000万吨油当量，累计向国内输送天然气超过2000亿立方米、输送原油超过1亿吨。截至2017年底，公司员工总数2178人，其中外方员工1674人，属地化率达到80%以上。公司先后荣获“国家科技进步一等奖”1项、“国家优质工程奖”2项、“国家级管理创新一等奖”2项、“优秀设计成果一等奖”1项、国家级先进称号（五一劳动奖章、劳模、优秀共产党员等）11人次、其他国家级奖项13项、哈国独立勋章等国际奖7项。

中亚管道公司发展的10年，是中亚管道公司战略目标不断演化，主要经营活动、规模、实力不断增强的10年，也是中亚管道公司积极履行央企责任，与中亚国家和沿线民众，与国内能源消费者、承包商、监理方、供应商、员工等利益相关方共同努力打造命运共同体的过程。在筹备和建立之初，公司作为国家战略和集团公司战略落实的项目公司和创业公司，不断加强与投资国及国有能源公司的磋商，快速推进中亚天然气管道项目的落地和建设，这一过程彰显了中国积极推动与中亚国家共商、共建、共享的基本原则。随着公司的成立，快速、高质量推动AB线建设成为公司的核心工作，中亚管道全体员工以“智慧+拼命”的创业精神，与合作业主方、与承包商、与监理方、与供应商共同努力，以28个月的“中亚速度”率先实现了通气的目标，AB线也成为中国与中亚地区加强合作联系的重要纽带和载体。AB线的投产，标志着中亚管道公司从单纯的项目公司朝着建运并重的运营公司转变，而随后快速推进的哈南线、C线建设和投产，极大地提升了中亚管道公司的输气能力，为中国与中亚国家能源互通和共赢发展创造了前所未有的良好局面，也在此过程中实现了公司的跨越式发展。进入2016年后，中亚管道公司树立了全面建成“世界先进水平国际化管道公司”的战略日标，并随着与东南亚管道公司合并成立中油国际管道公司，适时提出“打造高效能油气战略通道”发展愿景，探索股权治理模式，形成了较完善的管理体系，助推企业在“十三五”时期的再起航。

第一节　孕育成立阶段（1997～2007年）

中亚管道公司的诞生，是中国石油主动适应全球能源消费格局的新变化，积极推动中国和中亚国家能源互补、促进多方共同发展的结果。通过一系列政府间合作协议，以及中国石油与中亚国家国有能源公司的合作框架，构筑了多方共赢的能源合作基础，而中国石油的超前行动则为公司迅速成立和运营创造了条件。

一、公司孕育

自20世纪90年代成为油气净进口国以来，中国政府提出了充分利用国内外“两种资源”“两个市场”“走出去”的战略方针。中国石油集团在这一方针引领下，走出国门，积极开展国际化经营，努力寻求建立稳定、安全、多元、清洁的国际油气资源供应体系，维护国家能源安全与稳定，推动全球气候环境改善。与此同时，中亚国家为推动本国能源产业发展，打造新的能源战略通道，也在全球范围内积极寻求能源合作。中国庞大且高速增长的能源需求市场对于中亚国家极具吸引力，加强同中国的能源合作成为中亚国家的重要战略选择。基于能源供给和需求的天然互补性，中国与中亚国家开展一系列政府间谈判，就双方开展能源项目合作达成了一系列协议。在此基础上，中国石油与中亚国家的国家能源公司展开了多轮多边谈判，实现了能源合作项目的最终落地。

（一）供需的天然互补性是中亚能源合作的基本前提

中亚地区地处欧亚大陆中部，远离世界主要天然气消费市场，其优质的气源条件使得其成为各能源消费大国争夺的重要对象。由于历史和现实原因，大部分天然气依靠俄罗斯方向的通道，输往欧洲消费市场。苏联解体后，世界多个国家和利益集团均介入了中亚能源投资的博弈，并从各自立场出发对中亚地区能源外输通道提出了各自方案。在新的天然气供应谈判中，中亚各国认识到，资源出口国只有保证出口方向的多元化才能降低其政治和商业风险，才能进一步提高能源出口的经济效益，中亚国家出于自身利益考虑迫切希望改变能源外输过于依赖俄罗斯方向管道的现状。因此，开辟一条新的能源通道，实现能源出口多元化，成为中亚国家重要的战略目标。

与此同时，自 1993 年中国成为原油净进口国，大力开拓国外油气资源，建立多元化进口渠道成为中国能源发展战略以及保障国家能源安全的必由之路。中国石油在国家能源领域“走出去”战略方针的引领下，努力寻求建立稳定、安全、多元的国际油气资源供应体系，维护国家能源安全与稳定。与此同时，随着中国积极履行减排承诺，将调整和优化能源消费结构视为预防气候变暖的重要举措，天然气以其显著的优越性成为中国调整能源结构的重要选择。中亚丰富的石油以及天然气资源、高度的经济互补性和地理的相邻性使中国与中亚国家之间的能源合作条件具备先天优势，而中方的不断努力则是实现与中亚地区油气合作的重要前提。在现有技术条件下，修建天然气管道是确保天然气稳定、有效供给最可靠的手段，也是在国际能源博弈的大格局中争取主动地位的战略举措。

中亚国家积极探索新的能源通道，与之相对应的中国庞大且快速增长的能源消费市场，尤其是对中亚天然气这一清洁能源的巨大需求，双方形成的天然互补性是中亚能源合作的基本前提。

（二）与中亚各国的政府间合作协议奠定了中亚天然气管道项目的实施基础

中国与中亚地区的能源合作，是中国和中亚国家能源安全战略、外交战略、经济合作战略的重要内容，得到了中国及中亚国家首脑的高度重视。中国政府通过与哈萨克斯坦、乌兹别克斯坦、土库曼斯坦等国政府持续的沟通和谈判，在 1997~2007 年签署了一系列政府间协议，为中亚天然气管道项目的最终落地奠定了基础。

1997 年 9 月，中国与哈萨克斯坦签署了《关于在石油和天然气领域合作的协议》，探讨进一步加强在石油天然气领域合作的途径。2003 年 6 月，中哈两国签署了《中华人民共和国和哈萨克斯坦共和国联合声明》，表示双方将加强在石油天然气领域的合作，并明确就建设哈萨克斯坦—中国的天然气管道开展可行性研究。2007 年 8 月，中哈两国签署了《中华人民共和国政府和哈萨克斯坦共和国政府关于中哈天然气管道建设和运营的合作协议》。根据哈萨克斯坦—中国天然气管道预可行性研究显示，哈萨克斯坦的天然气供给量难以保证中亚天然气管道的经济性，中国开始与土库曼斯坦谈判，希望将输气管道向西延伸至土库曼斯坦。2006 年 4 月，中国和土库曼斯坦签署了《关于实施中土天然气管道项目和土库曼斯坦向中国出售天然气总协议》。根据这一框架性协议，土库曼斯坦承诺自 2009 年起的 30 年内，每年向中国出口 300 亿立方米天然气。2007 年 7 月，国家主席胡锦涛与土库曼斯坦总统别尔德穆哈梅多夫签署了《中土关于进一步巩固和发展友好合作关系的联合声明》，并出席了阿姆河右岸油气田产品分成协议和中国向土库曼斯坦购买天然气协议的签字仪式。2007 年 4 月，中乌两国签署了《中华人民共和国与乌兹别克斯坦关于建设和运营中乌天然气管道的原则协议》。

通过与中亚国家在国家层面签署的政府间协议，为中国石油积极推动与中亚国家国有石油公司合作，进而为中亚天然气管道项目的实施奠定了基础。

（三）企业间协议为中亚管道公司成立构建了良好的运作框架

在政府间协议框架内，中方从中亚国家的实际出发，提出了双边谈判的基本思路，并在此基础上组建专门的谈判队伍，在政府间协议的既定框架内，积极争取更有利于维护中方权益的公司组织框架以及项目快速推进的公司治理结构。在短短几个月内，中亚管道公司与外方进行了几百轮次的商务谈判，确保中方核心利益和多方共赢目标的实现。如图 1-1 所示。

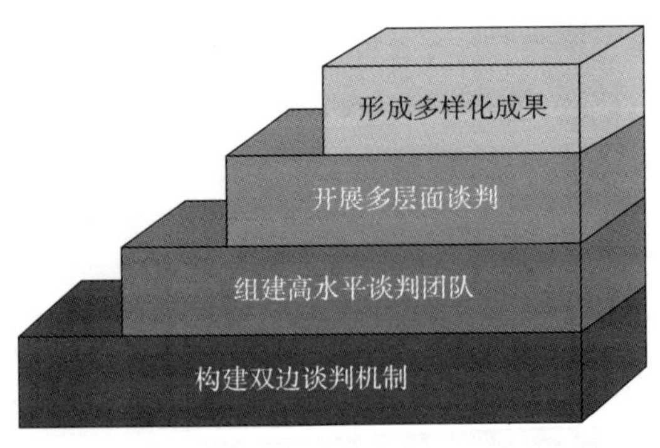

图 1-1　中亚管道公司成立前的企业间谈判方式

1. **以双边谈判取代传统的多边谈判**

从国际范围来看，世界各能源消费大国对中亚天然气资源的争夺十分激烈。苏联解体后，世界多个国家和利益集团均从各自立场出发对中亚地区能源外输通道提出了设计方案，形成了复杂的能源商业利益博弈环境。中亚天然气管道的整体设计、建设和运营既要遵守各相关国家利益，又要确保中方核心利益，这些特殊性要求项目必须充分了解各国法律制度对跨国管道建设的要求，因地制宜地制定高效的谈判机制。

从中亚天然气管道项目早期的规划来看，途经三国对油气外输的法律规定和天然气管道的技术规范与中国也不尽相同，中亚天然气管道作为跨多国的长输管道，其建设和运营需要同时考虑和协调气源国、过境国以及中国等相关国家的法律、税务、商贸、外交等多方面的规定和规范。此外，路由国彼此间的国家关系、民族关系和相互交往等也较为多元，这也需要予以充分考虑。同时，中亚各国文化和法律差异还造成了各自对商务问题及技术标准的理解和处理方式的差异，容易引发各种争议。若按照国际惯例完成复杂的多边协议谈判并组建统一联合体的模式来开展管道的运营工作存在较高的不确定性，谈判成本和周期将难以估量。为了有效地实现中国与多国的良好合作、实现各方的利益，同时又规避由于中亚各国国家关系、民族关系和交往状况以及法律、制度等多方面差异带来的可能矛盾与冲突，中方务实地提出了以双边合作取代传统的多边合作。

2. **组建高水平谈判队伍**

为推动中亚天然气管道项目的快速推进，中国石油迅速从中亚地区抽调精干力量组成谈判筹备组，下设技术、商务法律等小组，建立了一支规模适宜、结构合理、高质高效的谈判团队。这支谈判团队成员囊括管道设计、工程建设、物资采办、商务法律等专业，有着丰富的建设、运营管理经验，在技术、法律、语言等方面基础较好，且对中亚地区政治、经济情况非常熟悉，对外方的民族风格、性格特点、思维方式有比较深刻的理解，保障了谈判工作的有序开展。

为保证谈判团队的高效运作，中国石油以战略性原则指导谈判团队的具体运作。谈判过程中，集团公司主要在宏观层面把握方向，提出一些原则性和方向性要求，在具体的谈判事项过程中，由谈判团队根据集团公司明确的原则和方向具体实施。集团公司务实放权的策略既保证了谈判方向的正确性和谈判目标的实现，又非常有利于谈判的快速推进。谈判团队则根据预先明确的职责职权，由谈判筹备组制定谈判方案，集思广益，共同检查谈判进展状况，相互支持工作，既保持了良好的团队精神，也保证了谈判工作的快速推进。

3. 开展多层面的谈判工作

基于创新的双边谈判机制和优秀的谈判团队，中方与合作方开展了多层面的谈判工作，其中尤以项目法律谈判和商务谈判最为核心。

以合资公司成立为目标的项目法律谈判工作首先启动。合资公司是项目实施的法律主体，尽快成立公司是一切工作的基本前提，而利益点不同致使对方为谈判设置了重重障碍。为了快速推进这项高难度的工作，项目部组建商务法律谈判组，以不突破大的节点为底线，制定了科学、灵活的谈判策略，在各个层面加强沟通、耐心解释，完成了合资公司注册谈判任务，保证了 2008 年 1 月 30 日中乌合资公司正式注册成立，2008 年 2 月 15 日中哈合资公司正式注册成立。

对国际合作项目来说，商务运作和法律管理追求的侧重点并不完全一致，商务运作追求效率和效益，法律管理关注目的实现和风险可控。在项目筹划之初，为了掌握项目策划和项目实施节奏的主动性和及时性，保证项目既定投产目标，中方认为，必须快速推动项目，以减少来自外界干扰的反应时间和避免项目实施和实现项目目标产生变数的可能性。为此，在政府间协议和企业间协议签署后，中方加快节奏，积极推动项目的实质启动实施。从项目公司组建事项谈判到项目公司最终成立将近 6 个月时间内，项目可行性研究、项目踏勘以及工程实施的资源筹备落实等工作，在中方精心组织和大力推动下并行铺开。

4. 形成多样化的谈判成果

通过多层面双边谈判的开展，形成了中亚管道公司筹建前的多项法律文件的签署和多项文件的报批。其核心是中方通过企业间协议与过境国的合资方细化项目实施的具体环节，包括指定具体实施的各自组织、项目的建设实施期限、项目基本经济参数、项目公司组建前的管理问题、项目公司成立前的费用承担问题、组建项目公司事宜、经营范围、管道的使用权、项目融资等。这一阶段与哈萨克斯坦、乌兹别克斯坦和土库曼斯坦三国的国家能源公司形成的主要企业间协议有：①2007 年 7 月 17 日，中国石油与土库曼斯坦国家天然气康采恩签署了《购销天然气协议》，该协议明确了供气起始时间。②2007 年 7 月 31 日，中国石油与乌兹别克斯坦国家油气控股公司签署了《关于乌兹别克斯坦—中国天然气管道建设和运营的原则协议》，该协议对项目的合作方式、运作模式，合资公司的经营范围，管道建设期限，管道融资，项目管理，管道输气能力的分配等相应做了规定。③2007 年 11 月 8 日，中国石油与哈萨克国家油气股份公司签署了《关于中哈天然气管道建设和运营的基本原则协议》，该协议明确了按照股份均等原则成立项目公司，同时对项目实施的相关环节包括项目公司的经营范围、项目管理、项目融资、管道输送能力的分配、项目的建设期限等进行了约定。

二、筹备成立

根据前期政府间以及企业间谈判的成果，为保证未来合资公司在管道建设中的可控性，2007 年 8 月，中国石油下文成立中亚天然气管道项目筹备工作组，从集团内部各方抽调精兵强将，着手公司成立前的项目前期工作，为最终成立和项目的快速推动创造了组织和条件人员条件。

（一）成立筹备工作组负责公司筹备工作

2007 年 8 月 9 日，中国石油发文成立“中石油中亚天然气管道有限公司筹备组”。在正式的筹备组成立后，进一步加快了项目的进展，形成了各过境国项目公司创建文件、项目联合可研协议、项目联合初设协议、项目融资协议、项目建设、供货协议等。这些法律文件涵盖了项目从前期工作到建设、运营阶段的全过程的法律管理要素，理顺各方的法律关系，搭建了项目的法律文件体系，为公司最终的成立奠定了坚实的基础和基本前提。

与此同时，筹备工作组积极向中国以及哈萨克斯坦、土库曼斯坦、乌兹别克斯坦等国家政府和相关部门申请相关审批手续，并进一步完善相关的可行性研究及研究报告，完善公司成立和项目最终实施的各项准备工作。如表 1-1 所示。

表 1-1　中亚天然气管道项目部分审批文件及研究报告

序号	项目	时间	单位
1	提交《关于中亚—中国天然气管道项目核准的请示》	2007 年 3 月	中国石油
2	中土两国元首签订《阿姆河右岸油气田产量分成协议》和《中国向土库曼斯坦购买天然气协议》	2007 年 7 月	
3	《关于成立集团公司阿姆河天然气公司筹备组和中石油中亚天然气管道有限公司筹备组的通知》	2007 年 8 月	中国石油
4	可行性研究报告评估	2007 年 9 月	中国石油咨询中心
5	《关于成立中石油中亚天然气管道有限公司的通知》	2007 年 9 月	中国石油

续表

序号	项目	时间	单位
6	《中哈天然气管道可行性研究报告》	2007 年 11 月	中哈合资公司
7	乌国段环境影响评价报告	2007 年 11 月	乌国国家环境委员会
8	提交《关于中石油中亚天然气管道有限公司在哈萨克斯坦和乌兹别克斯坦设立合资公司的请示》	2007 年 12 月	中国石油
9	《国家发展改革委关于中亚—中国天然气管道项目核准的批复》	2007 年 12 月	国家发展和改革委员会
10	《中乌天然气管道可行性研究报告》	2007 年 12 月	中乌合资公司

（二）抽调精兵强将确保快速推进

为保证中亚天然气管道项目的快速推进和高效建设，在公司筹备阶段筹备组即着手人员的储备和配置工作。为保证人员满足项目建设的要求，筹备组提出了“人员精干、宁缺毋滥”的基本原则，并明确了“业务素质足够高，政治素质足够硬，精神状态足够好”的人员选用标准。在这一原则和标准的指引下，筹备组在中国石油内部物色人选，这些人员既要有国际项目的经验，也要有良好的语言能力（尤其是俄语），还需要在技术或者管理方面具有一定的优势。在中国石油的帮助下，筹备组采取各种方式，按照规范程序，到 2009 年初，已经组织起了一支 70 多人的精干团队。这一批精干的队伍及时完成了技术方案、操作规程、管理制度、商务协议等准备工作，为后期的按期建成及安全高效投产提供了坚强保障。

（三）公司正式成立

在前期精心筹备的基础上，2007 年 11 月 8 日，中国石油下属的中油勘探开发有限公司（CNPCE&D）出资 40 亿元人民币成立了中亚天然气管道有限公司。中亚管道公司在哈萨克斯坦、乌兹别克斯坦两国分别设立中哈项目部和中乌项目部。根据中乌两国政府于 2007 年 4 月 30 日签署的《中乌天然气管道建设与运营原则协议》、中哈两国政府于 2007 年 8 月 18 日签署的《中哈天然气管道的建设和运营原则协议》，中亚天然气管道有限公司分别与哈萨克斯坦国家石油公司、乌兹别克国家石油公司成立了合资公司①，作为两国管道建设运营的法律主体。

中亚管道公司的成立，为中国和中亚各国共同推进天然气合作创造了法律实体机构，为推进项目建设奠定了坚实的组织保障和基础，为高效实现重要管道创造了基本前提。

第二节　创业探索阶段（2008~2010 年）

随着公司的成立，快速、高质量推动 AB 线建设成为公司的核心工作。围绕 2009 年底通气的目标，中亚管道公司全体员工以“智慧+拼命”的创业精神，与合作业主方、承包商、监理方、供应商共同努力，探索管道建设的新思路和新方法，以 28 个月的“中亚速度”实现了通气的目标。②

一、AB 线建设

按照中国和土库曼斯坦两国元首签订的 2010 年 1 月土库曼斯坦正式向中国供气的协议要求，中亚管道公司认真分析，从线路踏勘、可行性研究、初步设计到管材运输、管道敷设、站场建设，再到整个项目投产运营，根据不同管理层次的需求编制了以里程碑节点为统领，持续细化和分解的各级进度计划。在此基础上，通过倒排工期和过程控制，实现了 AB 线的预期通气目标。总体来看，通过时间的严格控制、物资的有效保障、对外的有效协调和多方的高效合作，中亚管道公司按时、按质、按量地实现了 2009 年底通气的预期目标。

---

① 说明：中哈天然气管道有限公司（AGP，以下简称中哈合资公司）是由中石油中亚天然气管道有限公司（TAPLine）和哈萨克斯坦天然气运输股份公司（KTG）共同出资，按照哈萨克斯坦法律设立的合资公司，于 2008 年 2 月 15 日在阿拉木图注册成立，中哈双方股东各占 50%股份。中哈合资公司作为中哈天然气管道（中亚天然气管道项目哈国和中国境内段）项目的建设运营主体，负责中哈天然气管道的建设实施和投产后的运营管理。中乌天然气管道有限公司（ATG，以下简称中乌合资公司）是由中石油中亚天然气管道有限公司（TAPLine）和乌国家控股油气公司（UNG）共同出资，按照乌兹别克法律设立的合资公司，于 2008 年 1 月 30 日注册成立，中乌双方股东各占 50%股份。中乌合资公司作为中乌天然气管道（中亚天然气管道项目乌国段）项目的建设运营主体，负责中乌天然气管道的建设实施和投产后的运营管理。

② 世界上同等规模跨国工程用时最短的是马格里布—欧洲管道，6 年多建成。

（一）提前设计“抢”工期

为保证后期建设的科学、有效实施，筹备组利用中方资源着手详勘、可行性研究和设计工作，将前期工作前置，有效地保证了后期建设的开展。

由于中亚特殊的气候环境，进入寒冬之后的自然环境非常恶劣，为利用好冬季开展初步设计，筹备组决定必须在2007年寒冬来临前完成详勘，这是保证2009年底投产需要控制的第一个重要节点。筹备组在人员、资金、设备不足的情况下，克服重重苦难，按计划开展线路踏勘。勘察人员经受了暴风雪、无人区、狼群、盐沼地等各种严峻的考验，舍命奋战，用3个多月的时间完成了1800多千米的现场详勘工作，仅此工作即为整个项目抢回了近10个月的工期。

为了保障项目按期开工建设，在中国石油的统筹协调下，一方面利用中方资源开展可行性研究和初步设计，另一方面与外方可研机构加强沟通并签订相关合同，为可研报告和初步设计在过境国获批铺平道路。由于中方集中力量提前完成了主要工作量，为工程按期开工抢到了宝贵的时间。

（二）创新方法“抢”物资

基于中亚天然气管道大型工程对关键设备和材料的短期爆发性需求，以及大型管材运输周期长、风险大的特征，公司从选材、订货和运输等方面不断创新，及时启动了长线设备订货，提前锁定了相关物资。

（1）改变技术方案，确保管材供应有保障。中外专家初步选定的是1420口径直缝管单线敷设的工程方案，但国内1420口径直缝管生产能力非常有限，且建设施工机具不配套、运输能力难以保证，无法满足工程进度要求，此外，受中亚地区安全局势不稳定因素的影响，单管敷设不符合长期稳定输气原则。面对1420口径单线敷设方案存在的风险，中亚管道公司基于科学研判和审慎决策，将1420口径单线敷设的工程方案调整为工艺技术成熟、可靠且易于建设实施的1067口径双线敷设，提高了工期目标的可实现性。

（2）提前锁定资源，确保按时开工和持续焊接。为确保长周期采办物资能够按时抵达现场，中亚管道公司经过周密筹划，在提前做好规避风险预案的前提下，果断协调集团公司下属的管材供应商提前锁定购买72万吨（约700千米）管材，保证了2008年6月底乌、哈两国的顺利开工和持续焊接。中方供管的顺畅也带动了外方积极供管，使中亚天然气管道成为少有的没有因管材供应造成“窝工”的管道建设工程。另外，中亚管道公司抢先锁定2台15兆瓦的首站压缩机，也为保证工期目标的实现起到了决定性作用。

(3) 优化运输方案，节约运输时间。中亚天然气管道工程需要运输管材150多万吨，考虑到运输距离和方向，通过统筹协调和优化，将供管任务合理地分割：外方主要负责西段，中方主要负责东段。中亚管道公司会同铁道部技术部门，反复论证和组织多次运载实验，将一节车厢的运载能力，在境内由4根钢管提高到5根钢管，在境外由5根钢管提高到6根钢管，大大改善了装载容量并提高了运输效率，提高铁路运力25%，仅此就节约运输时间2个月以上。另外，还确定了以铁路为主、公路为辅的运输策略，做到了时间、运距和费用的综合优化。

(三) 注重协调"抢"开工

为保证工程建设进度，中亚管道公司积极争取过境国外交部和移民局等相关部门的协调，获取劳务指标，争取铁道部等运输部门的协调确保材料、设备及时到场，以保证2008年7月哈国段和乌国段工程的顺利开工。

根据约定，中亚天然气管道建设一半以上的劳务要由中方提供，高峰期超过2000人。但是，按照当时的劳务许可办理程序，从时间上和费用上都难以保证建设工人劳务指标按时办理。在集团公司的强力支持和协调以及外交部的帮助和协调下，工程建设一次获得了2600多个劳务指标，有效解决了人员工作许可问题。据统计，中亚管道公司从2008年7月开工至2009年底单线建成的工程建设期间内，总用工量约3500万人工时，其单位时间内人工时投入超出常规。

针对管道开工急需到场的物资设备，中亚管道公司积极向中国石油请示，由集团公司协调国家海关、商检和铁道等部门予以支持，保证了管材出口和施工机具顺利出国。在铁路、海关、商检等相关部门的有力支持下，国内供应的76万吨管材，在不到13个月的时间内，通过铁路3.2万节车皮和公路1.22万车次及时顺利运抵现场。

2008年6月30日和7月9日，乌、哈两国境内管道分别如期开工，实现了这一决胜全局的重要节点。同时，两国政府高层出席开工仪式，加速了技术、商务、法律工作进程，为按期通气奠定了重要基础。

(四) 多策并举"抢"建设

工程建设并不是一帆风顺的，除了技术上的困难外，随时出现的合作方诉求和实际困难成为制约建设的重要问题。中亚管道公司针对建设过程中乌方要求改道、建设质量和进度的问题以及哈方临时要求控制运营权的问题，通过多种途径实时解决，为最终实现建设目标创造了条件。

2009 年 3 月，出于利用中亚天然气管道搭售本国天然气的考虑，乌方股东临时提出管道绕行至乌国主要产气区加兹甲。改线段需要重新进行详勘、设计和订购管材等工作，从施工组织看，这将极大地影响工期，很可能导致 2009 年底无法通气。对此，中方积极与乌国协商，最终提出了“现有单线+双线绕行加兹里”方案，在保证工程进度的同时也确保了双方的合作和共赢。

由于乌方承包商施工能力不足，有可能影响施工进度从而影响管道 2009 年底通气目标的实现。经与乌方充分协商，在保证原合同工作量不变基础上，乌方将其承担 A 线 160 千米的线路工程量置换给中方承担，中方将绕行段的 AB 线工作量的全部以及部分原线路的 B 线工作量交由乌方承包商。将“绕行”与“解决乌方承包商施工能力不足问题”“一揽子”解决，保证了 A 线按期建成。

2009 年 8 月，年底投产通气的目标日趋临近，哈方基于“此前哈境内全部管道均由哈国专业公司垄断经营”的历史现实，提出中亚天然气管道的运营权要由哈方控制，由此与中方产生合作中的矛盾，并停止管输协议相关的一切谈判长达两个月之久，使 2009 年底投产运行准备工作一度陷入极度被动局面。针对这一矛盾，从有利于项目按时投产运行、有利于双方利益实现的目的出发，在 2009 年 10 月上旬上合组织会议期间，在坚持基本原则的前提下，协同考虑中哈双方在中哈天然气二期管道建设上的利益诉求，中哈双方开展了 10 多天夜以继日的艰苦谈判，哈方同意由中方掌控管道实质上的运行权，保证了管线在 2009 年底顺利建成并由中方运营目标的实现。

通过关键工程节点的把握和控制，2009 年 12 月 1 日 22：20，阿姆河天然气进入中亚天然气管道，并于 12 月 5 日到达霍尔果斯末站，标志着中亚管道公司 AB 线的正式投产。2010 年 6 月，B 线通过中哈合资公司组织预验收，2010 年 7 月底通过国家验收，达到投产条件。2010 年 10 月 26 日，中亚天然气管道 AB 线全线投产完毕，提前两个月实现双线通气。

二、机制探索

中亚天然气管道作为中亚地区第一条跨境多国通往中国的管道，沿线相关国家对中亚管道公司提出了较高的要求，加之极为严峻的工期要求，势必要求公司不断创新建设机制。在“确保中方核心利益，关注合作方合理利益，打破常规，中方主导，合作共赢，共同发展”指导思想的引领下，以工期目标为主导，兼顾各方利益诉求，突破常规限制，创新合作和运营方式，构建有效机制，创造了跨多国复杂环境下目标实现、利益协调、资源配置和工程施工有机结合、立体整合的大型复杂工程管理新形式。如图 1-2 所示。

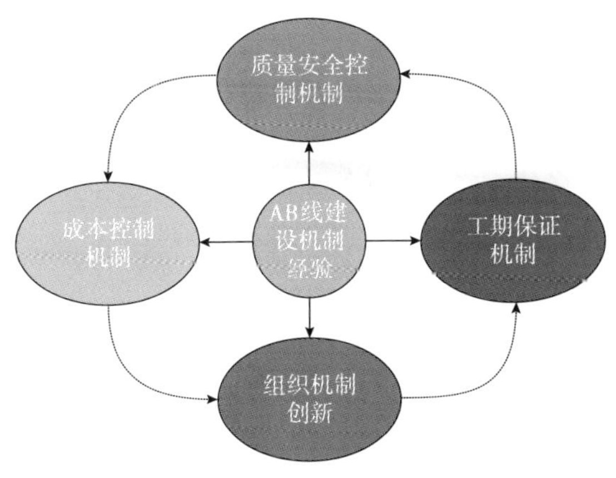

图 1-2　中亚天然气管道 AB 线建设机制创新

（一）在“以我为主，多方协调”原则下探索国际大工程组织新形式

为实现在 2009 年底实现单线通气的工期目标，中亚管道公司积极构建以中方股东为主导，动态平衡各参与方利益诉求的组织协调关系。作为中方股东，中亚管道公司有效发挥主导作用，是保证中方核心利益的关键。充分发挥中方 EPC 的主导和带动作用，高效集结人员和设备，保证了快速、高质量地完成任务。充分发挥中方管材供应商的主导作用，带动外方的管材供应商加快供货速度，保证了工程的顺利开展。

为保障工程快速推进过程中的多方合作，中亚管道公司借鉴并探索 PMT+PMC+TPI+EPC 模式①下的工程组织形式，在运用过程中对各参与方的职能进行了充分发挥和延伸。中亚管道公司充分利用其在合资公司中的主导地位，设置工

① 由项目管理团队（Project Management Team，PMT）牵头、统领工程建设；项目管理咨询（Project Management Consultant，PMC）负责工程设计审核和长周期、关键设备驻厂监造；第三方监理（Third Party Inspection，TPI）负责现场监督工程总包商（Engineering Procurement Construction，EPC）的施工质量和安全。

程关键节点，从项目管理的各个环节入手积极推动工程建设的开展。通过国际竞标选择国际一流企业作为 PMC，并根据项目需要灵活地对其职能有“收”有“放”，实现柔性利用。公司根据实际情况突破第三方监理原有的管理范围，使其成为项目全过程的管理者，利用第三方监理对于承包商、供应商（包括承包商的供应商）甚至下游分包商进行管理。对于关键路径设备，通过驻场监造保证质量，通过催交催运保证工期，从而将业主的管理贯穿于整个工程的管理链条。在竞争性投标阶段，利用中方 EPC 承包商的合理低价，压低外方承包商的报价；在项目实施阶段利用中方 EPC 承包商的先进技术和组织效率对外方起到传帮带的作用；同时，做好备用方案，一旦外方未能按照计划和要求完成关键节点，中方 EPC 承包商可以随时接替，保证工程的进度和质量。

（二）多措并举全力保证工程工期目标

中亚管道公司为确保工期目标的实现，在遵循工程项目管理基本程序的前提下，勇于创新，大规模采用协同工作、并行执行等手段，发挥主导作用，引领各参与方，并利用 PMC 和第三方监理保证工程关键节点的顺利完成，实现了工期目标。通过超前开展详勘、可行性研究和设计，为后期施工争取了工期；及早锁定大型长线设备，创新管材规格和类型并通过多方协调确保其准时进场，由集团公司安排短期借款并提供担保融资全力保证资金供给，多方协调确保劳务指标获批；分层次设定关键控制节点目标，推动政府层面达成共识，主动沟通实现股东层面高度一致，发挥中方主导力量确保合资公司层面具体控制和落实，推动项目整体进程。

（三）强化管理确保工程质量安全

中亚管道公司利用国际知名公司的技术优势和权威性，以及先进的管理理念和体制，对建设过程实施全方位的监督管理。PMC 引入国际项目管理理念和做法，保障了合作方的合理诉求，也消除了一些不合理的诉求。TPI 推行国际化的质量管理理念，严格执行项目管理的质量规范，保证了工程质量。通过规范、有效的质量管理，中亚天然气管道实现了原定的质量目标：管线现场焊接一次合格率 90%以上，管道补口补伤一次合格率 98%，单位工程合格率 100%，优良率 85%以上，双线定向穿越伊犁河和锡尔河均一次性回拖成功。

与此同时，中亚管道公司推行中国石油整体 HSE 管理理念和体系，确立“以人为本、健康至上；安全第一、环保优先、预防为主”的 HSE 方针，并结合当地法律之后贯彻落实到合资公司的管理工作中，确保了 HSE 管理和控制指标的实现。截至 2009 年底，参与中亚天然气管道建设及运行人员在高峰时共有 9117 人，累计完成 3500 万工时，车辆总行驶里程 5657 万千米，单车月均行驶 4300 千米，未发生任何一般 B 级及以上工业生产事故，施工作业面横跨三国七州，未发生一起环境污染事故。

（四）以全过程投资管理确保成本可控

为控制工程投资总额，减少未来中国广大天然气终端用户的负担并实现投资效益，中亚天然气管道工程确定了“优化技术方案—抓根本”“强化精细管理—抓节俭”“争取税收优惠—抓政策”和“优化投资节奏—抓资金”四大投资控制主攻方向，中亚天然气管道 AB 线的实际建设投资比最初的投资概算实现了大幅节约。

三、创业精神

在中亚天然气管道建设过程中，涌现出一大批优秀的员工，他们以实际行动践行以大庆精神、铁人精神为核心的石油精神，在工作过程中不断创新和艰苦奋斗，形塑了中亚管道公司创业过程中的“智慧+拼命”精神。如图 1-3 所示。

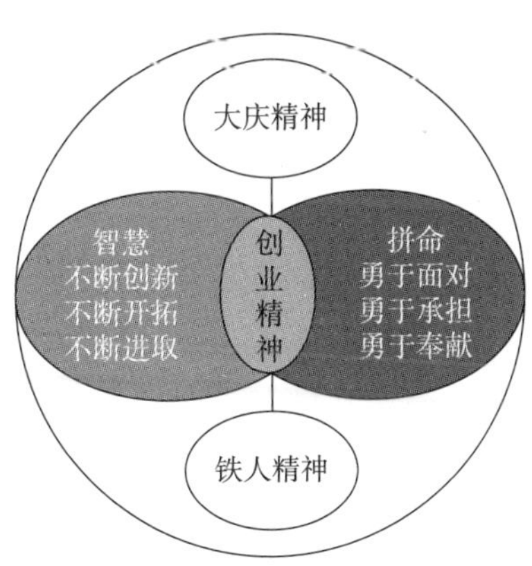

图 1-3 中亚管道公司“智慧+拼命”创业精神的“飞机模型”

中亚管道公司全体员工在 AB 线建设中不断探索，在前期设计、施工过程、物资保障等工作过程中不断创新、不断开拓和不断进取，塑造了中亚管道公司的

“智慧”精神。①为确保工期目标实现，中亚管道公司倒排关键节点，强化沟通与协调，克服制度、政策、环境困难，超前开展详勘，利用集团公司驻外机构与外方可研机构签订相关合同开展可行性研究，利用中方资源及时启动初步设计并以当地设计院和中方联合完成的名义申报，为管道建设争取了时间。②在建设中，筹备组创新思路，提出单线变双线、直缝改螺旋，保证管材生产和质量可控，深入调查全球范围内的资源情况，提前锁定管材和关键设备资源，创新运输方式，争取劳务指标许可，有效解决了资源保障这一核心问题。③发挥各方专长，探索采用 PMT+PMC+TPI+EPC 的工程组织形式，释放各参与方的活力，实现进度可控、质量可控和成本可控。④在乌方临时要求改线和哈方在施工末期要求控制运营权时，公司员工在双方共赢的基本前提下严格把握中方核心利益，既顾大局也讲谋略，善于沟通各方，把多元化的利益诉求引导到共同的事业追求上来。

在管道建设过程中，中亚管道公司全体员工经受了来自工期进展、外方诉求、工作环境恶劣等多方面的压力和困难，以“拼命”的方式自我加压和不断进取，打造了一支勇于面对、勇于承担和勇于奉献的“拼命”创业团队。①自 2007 年中土两国元首明确 2009 年底通气的目标，留给公司的只有 28 个月的工期，而国际上同类工程最短纪录也在 6 年以上（马格里布—欧洲天然气长输管道），中亚管道公司迎难而上，以勇于担当、敢打硬仗的精神死守关键节点，完成了“几乎不可能完成的任务”。②从项目筹备到建设过程中，中方需要与哈萨克斯坦和乌兹别克斯坦开展多轮谈判，且需要应对建设过程中各利益相关方随时提出的新要求，中亚管道公司顶住过境国政府、股东和合资公司的压力，在保证中方核心利益的同时确保多方合作共赢。③中亚地区自然环境较为恶劣，社会风险较高，为施工过程带来了新的问题和困难。中亚管道公司发挥不怕苦、不怕累的精神，强化施工过程中的安全管理和社会安全管理，保证了工程建设过程中的全方位安全。

“智慧+拼命”是中亚管道公司在创业过程中逐步形成和持续强化的企业精神，“智慧”是不断创新、不断开拓、不断进取的精神，“拼命”是勇于面对、勇于承担、勇于奉献的精神，二者相辅相成、互相促进，支撑了中亚天然气管道 AB 线如期高质量建成投产，也为中亚管道公司不断发展壮大积淀了宝贵的精神财富和支撑力量。

四、管理雏形

从公司筹备到公司成立，中亚管道公司成为独立的企业实体，这个实体在AB线建设过程中不断锤炼，提出了“建成中亚油气合作示范区示范项目”的战略目标，制定了一系列管理制度，形成了基本的管理雏形。

（一）制定“建成中亚油气合作示范区示范项目”的战略目标

为落实集团公司“中亚地区要率先建成海外油气合作示范区”的战略部署，中亚管道公司提出将中亚天然气管道项目“建成中亚油气合作示范区示范项目”的战略目标，成为“五结合”典范。①中国石油整体优势与国际项目管理模式相结合，又好、又快、又省建设项目的典范；②中方内部协调与跨国协调相结合，运行机制顺畅，运行管理先进，安全平稳运行跨国管道的典范；③中国石油特色与中亚区域特点相结合，管理规范高效，国际化经营管理的典范；④中方核心利益与所在国重大诉求相结合，商务运作灵活务实，互利共赢合作的典范；⑤人员属地化与人才全球化有机结合，员工结构合理，职业化团队建设的典范。

（二）推动组织建设确保项目的有效运行

随着AB线从建设期向运行期的过渡，中亚管道公司成立投产领导小组、中亚天然气管道投产指挥部、总调度部，全面负责投产运行相关工作。中乌天然气管道合资公司和中哈天然气管道合资公司分别建立了管道投产调度指挥机构和投产领导小组，统一指挥，下设各个工作组各司其职，形成了结构合理、分工明确、高效运作的投产保证体系。

结合乌、哈两国实际生产运行情况及特点，运行准备部完成了两合资公司操作运行的定岗定编工作，与人力资源部一道为合资公司选拔配置了中方投产运行人员，按期完成了76名中方运行人员动迁，两项目运行人员中外方合计到岗114人，满足了2009年投产运行的需要。

（三）构建多类型的管理制度框架

为了确保项目顺畅实施，规范管理行为，中亚管道公司加快制度建设，建立股东事务和股权管理制度，优化股东决策及工作流程；制定和完善公司内控手册，建立境外项目参股合资公司重点风险事项数据库及风险控制体系；建立法律风险防范体系，制定相关法律风险提示，按季度编制和发布中亚天然气管道过境国法律政策环境监测报告，提前防范可能出现的法律风险。

在两个合资公司内部，重点在以下几个方面进行了管理制度设计：一是财务管理。实行中外方双签制度，将双方股东任命的中外方各两人的交叉两对签字在开户行备案，任何一笔费用的支出，只有一方签字均无法实现，保证了资金的安全。二是印章管理。公司印章由总会计师保管和监用，包括财务文件在内的任何外发文件，即使由一方出任的总经理签署，如不经过另一方出任的总会计师同意，也无法完成文件的发出。这样的设置，避免了一方单独代表公司与第三方发生交易行为的出现。三是合同签署。公司合同的签订及其变更应由总经理和第一副总经理两人签署，或由其授权人代理完成。四是内设部门及分支机构管理。项目公司内设部门由双方股东方委派的人员共同管理，分支机构由双方股东分别委任，一方担任部门负责人，一方担任副职。日常文件实行部门或分支机构内部双方会签制度。

为保证管道长期安全平稳运行，中亚管道公司制定了各操作岗位规章制度、操作规程、事故应急预案等，以股东身份在合资公司推动实施。运行准备部组织两项目开展运行管理规章制度建设工作，根据项目的工艺、技术和设备要求，经过认真研究、有机结合，组织两项目完成管理规章制度 80 项，岗位职责、部门职责 168 项，作业指导文件 89 项，调度手册 2 册。这些文件的编制，为管道安全平稳运行提供了强有力的管理支持。

第三节　跨越发展阶段（2011~2015 年）

AB 线的成功投产，标志着中亚管道公司从单纯的管道建设公司向建运并重的管道运营公司转变。中亚管道公司在 AB 线全线投产的基础上，紧扣国内天然气供需形势，按照国家和中国石油的战略部署，积极推动中哈天然气管道二期工程（简称“哈南线”）、中亚 C 线和 D 线建设，并在此过程中不断更新企业战略体系，持续完善企业组织架构和管理体系，有效地推动了企业的成长和壮大，实现了公司的跨越式发展，也为中亚管道公司更好地融入中亚地区、实现与中亚地区共同发展创造了有效的载体。

一、规模实力跨越式增长

中亚 AB 线于 2010 年 12 月全线建成投产，2012 年 10 月具备 300 亿立方米/年的设计输气能力；哈南线于 2012 年 7 月开工，2013 年 10 月投产，设计输气能力 100 亿立方米/年；中亚 C 线于 2012 年 9 月全面启动建设，2014 年 5 月实现投产，设计输气能力 250 亿立方米/年；中亚 D 线于 2014 年 9 月塔国段开工建设，设计输气能力 300 亿立方米/年。如图 1-4 所示。

图 1-4　中亚天然气管道 AB/C/D 线及哈南线开工和投产节点

（一）哈南线建成投产

在总结中亚 AB 线建设经验的基础上，2011 年 1 月，公司提出“十二五”期间建成“规模实力较强、综合效益显著、管理规范高效、团队职业精干、文化和谐共融”的国际化管道公司，开始启动哈南线和中亚 C 线的建设工作。

哈南线起自哈萨克斯坦曼吉斯套州别伊涅乌市，途经阿克纠宾州的巴佐依地下储气库和克孜州，东至东南部的奇姆肯特市，该管道全长 1454.2 千米，设计输气能力 100 亿立方米/年，远景规划能力 150 亿立方米/年。2012 年 7 月，哈南线开工，2013 年 10 月投产通气，2017 年 10 月建成 100 亿立方米/年设计输气能力。

（二）中亚 C 线建成投产

中亚天然气管道 C 线工程是在已建成投运的 AB 线基础上，为进一步满足国内对清洁能源的需求，启动建设的又一条能源大动脉。中亚天然气管道 C 线与 AB 线并行敷设，起始于土库曼斯坦和乌兹别克斯坦边境的格达依姆，经乌兹别克斯坦、哈萨克斯坦，在新疆霍尔果斯口岸入境，与西气东输三线相连，线路总长 1830 千米，设计年输气能力 250 亿立方米，设计压力 9.81 兆帕。气源包括土库曼斯坦天然气 100 亿立方米/年，乌兹别克斯坦 100 亿立方米/年，哈萨克斯坦

50 亿立方米/年。C 线于 2012 年 9 月全面启动建设，2013 年底完成线路整体焊接工作，实现线路贯通，2014 年 5 月投产。C 线建设使乌、哈两国由管道过境国转变为管道天然气供应国，改变了这两个国家对外天然气供应格局，实现了天然气出口多元化，天然气生产和销售的灵活性得到了实现和增强，同时也为两国在国际能源市场获得进一步拓展和延伸奠定了基础、创造了条件，对两国而言具有重要的战略意义。

（三）中亚 D 线启动建设

为进一步深化中国与中亚国家的天然气合作，提升中亚天然气管道的运输能力，规避中亚 AB/C 线单一通道风险，中亚管道公司按照国家和中国石油的部署启动中亚 D 线项目建设。2013 年 9 月，在国家主席习近平和土库曼斯坦总统别尔德穆哈梅多夫的共同见证下，中国石油天然气集团公司与土库曼斯坦天然气康采恩签署了《中国石油天然气集团公司与土库曼斯坦天然气康采恩关于土库曼斯坦加尔金内什气田 300 亿立方米/年商品气产能建设工程设计、采购、施工（EPC）交钥匙合同》和《中国石油天然气集团公司与土库曼斯坦天然气康采恩关于土库曼斯坦增供 250 亿立方米/年天然气的购销协议》。作为土库曼斯坦增供中国的运输通道——中亚 D 线进入加快推进阶段。2014 年 9 月 13 日，国家主席习近平和塔吉克斯坦总统拉赫蒙共同出席了中亚天然气管道 D 线塔吉克斯坦境内段开工仪式，宣告中亚 D 线项目正式启动。D 线始于土库曼斯坦和乌兹别克斯坦边境，途经乌兹别克斯坦、塔吉克斯坦、吉尔吉斯斯坦三国，最终从南疆的乌恰县进入中国，与拟建的西气东输五线相接，管道全长 966 千米，设计输气能力年 300 亿立方米。D 线对于规避天然气运输风险，保障中国能源安全以及发展南疆经济具有重要意义。

截至 2017 年底，连接土、乌、哈、中四国的中亚 AB、C 线大型天然气管道系统和哈南线的相继建成投产，以及新的标志性工程中亚 D 线启动建设，中亚管道公司建设管道里程 6950 千米，建成输气能力 650 亿立方米/年（中亚 AB/C 线具备输气能力 550 亿立方米/年，哈南线具备输气能力 100 亿立方米/年），完成了中国西北能源供应通道的战略布局，成为丝绸之路经济带建设的先行者和实践者。

二、管理水平跨越式提升

随着2014年5月C线投产，D线进入建设期，中亚管道公司提出了“建设在中亚地区有影响力的国际化管道公司”的企业战略，并在此基础上不断完善组织架构，并通过建立健全管理体系实现在新战略目标下的跨越式发展。

（一）优化企业战略，服务企业发展的新环境

适逢国家主席习近平提出共建“丝绸之路经济带”和“21世纪海上丝绸之路”的重大倡议，中亚管道公司积极调整企业战略，坚守“为祖国加油，为民族争气”初心，以能源互通践行“一带一路”国家倡议。

进入建运并举的发展阶段，中亚管道公司提出了“建成中亚地区有影响力的国际化管道公司”战略发展目标，致力于通过不断扩大的天然气输送规模，扩大对中亚地区的影响，并通过不断提升管道的运行能力和运行水平，促进中亚管道公司朝着具有国际化影响力的管道公司发展。通过管道布局和输气能力的提高，提升中亚管道公司在中亚地区能源通道的竞争力，并以不断优化的经营管理实践促进企业价值的提升，实现中亚管道公司的战略目标。

（二）完善组织架构，服务企业发展的新战略

随着中亚管道公司从管道建设向建运并重的全面转型和公司战略的调整，适应新战略的运营型公司组织架构也得以建立和不断完善。中亚管道公司积极探索分国分段运营下的组织架构创新，发挥中方在管道运营中的主导作用，利用中亚管道公司在经营管理方面的优势，将公司总部定位为管道运营的决策、协调、服务和管理机构。在此基础上，将合资公司作为管道运营的平台公司，以中方为主推动合资公司运行管理、项目管理和综合管理水平的改善。以不断加强业务指导、制度建设和信息化建设，保证各个操作主体（主要是压气站、计量站和应急维抢修中心）运营水平的持续改善，并在此基础上提出股东治理的基本思路，作为未来中亚管道公司总部与合资公司的基本关系。

在总部层面，中亚管道公司搭建以运行、技术、建设和股东事务为主干，职能管理和审核监督为支撑的主业突出、支持有力、高效运行的组织结构。截至2015年底，公司设置12个职能部门，下辖6个合资和独资公司。如图1-5所示。

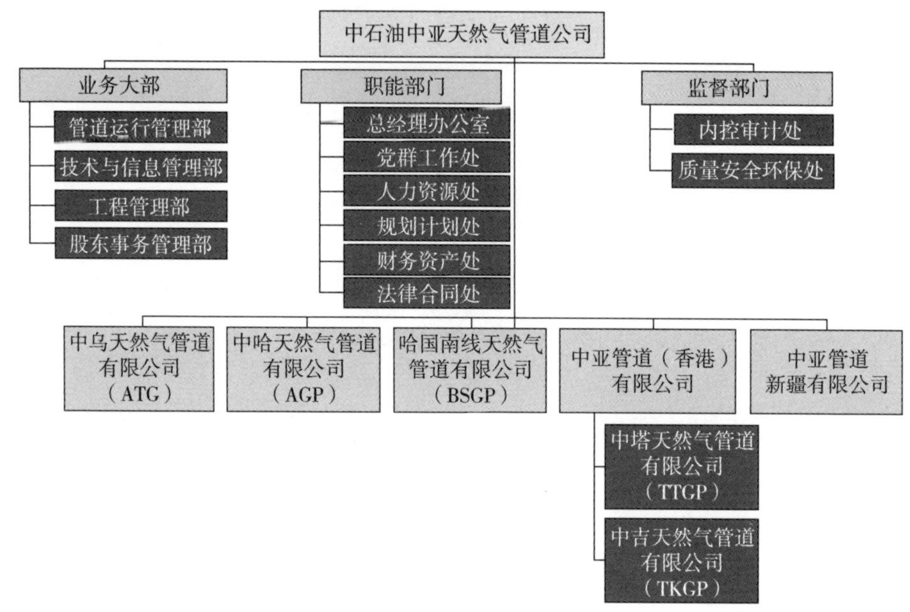

图 1-5　中亚管道公司总部组织机构

在合资公司层面，中亚管道公司在管道过境国设立三个合资公司，即中乌天然气管道有限公司（ATG）、中哈天然气管道有限公司（AGP）和哈国南线天然气管道有限公司（BSGP），分别负责中亚 AB/C 线以及哈南线在所在国管道的建设和运营。为推动 D 线建设，中亚管道公司在香港设立中亚管道（香港）有限公司，并在香港注册设立中吉天然气管道有限公司、中塔天然气管道有限公司，在塔吉克斯坦和吉尔吉斯斯坦分设分公司，在乌兹别克斯坦设立东方天然气管道有限责任公司（EGP），搭建了完善的建设运行组织主体。

（三）完善管理体系，实现企业绩效的显著改善

随着公司工作重心向管道运行转变，公司统筹推进建设、运行、技术和人力资源等八大管理体系建设。在建设管理环节，建立以目标管理、进度控制和质量控制为核心的跨国天然气管道项目建设管理体系；在运行管理环节，搭建以调度运行、专业管理、跨国协调为核心的运行管理体系；在技术管理环节，建立以项目前期、设计管理和本质安全为核心的技术管理体系；在人力资源管理环节，建立以人才培养、职业化培训、人员结构优化为核心的人力资源管理体系；在预算

管理环节，建立以全面预算管理为核心的经营管理体系；在绩效管理环节，建立“一体、双线、三结合”的绩效管理体系；在 QHSSE 环节，建立以本质安全，隐患排查和质量控制为核心的 QHSSE 管理体系；在风险管理环节，建立以规范化、程序化管理和监控为核心的风险管理体系。如图 1-6 所示。

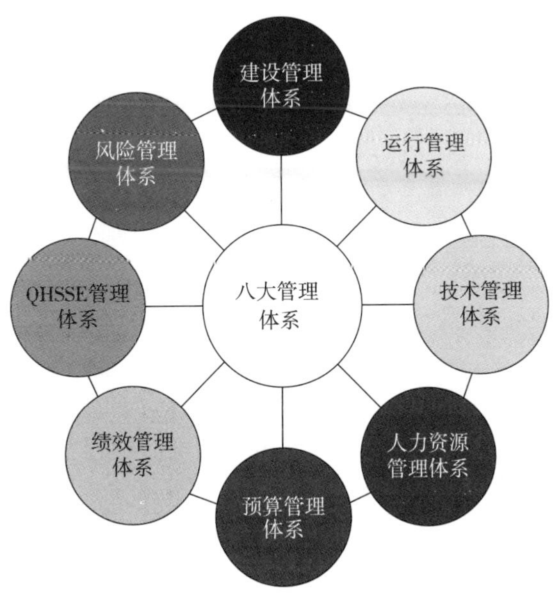

图 1-6　中亚管道公司完善公司管理的八大体系建设

第四节　再次起航阶段（2016 年至今）

进入“十二五”末期，公司发展的内外部环境发生了深刻变化，“一带一路”倡议持续推进，供给侧结构性改革不断深化，新一轮国有企业改革继续推进，为中亚管道公司在“十三五”期间的新发展创造了新的机遇。与此同时，受国际油价较长时间低位震荡影响，天然气作为替代能源也面临着较大的竞争压力，经济进入新常态背景下能源消费低迷，过境国财税政策以及哈萨克斯坦坚戈贬值等因素的影响，公司经营形势十分严峻。在此背景下，中亚管道公司提出在“十三五”期间再次起航，以建设世界先进水平国际化管道公司为战略目标，整合中国石油内部管道业务成立中油国际管道公司，坚持油气并举、建运并重，提高公司的管输内容和管道规模，优化股权结构，在运营管理、技术创新、标准体系等方面补足短板，通过战略、管道、组织和管理的再起航驱动公司在“十三五”期间的新发展，为践行“一带一路”倡议积极贡献力量。

一、战略再起航

为适应新的外部环境，中亚管道公司从公司自身实际出发，适时调整企业战略，提出了“建成世界先进水平的国际化管道公司”的战略目标，并随着东南亚管道公司和中亚管道公司的合并，适时提出“打造高效能油气战略通道”发展目标。

（一）战略再起航的整体背景

随着AB/C线以及哈南线的建成投产，中亚管道公司成为中亚地区重要的天然气管输公司，其影响力不断提升，以优异的绩效实现了“建成中亚地区有影响力的国际化管道公司”的战略目标。基于现实的需要，随着企业内外部环境的变化，中亚管道公司亟须调整和更新战略，以实现在新环境下的再次起航。此外，随着新时期企业发展外部经济环境和政策环境的变化，也倒逼公司调整企业战略。

外部经济环境的变化要求中亚管道公司及时调整企业战略。全球经济进入“新常态”，中国经济从高速增长向中高速增长“换挡”，对能源的持续高速增长态势发生变化，受国际油价持续走低的影响，天然气作为替代能源也面临较大的竞争压力。在市场需求和气价双下降的背景下，管输能力存在较大的富余空间，但中亚天然气管道本身作为冬季“保供”、调峰的作用和角色无法改变，重新定位和选择战略目标，切实提升天然气管道的运行效率和成本控制成为“十三五”时期的必然之举。

政策环境的变化也对中亚管道公司调整企业战略提出了新的要求。随着“一带一路”倡议的持续推进，做好“一带一路”倡议的先行者和践行者，进一步提升中亚管道公司对中亚地区的影响力，服务国家“一带一路”在中亚国家和地区的实施，发挥中亚管道公司在中亚能源企业中的引领和示范作用，是中亚管道公司在新时期的必然选择。随着供给侧结构性改革的不断深化，以创新驱动推动企业转型升级已成为企业在经济新常态背景下的必然选择，中亚管道公司需要在追求“规模的影响力”定位上向追求“质量和效益的影响力”定位上调整，以世界先进水平的目标引领公司在新时期的转型升级。此外，随着新一轮国有企业改革的推进，混合所有制成为改革的“新抓手”和“落脚点”，探索在新情境下的改革和发展也成为中亚管道公司面临的新选择。

（二）新时期的战略目标

企业自身发展的现实需求，外部经济和政策环境的新变化，迫切要求战略的更新和升级。在此背景下，中亚管道公司提出“建成世界先进水平的国际化管道公司”的战略目标：到2020年，建成“世界先进水平国际化管道公司”，全面实现“十三五”规划目标；到2030年，率先全面建成具有全球竞争力的世界一流国际化管道公司，有效助力集团公司世界一流综合性国际能源公司建设。围绕这一战略目标，公司未来大力实施规模化、专业化、国际化战略。①规模化战略。紧紧抓住我国社会主义现代化国家建设和“一带一路”倡议实施的历史机遇期，牢牢把握加大清洁能源利用，推进绿色发展的能源转型历史趋势，统筹油气网络战略布局，加快现有管网能力提升和新项目建设，提升油气输送规模；拓展上游资源，开拓下游市场，完善产业链条，提升油气保供能力；积极寻求市场机会，努力开拓新区域、新项目，进一步扩大公司业务规模。②专业化战略。打造统一的对外合资合作平台，实现集团公司海外管道业务的专业化管理；在有效整合西北、西南两大能源通道资源和优势的基础上，打造涵盖管道建设和运营各环节各领域，专业齐全、功能完备、技术先进，具有全球竞争力的专业化管道公司。③国际化战略。坚持理念、管理、技术、标准、人才国际化，充分借鉴吸收国际先进管理理念、管理工具、管理手段和技术标准，结合管道所在国制度文化特点，融合中国石油“走出去”20多年积累的管理经验，积极推动人才队伍的属地化职业化，促进建立尊重包容合作共赢的企业文化，形成有中国特色的国际化管理模式，不断提升公司的国际化经营管理水平和能力。为实现“建成世界先进水平的国际化管道公司”的战略目标，结合公司目前油气并举、建运并重、股权多元的新特点和新任务，公司提出“打造高效能油气战略通道”的发展目标和全力推动“四个转变”的发展思路，不断完善战略管理体系，不断推动公司核心业务发展，不断完善经营管理体系，推动中亚管道公司在未来的再次起航。

二、管道再起航

管道业务是中亚管道公司的核心业务，也是支撑公司战略再起航的根本。

2016年以来，中亚管道公司在提升现有管道管输能力的同时，积极推进D线建设，涉足油管道运营业务，加之2017年中亚管道公司与东南亚管道公司合并组建中油国际管道公司，推动公司向“坚持油气并举、建运并重”的新阶段发展，中亚管道公司也实现了向中油国际管道公司的历史变革。

（一）天然气管道持续扩展

经过持续的技术升级和运营创新，截至2016年底，哈南线达到每年100亿立方米的设计输送能力，中亚管道公司AB线、C线及哈南线均实现设计产能。与此同时，在建成世界先进水平的国际化管道公司战略目标指引下，中亚管道公司积极推进D线的建设工作。目前，项目的详勘、预可研初步设计均已完成，并得到主要路由国吉尔吉斯斯坦国家政府的审批，经由国家的征地工作顺利完成。目前，按照精细化管理原则，重点推进关键工序和过段的优先实施，例如塔国隧道、供给瓶颈的问题，是建设中的关键工序。2017年，成立公司级D线项目协调小组，强化策略研究和组织协调，完成建设计划和实施策略制定；优化技术方案，精细造价测算，强化沟通协调，完成初步设计国内批复，项目建设投资得到有力保障；塔国段1#隧道复工，线路及隧道EPC工程按计划完成发标。

（二）油气管道并行发展

2016年8月，按照集团公司统一部署，中亚管道公司对中国石油内部的中哈原油管道和西部原油管道整合，公司业务由单一输气拓宽至油气并举。①中哈原油管道全长2385千米，总建设投资约20亿美元，是中国第一条陆上跨国原油进口管道。一期工程阿塔苏—阿拉山口管道于2006年7月投入运营，管输能力2000万吨/年；二期工程肯基亚克—库姆科尔管道于2009年10月投入运营，设计能力1000万吨/年。②西北原油管道（肯基亚克—阿特劳管道）是中哈原油管道的先期工程，于2003年投入运营，管道全长448千米，设计输油能力600万吨/年，经改造后具备反输能力360万吨/年。通过整合原油管道，中亚管道公司规模实力实现质的飞跃，运营管道里程超过1万千米，年输送能力超过7000万吨油当量，发展成为中国油气进口供应格局中最重要的陆上能源大通道。

（三）构筑西北和西南能源大通道网络

进入2017年，为进一步落实国家推进“一带一路”倡议，深化沿线资源国油气合作要求，增强海外业务发展动力活力，进一步提升海外管道项目建设和运营管理的国际化能力和水平，根据中国石油的统一部署，2017 年 7 月 20 日，中亚管道公司和东南亚管道公司整合重组成立中油国际管道公司，实现专业化管理。经过合并重组，公司规模实力实现质的飞跃，现下辖 11 个合资合作公司，建设运行 6 条天然气管道和 3 条原油管道，管道里程达 1.1 万千米以上，业务范围覆盖乌、哈、塔、吉、缅、中六国，年油气输送能力近 9000 万吨油当量。中亚管道公司和东南亚管道公司的整合，实现了中国西北和西南两大战略性能源通道的整合，进一步优化了中国石油的能源进口网络，为保障能源安全、提升能源效率创造了新的条件。

三、组织再起航

公司战略的调整和管道业务的扩充，势必要求企业组织上的调整以适应新的战略目标和业务发展。中亚管道公司在前期运营的基础上，结合公司目前油气并举、建运并重的新特点，以“做强总部、做优项目、做实基层”为基本原则，推动公司组织的不断优化和再起航。

（一）推行股东治理模式

随着中哈原油管道和西北管道业务并入中亚管道公司，公司管理架构也呈现内外合作方众多、股权结构多样、治理结构复杂、股东决策流程各异等新特点，客观上要求公司在原有“中方主导”治理模式基础上不断优化，探索新的治理模式以提高决策效率和工作效益。与此同时，中方以制度、流程、标准和分级授权为主的规范化管理和标准引领式管理已较为成熟完善。鉴于此，中亚管道公司在“中方主导”治理模式基础上朝着“股东治理”模式演化。按照股权管理原则，坚持国际化标准和“以合资公司为平台，股权管理为主线”，依据股东管理要求，中亚管道公司厘清公司总部、中方项目、合资公司的职责与定位，明晰股权管理和中方管理的管控清单和界面；以股权管理为主线，创新管理理念和管理方式，从股东层面强化合资公司管理，激发合资公司的活力和动力，将合资公司打造为战略执行单元和效益成本中心；进一步优化简化中方管理和股权管理程序，完善分级授权体系，逐步把经营权下放到项目和合资公司，总部加强以股东和出资人身份行使好战略规划、运营决策、制度建设和监督考核职能。通过股东治理模式的探索，中亚管道公司在合资公司平台上推动创新性管理，激发合资公司的积极性、主动性，加快合资公司由执行单元向经营单元转变。

（二）探索整合后的新组织形态

在坚持国际化标准和股权治理的基本原则下，围绕做强总部、做优项目、做实基层的基本目标，整合后的中油国际管道公司不断创新企业组织形态，打造层级扁平、股权清晰、行权高效、风险可控的海外油气管道专业化投资和运营平台，实施“总部—项目公司”两级管理体制。本着“管理集中统一、管控流程优化、控减共性保留个性”的原则完成了总部部门优化设置、干部聘任和员工调整。中油国际管道公司借鉴东南亚管道和中亚管道发展经验，根据业务类型、规模、战略价值和所在国法律法规要求，推进实施差异化管控模式，理顺不同管控模式下各层级责权利关系，实现优势互补和“1+1>2”效应。具体来看，通过深化战略管理做强总部，强化服务、协调、管理和决策职能；通过深入推进精细化管理做优项目，在合资公司落实好“保障安全、提升效益和促进和谐”，并在项目层面坚持以中方为主导，全要素持续推进合资公司精细化管理，全面提升经营效益上台阶，全面推动管理规范化上水平；通过做好“三基”工作在海外落地做实基层，进而提高队伍执行力。

四、管理再起航

随着公司股权治理模式的推进，中亚管道公司不断创新企业内部管理，以制度和标准作为对合资公司管控和支持的重要手段，实现了对公司战略再起航的重要支撑。

（一）不断夯实管理基础，持续提升管道运行效率

基于中亚管道横跨多国和双边合作的现实，中亚管道公司持续完善四国多方运行协调机制。重点是加大油气资源协调力度，着力提升输量计划执行率，针对气管道输量峰谷差逐渐加大问题，建立常态化预警机制，确保完成油气输送目标。公司持续完善优化运行管理，持续推进节能降耗，并在确保关键设备可靠性和高效性的前提下，坚持效益导向，分析对比现有长服模式，确定最优运维模式，并在此过程中不断加强风险管理工作，建立运行隐患风险评估机制，确保对隐患和风险尽早发现、准确评估、及时解决，确保管道运行安全。持续推进合资公司管道运行标准化管理，形成标准手册，稳步推进站场标准化建设。持续改善

设备管理，确保合资公司提升自主维修维护能力，完成关键设备维护保养工作。持续深化管道完整性管理，推进管道完整性管理体系文件在合资公司落地。不断加强应急能力建设，通过持续的培训和演练，提升应急指挥水平，提高应急反应速度。

（二）完善制度体系支持合资公司高效运营

在建成世界先进水平国际化管道公司战略目标指引下，深入落实“以合资公司为平台，以股权管理为主线”的管理要求，公司持续完善管理制度体系。进一步完善公司法人治理，强化股权管理主线。完成泛欧亚管道公司注销和中亚管道公司工商变更，压减法人户数，实现“瘦身健体”；编制完成《股权管理和中方审批事项暂行规定》《项目公司各级机构权限清单》和《中方审批事项清单》，明晰股权管理界面，厘清管理审批流程。充分发挥股东协调，大幅提升经营决策与执行效率。完善绩效管理体系，推动 KPI 考核机制在合资公司落地应用，按照股权管理要求，优化 KPI 考核指标，制定配套兑现机制，完善合资公司绩效考核和评价体系；着力推动合资公司管理层绩效合同签署，同时将合资公司 KPI 与员工 PPAD 有效结合，强化工效挂钩力度，充分激发合资公司中外方的积极性、主动性和创造性，有效增强合资公司自主经营能力。规范全面预算管理，提前审查合资公司预算并完成批复。强化内外部审计监督，组织开展存货专项审计、股东联合审计和财务专项检查，以国家审计署、国资委和集团公司组织的专项审计调查推动公司内控体系完善。完善股东事务管理流程，发布实施《股东事务管理规定》，利用公司信息平台建立股东事务信息通报制度。严格合同审批流程，实施计划管理，强化过程监督，事后合同数量大幅降低。不断优化行政事务管理，新版电子公文系统上线运行，覆盖总部及 7 个海外项目，保障公文顺畅流转。

（三）不断完善 QHSSE 系统建设

通过对标，吸收 ISO、API、OGP 等国际标准或规范要求，借鉴 BP、壳牌等油气行业先进公司的管理实践，参考 DNV GL 的理论基础和项目经验。确立公司安委会治理架构，推动 QHSSE 管理责任逐级落实，发布并不断完善 QHSSE 业务规章制度及管理标准，持续丰富体系作业层文件。深化以股权治理为主线的与合资公司的联合工作机制，强力推动《合资公司 HSE 监管合作协议》签署，推动合资公司完成能源管理体系 ISO 50001 认证和国际资格认证，海外公司体系认证率达到 100%。紧盯关键风险，强化执行风险辨识和隐患治理双重预防机制，严格管控关键风险，持续保证风险受控。为提高企业对突发事件应急处置能力，总部健全“总体+专项”应急预案体系，海外项目全面识别应急响应关键岗位，推行“应急处置卡”，完善“现场应急处置预案”，提升突发事件基层应急响应及处置能力。

（四）以推动信息化建设引领企业经营管理水平有效提升

为满足中亚公司管道建设和油气运营业务需求，公司充分借鉴国内外管道公司信息化建设的成功经验，稳步推进信息化建设，以信息化建设引领企业经营管理水平的有效提升。信息化建设突出“搭环境、建标准”，抓好协同办公优化升级和数据梳理，建立完善数据“标准”，探索研究大数据在跨国油气管道的应用。总体目标是通过加强信息化管控、强化数据治理、建立安全体系、健全信息队伍，建设支撑企业经营管理和综合办公、贯穿管道整个生命周期、覆盖管道主营业务、满足国际化管理需求的信息化平台，实现信息系统全面集成，数据充分共享，应用成熟新技术，支持公司业务高效、快速发展，使信息化建设整体水平达到行业领先，接近国际先进水平。

在总目标下，信息化建设可细分为总部信息化建设目标和合资公司信息化建设目标。①总部信息化建设目标：加强信息化管控、强化数据治理、建立安全体系、健全信息队伍。将集团公司统推系统与公司自建系统结合。重点建设推动经营管理类系统、生产支持类系统的建设，信息化支撑总部运营以及对海外业务及时、准确、有效的管控；实施协同办公系统、桌面云、移动应用、业绩管理、远程培训等系统，辅助提高公司办公效率，提高人员素养。②合资公司信息化建设目标：以管道建设和运营为核心，推动 ERP 系统和专业应用系统建设，建成合资公司信息化应用体系，实现对业务流程的全面覆盖，有效支撑国际化管道公司的建设和运营。

（五）不断提升企业人力资源管理水平

基于人才是企业根本的基本认识，中亚管道公司持续加强企业的人力资源管理水平。不断优化加强组织机构顶层设计，强化管理职能、职责划分，对部分机构和职能进行调整，推动形成权责清晰、分工合理、运转高效、监督到位的机构设置，适应新形势下的公司治理需要。坚持人员控总量与调结构并重的基本原则，强化内部挖潜，根据业务需求进行内部调剂，加强转岗培训，加大人员轮换力度，提升人员使用效率与效益，加大人力资源投资回报率。推行运行人员属地化，加强外方员工培训力度，提高业务能力，逐步实现“核心岗位中方掌控，辅助岗位属地化”目标。逐步规范完善选人用人制度建设，强化党管干部、党管人才，营造公平公正的人才培养、选拔和使用环境，健全青年员工的培养、选拔和使用机制，完善人才梯队建设。加强推广“双通道”体系建设，加快专业技术带头人培养力度，探索青年员工职业发展机制。加速建设中亚管道企业大学，形成长效培训机制，强化岗位管理、素质提升，打造符合战略发展需要的人才队伍。

（六）不断提升企业的精细化管理水平

管理的根本在于执行和过程的有效控制。中亚管道公司不断推动精细化管理，以精细化管理确保管理目标的有效实现。着眼股权管理，巩固股东间重大事项的沟通平台和完善交流机制，建立股东会谈议题档案管理制度，实现信息跟踪，保障股东沟通高效顺畅。全面深化预算管理与投资控制，注重历史数据梳理与挖掘，摸清成本单元，建立合理的预算经济指标体系，提高预算批复效率与执行效果。优化公司采办管理流程，提高项目公司上报的重大采办事项审批工作效率，加强采办供应商管理，搭建公司总部和项目公司供应商名单库。完善绩效考核管理体系，调整中方项目考核导向，建立良性的经营压力传导机制，推动合资公司绩效考核，制定考核兑现政策，调动合作公司积极性与创造力。完善风险管理机制，推进海外风险管控工作，健全海外内控管理机制，推动合资公司建立健全内控管理体系，推动股东审计在合资公司的落地。加强公司法人治理机制与管理模式研究，有效解决公司税务及审计风险，高效发挥“一套人马”的作用。强化合同精细化管理，加强监督，减少事后合同；开展法律风险分析与评估，建立法律风险预警机制。加快推进公司标准化体系建设，开展国内外企业对标，探索、研究并逐步建立企业标准体系。

（七）培育创新能力促进企业长期可持续发展

创新是企业发展的根本和力量源泉。随着建成世界先进水平国际化管道公司战略目标的提出，中亚管道公司将培育企业的创新能力作为新时期企业再起航的重要抓手。第一，完善员工学习体系。成立中亚管道企业大学，按照专业成立员工培训与发展委员会及专业委员会，为满足企业战略目标搭建培训架构；建设Elearning学习平台，覆盖公司总部及各海外项目，学习课程达到100多门；建立内训师制度，有序推进各培训基地建设。以自动化专业为试点形成运行工程师培训晋级方案，开展运行人员“双通道”体系试运行。重点开展基层党支部书记培训、外语能力培训、项目管理培训、基层站长培训等六项大型培训，效果显著。第二，制定公司科技战略发展战略。启动公司科技战略发展规划编制，发布科技管理办法，公司科技管理体系基本形成。第三，优化创新机制，营造良好的创新氛围。以“推广使用成熟技术、学习储备前沿技术”为指导，总结 A/B/C 线技术经验成果，推动合资公司科技立项。完善科技管理体系建设，强化管理创新管理，通过加大培训力度、引入外部专家、确定选题范围等方式，鼓励全员参与，提升公司管理创新成果及论文质量。

第二章

全面对接　前瞻绘制战略共同体

在集团战略的总体指导下，中亚管道公司的战略制定与实施，紧扣国家“一带一路”倡议，将世界的机遇、中国的机遇与企业发展有机地结合了起来。在不断融入国家战略大格局、支撑集团发展大战略的过程中，中亚管道公司的国际化程度、管理水平、投融资能力、项目运营能力、企业文化等能力得到不断的锤炼和提升。能够有效地乘国家战略之势，借集团战略之力，是中亚管道公司实现快速、稳健发展的根本。

第一节　大格局中战略协同

国家战略在很大程度上塑造了企业战略。国家战略决定了国家战略资源的总体配置，因而为企业发展指明了基本方向。企业战略的制定要自觉以国家战略为依托，深入理解和及时响应国家与时俱进推出的重大战略举措，在保持企业总体战略连续性的前提下，确保企业战略与国家战略的协同。作为集团战略延伸的中亚管道公司发展战略，深深植根于国家的地缘战略和能源战略之中。如图 2-1 所示。

一、与国家地缘战略协同的战略共同体

中亚五国在地理上的独特性、在陆路交通和资源开发方面的重要性决定了，中亚对于中国的战略地位可以通过与其政治地理或经济地理的联系而体现出来。首先，中亚地处亚欧大陆的接合处，是中国经济全球化不可缺少的环节。中亚国家以其资源储量、人口密度、经济结构方面的特殊性与大陆的其他部分组成了一

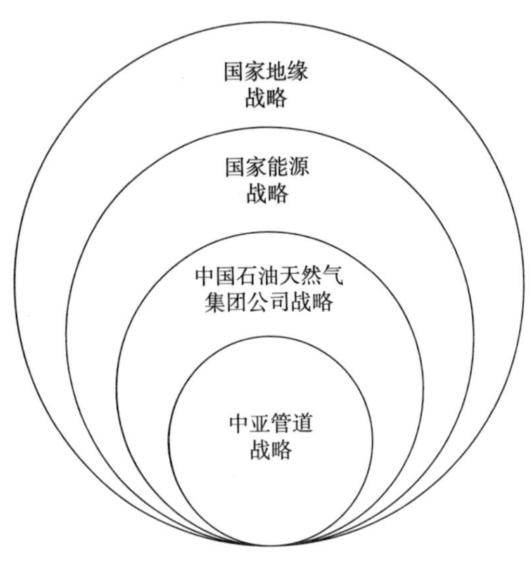

图 2-1　中亚管道公司战略与国家战略和集团战略的协同

个统一的整体。经过中亚的交通线可以大大缩短太平洋到大西洋、印度洋的陆上距离，密切欧洲、亚洲乃至亚洲、非洲之间的经济联系。新“丝绸之路”的复兴为包括中国在内的欧亚国家间货物和资本的流动提供了更好的渠道。其次，中亚在世界走向多极化的过程中发挥独特的“平衡点”作用。中国、欧盟、俄罗斯在欧亚大陆联成一体，中亚恰好处于三“极”的中心，中亚的政治走向与经济发展对中国、俄罗斯、欧洲能够产生直接的影响。最后，中亚地区的战略意义还体现在其是基督教、伊斯兰教和儒家文化三种不同价值观的交界地。作为文化和意识形态交错的地域，中亚在全球文明的传播、世界文化格局当中可以发挥独特的作用。苏联解体以后，这里成了意识形态的“真空”，伊斯兰文化复兴，各种政治思潮也纷纷渗入中亚，争夺文化上的主导权和控制权。中亚地区实现稳定与和平，对于维护中国周边和平至关重要。

中国对中亚的外交战略大致经历了三个时期：第一个时期是中亚国家独立至上合组织成立；第二个时期是上合组织成立至“一带一路”倡议的提出；第三个时期是“一带一路”倡议提出至今。在第一个时期，中国对中亚外交的重点是与新兴独立的中亚国家建立外交关系，并与和中国接壤的中亚国家签订边界安全协议。在第二个时期，中国在前十年的基础上进一步深化与中亚国家的关系，共同创办了上合组织，将中国与中亚各国的关系纳入机制化轨道。经过 20 多年的发展，中国对中亚外交又进入新的时期，其标志就是中国提出了“一带一路”的倡议及其相关措施。中亚地区的地缘战略特点及其自然资源禀赋，决定了它在“一带一路”建设中将扮演重要的角色。“一带一路”倡议的核心，是充分发挥中国的主观能动性，充分利用中国雄厚的物质力量，依托“一带一路”的中轴线，将中国的影响力扩大到更远的地区，从而极大地延伸中国地缘战略的空间。通过发展与中亚国家密切的经贸关系，逐步培育潜力无限的“一带一路”大市场，使该地区摆脱对欧美市场的依赖，形成自我造血的经济循环机制，是中国外交战略的重要内容。

中亚管道公司的建设和运营，是中国中亚战略进入第三个阶段的重要内容和部署。中亚天然气管道的建设运营，帮助中亚资源国打通、扩展了出口通道，实现了出口多元化战略，使其天然气价值实现获得可靠保障，同时为沿线国家和地区带来了数以千计的就业机会，实现了区域发展的共赢，成为国家“一带一路”倡议的忠实践行者。2013 年 9 月，习近平总书记提出“一带一路”倡议构想后，中亚管道公司第一时间做出反应，进一步加快部署实施哈南线和 D 线的规划建设工作。2014 年 9 月 13 日，在中塔两国元首的见证下，中亚天然气管道 D 线塔吉克斯坦段率先开工建设。中亚天然气管道项目，是习总书记提出“一带一路”倡议构想后第一个开始实施并投入运行的项目，也是截至“十二五”末在沿线国家投产的投资规模最大的项目。中亚管道公司是中国在中亚国家投资的“急先锋”。在中亚五国吸引的中国战略投资项目中，中亚天然气管道项目在规模和重要性方面占据了重要地位，同时也带动了国内其他的投资者把目光投向中亚五国。与中亚国家一般的外商直接投资相比，中亚天然气管道项目在中亚国家的投资金额巨大，尤其是在乌兹别克和哈萨克斯坦举足轻重。中亚天然气管道项目作为我国油气管道行业海外投资的引领者，在其建设过程中，带动了包括规划设计、施工建设、钢铁业和制管业等行业在内的产业链上下游一大批企业在中亚国家开展投资活动。

中亚天然气管道项目是实践“五通”原则的示范项目，在建设和运营过程中通过探索、创新形成的重要经验，为国际经济合作与跨国项目管理提供了新典范，成为国家“一带一路”倡议的示范者。《推动共建丝绸之路经济带和 21 世纪海上丝绸之路的愿景与行动》指出，实现“五通”（即政策沟通、设施联通、贸易畅通、资金融通、民心相通）是“一带一路”倡议的重要内容，也是沿线各国开展合作的重点领域。中亚天然气管道项目在规划、建设与运行过程中，始终积极践行“五通”原则，尤其是在政策沟通、设施联通和民心相通方面，取得了明显成效。中亚管道公司致力于把中亚天然气管道项目打造为“中亚油气合作示范区示范项目”，成为“五结合”的典范，为中国石油其他海外管道建设积累可供借鉴的经验，也为更大范围内的跨国合作项目做出示范。

二、与国家能源战略协同的战略共同体

中亚天然气管道建设和运营是国家能源战略的有机构成，是中亚管道公司积极对接国家能源战略的重大成果。中国是世界上最大的能源消费国，能源安全是关系国计民生的全局性、战略性问题，对经济发展繁荣、人民生活改善、社会长治久安至关重要。石油天然气仍然是世界范围内最主要的能源。经过经济的长期、高速发展，中国已经从石油出口国转变为进口国，对外依存度高达 60%。同时，环境恶化等因素，也使得中国对天然气等清洁能源的需求迅速提高。进入 21 世纪以来，我国天然气消费年均增速超过 14%，已经成为世界第三大天然气消费国。但是，总体消费水平仍然较低，在一次能源消费中的比例只有 5.9%，远低于 23.8%的世界平均水平。由于我国油气资源有限，富煤、缺油、少气的能源结构在一定时期内难以改变，近几年我国煤炭消费量基本上是以每年增加 2 亿吨原煤消费的速度增长。但是这种能源结构若不进行调整，将制约我国社会经济的可持续发展。为适应人民群众日益提高的环保意识，国家提出了建设资源节约型、环境友好型社会的要求，要求大力进行能源结构调整，降低化石燃料的比重，并在化石燃料的比重中降低煤炭的比重。从国外获得天然气资源是我国国际能源战略的重要内容。面对国际能源格局的变化以及国内经济发展的需求，“多煤、少油、贫气”的中国，面向海外寻找安全、高效、可持续的清洁能源，成为必然的战略选择。20 世纪 90 年代中后期，中国明确实施“走出去”战略，鼓励中国企业不但要利用好国内资源和国内市场，还要更多、更好地利用国外资源和国际市场，到境外合作开发国内短缺资源，促进国内产业结构调整和资源置换，提高综合实力和国际竞争力。正是在这样的背景下，中国石油和中亚管道公司大力实施国际化战略，积极参与全球油气市场的竞争，大力开展国际化经营。

中亚天然气管道建设是对接中国与中亚国家能源合作战略的重要成果。中亚紧邻中国，油气资源丰富，被称为“21 世纪的能源基地”。中亚地区石油剩余可采储量为 42.95 亿吨，占世界总储量的 2.8%。天然气剩余可采储量为 19.63 万亿立方米，占世界总储量的 10.3%。随着国际能源市场的变化，中亚地区的能源战略地位越来越重要。中亚各国自独立后，面临的最大问题就是资金。为了解决

经济发展所需要的资金问题，中亚各国政府都制定了吸引外资的政策。在这些政策的引导下，世界各石油公司纷纷登陆中亚地区，到2005年，美国石油公司在中亚的投资就已经超过300亿美元。但是，中亚各国也不希望自己的能源合作仅限于少数国家，希望与更多国际力量合作，走能源出口多元化的道路，以保障经济安全。因此，当近邻中国鼓励自己的能源企业开拓海外能源市场的时候，与中国开展具有战略互补性的能源合作，也成为中亚各国的现实选择。作为后进入者，中国石油以自己的资金、技术优势，以战天斗地、百折不挠的精神，攻坚克难，经过17年的努力，逐步在中亚地区的能源博弈中站稳脚跟。在中亚地区，中国石油天然气集团公司秉承“奉献能源、创造和谐”的企业宗旨，坚持“互利共赢、和谐发展”合作理念，注重与资源国、合作伙伴等利益相关方共同发展，大力支持资源国当地经济发展，赢得了资源国和合作伙伴的广泛认同、尊重和信任，在国际上树立了中国石油的品牌形象。2013年9月，中国国家主席习近平在哈萨克斯坦纳扎尔巴耶夫大学提出：为了使我们欧亚各国经济联系更加紧密、相互合作更加深入、发展空间更加广阔，我们可以用创新的合作模式，共同建设“丝绸之路经济带”。习近平主席的这一构想，使得中国与中亚的能源合作具有了新的历史机遇。丝绸之路经济带涵盖了中国能源的主要陆上通道。丝绸之路经济带上的中亚，是中国重要的能源供给区之一。丝绸之路经济带的能源合作，对减轻中国海上能源进口压力、保障中国经济可持续发展意义重大。

中亚天然气管道建设是对接国家能源通道战略的重大成果。为切实保障能源安全，从21世纪初我国就开始积极构建四大油气战略通道，包括西北方向的中哈油气管道和中亚天然气管道、西南方向的中缅油气管道、东北方向的中俄油气管道以及东南方向的海上油气进口管道。在中国四大能源战略通道中，除海上能源通道外，西北能源战略通道是最早投入运行的陆上能源通道。继2006年投运的中哈原油管道之后，中亚天然气管道成为第二个正式投入运营的管道。同时，它也是最早投入运行的陆上跨国天然气运输通道，而且是所有能源战略通道中跨越国家最多、建设周期最短的能源通道。中亚天然气管道作为四大能源战略通道之一，为中国经济社会发展提供了充足、稳定的气源，同时也带动了中亚地区尤其是落后国家的发展。中亚管道公司统筹规划、攻坚克难，历经10年建成中国首条陆上天然气进口管道——横跨土库曼斯坦、乌兹别克斯坦、哈萨克斯坦和中国四国的中国—中亚天然气管道，建设里程5496千米（A/B/C三条管道总里程），管道输气能力550亿立方米/年。中亚天然气管道与中哈原油管道共同组成中国四大能源战略通道的西北能源通道，通过它们，来自中亚的“蓝金”和

“黑金”源源不断地输往中国的企业和家庭，对保障中国能源安全和改善能源消费结构发挥了重要作用。

三、与集团发展战略协同的战略共同体

中亚天然气管道项目是中国石油国际化战略部署的重要内容。中国石油天然气集团公司是国有重点骨干企业和中国主要的油气生产商和供应商，是集油气勘探开发、炼油化工、销售贸易、管道储运、工程技术、工程建设、装备制造、金融服务于一体的综合性能源公司。2016 年，在世界 50 家大石油公司综合排名中位居第三，在《财富》杂志全球 500 家大公司排名中位居第三。中国石油以建成世界一流水平的综合性国际能源公司为目标，通过实施战略发展，坚持创新驱动，注重质量效益，加快转变发展方式，实现到 2020 年主要指标达到世界先进水平，全面提升竞争能力和盈利能力，成为绿色发展、可持续发展的领先公司。随着“一带一路”的油气合作成为公司海外油气产量和经济效益的主要来源，国际油气管道建设与运营已经成为中国石油的重要业务板块。截至 2016 年，海外运营的油气管道总里程达到 14507 千米。其中，原油管道 6604 千米，天然气管道 7903 千米。全年输送原油 2593 万吨、天然气 439 亿立方米。中亚天然气管道是中国石油国际油气管道网络的重要组成部分。以中国石油 1997 年收购哈萨克斯坦阿克纠宾油田为标志，中国石油落子中亚。中国石油与中亚各国的合作，不是简单的勘探生产和油气贸易，而是更加关注资源国的诉求，在推进大型基础设施建设、下游炼化加工和装备制造等方面的全面合作，促进了双方的共赢发展。

中亚管道公司“构筑能源丝路，打造高效能油气战略通道”的战略愿景，是中国石油冲刺世界一流企业战略的有效落地与执行。“十二五”以来，国资委审时度势，提出了推进中央企业世界一流企业建设的战略目标，明确了“十二五”及未来中央企业改革发展的核心目标就是做强做优中央企业，培育具有国际竞争力的世界一流企业。这一目标是基于中央企业的地位作用，立足国家整体发展战略所提出来的。中央企业大多处在关系国家安全和国民经济命脉的重要行业和关键领域，做强做优中央企业，是加快转变经济发展方式、实现科学发展的必然要求，关系经济社会发展的全局，关系全面建设小康社会宏伟目标的实现。21 世纪的第一个十年，我国成功抓住了重要机遇期，经济社会发展取得了举世公认的巨大成就。国际金融危机以来，世界政治经济格局发生了重大变化，我国在国

际政治经济中的影响力越来越大，必须形成一批与之相匹配的大企业大集团。中央企业大多是行业排头兵，经过多年来的改革发展，活力和竞争力大幅提升，许多企业在某些方面接近或达到世界先进水平，有的已经达到世界领先水平，具备了发展成为具有国际竞争力的世界一流企业的基础和条件。为此，要进一步做优做强中央企业，集中力量，集中资源，培育一批在国际市场上能与跨国公司同台竞争的大企业大集团。为响应国家中央企业的有关战略部署，中国石油天然气集团公司提出“建设世界一流综合性国际能源公司”的战略目标。2016 年，集团公司工作会议明确提出坚持稳健发展方针，以质量效益为中心，大力实施资源、市场、国际化和创新四大战略，着力强化安全环保，着力重塑良好形象，加强和改进党的领导，继承弘扬大庆精神、铁人精神，到 2030 年分两步走建成世界一流综合性国际能源公司。这是新常态、新形势下集团制定的宏大战略和高远目标，具有里程碑意义，既契合中央“加快培育一批具有世界一流水平的跨国公司”的要求，又体现了集团公司身为国有重点骨干企业自我挑战、勇攀高峰、永不止步的追求和抱负。集团公司经过快速发展，总体规模实力已经达到世界水平，但距离世界一流水平仍有较大差距。而跨越“世界水平”、升级“世界一流”，强调的是在规模实力保持领先的前提下，公司核心竞争力和国际影响力要实现质的飞跃，经营业绩与管控能力等关键指标保持领先，整体综合实力迈入世界大石油公司“第一阵营”。作为集团公司的重要业务板块，中亚管道公司根据内外部环境和自身资源条件提出的“建设世界先进水平国际化管道公司”的战略发展目标，是中国石油战略的重要支撑和有机组成。中亚管道公司的战略落地与成长是中国石油集团战略的有机构成。一方面，中国石油集团公司坚持做优中亚油气战略通道、把中亚地区做成“资源、供应、效益、品牌”四位一体的“一带一路”核心油气合作区的部署，为中亚管道公司做强做优做大带来重大战略机遇。另一方面，中亚管道公司不断践行中国石油的集团战略，在国际油气管道建设与运营方面有力支撑了集团战略的落地。

第二节　大视野下战略谋划

习近平主席提出“一带一路”倡议后，国务院国资委采取一系列措施认真落实，指导和推动中央企业积极参与“一带一路”建设。在国家和中央企业进一步深化“一带一路”倡议的背景下，为了应对国内外能源市场的新挑战，中亚管道公司根据公司自身发展阶段和业务结构的变化，确定了“构筑能源丝路，打造高效能油气战略通道”的战略愿景。如图 2-2 所示。

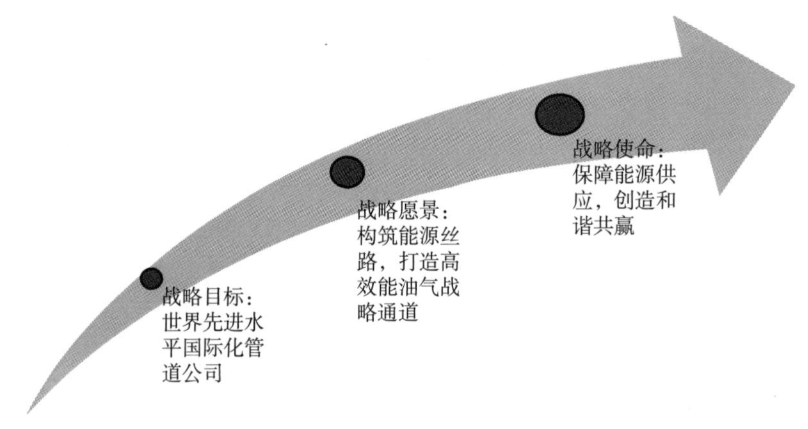

图 2-2　中亚管道公司战略

一、战略使命与愿景

战略使命是企业在社会进步和社会、经济发展中所应担当的角色和责任。“保障能源供应，创造和谐共赢”是中亚管道公司的战略使命，是国家能源战略和集团国际化战略在公司的落地和延伸，是公司获得组织合法性和发展合理性的基本依据，指明了公司业务架构和能力建设的基本方向。建设跨国能源战略通道的初心是“为祖国加油、为民族争气”，这是中亚管道公司事业的源泉和动力。基于这样的考虑，中亚管道公司确定的战略使命是“保障能源供应，创造和谐共赢”。中亚管道公司战略使命的内涵包括：秉持“互利共赢、共同发展”合作理念，持续建设完善中亚油气管道，助力“丝绸之路经济带”建设；坚持环保优先、安全第一，创造能源与环境和谐；履行社会责任，带动沿线国家能源和经济发展，创造企业与社会和谐；践行以人为本，实现企业与个人同步发展，创造企业与员工和谐；关注并维护利益相关方合理利益诉求，持续提升企业价值，实现企业可持续发展。具体到“十三五”时期，就是要以党的十八大，十八届三中、四中、五中全会和习近平系列重要讲话精神为指导，贯彻落实集团公司总体部署和海外油气业务工作要求，积极践行“一带一路”倡议，加强和改进党的领导，继承弘扬大庆精神、铁人精神，坚持稳健发展，坚持创新驱动，推进粗放管理向精细化管理转变，推进传统管理向信息化管理转变，着力确保安全，着力提升效益，着力促进和谐，全面建成世界先进水平国际化管道公司，为中国石油天然气集团公司建设世界一流综合性国际能源公司做出新贡献。

战略愿景是对未来的一种憧憬和期望，是组织努力经营想要达到的长期目标。战略愿景是要解决企业“希望成为什么”的问题。根据新时期内外部环境的变化以及中亚管道公司自身能力提升的要求，中亚管道公司将公司的战略愿景确定为，“构筑能源丝路，打造高效能油气战略通道”。公司的战略愿景是支撑集团成为世界一流能源企业战略的重要构成，同时也是通过大幅提升运营效率迎接国内外能源市场变化、实现中亚管道公司自身持续健康发展的根本出路。高效能油气战略通道的内涵性要求包括：①规模实力较强。“十三五”末公司管理油气管道规模和输送能力进一步提升，能源保障能力有效增强，规模实力跻身世界重要油气管道公司行列。②综合效益显著。安全平稳高效输送原油和天然气，管输费控制在合理水平，实现集团公司整体利益最大化；关键技术经济指标达到行业领先，公司可持续发展能力强；保障国家能源供给安全的作用突出。③管理规范高效。管道建设和运行水平居于业内前列，技术标准先进，公司治理体系规范适用，信息化与管理深度融合，QHSE 绩效指标持续优良。④团队职业精干。建成一支规模适宜、业务精湛、结构合理的高素质管理和技术人才队伍，形成一批管理和技术的领军人才，培训及岗位资质认证体系建立完善，员工属地化率保持在 80%以上。⑤文化和谐共融。与股东方、社会、员工、自然环境的关系和谐融洽，树立以人为本的理念，大力弘扬中亚管道人精神特征，企业关爱员工、员工感恩企业的氛围浓厚，企业凝聚力持续提升。形成适应管理需要、融合双方特点的合资公司企业文化。

“保障能源供应，创造和谐共赢”的战略使命和“构筑能源丝路，打造高效能油气战略通道”的战略愿景，是中亚管道公司一以贯之的战略活动的自然延续和升华。在 A/B 线建设时期，为落实集团公司“中亚地区要率先建成海外油气合作示范区”的战略部署，中亚管道公司提出将中亚天然气管道项目建成中亚油气合作示范区示范项目，成为“五结合”典范，即：中国石油整体优势与国际项目管理模式相结合，又好、又快、又省建设项目的典范；中方内部协调与跨国协调相结合，运行机制顺畅，运行管理先进，安全平稳运行跨国管道的典范；中国石油特色与中亚区域特点相结合，管理规范高效，国际化经营管理的典范；中方核心利益与所在国重大诉求相结合，商务运作灵活务实，互利共赢合作的典范；人员属地化与人才全球化有机结合，员工结构合理，职业化团队建设的典范。在总结前期建设经验的基础上，2011 年 1 月，公司提出“十二五”期间建成“规模实力较强、综合效益显著、管理规范高效、团队职业精干、文化和谐共融”的国际化管道公司。2014 年 1 月，随着公司管道运行和工程建设、项目管控和公司治理持续并存，管道业务已由中亚三国延伸至整个中亚地区，公司根据新的形势和要求，进一步提出全面建设在中亚地区有影响力的国际化管道公司。经过五年的不懈努力，国际化管道公司建设目标基本完成，“十二五”规划圆满收官；建成了连接土—乌—哈—中四国的 A/B/C 线大型天然气管道系统，哈南线建成投产，完成了我国西北能源供应通道的战略布局，成为丝绸之路经济带建设的先行者和实践者。面对内外部新的挑战，2016 年 2 月，中亚管道公司在 2016 年工作会议暨一届一次职代会上，确立了“十三五”期间全面建成世界先进水平国际化管道公司的建设目标。中亚管道公司战略发展目标的不断升级是在战略使命和战略愿景驱动下不断响应国家和集团战略、不断适应外部环境变化、不断追求更高能力战略抱负的过程。

中亚管道公司“构筑能源丝路、打造高效能油气战略通道”的战略愿景，是公司审时度势、积极迎接外部新挑战的决心和宣誓。“十二五”以来，公司发展的内外部环境发生了深刻变化，公司发展面临很多新的困难和挑战：天然气消费市场出现新变化，削弱了中亚气的竞争力；世界石油市场将维持供应宽松格局，国际油价可能较长时间低位震荡，天然气价格也将相应走低；我国经济进入新常态，经济增长由依赖自然资源转变为更多地依靠技术和创新，供给侧结构调整和转型加速，天然气消费增长受到抑制。在这样的背景下，“十三五”期间公司管输能力有较大富余，短期内公司冬季“保供”、调峰的作用和角色无法改变。公司盈利创效的形势不容乐观。受输量、管输价格、运行成本及过境国财税政策等综合影响，公司效益指标完成压力和难度加大。特别是“十三五”前两年，受低输量及哈萨克斯坦坚戈贬值的后续影响，公司经营形势十分严峻。2016 年公司合并利润出现亏损，实现“保现金流为正、保考核利润为正、保 A 级企业、保员工薪酬”的底线目标难度很大。以此同时，管道安全平稳运行的风险增加。中亚天然气管道站场设备设施种类繁多，伴随输量上升，运行时间增长，各种矛盾问题逐步显现和暴露，管道安全运行风险日趋加大。天然气输量冬季和夏季严重不平衡，给管道平稳运行带来很大困难。此外，中亚地区安全局势趋紧，防恐形势日益严峻，管道安全面临的外部压力上升。在这样的背景下，中亚管道公司的战略愿景，是公司全面消除在运营管理、技术创新、标准体系等方面的短板，通过全面提质增效化解内外部挑战和风险的决心和承诺。

中亚管道公司“构筑能源丝路、打造高效能油气战略通道”的战略愿景，是公司高瞻远瞩、把握新机遇的战略抱负。虽然“十二五”末期以来，公司发展面临的各种不确定性因素逐渐增多，但随着国家供给侧结构性改革和产业转型升级的深入推进，总体上看，公司仍处于发展的战略机遇期：一是天然气市场前景仍然非常广阔。石油天然气仍然是未来较长时期的主导能源，随着我国能源消费结构调整、治理大气污染等工作力度的加大，天然气发展潜力巨大。预计“十三五”以后，我国天然气消费将迎来较快增长，这无疑给公司带来了难得的发展机遇。二是集团公司战略布局凸显了中亚管道公司的独特优势。我国加速实施“一带一路”倡议，中亚天然气管道是中国与中亚国家打造命运共同体的重要桥梁和纽带，战略地位特殊。集团公司海外业务突出中亚—俄罗斯的战略布局，大力推进“一带一路”合作工程，加之天然气与管道业务是集团公司加快发展的成长性业务，这为公司的可持续发展创造了有利条件。在国家能源结构深度转型和“一带一路”倡议深入实施的大背景下，中亚管道公司适时提出“构筑能源丝路，打造高效能油气战略通道”的战略愿景，其核心内涵是公司在对接和践行国家战略的过程中不断利用和开拓机会，进而培育和提升自身的核心能力。

中亚管道公司 SWOT 分析如图 2-3 所示。

	优势（Strengths）	劣势（Weaknesses）
	➢ “一带一路”战略先行者和践行者，具有得天独厚地理优势，战略管道定位没变 ➢ 管网主体布局完成，新建管道，整体设计水平先进，管输能力充足，资产优良	➢ 管理基础薄弱 ➢ 管道运行成本高 ➢ 当地国生产运行人员素质亟待提高
机会（Opportunities）	SO 战略（发挥优势，利用机会）	WO 战略（克服劣势，利用机会）
➢ 国家“一带一路”战略提供历史机遇 ➢ 国家大力推进生态文明建设，相继出台包括天然气价格改革等在内的多项政策，积极培育和释放市场需求，鼓励天然气产业健康发展。天然气业务仍然是战略性、成长性和价值性发展业务	➢ 加快世界先进水平国际化管道公司建设 ➢ 推动实现经营管理方式转变 ➢ 夯实安全保障、效益稳步提升、和谐发展环境基础 ➢ 实现有质量发展	➢ 加强低油价下天然气盈利模式研究 ➢ 实施精细化管理 ➢ 发挥存量资产效率，提高运行负荷率，优化D线工程投资和节奏，实施低成本战略，加强投资和成本控制，改善经营效益，实现有效益发展
挑战（Threats）	ST 战略（利用优势，应对挑战）	WT 战略（克服劣势，应对挑战）

图 2-3　中亚管道公司 SWOT 分析

二、战略目标与战略执行

在“保障能源供应，创造和谐共赢”的战略使命和“构筑能源丝路，打造高效能油气战略通道”的战略愿景的统领下，中亚管道公司将对标国际、国内一流管道公司作为战略提升的主要目标，并制定了清晰的分阶段的战略目标，即到2020年，建成“世界先进水平国际化管道公司”，全面实现“十三五”规划目标。其主要特征是规模实力较强，综合效益显著，管理规范高效，团队职业精干，文化和谐共融。公司的创效能力、竞争力和创新力明显提升，综合实力跻身世界管道公司先进水平行列，在行业具有一定的影响力和话语权；到2030年，率先全面建成具有全球竞争力的世界一流国际化管道公司，有效助力集团公司世界一流综合性国际能源公司建设。实现从“世界先进水平”向“世界一流水平”迈进，强调的是在规模实力持续增强的基础上，公司核心竞争力和国际影响力要实现质的飞跃，安全绩效、经营业绩与管控能力等关键指标保持领先，整体综合实力迈入世界大管道公司“第一阵营”。

公司从管道资产、HSE、运行、经营、人力资源和财务绩效六个方面与国际和国内先进水平进行对比分析。总体看，中亚管道公司在规模和安全指标方面已经能够比肩甚至高于国际同行，但在质量、效益指标方面，与国际和国内先进水平尚有较大差距，在经营管理方面，还存在许多短板和不足，突出表现为：①标准体系不健全。企业技术标准手册仍处于试行阶段，需要不断改进；HSE管理体系还需结合公司实际进一步完善；质量管理体系尚未健全。②运行操作员工素质和专业能力水平有待进一步提升，高层次技术和管理人才不多。③公司运营效率、能耗、维修维护与大修理等方面的管理效率和技术水平还需不断能改善和提升。④科技和管理集成创新能力有较大提升空间，信息化水平有待进一步提高。⑤企业文化引领公司发展的作用有待挖掘，学习型企业文化未完全形成，融合中外方特点的企业文化在合资公司尚需进一步推进。鉴于此，公司未来的战略目标就是通过弥补质量管理体系、人才培养、信息化建设、加强企业文化引领作用等短板大幅提升公司的运营效率。

为了实现“保障能源供应，创造和谐共赢”的战略使命和“构筑能源丝路，打造高效能油气战略通道”的战略愿景，公司进一步将战略任务落实为“四个转变”和“六项部署”。其中，“四个转变”为：以战略创新强化管理职能，加强规范股权管理，完善合资公司绩效管理体系，逐步实现由管中方项目向管合资公司转变；以战略思维审视调整经营策略，构建科学完善的管理体制机制，全力推动经营理念转变；以战略思维打造人才队伍，建设一支适应国际化经营管理的人才队伍，全力推动队伍建设转变；以战略统领落实全面从严治党，探索海外党建工作新模式，全力推动党建工作转变。“六项部署”为：持续开展精细化管理和开源节流降本增效工作，深入推进提质增效，确保全年效益指标完成；继续完善四国多方运行协调机制，多方面持续夯实管理基础，提升管道运行管理水平；突出质量效益，有序推进各项工程建设；加强基础管理，持续推动体系建设和能力建设，确保 QHSE 风险受控；转变管理方式，强化合规管控和信息化管理，提升管理水平；加强党的建设，全面落实党建工作责任。“四个转变”和“六项部署”是公司战略使命和愿景有效转化为企业管理活动和员工的行动指南和任务表，是公司战略落地的重要保障。

第三节　大战略下构筑核心能力

核心能力是保证企业保持独特竞争优势的，兼具价值性、稀缺性、不可模仿性、不易流动性的竞争能力。与国内外同行相比，中亚管道公司的核心能力主要表现为三个方面：①高效实干的战略执行能力。②兼容并蓄的集成创新能力。③柔性变通的组织创新能力（见图 2-4 所示）。执行能力确保了中亚管道公司的战略使命和愿景能够有效实施和落地；集成创新能力使得中亚管道公司可以兼容并蓄地整合和利用国内外的最佳管理实践和科技要素；组织创新能力则使得中亚管道公司可以通过制度设计与利益相关者形成共赢发展的命运共同体。

一、实干高效的战略执行能力

对于组织而言，执行力是一套系统化的流程。这套流程保证了组织坚持不懈地跟进，并随着环境变化而不断提高执行力以适应变化所带来的挑战。执行力有两个核心要素：一是按照计划落地的能力，二是当遇到计划外事件时随机应变的能力。组织流程包含了正式的组织结构，但更重要的是保证正式组织结构能够有效运转的以企业文化为核心的“惯例”。中亚管道公司，“智慧+拼命”的企业文化恰恰反映了企业执行力的两个内在要求：“拼命”体现了计划内任务的落地，

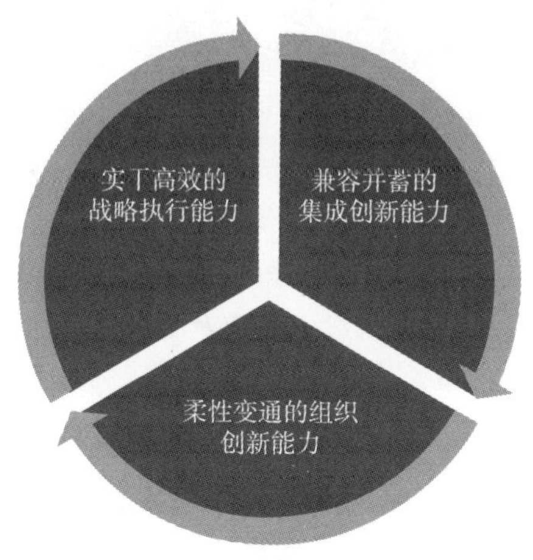

图 2-4　中亚管道公司核心能力

“智慧”反映了公司面对计划外挑战和任务时的随机应变。

“拼命”是大庆精神和铁人精神的内核。大庆精神和铁人精神是中国石油的优良文化传统和宝贵精神财富。大庆精神的内涵包括为国争光、为民族争气的爱国主义精神，包括独立自主、自力更生的艰苦创业精神，包括讲求科学、“三老四严”的科学求实精神，包括胸怀全局、为国分忧的奉献精神。概括地说，就是“爱国、创业、求实、奉献”。铁人精神则集中体现了包括中亚管道公司各级员工在内的中国石油工人的精神风貌：“为国分忧、为民族争气”的爱国主义精神；“宁可少活 20 年，拼命也要拿下大油田”的忘我拼搏精神；“有条件要上，没有条件创造条件也要上”的艰苦奋斗精神；“干工作要经得起子孙万代检查”“为革命练一身硬功夫、真本事”的科学求实精神；“甘愿为党和人民当一辈子老黄牛”，埋头苦干的奉献精神等。中亚天然气管道建设是大庆精神和铁人精神的集中体现。中亚 AB 线的建设表面看是在 28 个月内完成，但建设者们在两年期间几乎没有周末、没有节假日地拼命工作，人均日工作时间达十五六个小时。如果把这些因素都考虑进去，则 AB 线的建设时间则远远超过 28 个月。是所有中亚天然气管道参建者用拼命精神把建设时间缩短了。大庆精神和铁人精神是中亚管道公司的优良文化传统和宝贵精神财富。10 年来，中亚管道不仅自身传承这种精神，在工作中发扬光大，更是以身作则，将这股精神传递到合资公司的员工中。中亚管道公司的企业文化得到了中亚地区员工的认可和赞同，并在潜移默化中感染着他们，在中亚地区逐渐形成了互相欣赏、互相学习的文化氛围。在中亚地区，来自不同民族和地区营造出团结一致、和谐共赢的企业文化，打造出一支多元文化融合、拼搏向上的国际化员工队伍。

中亚天然气管道项目继承和发扬大庆精神，既体现在对抗恶劣自然条件时爬冰卧雪的艰苦，也体现在用基于职业素养和敬业精神的“智慧”灵活应对各种复杂商务环境的挑战上。把热爱祖国、忠诚石油的满腔热情化为坚定和执着，在一次又一次的艰难谈判中，坚决维护中方核心利益，不动摇、不退缩，赋予了大庆精神、铁人精神新的内涵。例如，2009 年 3 月，正值中亚天然气管道快速推进的关键时期，乌方突然提出管道改线，绕行乌主要产气区加兹里。当时距单线通气仅剩不足 8 个月时间，改线段需要详勘、设计和订购管材等，从技术和施工组织看，如果改线根本无法保证年底通气。为了解决这个难题，中亚管道公司既明确表明态度，毫不动摇地坚守“年底通气”这个底线，同时，又组织人员夜以继日地进行测算并提出几种可能解决方案。经过 40 多天连续奋战，终就“现有单线+双线绕行加兹里”的方案与对方达成一致。利用单线保住了中方年底通气这一不可动摇的目标，利用绕行段兼顾了对方的诉求和中方的长远战略利益，巧妙化解了双方矛盾，维护了合作大局，为年底通气扫清了障碍。既坚定地锁定战略目标，又灵活变通地化解矛盾、解决问题，是中亚管道公司讲求“智慧”的企业文化在具体管理活动中的鲜活体现。

在“拼命+智慧”的企业文化之外，中亚管道公司还逐步培育形成了具有凝聚力的“家”文化。贯穿于日常管理的“企业为家”理念，让身在海外辛苦工作的中方员工收获一份踏实，也让外方员工同样感受企业大家庭的温暖，激发了员工主观能动性，使员工尽心尽力工作，成为企业高效执行力的重要基础。在长期的合作中，中亚地区的中国员工、中亚员工，包括西方员工逐渐形成了团结一致、和谐共赢、拼搏创新的企业精神和共同价值观。在中亚地区，员工对企业的归属感、荣誉感和忠诚度都大大提升，员工之间、员工和企业之间真诚合作，互相包容，互相尊重，团结一致为公司生产经营目标奋斗。

在不断传承和拓展企业文化的同时，中亚管道公司还特别强调通过党建工作形成正式化的制度和组织结构，从而将企业文化切实转化为企业效率和效益。中亚管道公司的党建工作坚持“三同步、五带头”原则，即成立海外项目时同步成立党组织，调整项目行政班子时同步调整党支部、党总支班子，部署项目建设任务时同步部署党建任务，通过“三同步”加强党建工作的组织保障；带头树立管理创新意识，带头树立成本控制意识，带头树立安全环保意识，带头树立合作共赢意识，带头树立终身学习意识加强思想建设，通过“五带头”将企业文化固化为管理活动。通过坚持在践行“三严三实”中重塑中国石油良好形象，坚持发挥思想政治工作的首位作用，忠诚事业、奉献报国、拼搏进取的领导集体和职业团队在中亚管道的发展中始终发挥着战斗堡垒作用，使“为国争气”的价值追求深入人心，管理者和员工队伍始终保持“低调、务实、职业、高效”的价值理念和工作作风，为公司稳健发展提供了强有力的思想保证和组织保证。如图 2-5 所示。

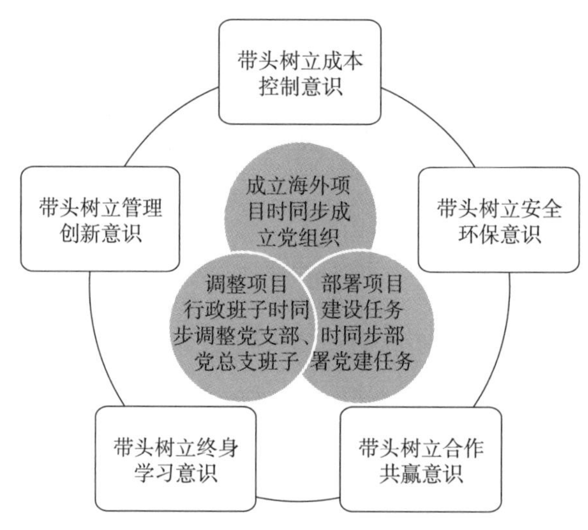

图 2-5 中亚管道公司党建的“三同步”“五带头”原则

二、兼容并蓄的集成创新能力

从项目的特定需求出发，集成各种优势资源和知识，是复杂产品项目（CoPs）技术创新和管理创新的重要能力。从管道设计角度来看，在中亚天然气管道工程建设过程中，汇集了中国石油以及管道过境国最精华、技术力量最强的管道设计队伍，可以说是一场跨国管道建设的盛宴。管道建设坚持高标准、高起点、高水平的设计理念和质量要求，设计理念充分接轨国际标准。与此同时，中亚天然气管道的设计思想和设计理念并不是完全一味追求最强设计，并不是完全照搬国外的高标准、高指标，而是充分结合经济能力、施工水平、施工地段的实际情况，形成既兼容并蓄又以我为主、因地制宜地设计建设标准。中亚天然气管道建设的主要设计依据是国家和企业间签署的各项协议，管道建设的规模、管道起止点及线路宏观走向、建成投产时间等基本参数，项目使用标准规范和法律法规，工程的管理模式、基本经济参数和融资方案等都体现了政府和企业间协议的要求。在此基础上，不断根据实际情况优化线路，通过多方设计单位会审，最后制定设计方案。

在设计施工方面，中亚管道公司的核心能力在于，能够在兼容并蓄的基础上进行以我为主的施工标准集成。中亚天然气管道项目的设计规范尽可能以通用的国际规范的标准为基础，充分地结合当地标准，同时根据中方的设计建设能力和项目建设的实际需求，适时转化（等效）和创造体现中方能力的中国标准，从而有利于国际交流和国际接轨，更有利于与中亚国家在标准、规范领域内达到互认共识。由于中亚国家一直沿袭使用苏联标准，有些领域与国内、国际标准差异显著，给中方建设单位在设计、施工等方面造成了诸多不便。中亚管道公司在设计建设过程中，全面了解、熟悉、分析这些差异点，提前做出相应措施，并在项目实施过程中不断积极协调和动态调整，极大地避免了事后标准冲突问题带来的效率损失，在高效完成项目建设任务的过程中，提升了自己的设计建设能力和标准培育发展能力。

在技术创新方面，中亚管道公司能够有效利用国内外及企业自身技术之所长，通过集成创新有效解决工程建设和管理中面临的技术难题。中亚天然气管道工程是中国石油迄今为止规模最大的国际管道工程。面对跨多国国境施工、有效工期只有 200 多天的困难，中亚管道公司严密组织，科学部署，突破传统施工模式，使整个项目建设按计划稳步推进。着眼于管道建设和运行的实际情况，中亚管道公司大胆引入国内和国际上较为成熟的先进技术，并对工程建设和运行过程中的技术成果进行有效集成和综合运用，在中方主导下加强国际间不同技术标准的融合，既保证管道技术的先进性，又大大降低施工成本，成为公司在转变发展方式过程中的关键因素。以管道建设中关键的管道焊接技术为例，在焊接工艺上，常用的手工焊由于焊接效率低下，已逐渐成为辅助焊接手段，全自动焊及半自动焊接工艺及其新的组合工艺在中亚天然气管道线路焊接中得到推广应用，如在线路施工上除采用 CRC 全自动根部内焊机+自动外焊机、PWT 全自动根部外焊机+自动外焊机及 STT 半自动根焊+半自动焊接技术外，针对全自动外焊机设备不足问题，技术人员还创新地把 CRC 根焊技术、PWT 外部全自动根焊技术与焊工最熟练的半自动焊技术结合，将管道焊接中全自动焊接与半自动焊接的优点结合起来，打破了原有管道焊接技术中常用的“纤维素焊条+半自动焊”工艺常规思维，创造性地开发了“全自动焊+半自动焊”新的管道焊接工艺技术，有效地提高了管道根部焊接速度，减少了根部焊接缺陷，同时整体焊接进度达到原来的1.5倍，显著降低了劳动强度和施工机具及焊接材料成本。

三、柔性变通的组织创新能力

中亚天然气管道项目从一开始就带着组织创新的基因，通过组织创新有效地实现了高效推进、以我为主和多方共赢的目标，成为中国企业“走出去”和“国际化”的独特范本。一系列的组织创新实践，让中亚管道公司凭借“‘一带一路’区域跨多国大型天然气管道运营管理”项目，在全国企业管理现代化创新成果评选中获国家级创新成果一等奖。

一是“分国分段建设”的合作模式创新，实现高效建设目标。一般而言，按照全球通行的行业模式，跨境管道修建一般需要管道过境各国坐在一起进行多边谈判，达成共识后再组成联合体，然后进行融资和招标。然而，由于跨境管道建设事关各国现实利益，难以在规定的工期内完成复杂的多边协议谈判组建联合体。中哈天然气管道的预定通气时间是2009年底，如果按照惯常的模式和做法，走完一系列程序就可能要到2009年下半年了，时间显然远远来不及。为了抢进度、抢时间，在预定的时间内实现管道通气，中方的谈判团队探索了一种全新的谈判模式：分段谈判，化多边为双边。中亚管道公司创新思维，果断务实地采用了“分段分国建设和运营”模式，巧妙回避了中亚各国关系紧张这一敏感问题可能给项目带来的影响，大大缩短了商务谈判的时间，同时相对加大了中方的股权比例，增强了中方的话语权。最终，通过“分国分段建设”的模式，在28个月的时间内，中亚天然气管道就成功启用，创造了全球油气管道建设的奇迹。这一全新的模式和经验，在国际能源宪章论坛等平台上也受到了世界同行的高度关注和赞赏。建立灵活的项目治理机构，充分推动项目开展，保证了工程工期和项目的可实现性。其中，最核心的经验是分国分段成立合资公司。

二是“对等股权”的合资模式创新，实现合作共赢。“一带一路”倡议鼓励各国自愿参与，遵循市场规律和商业规律，各方自愿平等参与，“共商、共建、共享”，共同推进，合作不附加任何条件。具体到中哈两国在建设和运营天然气管道的合作实践，也是完全建立在平等的基础上的。虽然项目投资来源于中国，但中方对于投资没有附加任何不平等的有损哈方利益的条件。在双方创建的合资项目公司——中哈天然气管道合资公司中明确规定，中哈双方各占50%股份。在整个项目实施过程中，中方虽然利用专业技术和组织管理优势，对重大决策问题起主导和引导作用，但均是建立在双方平等协商的基础上。因此，对于哈萨克斯坦而言，既能吸引规模庞大的外国投资，又能平等地享受投资带来的丰厚收益，这是哈萨克斯坦愿意积极参与本项目合作的前提和基础，也必将为未来更多“一带一路”倡议项目的实施提供借鉴和参考。在建设中亚天然气管道的过程中，中国还分别与哈萨克斯坦、乌兹别克斯坦两个过境国成立了“对等股权”（50%：50%）的合资公司。股权50%：50%如何决策和管理，又是一个组织创新的典型案例。为了保证合资双方的对等合作，提高公司工作效率，一套全新的公司组织架构被设计出来：双方轮流派人担任总经理，所有重要岗位都设置“双岗”，有任何事情都由合资双方人员商量着办。中亚天然气管道项目始终恪守互利共赢的合作原则，兼顾各方利益，发挥各方优势，在尊重双方利益的前提下，建立了居于利益和前景共识的信任与合作。中亚管道公司确定了“确保中方核心利益，关注合作方合理利益诉求，打破常规，中方主导，合作共赢，共同发展”的指导思想，用于指导项目全过程各项工作的实施。在具体的操作实践中，通过利益的纽带将项目各方连接成为共同体，在利益的博弈中寻找均衡的状态，使项目各方都能从管道的建设和运营中各取所需，从而构造一种“激励相容”的制度安排，实现共赢。

三是建立多方协调的纠纷解决机制创新。中方在合资公司中的股权比为50%，不能在运营期间实现绝对的控制，出现的问题若交由当事方解决，难免会导致推诿责任和效率低下，影响中方的核心利益。与此同时，在中亚跨多国天然气管道运营管理中，“分国分段建设”的管道如何连接起来统一运营，是一个很大的挑战。比如说，土、乌、哈、中四国的技术标准原本不同，各国各项目管理风格差异很大，各股东利益诉求并不一致，以致执行阶段出现了不少麻烦，如管道运行管理方式习惯不一、多种类设备种类维护标准有差别、维修抢修资源不能共享，等等。总之就是管道全线一体化管理缺乏基础，增加了运营管理过程中的不确定性。为了给管道创造一个“目标统一、责任共担、协调有力、合作共赢”的运营环境，由中亚管道公司主导和推动，在四国七方各自之间商务合同的基础上建立了一个跨多国联合调度的工作机制，即“运行协调委员会”。“运行协调委员会”以协调工程运营过程中的技术和操作问题为主，对管道运营中的争端进行集中统一管理。在此平台上，以中方为主导，建立全线联系制度，可以保证顺畅的沟通协调，从而实现未来30年管道的平稳运行。“四国运行协调委员会”每年召开两次会议，参会的包括沿线气源方、沿线管道方、购气方、接气方等八方相关代表。在会议上，各方通过协商确定中亚天然气管道的年度、半年度、月度供输气计划和维检修计划等工作，以协调解决天然气管道运行过程中的难点和焦点问题。而与沿线各方的具体协调，由中亚管道公司的协调调度中心负责执行。中亚协调调度中心作为这条管道的总指挥部，利用 SCADA 系统、工业电视，对管道运行实施 24 小时的监控，通过应用模拟仿真技术，对每日工况下的最优运行策略进行精准核算，就像管道的“大脑”，精确地核算每一天的管道最优输气量，指挥着这条能源“大动脉”运行；同时，中亚协调调度中心也是突发事件下的应急指挥中心，应急领导小组在此利用视频会议系统，通过大屏幕，与现场进行实时联动，保证了管道的平稳安全运行。

四是国际大工程项目的组织模式创新，实现“以我为主，多方协调”。中亚天然气管道项目采取了“业主+PMC+第三方监理+EPC”国际化项目管理模式，并在此基础上实现了创新与发展。“业主+PMC（Project Management Contractor，项目管理承包商）+第三方监理+EPC（Engineer Procurement and Construction，设计采购施工承包商）”管理模式的组织与合同关系。“业主+PMC+第三方监理+EPC”模式体现着一种国际化运作的管理思想。德国 ILF 公司管理严谨规范，信誉卓著；Moody 公司是国际上知名的监理公司，有着近百年的监理历史，在长输管道方面有相当业绩。通过引入国际化的管理队伍，也引进了国际化标准，对提升中亚天然气管道项目的建设水平和品牌认知度具有积极意义。同时，在国际化运作与项目实际需要相结合的策略的指导下，中亚管道公司集中对管理模式的内容进行了创新，对各参与方的职能进行了充分发挥和引申。

随着市场环境和公司运营管理条件的变化，未来公司在战略执行能力、集成管理能力和组织创新能力的基础上，正在对标国际一流系统谋划提升运营管理能力，从而进一步形成战略执行、集成管理、组织创新和高效运营四种核心能力共同支撑公司实现从优秀到卓越。

第三章

科学架构　协商建立治理共同体

中亚管道公司作为国有跨国管道公司，其项目具有跨多国、一体化、规模化等特点，项目的实施需要建立科学完善的治理模式，才能确保公司经营目标的有效实现。中亚管道公司坚持以党建统领业务发展，在“安全、高效、和谐”管理思想、“股权多元、各司其职、各负其责、协调运转、有效制衡”治理机制下，从全局性考虑，创新建立“分国分段、对等股权、多元管控”的跨国管道治理新模式，形成高效科学、共同参与的治理共同体，打造“层级扁平、股权清晰、行权高效、风险可控的海外油气管道专业化投资和运营平台”，实施“总部—项目公司”两级管理体制，以促进国家战略的实现、满足管道项目多国各方的利益需求。

第一节　坚持以党建统领业务发展

中亚管道公司作为一个优秀的国企，能够取得今天的成就离不开党的领导。强化党建工作，充分发挥各级党组织的战斗堡垒作用和党员的先锋模范作用，是中亚管道公司得以克服各种困难不断发展向前的动力源泉。公司党委在集团公司党组的正确领导下，坚持“围绕中心抓党建、抓好党建促发展”的工作思路，坚持党要管党、从严治党的总要求，持续深入加强作风建设，全面落实党委主体责任，坚持把企业改革发展中的难点热点作为党建工作的重点，把提高生产经营成效作为党建工作的出发点和落脚点，逐步建立与企业发展战略目标相一致、与企业发展模式相匹配、与企业经营管理方式相协调的党建工作机制，促使企业党建工作融入中心工作、引领中心工作，为推进公司生产经营和各项工作任务的完成提供了强有力的思想、政治和组织保障。

一、始终把党的建设放在首位

（一）组织机构全覆盖

习近平同志在全国国有企业党的建设工作会议上强调：“坚持党的领导、加强党的建设，是我国国有企业的光荣传统，是国有企业的‘根’和‘魂’，是我国国有企业的独特优势。坚持建强国有企业基层党组织不放松，确保企业发展到哪里、党的建设就跟进到哪里、党支部的战斗堡垒作用就体现在哪里，为做强做优做大国有企业提供坚强组织保证。”公司从成立之初到现在，党的组织建设经历了从无到有、从小到大、从大到强的建设过程，做到了“管道建到哪里，哪里就有党员；党员走到哪里，哪里就有党支部”。目前公司党委所属 3 个党委、4 个党总支、21 个党支部，保证了公司各级党组织健全率 100%，为坚持党的领导、加强党的建设提供了组织保障。如图 3-1 所示。

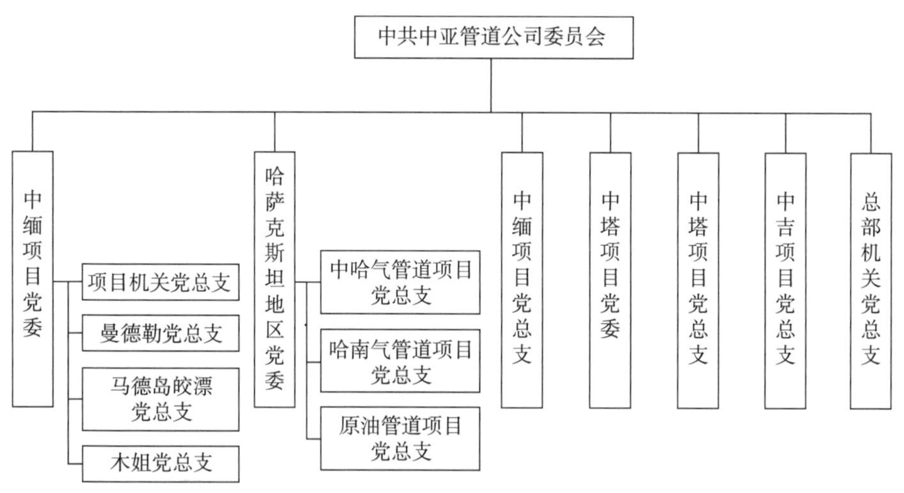

图 3-1　中共中亚管道公司委员会

（二）领导核心政治核心不动摇

公司党委在集团公司党组的正确领导下，坚持“围绕中心抓党建、抓好党建促发展”的工作思路，认真贯彻党的历次全会和习近平总书记系列重要讲话精神，坚持党要管党、从严治党的总要求，公司党委紧紧抓住发挥领导核心和政治核心作用的关键，坚决贯彻落实党中央和集团公司党组系列指示精神，坚持“把方向、议大事、抓重点”，从基础工作入手，加强思想建党，严格落实组织制度，抓住党建工作的“牛鼻子”，不断完善各级党组织在决策、执行、监督各环节的权责和工作方式，使党组织发挥作用组织化、制度化、具体化，积极处理党组织和行政、工会等其他治理主体的关系，明确权责边界，做到无缝衔接，形成各司其职、各负其责、协调运转、有效制衡的公司治理机制。

（三）“两个责任”严落实

公司党委成立了以党委书记为组长，以党委委员和所属单位党委书记、总部机关相关业务部门负责人为组员的党风建设和反腐败工作领导小组，调整充实了党风建设和反腐败工作领导机构，把党风建设和反腐败工作列入领导班子和领导干部目标管理，融入企业改革发展各项工作，做到一起筹划、一起部署、一起实施、一起考核。为进一步加强反腐倡廉工作，公司党委成立公司党的纪律检查委员会，设置纪委办公室；按照配强纪委书记和纪检委员的要求，指导公司哈萨克斯坦地区党委、中乌项目党委成立党的纪律检查委员会，明确中吉项目党总支、中塔项目党总支、总部机关党总支纪检委员，配齐配强兼职干部，充实纪检监察队伍力量。

公司党委牢固树立“不抓党风廉政建设就是失职”的意识，以高度的政治责任感和自觉性履行主体责任，纪委积极发挥监督作用，督导党委班子成员认真履行“一岗双责”责任，按照分工抓好职责范围内的反腐倡廉工作，形成齐抓共管的良好局面。以2016年为例，公司签订了党风廉政建设责任书224份，让“一岗双责”有了落实的标准和依据。综上，依据《2016年党风廉政建设指标考核细则》并结合KPI考核对所属单位党风建设和反腐败工作进行考评，在横向上，与PPAD考核相结合，每季度对全体员工落实党风廉政建设情况考核一次，年底综合考评一次。公司纪委及时跟进，尽好监督职责，每季度对班子成员落实“一岗双责”责任情况进行检查，填报落实党风廉政建设责任情况统计表，保证了党委统一领导、班子成员“一岗双责”、纪委落实监督责任工作体系的正常运转。

二、坚持把专项教育活动抓出实效

对于全党开展的主题教育活动，公司党委坚持规定动作不走样、特色内容有内涵、个性动作有成效；坚持模范带头，以上率下；坚持务实作风、问题导向，取得较好效果。特别是近年来，紧紧抓住党的群众路线教育实践活动、“三严三实”专题教育、“两学一做”学习教育等专题教育活动、学习宣传贯彻党的十九大精神，全面推进和加强党建工作。

党的群众路线教育实践活动中，各级班子和班子成员认真查找问题，用“钉钉子”精神，坚持问题不解决不撒手，解决不彻底不罢休，扎扎实实纠正了“文山会海”、管理程序复杂、管理创新不足、思想有所懈怠、超标准宴请、车轮上的铺张等问题，实实在在解决了群众反映强烈的“海外员工家属探亲、人员轮换、站场人员休假、心理健康巡诊、关爱家属”等问题；修改完善《公司公务车辆管理办法》《公文处理办法》等7项制度，新制定《授权管理办法》《反探亲管理办法》等6项制度，废止不适用制度6项，整改行动和结果接受群众公开监督，在民主测评中群众满意率达到100%。

在“三严三实”专题教育中，公司党委突出严的要求、严的精神，以从严从实作风开展专题教育，把发现问题、解决问题作为专题教育的出发点和落脚点。在讲党课中，公司党委认真审核教育提纲，要求大家讲真心话、讲接地气的话。总部以视频形式连线海外项目全体党员，海外项目党委（总支）班子成员把党课送到基层工作场站、工作现场；在三个专题学习研讨中，党委中心组模范带头，坚持每个专题开始之前有部署，中间过程有督导，结束之时有总结。瞄准忠诚、干净、担当的标准，带头学习，带头查找修身、用权、律己方面存在的问题，带头建立问题清单和整改台账。通过教育，公司上下提振了精气神、锤炼了好作风，激发了广大党员干部干事创业的工作热情和进取精神。

“两学一做”学习教育活动中，公司党委加强顶层设计，提出了“五结合”总体要求，明确了七项具体措施，积极开展“四合格四诠释”岗位实践活动，认真推进“两学一做”学习的教育常态化制度化。公司党委集中听取所属党委、总支、支部学习教育准备工作汇报，对方案计划给予点评和指导，营造了“比一比”“赛一赛”的良好氛围。班子成员以普通党员身份参加所在党支部组织的“两学一做”学习教育的学习研讨、听党课、做点评、讲党课。党委（总支）、支部书记和班子成员带头讲党课，各级党组织共讲党课140余次。扎实组织四个专题的学习研讨，共收集学习体会360余篇，研讨成果16篇。所属党委（总支）教育开展活跃。通过活动，党员们自豪地亮出党员身份，更多地了解党、理解党、热爱党，不忘初心前行、不辱使命拼搏的斗志更加昂扬。

在学习宣传贯彻党的十九大精神中，以“读原著、学原文”为主要内容开展“集中学习月”活动，拟定10个研究题目，让基层党支部能够结合工作实际进行更深层次的思考；要求领导干部既要做干事创业的实干家，还要做十九大精神的宣传家，带头在支部开讲党课，督促党员干部学懂弄通还要会用；公司党政主要领导分别带队，远赴项目和基层站场，用了近一个月的时间实现集中宣讲全覆盖，期间还与项目骨干开座谈听体会，赴基层站场讲党课谈心得，通过“集中宣讲+交流座谈+基层党课”的组合动作，在公司上下掀起了学十九大精神、思公司发展、促岗位实践的热潮，为公司站上新起点、绘制新蓝图提供了政治引领。

三、推进党建工作落实落细落小

（一）加大宣传力度，强化思想建设

中亚管道公司加大了党建宣传力度，强化了思想建设。在宣传媒介上，中亚管道公司构建了“3+N”的宣传格局。“3”是指一网、一微、一刊，即用于文化宣传和工作生活交流的三个平台——公司网络、微信平台和纸质刊物。“N”是指拓展众多的外部宣传媒体阵地。公司网站是展现公司企业形象的重要窗口，突出传播信息的“权威性”，专题制作了“两学一做”“运行管理”“员工微视频”“知识产权宣传周”四个网站专题；录制编辑并发布了中心组学习专家讲座、优秀党课、运行管理专题培训、摄影知识讲座等培训视频共计50余部。公司内刊《丝路国脉》突出“感情味”，以员工为核心，旨在讲好海外石油人的故事，设计制作更加注重品质。2016年，《丝路国脉》四期共计发布稿件170篇次，围绕员工，尤其是公司海外员工，从不同的角度展现了其工作、学习、生活上的所思、所想、所悟；突出微信企业号平台的多样性，及时向海外员工传递公司重大信息，发挥微信“中央一套”的重要作用，同时结合新媒体的轻松娱乐特性，发布员工喜欢看的、想要看的内容，体现了小平台的“大作用，阅读量、点赞量节节高升。依托《中国石油报》等各类公司外部媒体平台，让公司的最新经营成果、未来战略方向及各类先进事迹及时为外部所知，使得公司的外部形象更加立体、饱满，树立了公司在系统、国内外利益相关者中的良好跨国管道公司形象。

（二）坚持落实制度，加强党委和基层组织建设

落实组织生活制度，不断加强自身建设是中亚管道公司落实党建工作的重要

保证。中亚管道公司的每次民主生活会都坚持严把材料关、严把会前谈心交心关、严把批评和自我批评关、严把会议指导关，做到会议准备不够充分不开、批评和自我批评没有火药味不过关。公司党委成员按照分工赴海外项目参加项目班子的民主生活会，现场指导、严格把关。落实双重组织生活制度，党委书记带头以普通党员身份参加所在党支部的组织生活，其他班子成员都积极严肃地以普通党员的身份参加所在党支部的组织生活。落实联系点制度，公司党委建立党员领导干部联系点，每名班子成员联系一个项目，与出差工作合并，坚持到联系点与一线员工谈心，现场办公解决问题，并将情况向党委汇报。贯彻执行民主集中制，完善并严格落实公司《“三重一大”决策制度实施细则》，公司重大事项决策、重要干部任免、重要项目安排、大额资金的使用，都严格经过公司党委集体讨论做出决定，在干部任免、重要项目安排和大额度资金的使用中从未发生问题。

通过加强党委和以党支部建设为核心的基层建设，公司规范了党员组织生活，将以党建为基础形成将中国石油优良传统与中亚管道公司的最新实践相结合的管理模式，在此基础上，党组织对各级干部进行培训，从而形成持续、稳定的管理模式和风格。在基层支部，特别是一些远离祖国、远离城市的基层站场，支部书记排忧解难拿主意，把在万里管道线上的每一名基层员工，与公司、公司党委紧紧连在了一起，做到了员工“离开祖国但不离开组织”、党员“不亮身份但不忘发挥作用”。

（三）针对海外特点，抓好思想政治教育

公司党委高度关注海外基层班子建设，持续开展大庆精神、铁人精神“再学习、再教育、再深入”活动，牢固树立“为国争气”的价值理念，党委联系基层、动员基层的作用得到充分彰显。针对国际形势复杂，海外诱惑大的实际情况，及时抓好思想政治教育。精心准备学习资料，组织开展“转作风、树清风、严纪律、促廉洁”主题教育活动；在领导干部中开展从政道德教育活动，组织广大党员干部认真学习《领导干部从政道德启示录》，观看《失德之害——领导干部从政道德警示录》等。哈地区党委深入总结海外党建经验，将公司的关爱一直落实到员工心底的牵挂，把支部培养人、向组织推荐人的功能用程序规范起来，成为支部建设融入中心的生动案例。中乌项目着力打造支部“家”文化，用支部建在站上的“家”文化，对冲远离祖国亲人的离“家”失落；用支部平台的密切沟通和切磋，放大中方团队本来就已突出的技术实力，成就了中方股东对管道平稳运行的保障力和控制力。中缅项目及时总结支部建设规律，按照属地一致

的原则调整了支部设置和党员关系，党员的组织归属感明显增强，支部生活的热度和凝心聚力的强度得到提升，在推进重组改革和应对伊江突发险情的过程中发挥了稳定器的重要作用。通过教育使基层党组织及广大党员深知所处的环境的复杂性，明确肩负的任务的艰巨性，增强了凝聚力，提升了执行力，巩固了控制力，激发了“为国争气”的积极性和主动性。

（四）通过使命责任教育，强化干部及员工岗位职责

中亚管道公司紧扣“责任分解、责任考核、责任追究”三个环节，落实党风廉政建设责任制。严格执行党风廉政建设责任制和“一岗双责”制度，明确班子成员抓反腐倡廉的工作责任和工作目标，细化工作要求，强化领导责任，使每一个领导干部都知其任、明其职、出其力、尽其责，不断增强党风廉政建设责任制的针对性和实效性。党委坚持落实党风廉政建设工作研究、报告工作制度。按照责任要求，逐级分解落实党风廉政建设工作，形成一级抓一级、层层抓落实的责任，把“副职分管、正职监督、集体领导、民主决策”的权力运行机制落实到位，使“一岗双责”落到实处。2017 年，组织 10 次中心组集中学习，举办 3 期支部书记培训班、3 期局处级干部十八届六中全会培训班、1 期十九大精神学习班，着力于集中解决一些较为突出和紧迫的认识问题、理念问题和工作方法问题，增强了党员干部开展工作的政治能力。班子成员定期向公司党委汇报落实“一岗双责”和联系点建设情况。继续采取正面教育与反面警示相结合的方式抓好廉洁从业教育。加强党纪条规学习教育，强化全体党员纪律规矩意识。突出抓早抓小，对苗头性倾向性问题敢于批评、及时提醒，把问题遏制在萌芽状态，继续保持反腐倡廉建设的良好态势，为所有党员职工的健康成长提供保证。

中亚管道公司通过党建强化了党员干部和普通党员职工的岗位职责，使广大党员职工规范自身行动，严格执行工作标准，认真履行岗位职责，杜绝以权谋私，杜绝为求个人利益而损害公司利益的行为发生。通过规范职责权限，完善决策程序，强化权力制约，促使各级党员干部坚持用党性原则和纪律规矩来约束规范自己，不断加强党性锻炼和道德修养，发挥党员的模范带头作用，形成了公司廉洁公正的工作环境和严谨的工作作风，为中亚管道公司打造世界先进的国际化管道公司的战略实现奠定了基础。

四、党建引领公司特色文化

（1）启动引擎，用“智慧+拼命”精神引发展。公司的天然气管道是我国首

条引进境外天然气资源的跨国长输管道，项目涉及中、土、乌、哈四个国家，协调难度大，建设工期紧。中亚天然气管道AB线的建设完成仅用了28个月的超短工期，而国际上同类管道建设需要6年。在建设中，公司党委注重企业文化建设，广大员工在施工中不怕苦累、任劳任怨、开拓创新实践活动逐渐凝聚成“智慧+拼命”的精神，创造了“中亚速度”，给了世界一个奇迹。在公司快速发展的关键时期，通过组织策划各种活动，成立党员突击队、青年突击队等活动，使广大员工在“智慧+拼命”带动下牢记嘱托，敬业拼搏，攻坚克难，为大庆精神、铁人精神注入了新内涵，全力确保管道施工安全顺利，确保管道运行安全平稳，从遥远的中亚将天然气输送到祖国。“智慧+拼命”成为中亚管道人战斗的号角和永不磨灭的番号。

（2）选树典型，绽放“榜样之花”的魅力。典型就是力量，有了榜样之花才能结下硕果。典型不仅具有积极向上的正能量，更重要的是传承了企业自身的精神。公司党委不仅选树了典型，更进一步做好了通过树立典型、弘扬先进，发挥典型的教育引导激励作用的工作。为了规范工作，公司印发了《关于加强先进典型培养选树工作的通知》。对各类典型的选树、推荐进行规范，使每次选树和向上级推荐典型能够按照公平、公正、公开的原则阳光操作。通过公司内外丰富多彩的宣传形式，让典型既有可读性、可视性、可看性，又可信、可亲、可敬，激励大家见贤思齐，营造学先进、赶先进、当先进的深厚氛围。五年来，公司荣获国家级个人荣誉9项、集体荣誉13项，荣获集团公司个人荣誉100项、集体荣誉57项，荣获海外勘探公司荣誉91项，很好地发挥了先进典型的辐射效应。

（3）借助“一带一路”，唱响“为国争气”的主旋律。作为国家“一带一路”建设中的先行者，中亚天然气管道则成为新闻关注的热点。2014年，配合中央电视台四路记者以及人民网记者就丝绸之路经济带专题对公司进行深度采访和现场采访，协作集团公司策划组织的《能源丝路新引擎——中国石油在中亚》新闻座谈会，获得集团思政部的表扬和感谢。配合石油报社制作四个版的《中亚油气管道特刊》和两个版的《中国石油在中亚专题报道》；新华社、《人民日报》等外部20余家主流媒体发稿80余篇（条），网络转载千余次。2015年，公司制定“丝绸之路经济带”背景下的公司形象建设工作方案（2015~2018年），即“五个一工程”，组织了两场“一带一路”倡议专题讲座；开展中亚天然气管道在“一带一路”倡议中的地位和作用征文活动，在《中国石油报》等外部媒体发表稿件8篇（幅），在春节期间、国家“两会”期间分别组织冬季保供和助力“一带一路”建设两次专题报道，新华社、人民网等十几家主流媒体作了报道。

第二节　构建合意的公司治理结构

公司治理结构是中亚管道公司战略目标得以贯彻的基础和运营效率得以确保的前提。通过构建多元的股权结构、科学的治理结构、有效的治理机制，优化调整运营管理工作，统筹优化配置资源，为整个中国石油既定目标的完成做出突出贡献。

一、多元的股权结构

股权结构是公司治理结构的基础，不同的股权结构对企业组织结构、控制方式、经营管理方式乃至效率等的形成都具有重大意义，最终影响了企业的行为和绩效。中石油中亚天然气管道有限公司（TAPLine）是中国石油集团直属企业，由中国石油集团专门负责海外油气投资业务的子公司——中国石油勘探开发有限公司（简称“中油勘探开发公司”，CNPCE&D）负责注资，为中国石油天然气集团公司全资子公司，于 2007 年 11 月 8 日在北京昌平成立，初始注册资金 40 亿元人民币。中石油中亚天然气管道公司主要承担集团公司在中亚地区的天然气管道投资、建设和运营业务，负责建设和运行的中亚天然气管道项目，是我国第一条境外跨多国进口天然气管道项目。2015 年，中石油中亚天然气管道公司完成股权重组后，由中国石油和国新国际集团各持股 50%，转型为中外合资企业。

（一）股权重组前中亚管道公司及其子公司（AB、C 线）股权结构

2007 年 11 月至 2011 年 1 月，中石油中亚天然气管道有限公司为中国石油天然气集团公司的全资子公司，其各子公司为 50%：50%对等股权结构，负责 AB、C 线及哈南线建设与运营。TAPLine 作为投资管理型公司，主要资产体现为长期投资，涉及跨境长输管道项目，实物资产主要分布在 3 家合资公司内，地域涉及哈萨克斯坦、乌兹别克斯坦和中国。

（1）中乌天然气管道有限公司（ATG）由中石油中亚天然气管道公司和乌兹别克斯坦国家油气控股公司（Uzbekneftgas）合资成立，双方各持 50%股份。ATG 公司主要负责中亚天然气管道乌国境内 AB 线和 C 线三条管道（每条长约

529 千米）的建设和运营。管道西起土乌边境，东止乌哈边境，与哈国的 AB 线和 C 线分别相连，已于 2009 年 12 月投入商业运行。

（2）中哈天然气管道有限公司（AGP）由中石油中亚天然气管道公司（TAPLine）和哈萨克斯坦天然气运输股份公司（KTG）合资成立，双方各持有 50%的股份。AGP 公司主要负责中亚天然气管道哈国境内 AB 线和 C 线管道（每条长约 1300 千米）的建设和运营。该段管道西起哈乌边境，东止中国境内霍尔果斯，与西气东输二线相连。

（3）别依涅乌—奇姆肯特天然气管道有限公司（BSGP）由中石油中亚天然气管道有限公司和哈萨克斯坦天然气运输股份公司共同组建，双方各持 50%股权。BSGP 公司主要负责哈国境内中哈天然气管道二期工程（哈南线）约 1450 千米管道的建设和运营。该段管道起点为哈国境内别伊涅乌，途经巴佐依，终点为哈国境内的奇姆肯特，与中亚 C 线相连。

（二）股权重组前中亚管道公司及其子公司（D 线）股权结构

2014 年 2 月至 2015 年 8 月，中亚管道公司作为中国石油天然气集团公司的全资子公司，在管道所在国设立分公司，负责 D 线的建设与运行。

中亚 D 线过境乌、塔、吉三国，路由不同于 AB/C 线。中亚管道公司结合过境国投资环境特点，在借鉴 AB/C 线模式的基础上，对中亚 D 线的项目组织和管理模式进行了调整，改变了 AB/C 线在过境国当地成立合资公司的做法，由中亚管道公司与塔国的国家天然气运输公司设立合资公司。中塔天然气管道有限公司持有管道资产，并在过境国设立项目公司负责建设和运营，中外双方各持有 50%的股份。中亚 D 线吉国段比较特殊。由于吉尔吉斯斯坦没有国家天然气运输公司，经与吉国政府协商，中亚 D 线吉国段由中方成立独资公司负责运作。

（三）股权重组后中亚管道公司及其子公司股权结构

2015 年 11 月至 2017 年 7 月，中亚管道公司通过内部重组、投资人投入、股权交割，科学设计股权结构，促进企业股权多元化。为实现中亚天然气管道股权多元化，达到收回部分现金流的目的，中国石油决定对中亚管道公司进行股权重组。

（1）内部重组。通过设立“泛欧亚管道（北京）有限公司”，将公司 D 线资产进行剥离，完成中亚管道（香港）、新疆公司从 TAPLine 的股权转让及股东变更为“泛欧亚”；中油勘探新设 100%持股的子公司（以下简称“天津泰普公司”），并将 TAPLine 转让给天津泰普公司；完成 TAPLine 股东变更、股权转让及工商变更登记。

（2）投资人投入。积极参与中油勘探开发公司与国新国际（隶属于中国国新控股有限责任公司）关于签署《股权出售合同》和《中外合资经营合同》谈判，审查修改重组 TAPLine 公司的章程。

（3）股权交割。天津泰普公司将 TAPLine 50%的股权转让给国新国际投资有限公司下属子公司曼松控股有限公司（香港），TAPLine 公司成为中国内地和中国香港合资企业。

（4）吸收合并。新设“中亚管道有限公司”（以下简称“中亚管道”），完全持有在泛欧亚公司名下的 D 线股权等资产，吸收合并后注销泛欧亚，并将中哈原油管道和西北管道纳入中亚管道公司管理。2017 年 7 月 20 日，按照集团公司党组深化改革统一决策部署，中亚管道有限公司与中国石油集团东南亚管道有限公司（以下简称“东南亚管道公司”）合并组建中油国际管道公司，强化海外管道业务专业化管理。

（四）股权多元化的运行成效

股权结构通过反映公司的所有权性质和各股东之间的权力关系，决定着公司治理结构，影响着公司经营绩效。发展混合所有制经济、实行股权多元化是中亚管道公司的发展趋势，探索国企改革重组的路径，可有力分散中国石油海外勘探开发公司对外投资风险，降低有息负债比率，有效提高国有资本运营效率，增强企业竞争力。总体而言，有利于形成中亚管道公司战略导向化、效益目标化、资产轻量化等治理特点。

（1）有利于实现公司治理的战略导向化。按照建成世界先进水平国际化管道公司要求，注重战略导向，建立现代企业制度。中亚管道公司借助国新国际的风险管理体系和投资决策机制，大力推进国际化经营，保证海外项目运行的效率和效果，提高市场竞争力，实现国有资产保值增值。同时，通过与国新国际合作，相互融合形成异制性股东，中亚管道公司治理水平也不断提升。

（2）有利于实现公司治理的效益目标化。中亚管道公司实现股权多元化合作后，企业经营效益和综合实力显著增强。合资合作的经济效益表现为：管输能力的进一步提升，管道输油气的平稳高效，综合实力的显著增强，管理基础的持续夯实。一方面，在项目运营管理上：2016 年，各项目累计向国内输送天然气 357 亿立方米，输送原油 1007 万吨；向哈萨克斯坦国内输送天然气 20.8 亿立方米，输送原油 466 万吨。另一方面，在企业经营绩效上：中亚管道公司为海外板块乃至集团公司贡献逾 200 亿元人民币的合并利润，为整个集团公司业绩指标的完成做出突出贡献。

(3) 有利于实现公司治理的资产轻量化。中亚管道公司实施股权多元化，实现了国有产权有偿转让、重新组合和合理配置。为了顺利引进投资人，中亚管道公司通过市场机制对现有资产进行评估，摸清了资产的使用价值，明确了企业的责任制度，并在股权价值评价、生命周期发展前景描绘、评审专家组答疑、尽职调查、资料搜集与准备方面均充分发挥了积极主导作用。中亚管道公司在企业发展和项目投资中，关注盈利水平和投资效率，通过严密、巧妙的资本结构设计和融资担保设计，积极促进合资方共担风险，国有资产得到合理流动和配置，保值增值能力增强，实现企业的资产轻量化。

二、科学的治理架构

中亚管道公司在构建治理架构的过程中严格按照公司治理的要求，通过构建多元的股权结构，基于法律与规范、效率与控制、平衡与制衡、国际化与本土化等原则，遵循公司章程和所在国法律，创新健全符合中亚管道公司发展需要的治理架构。

（一）公司治理架构的构建原则

1. 基于法定与规范的原则

中亚天然气管道是我国引进中亚天然气资源的关键环节，无论是保障国家能源稳定供应还是提升集团公司天然气产业链整体价值，都要求中亚管道公司必须持续提升管道运营效率，具有较强的国际竞争力。受过境国法律、规范、标准以及外方股东管理理念和管理文化的影响，中亚管道公司在公司治理架构的构建上，必须要遵循过境国、中国以及公司现行的法律、规范、标准和章程。

2. 基于效率与控制的原则

中亚管道公司立足中国、中亚共同的战略利益和经济利益，以“安全、高效、和谐”为目标，组织和监控项目进展的流程、决策、指挥、监督、协调以及人员、工具等多方面的因素。为保证实现国家战略和集团利益，中亚管道公司在进行治理构架的构建时，需要加强内外部控制，提高经验效率。按照要求实施目标和计划，确定标准，衡量业绩。对于不同业务部门，效率标准往往要和具体业务直接挂钩，与各业务领域的员工及专家共同商讨。形成有效的组织结构、明确的制度、科学的规划、团队的良好协作、先进的预测技术、正确的决策系统以及敏锐的反馈系统，成为所有管理活动的出发点和归宿。

3. **基于平衡与制衡的原则**

公司治理架构决定了公司权力分配的内容与形式，中亚管道公司自2016年4月在与国新国际战略合作框架下，实现股权多元化，标志着公司治理架构要包括股东制衡机制和组织制衡机制这两方面内容。股东制衡机制通过股东之间的合作与制衡来实现所有股东权利与义务的平衡；组织制衡机制则通过股东大会、董事会、监事会等公司权力机关的组织安排和有效运行，“三权分立”形成权利的制约与抗衡，来实现所有者与经营者权利义务的平衡。同时，公司制衡除了内部制衡外，还要考虑外部制衡，即由监管机构、中介机构、新闻媒体和司法机构等社会外部力量形成的监督约束机制。内外部制衡机制相互联系、相互促进。

4. **基于国际化与本土化的原则**

从运营特征来看，中亚管道公司兼具国际化和本土化两大特点。一方面，中亚天然气管道过境乌兹别克斯坦、哈萨克斯坦、塔吉克斯坦等国家，是输送天然气的跨国公司，面对不同地域的社会政治、经济、文化，秉持着“国际化运作”管理理念。另一方面，公司在实施国际化战略的同时，针对不同国家和地区的标准和规则，只有结合本土企业的特点，实现本土化，才能迅速融入当地市场和内外部经营环境，被当地社会认同，降低交易成本。因此，中亚管道公司在构建公司治理架构时，必须体现出国际化和本土化的经营特点，使公司总部成为一个拥有各分支的网络状结构中心，采用多元化的结构形式，充分发挥各国别公司在网络状结构中独特的作用，有效配置与转移不同国别公司的资源，实现国际化与本土化的有机结合。

（二）公司治理架构的表现形式

在上述原则的基础上，中亚管道公司的治理构架势必与企业发展战略相一致，在“确保安全、提升效益、促进和谐”公司核心价值观的指导下，调整顶层设计，构建合规、高效的法人治理架构。

1. **治理模式**

公司治理架构以战略发展研究为引领，专注合规、高效管理，从管理框架、管理内容和管理方式上，研究在多股权、多法人情况下，“一套人马，三个法人实体”管理模式，并在此模式上构建法人治理构架，解决公司税务和审计风险，高效发挥一套人马的作用。

股权重组后，公司对中亚管道、中亚气（TAPLine）、泛欧亚公司形成“一套人马，三个法人实体”的管理模式。同时，公司分别签署《企业管理服务协议》，由中亚管道为中亚气、泛欧亚提供企业管理服务，实现中亚管道管理中亚气和泛欧亚公司的目标，理顺公司治理模式。

2. **治理架构**

党的十五届四中全会明确提出了公司法人治理结构是现代企业制度的核心。中亚管道公司在明确公司治理模式的基础上，构建了董事长领导下的总经理负责制治理架构。按有限公司章程中的规定建立了董事会和监事会，并且对董事会和董事、监事会和监事、经理层和高级管理人员在内部控制中的责任进行了明确规定。通过加强企业的内部控制，实现公司各权力所有者的相互制衡，降低企业的代理成本，并提升企业的整体运营效率。

TAPLine 作为中国内地和中国香港合资企业，按照公司章程规定，决策机构是董事会，为最高权力机构，由其决定企业的一切重大问题，另设以总经理负责的经营管理机构，负责执行董事会的决议，组织领导日常经营管理工作。该治理结构具有三个主要特点：①董事会作为最高权力机构，兼具权力机构和决策机构双重职能。②董事会名额按照合营各方投资比例确定，既可实现资本多数决，又可形成集体协商、集思广益的优势。③在董事会领导下，以总经理负责的经营管理机构负责企业日常管理，总经理独立行使职权，但承认合营各方对正、副总经理的推荐权。

对于中亚管道公司下辖的七个合资公司和两个独资公司而言，确立了以董事会为中心的公司治理架构。公司总部借鉴以往项目公司的经验，在各个项目公司设计时确立股东会、董事会二级管理体系，通过公司章程确定董事会的核心管理地位，且在董事设置中中方人员比例占优，采用简单多数原则决策机制，避免对等股份下公司股东会控制权均衡难以有效决策的问题。在法律上保证合资公司决策管理和决策控制的有效性。合资公司股东会、董事会的召开，促使公司治理更具有针对性，实现管理精确化，为推动项目执行提供了有利平台。合资公司按照政府间协议、公司创建协议和章程规定，根据实际工作需要，先后召开了多次股东会、董事会，积极有效推动了项目的执行。

在专门委员会的设置上，根据公司章程规定，中亚管道公司设内部控制与风险管理委员会、纪律检查委员会、内外部监督体系（内部审计、股东监督、外部监督）。全面评估公司面临的风险，保持良好的内部控制系统，确保董事会对公司的战略性指导和对管理人的有效监督，并确保董事会对公司和股东负责。

3. **权责分析**

在中国石油和国新国际各持股 50%的 TAPLine 的治理结构中，董事会、监事会和管理层之间通过公司最高权力机构（董事会）、监督机构（监事会）、经营决策机构（管理层）而形成各自独立、权责分明、相互制约的关系。

（1）董事会是公司的最高权力机构。TAPLine 董事会由 4 名董事组成，中石油方和国新方各委派 2 名董事，代表股东公司的利益及意志。董事会作为公司治理结构中的一个重要因素，其运作方式和效率高低，直接决定了公司治理的质量和效率。

（2）监事会是公司的监督机构。TAPLine 监事会作为公司的监督机构，由 3 名监事组成，分别由中石油方和国新方各委派 1 名，另一名监事由合营公司职工代表担任。监事会设主席 1 名，由监事会选举产生。

（3）管理层是公司的经营管理机构。TAPLine 的经营管理层包括总经理及副总经理，共设总经理 1 名，总会计师 1 名，副总经理 4 名，正副总经理由董事会聘请。

治理结构的各相关职责如表 3-1 所示。

表 3-1　中石油中亚天然气管道有限公司治理结构权责分析

治理机构	董事会	监事会	管理层
机构性质	最高权力机构	监督机构	经营管理机构
权责分析	（1）章程的修改 （2）合营公司注册资本的增加或减少 （3）合营公司的解散或清算 （4）合营公司与任何其他法律实体的兼并或收购，或合营公司的分立 （5）合营公司年度经营计划、资本支出计划、预算及超过预算 15%的支出、利润分配计划和经审计的财务报表 （6）合营公司股权投资计划 （7）合营公司的对外超过净资产 10%借贷、抵押、担保、权利负担的设定 （8）超过净资产 10%以上资产出售、转让、处置 （9）超过净资产 10%人民币以上诉讼、仲裁及纠纷 （10）董事会议事规则的制定和修改 （11）合营合同、章程或中国法律要求应由董事会决定的任何其他事项	（1）检查公司财务 （2）对董事、高级管理人员的职务行为进行监督 （3）对违法违规行为予以制止，并要求改正 （4）有权对董事、高级管理人员提出罢免的建议 （5）对董事、高级管理人员提起诉讼 （6）列席董事会会议等	总经理直接对董事会负责，执行董事会的各项决定，组织领导中亚管道公司的日常生产、技术和经营管理工作。副总经理协助总经理工作，必要时经总经理或董事会授权，代理行使总经理的职责

公司治理结构是按照权力机构、经营决策机构、监督机构分立与制衡机制的基础上设置的，体现了两权分离下公司各利益相关者的诉求，为公司有效运行、科学管理、民主决策、激励约束等提供了制度条件，体现了公司制度的优越性。

三、有效的治理机制

中亚管道公司结合实际情况，不断完善公司治理基本制度，明晰职责边界，优化激励约束机制、沟通协调机制、公司治理监督机制，积极履行社会责任。

（1）健全激励约束机制。中亚管道公司注重发挥经营考评的指挥棒作用，引导经营资源的优化配置，构建了与股东利益相一致的高级管理人员激励约束机制。建立起全面涵盖公司效益类、营运类、重点工作、控制等四大类指标为核心的考核评分体系，实施精细化考核方式。高级管理人员激励约束机制考核评分办法如图 3-2 所示。

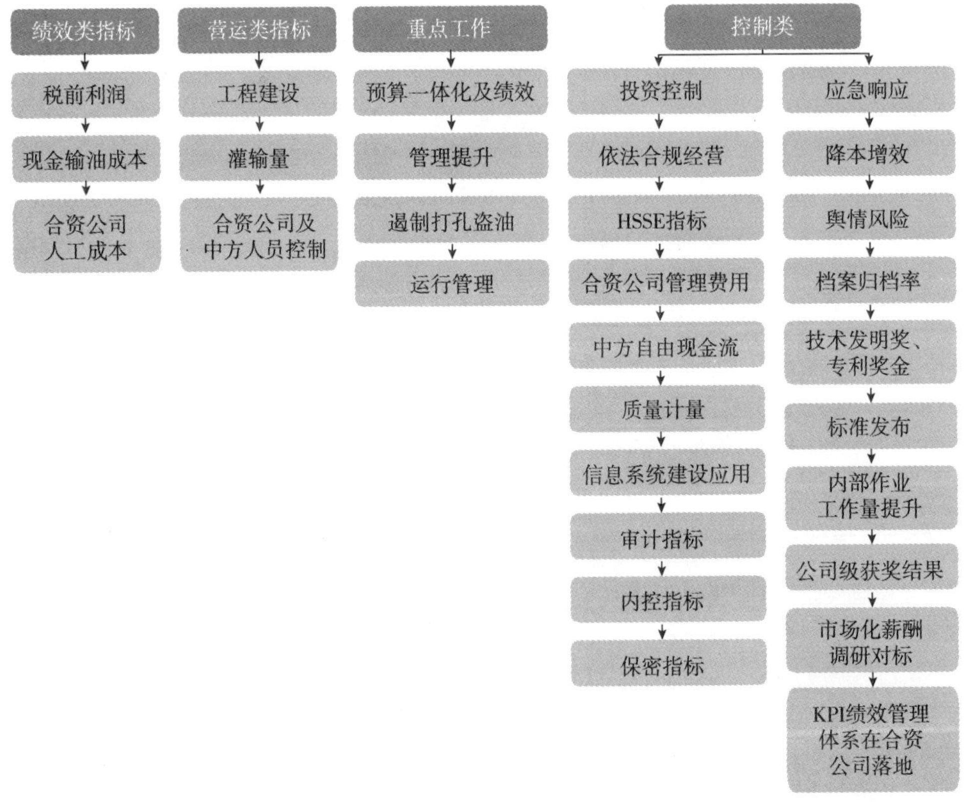

图 3-2　中亚管道公司管理人员激励约束机制考评体系

（2）建立科学决策沟通机制。中亚管道公司决策机制关注的是决策权在公司内部利益相关者之间的分配格局。由于公司内部治理的权力系统由股东会、董事会、监事会和经理层组成，并因此形成了相应的决策分工形式和决策权分配格局，因而公司决策机制实际上是层级制决策，是权力的分立与制衡的结果。同时，公司还不断建立健全沟通机制：首先，加强与监管机构积极沟通，主动推进监管规则对接，包括积极参与监管制度的制定和修订工作，配合开展各种检查活动等。其次，畅通与股东的沟通渠道，加强与投资者的交流。主动加强自愿性信息披露机制建设，持续拓展信息披露的广度和深度。再次，不断完善内部沟通机制，注重董事会、监事会、管理层之间的有效沟通，尤其是做好重要事项提请董事会审议前的会前沟通，确保董事充分了解相关信息，科学运作、研究讨论、民主决策。最后，正确处理与党委会、工会、职代会等的关系，努力实现不同治理主体之间的有机配合、顺畅衔接、有效协调。如图 3-3 所示。

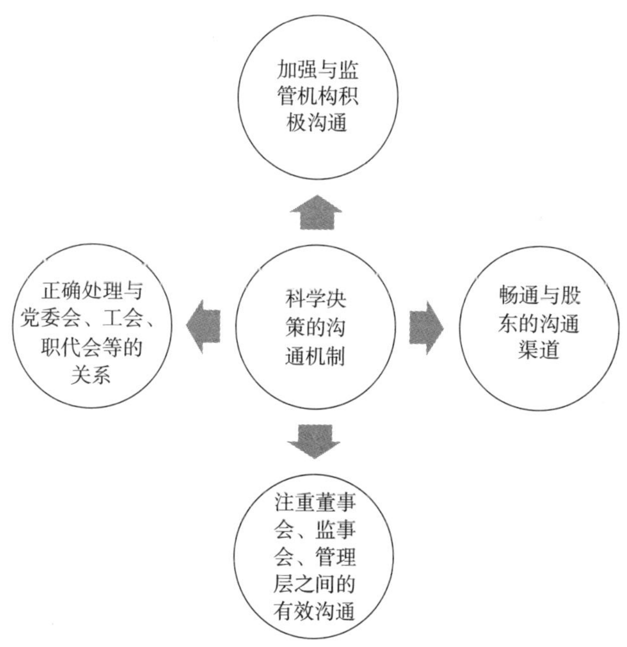

图 3-3 中亚管道公司的科学决策的沟通机制

（3）建立监督控制机制。公司内部监督机制既包括股东和董事或监事对经理人的监督和约束，又包括他们之间权力的相互制衡与监督。由于股东会不是常设机关，其日常监督权的行使往往交给董事会或监事会，仅保留对结果的审查和决定权力。围绕公司总体发展战略，以中亚管道公司治理框架为基础、以风险管控为导向，强化内部控制、内部监督两条主线，形成“一个基础，两条主线，三道防线”的工作机制，逐步提升海外业务抗风险能力。2016 年，公司治理结构和股权管理发生重大变化。目前，公司顶层架构存在中亚管道有限公司、中石油中亚天然气管道有限公司、泛欧亚（北京）有限公司等三个独立法人。主要以制度落实和程序完整为突破口，针对重要风险领域及业务环节进行抽查评估，实现重大风险全覆盖。

在加强企业风险管理的职能机构建设的基础上，进一步健全和完善公司风险管理的控制机制，以“风险管控上下联动、监督管理内外结合”为组织形式，全面分析各种不同的风险产生原因，提高风险管理水平，增强公司抵御风险和防范风险的能力。一方面，风险管控从公司和业务两个层面建立风险管理体系。其中，公司层面通过建立执行董事、内部控制与风险管理委员会，积极推进实施各项管控工作；业务层面通过设立内部控制与风险管理委员会办公室、内控审计处、所属单位企管部、相关岗位，全面提高各类风险管理水平。另一方面，内外部监督则从内部审计、股东监督和外部监督三个层面展开。其中，以执行董事/总经理、内控审计处为内部审计部门；以监事会、审计委员会为股东监督部门；以政府审计、税务监督、第三方审计为外部监督部门。构建了基本完善的内外风险管理体系，保持了资产质量的稳步提高和业务的健康发展。如图 3-4 所示。

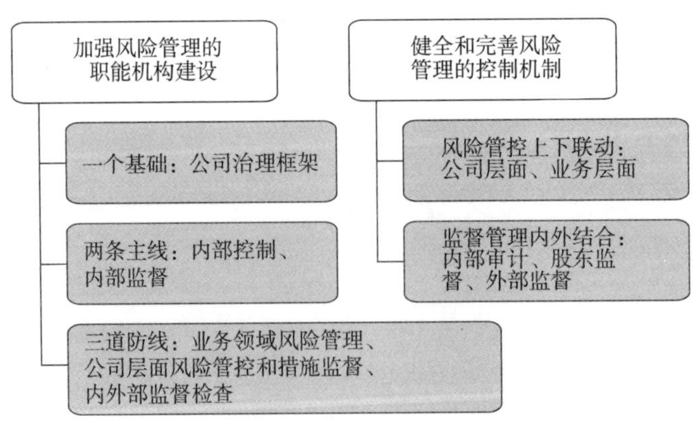

图 3-4　中亚管道公司监督控制机制示意图

通过构建合意的公司治理结构，中亚管道公司在董事会、执行管理层、外部审计和内部审计四个群体形成协同，为实现组织既定的目标，确保利益相关者的合法权益，及时准确地披露与公司有关的重大问题上，提供有效的风险管理和内部控制。

第三节　建立高效的组织架构

高效的组织架构是中亚管道公司项目运作和管理实施得以推进的首要条件。公司基于全面合理的构建原则，构建严密实效的组织架构，实行高效运行的组织规程，对实现中亚管道公司有效运转、提高企业公司效率、创新探索海外公司的治理模式，起到了基础性的作用，如图 3-5 所示。

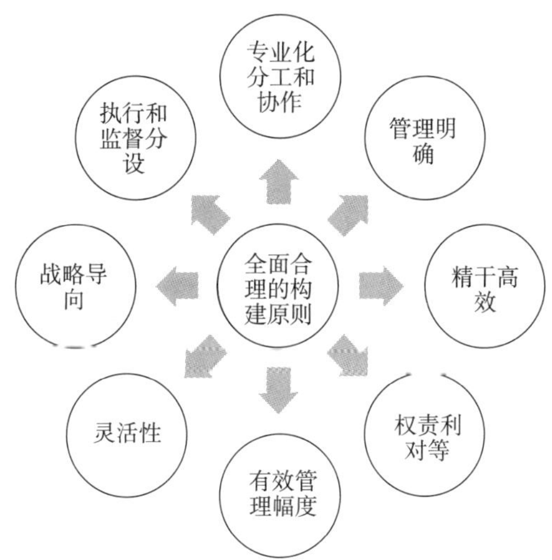

图 3-5　中亚管道公司组织架构构建原则

一、全面合理的构建原则

（一）专业化分工和协作原则

中亚管道公司在管理方面，始终围绕主体业务展开健全，以技术标准为主体核心，以管理标准为支持，以工作标准为保障，管理标准应包括计划管理、财务管理、生产管理、工程项目管理、HSE 管理、人力资源管理、党群管理、科技信息化管理、物资采购管理、绩效管理、合规管理、股权管理等。因此，在公司组织架构的设计上，也应实现责任落实、专业化分工和协作相结合。分别设置不同的专业部门，把公司的任务、目标分成各个层次，责任落实到部门、落实到人，提高管理工作的质量与效率。在合理分工的基础上，各部门还需加强协作与配合，保证项目的顺利开展，实现公司的整体目标。

（二）管理明确原则

中亚管道公司基于自身国际化、本土化、专业化的特点，为顺利在合资公司贯彻公司经营管理核心理念，在构建组织架构过程中就非常明确上下级管理制度。避免出现多部门领导，保证统一的指挥和命令关系。既要发挥公司统筹规划、综合协调的作用，又要结合各部门、各项目公司自身特点和优势，开拓性地开展工作。

（三）精干高效原则

坚持效益导向是中亚管道公司贯彻“智慧+拼命”企业文化理念打造效益中亚的现实需求，也是构建公司组织构架和运行规程的出发点和落脚点。企业经营运行会发生相关成本，如果组织结构设置不合理，各部门之间协调时间过长，就会导致资源周转速度放慢，利用率水平降低，从而延误了市场、投资等机遇，所以，中亚管道公司在保证任务完成的前提下，力求做到机构简练，人员精干，使每个人都在指定位置上发挥其才能，做到人尽其才。

（四）权责利对等原则

中亚管道公司仅用短短 6 年多时间，使中亚天然气管道 AB、C 线全部建成投运，尤其是 AB 线仅用 28 个月实现投产通气，创出国际油气管道建设史上令人惊叹的“中国速度”。这离不开责任明确、权力恰当、利益合理的组织架构。企业组织架构中出现分工，就必须明确职务，承担责任，享有相应的利益，建立明确的责权关系及规章制度，这样才能保障所有者对企业的最终控制权，形成所有者、经营者和员工之间的激励和制衡机制。

（五）有效管理幅度原则

中亚管道公司坚持以建设世界先进水平国际化管道公司为目标，以战略创新强化管理职能，以战略思维打造人才队伍，将全面加强公司党的建设，提升两级领导班子整体功能，培养职业高效的干部队伍。但由于受个人精力、知识、经验条件的限制，一名领导者能够有效领导的直属下级人数是有一定限度的。因此，领导者的管理幅度应控制在一定水平，以保证管理工作的有效性。

（六）灵活性原则

中亚管道公司经营管理工作是一个动态的整体，能否取得成效，既取决于外部政策、资源、条件的争取，也有赖于内部管理水平、效率的提高。那么，公司组织架构在设置时既要保证组织在外部环境和企业任务发生变化时，能够继续有序地正常运转；同时又要保证组织在运转过程中，具有一种内在的自动调节机制，能够根据变化了的情况做出相应的变更，具有一定的弹性和适应性。

（七）战略导向原则

中亚管道公司作为中国石油集团直属企业，其一切经营管理活动都必须在国家能源发展战略的指导下进行，并和集团公司的发展战略保持一致。在构建公司组织架构、设置组织架构职责时，应保证战略的有效实施，不仅要关注公司治理的整体方向，还要充分考虑企业自身的战略姿态。以公司战略导向为原则，加强顶层设计，优化组织机构，适应新的发展阶段下经营管理的需要。

（八）执行和监督分设原则

中亚管道公司针对在公司经营管理过程中出现的既当“运动员”又当“裁判员”的问题，需要做到监督机构与执行机构在组织上分开，避免二者的一体化。为了降低腐败和舞弊的风险，公司要求按照法人治理结构，组建股东事务管理部，集中管理股东事务，综合协调各部门之间的关系。将监督机构和执行机构分开设置，体现了公司组织架构的严肃性和公正性，有效保证监督机构起到应有的作用。

二、严密实效的架构形式

（一）组织架构的构建思路

1. 符合国际化要求

中亚管道公司为了提升管理国际化的进程，在企业组织架构设计上积极对标国际知名油气公司的架构模式，引入国际化的管理理念和管理部门，进一步加强5个国家和地区9个实体项目公司的运营协调力度。突显中亚管道公司组织架构的管理国际化、生产国际化、运营国际化、信息技术国际化、融资国际化、服务国际化和人才国际化等各个方面的国际化优势。

2. 符合国有企业特点

中亚管道公司是中国石油集团直属企业，不仅承担着传统国有企业作为国民经济支柱而被赋予的政治、经济和社会责任，还应起到参与国际经济合作和竞争的龙头作用。在构建企业组织架构时，始终把党的建设放在首位，牢固树立“围绕生产抓党建，抓好党建促生产”的指导思想。提出从党组织建设入手，不断完善组织架构，努力探索适用于海外环境、适合项目特点、符合国有企业经营目标的组织架构。

3. 符合能源管道行业规律

中亚管道公司建设运营中亚A/B/C线、哈南线等四条天然气管道和两条原油管道，规划建设中亚D线天然气管道，总里程近1万千米，横跨中亚五个国家，已累计向国内供应油气当量超过2.5亿吨，是中国能源安全、碧水蓝天的重要保障者。基于国际能源行业的发展趋势和特殊性，中国与中亚各国能源合作，不可避免地会对外部环境造成影响，同时又受到外部影响。因此，必须处理好发展与环境的辩证关系，以发展造环境，以环境保发展，走海外项目本土化之路，积极对标世界一流的管道公司，同中亚各方坦诚合作，不断完善公司组织架构，构建出符合能源管道行业规律、具有世界先进管理水平的治理体系。

4. 符合市场化方向

从当前的经济形势看，中亚五国经济已进入了独立建国以来最好的发展时期，各国产业结构、税率政策、投资政策等调整都已初见成效，各国法制也日益健全，市场趋于规范有序。中亚管道公司的发展应与市场经济的发展相得益彰，实行市场化管理模式，应用市场化机制，构建符合市场化方向的组织架构。如加快合资公司市场化薪酬体制改革，结合PPAD开合机制，建立具有竞争力、合理的市场薪酬体制，有效调动合资公司员工的积极性。

（二）组织架构的表现形式

中亚管道公司“以合资公司为平台，以股权管理为主线”，搭建以运行、技术、建设和股东事务为主干，职能管理和审核监督为支撑的主业突出、支持有力、高效运行的组织结构。截至2016年底，公司设置12个职能部门，下辖7个合资和 2 个独资公司，如图 3-6 所示。

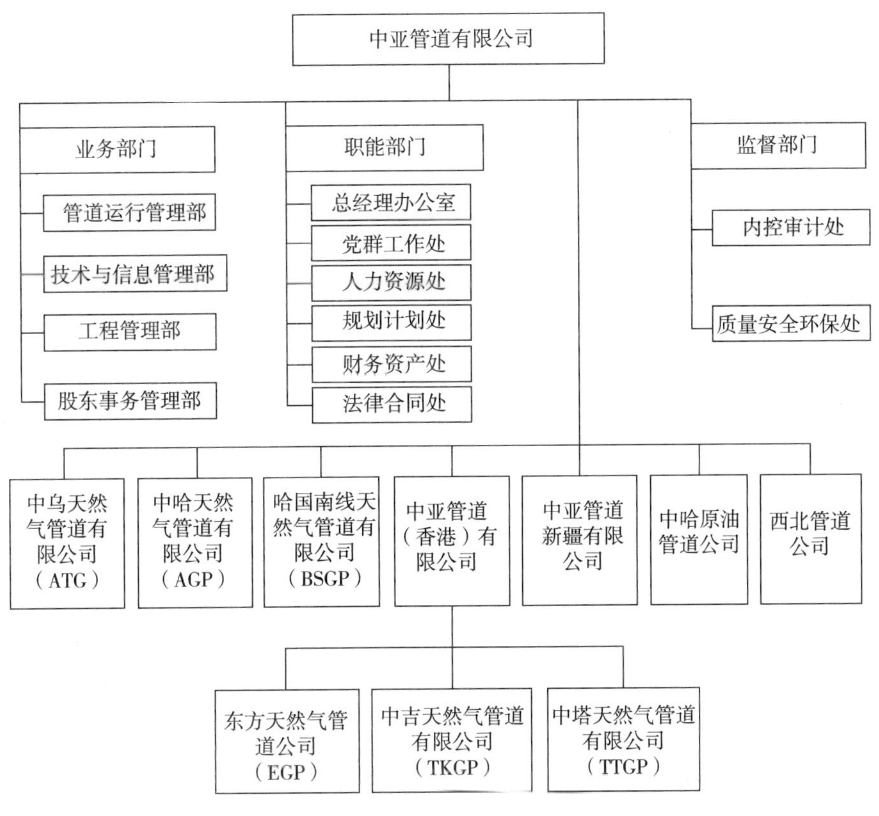

图 3-6　中亚管道公司组织架构

2017 年 7 月 20 日，按照集团公司党组统一决策部署，中亚管道公司与东南亚管道公司合并组建中油国际管道公司。重组改革后，公司下辖 11 家合资/独资公司，负责建设运营我国西北和西南两大能源战略通道，包括 6 条天然气管道和 3 条原油管道，管道里程达 1.1 万千米以上，业务范围覆盖乌、哈、塔、吉、缅、中六国，年油气输送能力超过 9000 万吨油当量，截至 2018 年底累计向国内输送原油超过 1 亿吨，累计向国内供气超过 2500 亿立方米，成为我国“一带一路”倡议的先行者和践行者，发挥着重要的先导和示范作用，为保障国家能源安全，改善能源消费结构，节能减排做出了重要贡献。

三、高效运行的组织规程

（一）职能部门，各司其职

职能部门是组织中对下属单位具有计划、组织、指挥权力的部门。中亚管道公司下设总经理办公室、党群工作处、人力资源处、规划计划处、财务资产处、法律合同处6个职能部门，按照企业职能规定各司其职。

总经理办公室处于承上启下、协调左右、服务各方的中枢位置，肩负着上情下达、下情上传、服务一线，充当领导与群众、总部与海外项目的桥梁和纽带的责任。围绕公司党的建设和生产经营重点任务，牢固树立“服务大局、服务一线、服务员工”意识，按照“管理提升、降本增效”的要求和打造世界先进水平国际化管道公司的战略，着重提升规范化服务水平，较好地完成了各项工作任务。

党群工作处坚持“围绕中心抓党建、抓好党建促发展”的工作思路，认真贯彻党的十八大及十八届历次全会和习近平总书记系列重要讲话精神，坚持党要管党、从严治党的总要求，持续深入加强作风建设，全面落实党委主体责任，坚持把企业改革发展中的难点、热点作为党建工作的重点，把提高生产经营成效作为党建工作的出发点和落脚点，逐步建立与企业发展战略目标相一致、与企业发展模式相匹配、与企业经营管理方式相协调的党建工作机制，促使企业党建工作融入中心，一手抓生产经营，一手抓基层党建工作，为推进公司生产经营和各项工作任务的完成提供了强有力的思想、政治和组织保障。

人力资源处在保持机关部门总体相对稳定的基础上，进一步开展和完善公司“定责、定编、定岗、定员、定岗位规范”的“五定”工作，优化加强组织机构顶层设计，强化管理职能、权责划分，适应新形势下的公司治理需要。规范完善选人用人制度建设，强化党管干部、党管人才，营造公平公正的人才培养、选拔和使用环境。加速建设中亚管道企业大学，强化岗位管理、素质提升，打造符合战略发展需要的人才队伍。开发应用绩效管理信息系统，强化双向管理、实时沟通，持续完善全员绩效管理体系。继续控制人员规模人工成本，强化内部挖潜、降本增效，加大人力资源投资回报率。

规划计划处认真贯彻集团公司和海外板块、中亚管道公司的战略部署，以发展世界先进水平管道公司为目标，以保障重点项目建设和运行为主导，通过战略研究规划制定、实施全面预算管理、强化投资全过程管理、严格组织绩效管理等手段，为公司实现全年绩效任务目标奠定坚实基础。

财务资产处紧密围绕“降本增效、开源节流”这一工作重心，牢固树立“保现金流为正、保考核利润为正、保 A 级企业、保员工薪酬”四保底线思维，严控成本费用支出、统筹项目保险融资业务、全面推进营改增税务政策、提升会计核算管理、完善财产管理体系，在奋力保障公司效益指标圆满完成的同时，不断提升财务管理水平。

法律合同处围绕管道建设和运营这一中心工作，始终坚持将依法治企作为实现稳健发展的重要措施和保障，突出完善依法经营管理机制，突出提升全员法治意识和能力，在股权重组、规章制度建设、合同管理、项目法律支持、合规及风险防控管理、普法宣传及工商行政事务管理等各方面积极开展工作，持续提升依法治企水平，为公司稳健发展提供强有力的法律保障。

（二）业务部门，分类管理

业务部门又称实作部门或直线部门，是行政组织中实际执行业务及推动工作的部门，即担任直接完成组织目标职责的工作单位。中亚管道公司下设管道运行管理部、技术与信息管理部、工程管理部、股东事务管理部 4 个业务大部，对公司业务特征和性质进行分类管理。

管道运行管理部通过统筹规划，坚持以管理提升为手段，以实现安全、高效、高效输气为目标，精心组织安全生产，全力做好生产运行各项工作，顺利完成全年生产任务，同时进一步优化管道运行，完善运行专业体系文件，确保管道安全平稳，提升国际化管道公司运行管理水平。

技术与信息管理部以建设世界先进水平的国际化管道公司为契机，以管理提升为主线，以服务工程建设和运行为工作重点，以信息化融合为抓手，全面开展技术管理、信息化建设、科技与标准化管理、技术档案管理等各项工作，充分发挥技术管理和技术保障作用。

工程管理部以安全、质量为导向，坚持稳健、差异化原则，针对不同项目，有保有控，实施不同的建设策略。以油气并举、建运并重为契机，拓宽管理幅度，有序、有节推进全年工程建设计划，持续保持建设质量与 HSE 业绩的良好状态。

股东事务管理部以“优化岗位和人员配置、增强管理能力；加强制度建设、优化工作流程；强化动态跟踪、加强信息反馈；整合采办业务管理、提升管理水平”为主线，全面完成股东事务及采办业务管理的各项工作，为公司决策提供支持、为项目业务开展提供助力。

（三）监督部门，全程管控

企业应当制定内部控制监督制度，规范内部监督的程序、方法和要求。中亚管理公司下设内控审计处和质量安全环保处 2 个监督部门，对公司业务进行全程管控，建立统一、合规的全面风险管理程序。

内控部审计处以“监督是手段，服务是根本，质量是生命，作风是关键”为抓手，逐步建立和完善了风险管控上下联动，监督管理内外结合的工作机制，加强了公司抗风险能力，为公司的健康、有序发展打下了坚实基础。

质量安全环保处围绕 QHSE 及社会安全管理体系建设及认证工作目标，坚持风险管控工作核心，以明确梳理部门与岗位 HSE 职责为抓手、持续推动三类标准体系建设和 HSE 履职能力建设为载体，切实推动公司生产经营业务 QHSSE 风险持续受控，推动综合管理水平持续提升。

在整个高效运行的组织架构下，中亚管道公司各机构和部门之间有效配合、职责明确、各司其职，有效降低了管理成本，提高了公司股权多元化的效果，保障了管道项目的有序开展和运行，增强了公司的海内外市场竞争力。

第四节　探索跨国管道公司治理的新模式

中亚管道公司鉴于中亚地区复杂的政治环境和民族关系，结合公司科学的治理模式和高效的组织架构，探索跨国管道公司治理的新模式。通过创新跨国管道公司“分国分段”“对等股权”的设立模式，创新“相互制衡”的运作模式，创新“多元全面”的管控模式，为各项实质性工作搭建有利平台。

一、创新跨国管道公司设立模式

（一）分国分段设立的背景

中亚天然气管道的运营环境复杂，利益相关方众多。中亚 AB/C 线和哈南线的相继开工、投产和运行，横跨中、哈、乌、土、吉五国，管线绵延几千里，供气国、管道过境国和消费国等国与国的关系复杂，涉及企业众多。目前，自然环境和人文环境复杂多变，存在着地缘政治、资源、市场、经济等诸多复杂因素相互交织的影响。各利益相关方很难就年度和月度输气计划形成一致意见，给中亚天然气管道优化运行和平稳运行带来极大挑战。中亚管道运行环境和利益相关方情况如图 3-7 所示。

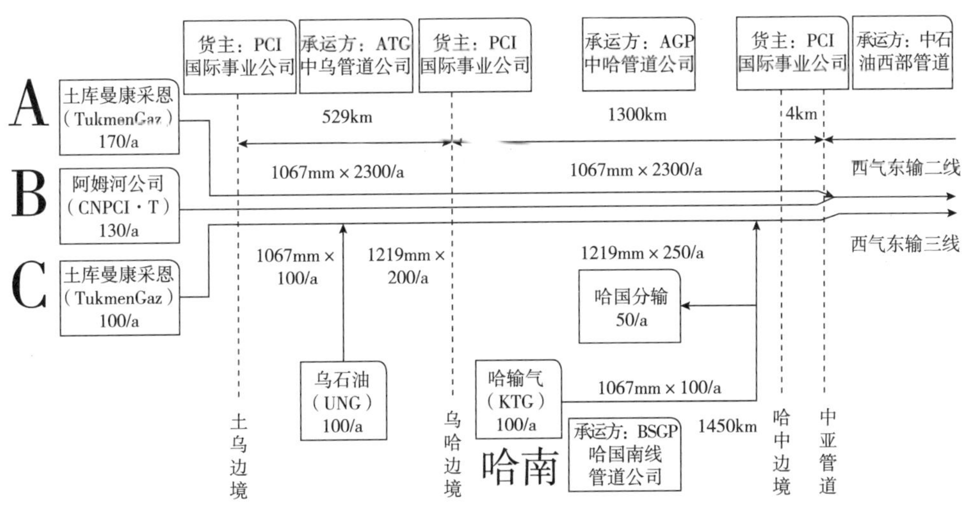

图 3-7　中亚管道运行环境和利益相关情况

（二）分国分段设立的优势

国际上大型跨国管道工程通用的项目组织模式通常有三种：①管道全线成立同一项目公司。②由资源国、过境国、市场国以及投资主体成立联合体。③分段 BOT（私人资本参与基础设施）。前两种模式的合作基础都是建立在“多边合作”的基础上。“多边合作”最大弊端就是项目前期谈判难度大、周期长、易造成项目延误甚至中途搁浅。分段 BOT 这一管理模式则要求完全遵守所在国各项法律，谈判空间有限，有可能存在过境国无兴趣或无能力合资合作等情况，不利于维护合作各方利益。所以，基于中亚国家关系复杂、矛盾较多且难以协调等多种问题，中亚管道公司必须放弃国际上成熟的“多边合作”模式和分段 BOT 模式，采取与过境国“双边合作”的项目组织模式，发挥其优势，缓解冲突。

中亚管道公司采用的“分国分段，双边合作”海外项目组织模式，具有四个方面的优势，如图 3-8 所示。

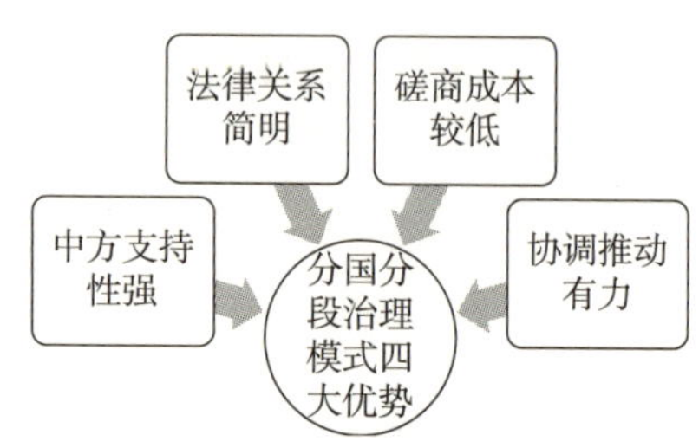

图 3-8 海外公司分国分段治理模式的主要优势

（1）法律关系简明。通过签订双边协议，不仅能够综合考虑中国与管道所在国两国之间的政治体制、法律法规，遵循各过境国法律法规和规范；还能够考虑各合作方的商务环境、工程管理和决策机制的差异，使双方政府、股东、企业间的债、权、利简单明确。

（2）磋商成本较低。双边谈判，推进速度快，各国各段可以并行开展，缩短项目整体谈判时间。特别是在工期紧迫的情况下，双边合作能够有效破解中亚地区复杂情况给项目带来的困难。同时，亦可暂时规避多国联合调度运行、跨国计量等技术要求，降低谈判难度。

（3）中方支持性强。全线中方掌握信息优势和技术优势，对项目发展的支持性强，快速优质推动项目实施。同时，利用在各过境国合资公司持有股权的优势，形成中方对管道整体建设和运行管理上的主动权。

（4）协调推动有力。中方主动分段推进项目，平衡各方诉求，大幅加快项目前期进程，且在兼顾外方合理诉求的同时，确保中方对国家战略型管道核心利益实现。

（三）分国分段设立的创新

中亚天然气管道采取的“分国分段，双边合作”海外项目组织模式，有别于世界上其他跨国长输管道项目采用的分国分段管理模式，不必签订多国间政府协议，而是分国签订政府间协议。由于中亚各国与我国的利益出发点不同，若想在短时间内签订多国间政府协议难以实现，因此，我国政府分别与中亚各国政府签订政府间协议，减少了多国间政府协议所需的时间，并在双方政府间协议签订完成的基础上确定了中亚天然气管道的路由、双方政府的支持承诺和优惠政策。

在“分国分段、双边合作”海外项目组织模式下，中亚管道公司在分国签订政府间协议的基础上，形成化整为零、点面结合的合资公司组织架构。保证了资源国、过境国、市场国管段建设和运营的独立性，最大限度地减小了一国境内工程建设进展对另一国的影响。巧妙回避了中亚各国关系复杂这一敏感问题可能给项目带来的影响，减少了各方之间出现争议的可能，大大缩短了商务谈判的时间。同时，又能发挥中国作为资源需求国在建设技术、工期和运营管理等方面的整体协调作用，增强了中方对中亚天然气管道工程的管控能力。如图 3-9 所示。

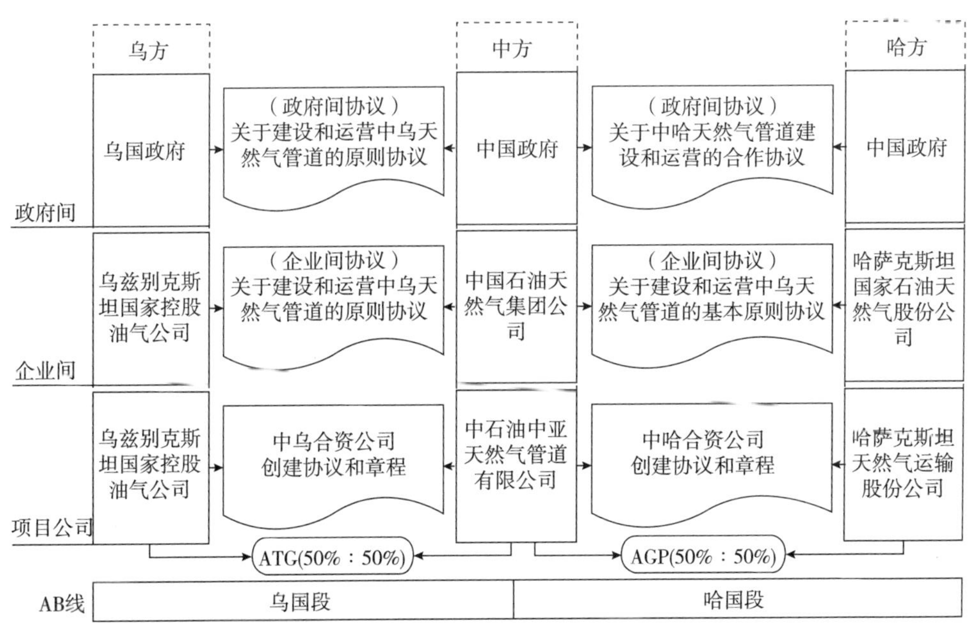

图 3-9　分国签订政府间协议运作模式

（四）分国分段设立的模式

中亚管道公司根据项目实际提出“分国分段，双边合作”管理模式，即按照过境国对管道进行分段，一个过境国内的管道为一段，分国签署政府间、企业间多层级法律文件，组建合资公司持有相应段内管道资产并负责管道项目建设和运营管理。并据此创建和实施包括合作协议、法人治理、制度建设、管理机制和法律风险防范在内的全要素法律管理，从而有效破解了中亚地区的复杂情况给工程实施带来的困难。

在政府间协议的基础上，由各段的双方股东签署企业间协议，中亚管道公司组建了商务法律谈判组，制定了科学、灵活的谈判策略，顺利地完成了中国石油与过境国国家油气公司，即与哈萨克斯坦国家油气公司和乌兹别克斯坦国家石油公司签署协议，合资公司注册谈判任务。成立中哈天然气管道合资公司（AGP）、中乌天然气管道合资公司（ATG），负责管理中亚 AB/C 线哈国段和乌国段管道的建设和运营。通过成立项目合资公司在过境国当地注册，有利于项目在办理当地国有关批准和优惠申请等方面，获得当地支持配合。

中亚 D 线过境乌、塔、吉三国，路线不同于 AB/C 线。中亚管道公司分别与乌、塔两国的国家能源公司在香港设立离岸合资公司持有管道资产，在过境国设立项目公司负责建设和运营，以规避过境国物权法、政治波动等风险。中亚 D 线吉国段比较特殊，吉尔吉斯斯坦没有国家天然气运输公司，经与吉国政府协商，中亚 D 线吉国段由中方成立独资公司负责运作。

二、创新跨国管道公司运作模式

（一）相互制衡的组织设计

1. 设计方案

中亚管道公司境外合资公司在岗位设置上，公司章程规定，总经理和第一副总经理的职务必须由双方的人员分别担任，总经理和总会计师的职务必须由双方的人员分别担任。在管理委员会下设的各个职能部门中，部门主管和部门副主管的选任同样遵循这一原则。

2. 设计特色

在以对等股权合资公司为主体的运行机制下，要充分发挥中方的主导和引领作用，以实现在建设期确保工程进度、质量和安全，在运行期要确保调控、运行和计量安全平稳可靠，必须做到关键岗位中方人员不缺位。中亚管道公司的管理层在项目前期阶段就明确中方必须掌控的关键核心岗位，培养具备乌国、哈国及合资公司认可的具有相关资质的中方人员，以实现在核心岗位上由中方合格的管理、技术和操作人员掌控的局面。由于一线关键岗位对人员整体素质要求较高，中亚管道公司组建时间不长，高素质的生产一线运行管理操作人员较为不足，公司管理层在集团公司范围内采取了借聘、劳务派遣等方式调入优秀人员，并加强外语和专业技能培训，协助中亚管道公司尽快完成对关键岗位的掌控。

3. 组织架构

以中乌合资公司为例，确定了在天然气管道项目贷款全部偿还前，由中方担任合资公司的总经理，同时，中方担任建设副总经理，负责工程管理。通过将工程技术管理和施工管理集中由建设总经理直属管理的方法，在工程技术、施工组织、质量控制等方面尽可能强化建设合同的执行力，从而减少中乌双方在中亚天然气管道工程建设阶段的冲突。在中乌双方人员配备上，中方准确判断和把握乌方对中乌天然气管道工程的认知和诉求，将控制工程建设作为重点，在合资公司关键岗位配备中方人员，实现了“以我为主、引导对方”的策略，为中乌合资公司运营中中方发挥主导作用奠定了组织基础。如图 3-10 所示。

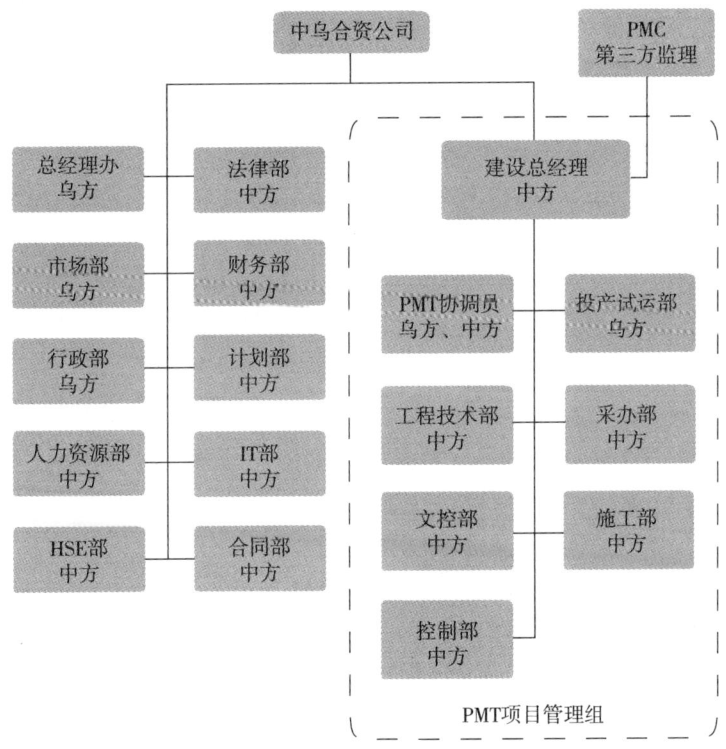

图 3-10　中乌合资公司组织架构

（二）“点头不算摇头算”的议事机制

1. 机制设置缘由

为使“分国分段，双边合作”建设和管理模式顺利付诸实施，确保中方话语权和控制力，考虑到过境国对参股比例的要求和诉求，中亚管道公司先后与过境国就合资模式进行了多次艰苦谈判，最后中乌、中哈、中塔合资公司的中外方股比均确定为 50%：50%。尽管这个比例使得双方都无法取得股份比例的优势，但这是中方所能够争取到的最大比例（乌、哈两国规定能源领域外方当地参股比例最大为 50%）。“点头不算摇头算”可以避免中方核心利益受损。

2. 机制设置特点

“点头不算摇头算”议事机制，即“单方同意无效、单方反对有效”决策管理机制，通过项目公司决策权设置、管理层设置和制度设计，保护中方核心利益。如图 3-11 所示。

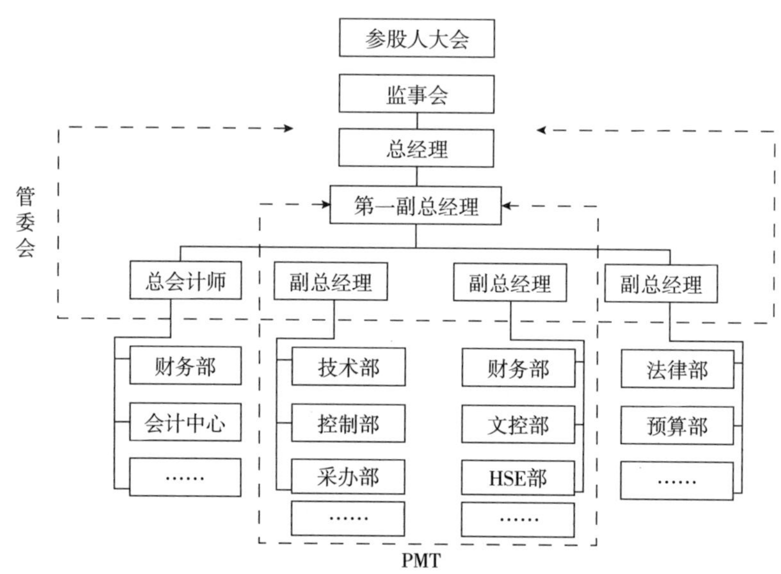

图 3-11 “点头不算摇头算”合资公司治理机制

（1）在决策权设置上，决策权上移。合资公司设立由参股人大会（股东大会）、监事会、管委会和审计委员会组成的合资公司决策和监督层，其中股东大会是决策机构，管理委员会是执行机构，实现决策权上移。严格限制总经理的决策权限，重大事项均由股东大会和监事会决定。

（2）管理层设置上，中方担任重要岗位负责人。中哈合资公司由中方担任第一副总经理负责建设。中乌合资公司确定了在天然气管道项目贷款全部偿还之前，由中方担任合资公司的总经理，同时，中方担任建设副总经理，负责工程管理。

（3）在制度设计上，合资公司实行双签制。在章程中规定总经理和第一副总经理，总经理和总会计师，部门主管和部门副主管职务必须由双方人员分别担任。公司日常工作均需在“双签”的情况下才可执行。任何付款文件，只有在总经理和总会计师“双签”的情况下银行才会承认，确保双方在权力制衡中充分合作。

3. 机制设置优势

（1）保护中方核心利益。通常来讲，股比均等型公司的合资各方对公司的控制力基本均衡，由于合资双方都无法取得股份比例的优势，影响了合资公司决策的效率和效果，甚至造成“公司僵局”，对工程的建设和运行产生不利影响。中亚管道公司在照顾各方利益的基础上，通过项目公司决策权和岗位设置以及制度设计，并采取多种方法促进方案的实施，构建起了公司的法人治理结构，保护了中方核心利益。

（2）降低资产负债率。以企业间协议为指导，中亚管道公司与过境国的合作方——乌兹别克斯坦国家石油公司、哈萨克斯坦天然气运输公司分别签署了项目公司创建的系列法律文件，成立了50%：50%股比的项目合资公司。由于50%：50%的对等股权模式，合资公司财务报表不纳入股份公司合并报表，实现了股份公司资产轻量化，降低了股份公司资产负债率。

（3）保障工程进度。对等制原则反映在合资公司管理工作上就是合资公司从管理层到部门级的决定必须由中外双方负责人员共同签字方能有效，使合资公司遵循“单方同意无效、单方反对有效”决策管理机制。这种机制对保全资产、控制投资、确保工程质量非常有效，但不利于加快决策速度、提高工作效率。

上述议事规则的设计既有利于决策“自上而下”达成一致，减少合资公司层面的矛盾和摩擦，也有利于中外双方在权力制衡中实现高效充分合作。在一定程度上化解了股比均等型公司的合资各方对公司的控制力基本均衡、决策和管理中容易互相掣肘、效率相对较低等问题。

（三）以能力为基础的实际主导权

中亚管道公司坚持国家战略与公司目标的高度契合，明确“确保中方核心利益，关注合作方合理诉求，合作共赢，共同发展”的指导思想，以中方能力为基础获取中亚管道海外治理模式的实际主导权。主要体现在以下三个方面：

1. 双重身份

中亚管道公司下设 9 家合资公司，其中 7 家公司的中外双方参股人参股比例均为 50%，2 家为独资公司。合资公司中方人员为双重身份，既是合资公司员工，也是中亚管道公司境外设立的中方项目部人员。中亚管道公司通过中方项目部对合资公司的中方人员进行管理。

合资公司的底线目标与中方项目部的奋斗目标，两个绩效目标结构一样，但要求不同。双方协商确定合资公司绩效目标，是统一的绩效目标，对中外方人员均适用，公司将此目标视作底线目标。同时中亚管道公司对中方人员设定了一个更高要求的目标，即中方人员的奋斗目标，推进合资公司统一目标的实现。

2. 管理能力

（1）管理体系的建设。中亚管道公司科学构建，协商建立治理共同体，不断完善合资公司制度体系，有效降低管理成本。公司针对海外项目存在的高风险、高难度，积极对标国际知名油公司的管理模式，提升管理能力。融合中外方管理理念和管理方法，不断健全和完善项目的内部政策和制度体系，形成了一套完整的管理体系，为海外公司的良性运营管理提供了保障。尤其在各项目公司成立之初，完善的规章制度体系不仅节省了大量的重新制定政策的时间和精力，而且还可以推动公司管理模式在项目所在国及合资公司的应用，以提升中方在合资公司中的技术主导权、话语权和影响力。

（2）治理结构的设计。中亚管道公司在确定合资公司领导人选和双方人员配置时，根据双方 50%：50%的股权结构，按照对等制原则进行配备。如中方与哈方合作的项目是按照对等股权结构组建的合资公司，按照对等制原则中方人员出任总会计师，哈方人员出任经济副总经理。业务执行层面决策权分配是授权任能，如在项目建设期间，外方担任总经理便于与当地政府部门沟通，中方担任第一副总经理兼任 PMT（项目管理组）负责人便于中方对项目进展控制；在运营阶段，运行关键岗位由中方员工担任利于管道整体协调运行。通过发挥中外方各自优势，实现合资公司高效顺畅运作。

3. **管理经验**

为了适应海外油气业务发展的需求，中亚管道公司对项目管理模式进行了探索与实践，不断向科学化、规范化演变。在中亚地区，海外项目公司也探索了不同的运营管理和商务运作方式，针对不同的项目，既有“中方控股”模式，也有“等权管理”模式，既有分工也有制约，不断积累国际合作项目管理的经验，打造出跨国经营管理的示范样板，为中方掌控国际项目的实际控制权和话语权奠定坚实的基础。

三、创新跨国管道公司管控模式

（一）界面管控

2015 年底，中亚管道公司完成与国新国际股权重组和合资合作；2016 年 7 月实现了中哈原油管道和西北管道业务合并。中亚管道公司进入“油气并举、建运并重、股权多元化”新阶段，公司治理架构呈现内外合作方众多，股权结构多样，治理结构复杂，股东决策流程各异等新特点。为了防止中方项目和合资公司“两层皮”现象，防止公司具体管理中对合资公司管理缺位、不到位，防止对中方项目管理越位等现象的发生，中亚管道公司提出“以合资公司为平台，以股权管理为主线”，进行界面管控，明晰中方管理和股权管理界面，理顺管理体系和管理流程。

创新创建跨国管道公司界面管控模式，专门由中亚管道公司股东事务部牵头负责，旨在强化股东间的沟通与协调。重点工作主要包括：厘清总部管理与合资公司管理关系及界面，梳理相关流程；强化股东层面协调，充分利用董事会和监事会平台，推动合资公司预算管理、HSE 管理、运行管理等事项，充分发挥股东权力和意愿，使总部管理意愿顺利在各合资公司实现。

通过建立股东事务界面管控体系，使中方项目与公司总部有了相对明确和畅通的沟通渠道；使股东层面事务有了集中协调和相对高效的处理，为公司管理层提供了集中管理股东事务的抓手；部分弥合了公司管理层与总部部门、境外项目之间的信息不对称；进一步加强规范股权管理和法人治理，提高决策效率和工作效益。

（二）股权治理

中亚管道公司为实现在2020年建成世界先进水平国际化管道公司，提出“由管中方项目向管合资公司转变”，建立由“双方股东协商，合资公司落实”的股权治理模式，加快推动发展方式转变。公司提出转变发展方式，一是考虑在当前公司复杂股权结构下，以“中方为主导”的集中统一管理线条流程和层级加大，中方管理和股权管理界面模糊，资源配置效率可能下降，严重制约了合资公司发挥活力。二是由于风险管理体系建设、风险动态评估和量化分析主要呈现为“中方意愿”，未顺应世界先进水平国际化管道公司的客观需要。因此，中亚管道公司按照法人治理要求，以推动合资公司活力和内生动力为目标，由集中统一管理向责权利相统一、分级负责管理转变。

具体的做法：①总部治理加强顶层设计和引领职能。优化简化中方管理和股权管理程序，完善分级授权体系，逐步把经营权下放到项目和合资公司，中亚管道公司总部加强以股东和出资人身份行使好战略规划、运营决策、制度建设和监督考核职能，做好对先进适用技术的论证和把关，进行引进、开发和深入推广。②合资公司建立完善管理激励机制。提升中方国际化能力和水平，形成国际化浓厚氛围，在合资公司传递国际化理念和做法，进而在合资公司平台上推动创新性管理，激发合资公司的积极性、主动性，加快合资公司由执行单元向经营单元转变。推动合资公司实现国际化管理，形成合资公司雇员制，形成职业化团队，才能消除“中外方员工差异”，克服和避免由于中方人员减少而带来的对合资公司“管控”缺失。同时，完善合资公司对技术革新、工法创新、管理工具改进和管理方法创新等管理激励机制。③将中方制度、流程、标准和分级授权为主的规范化管理和对合资公司的创造性管理有机结合、相互融合。从而正确处理中方管理与合资公司管理的关系，探索出有中国特色、国有企业特色的国际化公司改革创新之路，形成一套中国特色国有企业国际化发展的成功经验。

（三）多元管控手段

中亚管道公司立足国家能源战略实施，保证中方及合作方的核心利益。在运营管理中以“安全、高效、和谐”为目标，采用战略引领下的集约化财务管控手段、“一体、双线、三结合”的绩效管控手段、多层级多维度的安全风险管控手段、跨多国管道的运营协调管控手段、兼收并蓄的合资公司跨文化管控手段，使中外方形成合力推动企业经营管理目标实现。如图3-12所示。

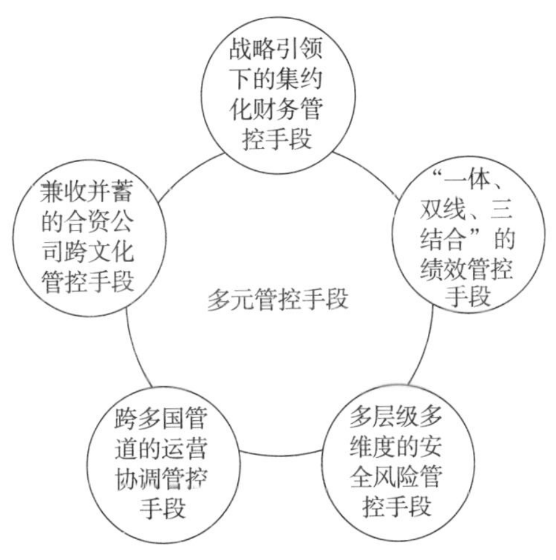

图 3-12 中亚管道海外公司多元管控手段

1. **战略引领下的集约化财务管控手段**

一方面，中亚管道公司着眼项目战略定位，通过全产业链分析，尽量控制管输费，降低进口中亚气成本，以降低国内天然气供应价格、造福国内民生；另一方面，中亚管道公司为了保障管道长期安全平稳运行，满足还本付息要求，关注过境国的合理诉求，还必须确保管输费处在合理水平。因此，保证以“管输费合理较低”财务管控手段，配合和落实中亚管道公司的海外战略发展目标。与此同时，中亚管道公司通过建立覆盖各预算主体、囊括全要素、贯穿全流程的全面预算管理体系，对合资公司资金实行集中管理，总部设立会计共享中心实现信息共享，全生命周期统筹税务筹划等集约化财务管理手段，推动战略型财务管理目标和公司战略目标得以落实和实施。

2. **“一体、双线、三结合”的绩效管控手段**

合资公司中方人员具有双重身份，既是合资公司员工，同时也是中亚管道公司境外设立的中方项目部人员。中亚管道公司通过中方项目部对合资公司中方人员进行管理。为了确保企业战略目标能够顺利实现，同时促使企业在计划、组织、控制等所有管理活动中全方位地发生联系并适时进行监控，中亚管道项目运用绩效目标一体、绩效考核双线路、绩效管理“点线面”三结合的绩效管控手段，将公司战略发展目标通过 KPI、MBO 和 PPAD 三个绩效管理工具落实到公司各业务单元、岗位和员工个人，形成目标一致、横向到边、纵向到底的绩效管理体系，推进合资公司统一目标的实现。

3. 多层级、多维度的安全风险管控手段

中亚管道公司经过近10年的探索与实践，逐步建立并完善了多层级安全风险管理体系，对各类风险进行多维度防控。一是通过建立政府间管道运营协调保障机制，解决跨多国管道在突发事件下的应急协调和安全运营问题。二是坚持预案建设和应急演练并重、设施建设与应急培训同步的原则，持续完善应急管理体系。三是在外方HSE管理体系尚不健全的情况下，中方为主推动建立中亚天然气管道QHSE管理体系。

4. 跨多国管道的运营协调管控手段

中亚管道公司在充分沟通、交流基础上，围绕“中方有效掌控”和“全线输气能力保障”的核心利益，采取了跨多国联合调度的运营协调管控手段。一是将跨多国管道涉及的上、中、下游各相关组织有效地联系在一起，构建清晰的跨国长输管道运营组织体系工作界面。二是以协调工程运营过程中的技术和操作问题为主，形成负责协商确定中亚天然气管道的年度、半年度、月度输气计划和维检修计划等工作的协调议事机构。三是中亚管道公司协调全产业链，实现集中领导，制定先内部协调统一中方口径再跨国协调和确定输气计划的工作程序，推动互利多赢共同发展。

5. 兼收并蓄的合资公司跨文化管控手段

中亚管道公司以“职业、高效、低调、务实”的核心价值观，和中亚各国人民真诚合作、互帮互学、传递友谊和文明，潜移默化地将中方主导元素植入合资公司企业文化体系中，积极探索海外合资公司的企业文化建设，创新兼收并蓄的合资公司跨文化管控手段，为管道快速优质建设、安全平稳运行提供精神动力。

第四章

创新模式　构造建设运营共同体

中亚天然气管道是我国修建的首条跨国天然气能源通道，横跨土库曼斯坦、乌兹别克斯坦、哈萨克斯坦、中国四国。中亚各国之间、中亚国家与我国之间存在着较大的法律差异、文化差异、民族差异和经济制度差异，导致中亚天然气管道面临前所未有的复杂性和艰巨性。中亚管道公司创新项目管理模式，以我为主，各方配合，分国分段，四国协调，灵活高效，创造了史无前例的“中亚管道速度”，重塑了中亚地区天然气供应格局，成为中亚地区技术最先进、出口规模最大的外输管道系统，同时也成为我国进口规模最大的天然气管道，实现了我国与中亚国家能源基础设施互相联通，使我国与中亚国家形成真正意义上的利益共同体和命运共同体，有效践行我国“一带一路”发展理念。

第一节　创新项目建设管理模式

项目建设管理机制的设计与实施，需要充分考虑企业自身所处的背景和环境。大量实践证明，项目建设管理机制与企业背景和环境不符合，就注定不能有效地保证企业的平稳运营和组织目标的顺利实现。中亚管道公司所处的“四国”背景和环境具有特殊性和复杂性，单纯模仿其他国家和地区的管道建设模式难以完成国家任务，必须创新项目管理模式，积极应对复杂背景和环境所带来的巨大挑战。

一、建设管理模式的设计思路

（一）项目管理模式的设计原则

中亚天然气管道工程项目管理模式的设计需要遵循必要的原则，确保项目的有效运行，这也是设计项目管理模式的关键。设计主要遵循以下四点原则：

1. 目标导向

管道工程项目往往依据协议要求制定目标，如在 2007 年 7 月 17 日，中土两国元首签订协议，确定 2010 年 1 月土国正式向中国供气，中亚天然气管道建设时间表随之确定，中亚天然气管道工程必须在 28 个月内完工。按期高质量完成国家任务是项目管理模式设计的前提和基础。要如期完成这个项目，循规蹈矩不行，谨小慎微更不行，必须创造性工作，调动一切可以调动的资源。

2. 效益优先

项目管理模式是合理安排项目进度、有效使用项目资源、确保项目按期完成、决定工程建设效益的重要因素。设计和选择优良的项目管理模式可有效降低工程造价，减少工程的交易成本。中亚天然气管道项目规模大，资金投入多。因此，必须要系统分析工程项目的特点，充分估量和比较各种模式的成本，选择最适合的项目管理模式，在降低项目建设成本的基础上，保证工期和质量。

3. 质量保障

做好工程质量安全管理是项目管理的生命线。中亚天然气管道是我国第一条跨国输气管道，是保障国家能源安全、改善整体能源结构的重要举措。它的建设符合中国和中亚各国的根本利益，有利于加强我国与中亚国家合作，对促进中亚地区社会稳定和经济繁荣具有重要意义。因此，质量保障是参加工程建设每一方共同的、不可推卸的责任。

4. 安全管控

天然气长输管道具有统一、连续的安全风险特性，危险一旦发生将会对管道整体产生影响。政治原因、自然灾害、重大技术、生产事故、恐怖袭击等突发事件都能影响到管道的安全运营。如果某一方管辖范围内发生管道安全问题均会影响其他各方管辖范围内的管道正常运行。因此，必须在融资、生产、运营、监督等方面都保障安全。如图 4-1 所示。

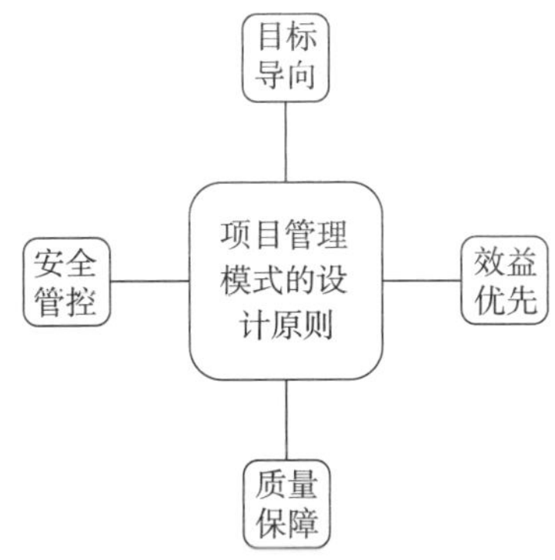

图 4-1 项目管理模式的设计原则

(二) 项目管理模式的选择依据

国际工程项目管理模式经过近两百年的发展与演变，形成了传统模式（DBB模式）、工程总承包模式（DB、DBO、EPC/Turnkey 模式）、项目管理承包模式（CM、PMC、PM 模式）、融资建设模式（BOT、PFI/PPP 模式）、其他模式（Partnering、PC 模式）等多种既定模式。项目管理模式的演进过程从最初的建管一体发展到专业分包实施，再发展为逐步集成化管理，每种模式都有相应的适用范围、优点或不足。合理应用工程项目管理模式，有助于企业在激烈的市场竞争中获胜。中亚管道公司认为，管道项目建设最终需要的管理模式一定是最适合工程项目特点的模式，必须结合以下三个特征，从工程建设的长远发展和需要考虑。如图 4-2 所示。

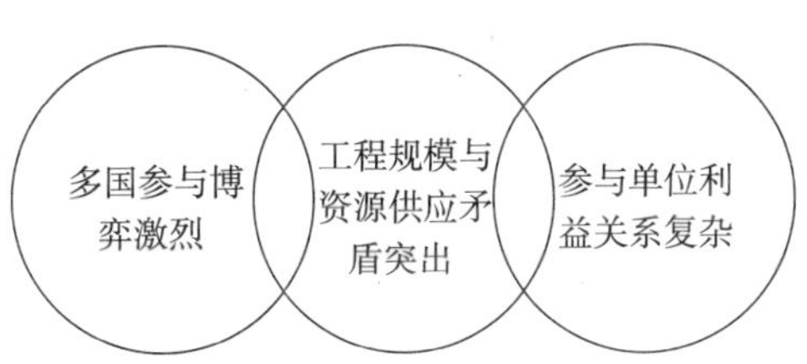

图 4-2 项目管理模式的选择依据

1. 多国参与博弈激烈

中亚地缘政治以及在世界能源格局中越来越重要的角色使得世界各能源消费大国对中亚天然气资源争夺非常激烈。中亚已成为中国、俄罗斯和西方各国之间地缘博弈的中心之一。中亚天然气管道是跨多国管道，而中亚各国之间的国家关系复杂，民族矛盾突出。中亚各国历史和文化差异还造成了各方对相关商务问题理解和处理的方式不同，容易引发各种分歧和争议。因此中亚天然气管道工程的建设项目需要与多个利益相关方进行利益的博弈，在复杂的商务环境中确保中方核心利益的实现。

2. 工程规模与资源供应矛盾突出

一方面，工程规模大，时间紧。以管道 AB 线为例，单线总长度超过 1 万千米，中外元首已经明确了通气时间，28 个月的工期需完成上万千米的输气管道。任务艰巨，且项目设计、采购、施工与运行等工作项目相互交叉且关系紧密。另一方面，工程所需资源严重不足。一是中国国内管材生产能力不足。由于国内西气东输二线等多条管道同期建设，多个项目的管材供货都集中在同一时间段，如果全线管材都由中国供应，会存在巨大的生产“缺口”。二是管材运输周期不能满足工期要求。工程所需的国内管材需要在短时间内组织协调地处多个省、市（自治区）的几十家生产企业，通过阿拉山口这个通往中亚地区唯一的铁路口岸出境，铁道运输和通关能力都严重不足。三是人力资源压力巨大。中亚天然气管道工程建设一半以上的劳务要由中方提供，高峰期超过 2000 人，按照以往的劳务许可办理程序，从时间上和费用上都难以承受。中亚天然气管道工程从 2008 年 7 月开工至 2009 年底单线建成的工程建设期间内，总用工量约 3500 万人工时，其单位时间内人工时投入超出常规，如此高密度的人工时投入给工程的进度安排带来了巨大的压力。四是外方技术、人力和物力不能满足工程需要。中亚地区整体开放程度较低，尤其是乌国，当地工程公司参与国际大型项目很少，国际合作意识淡漠，管理理念落后，对国际施工标准理解不到位，施工能力和设备配置难以满足项目需求。当地职业化专业管理人才匮乏，相关劳务市场供给严重不足。

3. 参与单位利益关系复杂

中亚管道公司与外方股东虽然分国分段成立了合资公司，但是中外各方在利益诉求上仍存在较大差异。从中方角度讲，我们需要综合考虑国家部署，国内市场需求和集团公司的统一安排，按照中外元首确定的时间节点安全高效开始运行，科学合理确定输气计划，加强成本管控，提高经济和社会效益。而外方则希望自身利益的最大化，不断加大运输量，提高管输价格，扩大利润空间。另外，双方在公司管理理念、管理手段、管理目标方面有不同的利益诉求。在错综复杂的利益交织下如何巧妙地平衡双方利益诉求、确保中方核心利益的实现是运营管理工作面临的主要问题。

在这种特殊、复杂的政治、商务和技术背景和环境下，中亚管道公司认识到传统的上、中、下游统一联合体运营模式难以沿用，需要精心设计并打造一个全新的运营机制来管理和保证中亚天然气管道的生产运营。实践证明，正是符合实际的跨国运营管理机制的建立，使得各种问题和潜在风险得以有效化解，同时保证了中亚天然气管道的平稳运营和输气目标的顺利实现。

二、建设管理模式的探索创新

（一）建立灵活的项目治理机构

中亚管道公司建立灵活的项目治理机构，充分推动项目开展，保证了工程工期和项目的可实现性。首先，采用"分段分国建设和运营"模式，巧妙回避了中亚各国关系复杂这一敏感问题可能给项目带来的影响，大大缩短了商务谈判的时间，同时相对加大了中方的股权比例，增强了中方的话语权。并通过多方推动和协调，在乌国申请了专门针对中乌管道项目颁发的总统令，使哈国议会批准了已签署的中哈政府间协议，搭建较为完善的项目运作的基本法律框架。其次，中亚管道公司积极与哈方、乌方沟通，在合资公司法律主体尚未设立的情况下，采用项目协调委员会（Coordination Committee，CC）和前期联合项目管理组（Project Management Team，PMT）的模式先期开展工作。CC 是决策机构，负责重大事项的决策；前期 PMT 是工作机构，负责执行决策。CC+前期联合 PMT 完成了一些设计和采购的重要工作，使得管道前期准备工作与合资公司的谈判可以并行开展，节省了大量时间。最后，在 CC+前期联合 PMT 的基础上成立了合资公司。合资公司设立股东大会和管理委员会。股东大会是决策机构，由中外股东组成；管理委员会是执行机构，由总经理、第一副总、总会计师和若干副总组成。如图 4-3 所示。

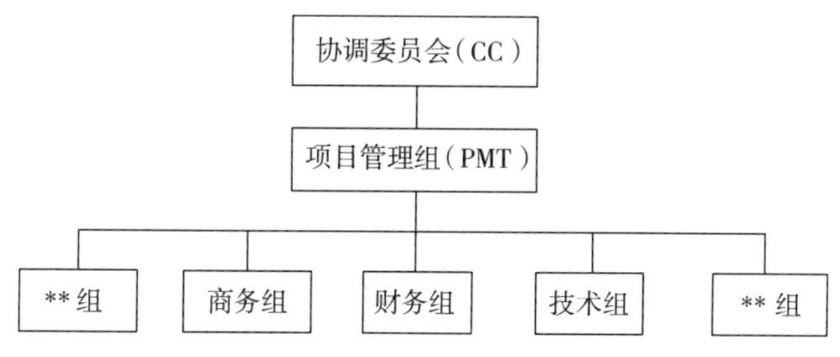

图 4-3　CC+前期联合 PMT 模式示意图

（二）探索国际大工程组织新形式

采用“业主+PMC+第三方监理+EPC”的工程建设模式，并在运用过程中对各参与方的职能进行了充分发挥和延伸。中亚管道公司充分利用在合资公司中的主导地位，设置工程关键节点，强力从项目管理的各个环节入手推动工程建设的开展。通过国际竞标选择德国ILF公司作为PMC，并根据项目需要灵活地对其职能有“收”有“放”，实现柔性利用。公司根据实际情况突破第三方监理原有的管理范围，使其成为项目全过程的管理者，利用第三方监理对承包商、供应商（包括承包商的供应商）甚至下游分包商进行管理。对于关键路径设备，通过驻场监造保证质量，通过催交催运保证工期，从而将业主的管理贯穿于整个工程的管理链条。在竞争性投标阶段，利用中方EPC承包商的合理低价，压低外方承包商的报价；在项目实施阶段利用中方EPC承包商的先进技术和组织效率对外方起到传帮带的作用；同时，做好备用方案，一旦外方未能按照计划和要求完成关键节点，中方EPC承包商可以随时接替，保证工程的进度和质量。

在管道建设期间，中方迫切需要实现单线通气的工期目标，为此，中亚管道公司创新构建了以中方股东为主导的各参与方组织协调关系。作为中方股东，中亚管道公司发挥主导作用，是保证中方核心利益的关键。发挥中方EPC的主导和带动作用，高效集结人员和设备，保证了快速、高质量地完成任务。充分发挥中方管材供应商的主导作用，带动外方的管材供应商加快供货速度，保证了工程的顺利开展。

（三）推行国际化质量管理

中亚天然气管道项目引入国际工程通用管理模式下的PMC和第三方监理公司，利用国际知名公司的技术优势和权威性，以及强势的管理理念和体制，对建设过程实施全方位的监督管理。ILF公司引入国际项目管理理念和做法，消除了外方的一些不合理诉求。MOODY公司推行国际化的质量管理理念，严格执行项目管理的质量规范，保证了工程质量。通过规范有效的质量管理，中亚天然气管道实现了原定的质量目标：管线现场焊接一次合格率90%以上，管道补口补伤一次合格率98%，单位工程合格率100%，优良率85%以上。双线定向穿越伊犁河和锡尔河均一次性回拖成功。

（四）采用全过程成本控制

中亚天然气管道作为民生工程，控制工程投资总额，对于减少未来中国广大天然气终端用户的负担尤为重要。因此，中亚天然气管道工程确定了“优化技术方案——抓根本”“强化精细管理——抓节俭”“争取税收优惠——抓政策”和“优化投资节奏——抓资金”四大投资控制主攻方向，使得可能突破130亿美元的总投资控制在100亿美元以内。同时，各项目开展充分的研究论证，合理设计输气线路；强化全面预算管理，节约财务费用；积极调研谈判，控制涨价诉求；多轮竞价协商，降低保险费用；实施公开招标，优化采办增效。

第二节　多措并举打造“中亚管道速度”

面对商务环境复杂、施工条件恶劣的不利情况，中亚管道公司在“确保中方核心利益，关注合作方合理利益，中方主导，合作共赢，共同发展”的指导思想的引领下，以工期目标为主导，兼顾各方利益诉求，创新合作和运营方式，构建有效机制，创造了跨多国复杂环境下目标实现、利益协调、资源配置和工程施工有机结合、立体整合的大型复杂工程管理新形式，充分体现了“中国式整合”的优势。

一、以我为主与多方配合

（一）争取最大比例股权

为了掌控管道运营的实质控制权力，中亚管道公司对组织结构和人员结构方案进行了精心设计并采取多种方法促进方案的实施。

第一，在分别与管道途经国乌兹别克斯坦和哈萨克斯坦成立合资公司时，中亚管道公司对中方控股比例进行了艰苦不懈的争取，取得了重大成果。当时面临的形势是，如果管道途经国在合资公司的股权比例中占据控股比例优势，那么就会严重降低中方对管道运营的话语权和控制力。为此，中亚管道公司代表中方经过多次艰苦谈判，努力争取股份比例，最后中乌、中哈合资公司的中外方股比均确定为50%∶50%。尽管这个股权比例使得双方都无法取得股份比例的优势，但是这是中方所能争取到的最大比例，也从根本上保证了中方核心利益不受影响。

第二，鉴于合资公司是中亚天然气管道建设和运营的法律主体，为了快速推进合资公司的成立和确保50%：50%股比的确定，中亚管道公司组建了商务法律谈判组，制定了科学、灵活的谈判策略，在各个层面上加强沟通、耐心解释，顺利完成了合资公司注册谈判任务。此外，中亚管道公司通过多方推动和协调，在乌国申请了专门针对中乌管道项目颁发的总统令，请求哈国议会批准了已签署的中哈政府间协议，形成强大的政治压力，极大地推动了所在国政府加快法律和商务合同的批准进程。在这些举措下，中乌合资公司和中哈合资公司相继于2008年1月30日和2008年2月15日正式注册成立，有力保障了中亚天然气管道A线于2009年末投产运营的目标。

（二）控制运行核心岗位

在以合资公司为主体的运行机制下，要实现中方主导，必须全面控制调控、运行、计量三要素，做到关键岗位上中方人员不缺位、关键技术可靠、中方利益有保障。因此，中亚管道公司的管理层在项目前期阶段就着手做好准备，明确中方必须掌控的关键核心岗位，培养具备乌国、哈国及合资公司认可的具有相关资质的中方人员，以实现在核心岗位上由中方合格的管理、技术和操作人员掌控的局面。由于一线关键岗位对人员整体素质要求较高，中亚管道公司组建时间不长，高素质的生产一线运行管理操作人员较为不足，公司管理层在集团公司范围内采取了借聘、劳务派遣等方式调入优秀人员，并加强外语和专业技能培训，协助中亚管道公司尽快完成对关键岗位的掌控。

（三）借助中方EPC力量

乌国和哈国为争取最大的利益，均提出必须由过境国的承包商承担一半的工作量，而乌国和哈国施工队伍的机械设备和员工素质都难以满足项目工期和质量的要求。因此在项目建设中引进中方队伍、发挥中方EPC的主导和带动作用是保证建设工期和质量的重要措施。

中方EPC高效集结人员和设备，快速、高质量地完成了任务。为了调动外方EPC的积极性，合资公司与EPC承包商通过合同规定，如其未能按期完工，合资公司将重新分配工作量，由其他承包商来施工，这促使外方EPC积极按照工期开展工作。同时，在工程的关键节点上，中方EPC主动为外方EPC提供技术支持，带动他们按时完成任务。

（四）主导管材设计标准

管材，这个在一般管道建设项目中看似平常的基本材料，在中亚天然气管道项目建设初期却异常艰难。

项目前期，按照中亚国家的设计标准和习惯做法，中外专家经过沟通，推荐了苏联常用的1422毫米口径单线敷设的方案。但调研后发现，国内1422毫米口径直缝管生产能力每年不足300千米，这与1833千米的单线全长相比，简直是杯水车薪。另外，完全依赖国际供管，将使工程面临巨大风险，并且配套的阀门、管件资源也无法保障。最后，如果依赖国内供货，那么阿拉山口作为唯一的铁路口岸，将成为管材运输的绝对“瓶颈”。

在进退维谷中，经过广泛调研和精确计算，公司果断采取了一系列措施：第一步，将单线方案调整为双线方案。以项目可实现为基本前提，利用一个多月时间深入调研，很快与各方专家形成共识，将1422毫米口径单线敷设的工程方案调整为1067毫米口径双线敷设。第二步，将直缝管选型方案调整为螺旋管。然而，此方案一经提出就遭到外方的强烈反对。因为此举不仅挑战了他们作为天然气管道建设大国的技术优越感，也意味着这一地区延续多年的管道建设标准体系将随之改变。一时间，双方矛盾尖锐，几近无法沟通。公司把突破点迂回到对中亚国家具有重要影响的俄罗斯，几次将俄罗斯科学院相关专业的知名院士和钢厂、制管厂的代表邀请到国内，与中方专家一起研讨、确定螺旋管技术标准，从而最终获得了他们对中国螺旋管技术的认可。公司借助俄罗斯专家在中亚地区的权威地位和重要影响，改变了乌、哈专家对螺旋管技术方案的反对态度。同时，公司深入调研，整理出许多世界上成功使用螺旋管的实例，获得了俄罗斯最大天然气输送商GAZPROM在俄罗斯开始使用螺旋管的证明材料，这为在中亚地区使用螺旋管提供了有针对性的技术佐证，从而打消了乌、哈两国相关人员的技术顾虑。另外，公司多次组织乌、哈两国专家，赴中国西气东输工程、钢厂及制管厂参观，向他们展示中国天然气管道的成果和成熟技术。真诚邀请乌、哈两国专家来中国工作，让他们与中方专家共同讨论确定可研技术方案，在潜移默化中使他们逐步认可和接受中国标准。通过三个多月的精心策划和耐心推动，外方终于同意在可研报告中确定螺旋管技术方案。第三步，突破运输瓶颈。公司组织专家组行程3000余千米，对海运、陆运、空运等各种方案进行了深入调研和分析，最终确定了充分发挥新疆地缘优势，以铁路为主、公路为辅的运输方案。但阿拉山口换装车皮不足的挑战依旧严峻。公司借国务院原副总理吴仪同志访哈契机，由政府推动，专题讨论了管材运输事宜，并趁热打铁组织中、哈、乌、土四国铁路部门召开联合协调会，取得了各国铁路高层对项目的理解和承诺，保障了项目管材在阿拉山口的基本换装车皮数量。外部矛盾解决后，国内铁路运力紧张的矛盾又凸显出来。经过测算，要满足工程进度需要，每天到达阿拉山口的车皮数量最少要 120 节，但原铁道部在全力保障的情况下也只能提供 80 节。为了解决这一矛盾，公司提出变每节车皮装载 4 根为 5 根的建议，并交由原铁道部认可的铁路装载研究所进行科学论证。这不仅解决了运力问题，而且也节省了运输费用。如图 4-4 所示。

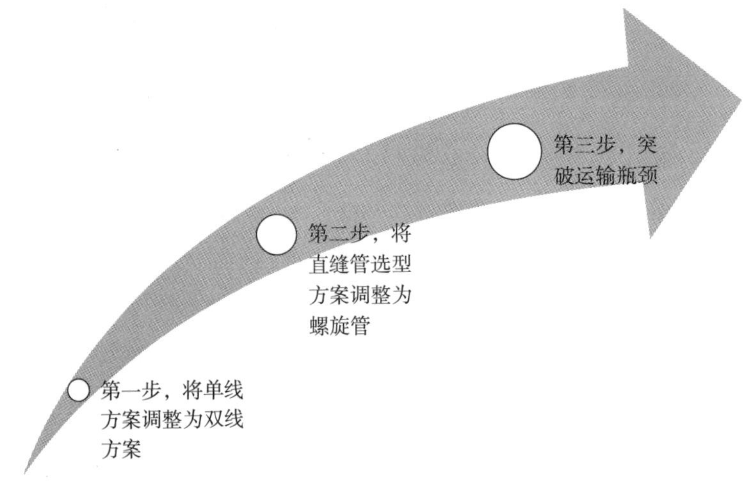

图 4-4 主导管材标准设计过程

组合措施不仅解决了项目资源需求，还将中国成熟的螺旋管技术输送到了中亚国家，突破了中亚国家的技术标准和技术传统，实现了从只认同苏联标准向接受中国技术的转变，为依靠中方资源确保项目工期提供了决定性的条件，还直接压缩了项目建设投资，带动了中国钢管的出口量。

二、采用多种超常规措施

中亚管道公司为确保工期目标的实现，在遵循工程项目管理基本程序的前提下，充分发挥中国石油一体化优势，大规模采用协同工作、并行执行等手段，发挥主导作用，引领各参与方，并利用 PMC 和第三方监理保证工程关键节点的顺利完成，实现了工期目标。

（1）创新法律框架。公司用短短 6 个月时间，完成了国际同类项目需要2~3

年甚至更长时间才能完成的法律层面谈判工作。

（2）提前做好可行性研究。以集团公司驻外中方机构与外方可研机构签订相关合同，先行开展并顺利完成了可行性研究，向当地政府机构报批了可研报告。

（3）在重要时间节点前做好详勘工作。由可研单位与当地详勘公司签订工程地质详勘合同，千方百计在 2007 年寒冬到来前完成详勘，为利用冬季开展初设提供了条件，并抢出了 10 个月的工期。

（4）中方主导初步设计的提前完成。大胆利用中方资源提前启动初步设计，在设计中牢牢把握“以我为主、引导对方”的思想，将本应由中外双方共同完成的初步设计，依靠中方力量提前完成主要工作量，再以当地设计院和中方联合完成的名义申报，从而抢到了宝贵的时间。

（5）中方统一协调主要合同文件。为了缩短招标时间，规避商务经营风险，中方统一协调主要合同文件。中亚管道公司总部对海外项目的招标进行了统一审查，对商务索赔、预付款和进度付款、仲裁地点等重要条款进行了统一调整，并将全部文件作为国际竞争性招标的通用范本提供给前期 PMT（合资公司）在各类国际招标项目中采用，中亚管道公司对合资公司给予技术上的支持，大大缩短了招标文件的编制周期，节约了招标时间。

（6）提前安排设备、材料和人力资源动迁。加大公关协调力度，争取国家铁道和商检部门“特许”，取得了外交渠道支持，有效解决了开工物资动迁没有合法手续的难点问题。

（7）做好资金保障。由集团公司安排短期贷款，并在金融危机严重时期，以集团公司为担保成功完成巨额融资，保证了管材采购和顺利开工，为工期目标的实现奠定了资金基础。如图 4-5 所示。

同时，分层次设定关键控制节点目标，推动项目整体进程。①政府层面，通过高层互访等方式确定管道开工时间节点、单线投产时间节点等，获得各国政府高层的认可，并由此自上而下确定了各国政府部门推进与本项目相关的各项工作的关键控制节点。②股东层面，通过多次沟通设定了合资公司成立、招标完成、开工、主体焊接完成、投产准备完成等关键控制时间节点，并以股东纪要文件的形式予以明确。③合资公司层面，以中亚管道公司为主导，根据上级层面的关键节点分层分类设置本层面关键控制节点，并进行严格控制。直接威胁通气目标的关键工序和控制性工程的完工时间被设定为刚性节点，这些关键刚性节点环环相扣，互相制约，又进一步细化为多个节点，实行分层级分类控制。

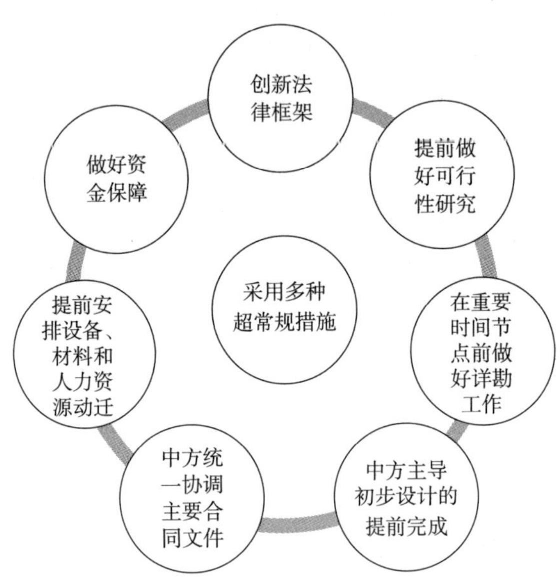

图 4-5 采用多种超常规措施打造“中亚管道速度”

三、项目建设的卓越成效

（一）实现工程既定工期目标

自中国首条从陆路引进境外天然气的跨国能源通道——中亚天然气管道 A 线开工以来，短短 6 年多时间里，中亚天然气管道 AB、C 线全部建成，累计里程达 5496 千米。建设周期之短、里程之长和所经国家之多，创下了世界管道建设史上一项项新纪录。

特别是近年来，“丝绸之路经济带”倡议得到了中亚各国的热烈响应并积极推动，管道建设加快推进，油气合作持续深化。C 线主气源地复兴气田南约洛坦年 100 亿立方米产能建设项目竣工投运；巴格德雷合同区第二天然气处理厂建成投产；D 线气源地复兴气田二期年 300 亿立方米商品气产能建设交钥匙工程以及管道相关过境国的筹备工作正在积极统筹协调推进。

随着 D 线管道开工建设，中亚油气管网将实现中国和中亚五国全覆盖，将进一步推动中亚油气合作迈上新高度。数据显示，管道 AB、C、D 线全部建成后，中国从中亚进口天然气输气规模将达到年850亿立方米，成为中亚地区规模最大的输气系统，将进一步改善我国能源消费结构，实现能源进口通道多元化。

（二）达到工程质量的预控目标

在管道建设过程中，设计文件质量较高，资料、图纸提交及时，设计服务周到全面，现场解决问题能力强。物资采购各项管理措施落实、运行高效，现场物资供应及时、准确，物资采购质量得到有效控制。工程建设理念先进，组织得力，管理科学，在工程建设过程中实行全过程监督，较好地实现了质量及HSE控制目标。乌兹别克斯坦国家技术监督局、油气监督局和建设委员会每月的定期检查，以及中间检查验收各项指标，全部一次合格通过验收。根据哈萨克斯坦国家验收委员会对A线工程质量的评定，委员会成员没有提出一条意见，建设项目单位工程合格率为100%，达到了工程质量的预控目标。

（三）有效控制投资增长

根据前期初步测算，中亚天然气管道工程建设投资可能达到约130亿美元。通过在项目前期着力优化技术方案，合理调整投标策略，在项目执行阶段，深度压缩费用类投资，通过强化精细管理等多种措施，中亚管道公司有效地控制了投资增长，将建设投资大幅压缩至约99亿美元。

2017年，中亚管道公司通过强化顶层设计，适应公司改扩建项目增多的新态势；成立公司级D线项目协调小组，完成建设计划和实施策略制定；高效协调系统推进，总部升级管理，项目领导靠前指挥，哈南线全线输气能力达到100亿立方米/年，统筹组织卡站调试投运，确立商务模式，为哈气进中国提供设施保障。

第三节　同舟共济建立运行管理新模式

运营管理是企业管理中的重要环节。中亚管道公司在正确认识和理解其所处的特殊运营背景和复杂环境的基础上，基于运营管理思想，勇于创新，建立了全新的跨国长输管道运营管理新模式，为中亚油气管道运营提供了坚强的保障。

一、运行管理模式的设计思路

（一）主要目标

在运行指标方面，建立世界先进水平的指标体系，指导改进工作，提升运行水平。在调控管理方面，建立中外方认可的贯穿总部和过境国调控中心的管理制度，提升团队调控实力，并以四国多方协调为平台，保障供气。在技术管理方面，改造站场控制逻辑，具备远程调控能力，并以联合运行为基础，实现收益最大化。在维护管理方面，借助信息化系统实时掌握管道运行状况，提升管道风险管理水平，实现管道完整性管理和设备精细化管；通过日常管理、设备维修、管道检测保障管道安全运行。在抢修方面，按照 72 小时原则，实现管道事故的快速处理，保障管道的安全运行。在技术支持方面，借助外部力量，提高公司生产运行管理水平。

（二）主要原则

1. 安全高效

围绕“安全、可靠、高效”三原则，坚持理念先行。创新运行机制，优化运行管理模式、推动管理方式转变、强化集中调控、提升人员素质、降低运营成本，完善管理体系，全面提升运行管理水平，实现安全高效运行。

2. 命运共同

中亚天然气管道项目实施符合资源国、过境国和消费国的利益，中方战略目标和核心利益的实现也是外方利益得以保障的重要基础，相互之间利益上的共性远大于分歧。利用中国与中亚各国关系深化发展的有利条件，借助中方与外方在合作过程中逐渐形成的理解和认同，中亚管道公司可以在合作中放大共同利益，缩小分歧差异，寻求互利合作、共同发展。

3. 顶层设计

鉴于管道项目生命周期长，管道企业要着眼于全生命周期实施管理，在项目运作初期就要对项目全过程、全方位进行综合考虑，力求形成顶层设计动态优化。

二、运行管理模式的探索创新

（一）运行背景

中亚地区地缘政治关系复杂，给管道项目实施带来了巨大挑战。中亚天然气管道项目过境多国，在实施过程中必须要注意避免碰触大国在该地区的核心利益，受到大国干扰，同时还要注意避免打破现有中亚国家之间的平衡、激化过境国之间的矛盾，这就要求中亚管道公司在项目实施初期，必须做好顶层设计，规避近期以及远期风险。

过境国法律政策多变，增加了企业经营管理难度。大多数中亚国家开放程度低，国民经济发展水平落后，投资环境较差。一方面法律制度不完善，政策不透明；另一方面政策多变，利益诉求层出不穷。在管道项目建设阶段中，中亚管道公司需要就通关、运输、劳工等问题多次申请总统令或政府特批；在管道运行阶段，过境国通过修订法律和政策来增加对管道的利益诉求，例如修订税法和采办法，新订管道干线法限制运行权等，大大增加了企业经营管理难度，提升了企业运营成本。

社会安全状况日趋恶化，管道安全运行难度加大。大多数中亚国家自独立以来，政局较为稳定。同时，该地区的“三股势力”也日趋活跃，暴恐事件频繁发生，社会安全形势日趋恶化。中亚天然气管道跨多国运行，沿线多为无人区，安全风险防范难度大。

（二）创新运营模式

1. 分国分段管理模式

公司打破以往国际长输跨国管道以“同一项目公司”和“联合体”形式为主的“多边合作”模式，规避中亚国家错综复杂的地缘政治风险，降低并减少多边磋商、协调一致的时间成本和经济成本，采取以“双边合作”为特征的，按管道过境国分别设立合资公司，“分国分段建设和运营”的项目组织和管理模式，突出中方在双边合作中的优势，快速优质推动项目实施，同时利用在各过境国合资公司持有股权的优势，形成中方对管道整体建设和运行在管理上的掌控，在兼顾外方合理诉求的同时，确保中方对国家战略型管道核心利益的实现。

“分国分段”项目组织和管理模式是按照过境国对管道进行分段，一个过境国内的管道为一段，分国签署政府间、企业间多层级法律文件，组建合资公司持有相应段内管道资产并负责管道项目建设和运营管理。如表 4-1 所示。

表 4-1 “分国分段”建设和运营管理模式

项目	中亚 AB、C 线	中亚 D 线
分段	乌国段、哈国段	乌国段、塔国段、吉国段、国内新疆段
政府间协议及内容	项目实施前期由中国政府分别与哈国政府和乌国政府进行谈判并就管道过境问题签署政府间协议。 内容：确定各段天然气管道具体路由、政府支持承诺和优惠政策，同时明确各自的政府主管和协调部门	中国政府分别与乌兹别克斯坦、塔吉克斯坦和吉尔吉斯斯坦三国政府签署中亚天然气管道 D 线项目政府间协议。 内容：明确了双方委员会成员组成和工作机制
企业间协议及内容	由各段的双方股东，即中国石油分别与哈萨克斯坦国家油气公司和乌兹别克斯坦国家石油公司签署协议。 内容：确定持股比例，细化项目实施的具体环节	由各段的双方股东，即中国石油分别与乌兹别克斯坦国家石油公司和塔吉克斯坦国家石油公司签署。 内容：管道投资保护协议
公司间协议及内容	中亚管道公司与过境国的合作方——乌兹别克斯坦国家石油公司、哈萨克斯坦天然气运输公司分别签署协议。 内容：项目公司创建的系列法律文件，成立了 50%：50%股比的项目合资公司	中亚管道公司分别与乌、塔两国的国家能源公司在中国香港设立离岸合资公司持有管道资产，在过境国设立项目公司负责建设和运营。 吉国则由中方成立独资公司负责运作

在项目公司创建文件中，中亚管道公司对 AB、C 线的项目组织设计，按照兼顾各方利益、突出决策和管理效率的原则，推动构建了对等股权合资公司治理结构。

（1）设立由参股人大会（股东大会）、监事会、管委会和审计委员会组成的合资公司决策层和监督层，其中股东大会是决策机构，管理委员会是执行机构，实现决策权上移。

（2）合资公司管理层由总经理、第一副总、总会计师和若干副总组成，其中总经理和第一副总经理、总经理和总会计师以及管理委员会下设部门正副职由双方人员分别担任，事项决策采取“双签制”，实现权力制衡。

(3) 业务执行层面决策权分配授权任能，如在项目建设期间，外方担任总经理便于与当地政府部门，中方担任第一副总兼任 PMT（项目管理组）负责人便于中方对项目进展进行控制；在运营阶段，运行关键岗位由中方员工担任利于管道整体协调运行。这种治理结构的设计既有利于使决策“自上而下”达成一致，减少合资公司层面的矛盾和摩擦，也有利于中外双方在权力制衡中实现充分合作。在一定程度上化解了股比均等型公司合资各方对公司控制力的基本均衡、决策和管理中容易互相掣肘、效率相对较低等问题。中亚 D 线的项目组织和管理模式进行了调整。由中亚管道公司分别与乌、塔两国的国家能源公司在香港设立离岸合资公司持有管道资产，在过境国设立项目公司负责建设和运营。

“分国分段”项目组织和管理模式是中亚管道公司实施跨多国输送天然气战略的重要道路选择。实现了跨多国合作思维模式由传统的“多边合作”向“双边合作”转变，通过政府间、企业间多个参与主体的多层级法律架构与商务运作紧密结合，强化了政府、产业、企业多层次协调博弈机制，形成全过程、全方位、全要素的治理、管理和控制活动，既实现商务运作的效率和效益，还对商务活动的法律风险进行预测并做出周密的防范安排。中亚管道公司在各段管道持股 50%为同一条管道系统、多个项目公司之间建立中方主导、统一掌控协调机制奠定基础，对跨多国输送天然气战略的成功实施具有先导性、全局性和保障性意义。

2. 四国运行协调模式

管道运营是各部分协同、技术上不可分割的统一整体，这是由管道的物理特性决定的。中亚天然气管道“分段分国建设和运营”模式回避了项目初期跨多国协调谈判的矛盾，但也带来了在没有统一法律和合同约束条件下分段实施的多个法律主体如何实现多方联合平稳运营的难题，这在世界范围内也很难找到可资借鉴的模式，是跨多国输送天然气战略实施面临的长期考验。同时，中亚天然气管道的生产运营涉及“产、购、销、用”整个链条的上、中、下游多个国家、多方单位，各方利益取向存在较大差异，利益诉求难以平衡，矛盾突出，协调极具难度。

为了给跨多国管道创造“目标统一、责任共担、协调有力、合作共赢”的运营环境，中亚管道公司在充分沟通、交流基础上，围绕“中方有效掌控”和“全线输气能力保障”的核心利益，构建“四国多方跨国协调机制”，协调土、乌、哈、中四国，推动中国石油国际事业公司、中国石油北京油气调控中心、阿姆河天然气公司、土库曼康采恩、中乌天然气管道公司、中哈天然气管道公司等运营相关方共同开展工作，规范上下游生产运行工作程序，在特殊环境下确保管道新建设施顺利投产、保证项目投产后安全、平稳、高效运行。这一举措突破“双边代替多边”跨国运营体系的“先天不足”，建立了跨多国联合调度的工作机制。

（1）依托商务协议和股权管理为平台，奠定“分段分国建设和运营”模式下跨多国管道协调运营基础。中国石油国际事业公司（以下简称“中联油”）是中亚天然气的采购商，是中亚管道公司的托运商，在中国境内将天然气销售给下游公司。因此，中联油与上游资源国、境外各段管道合资公司和境内下游公司签署了多个商务协议。中亚管道公司联合中联油，借助其签署的多个商务协议以及中亚管道公司对各段中亚天然气管道的股权管理，把跨多国管道涉及的上、中、下游各相关组织有效地联系在一起，明确了涵盖购气、供气、输气等相关各方的责、权、利关系，构建清晰的跨国长输管道运营组织体系工作界面。如图 4-6 所示。

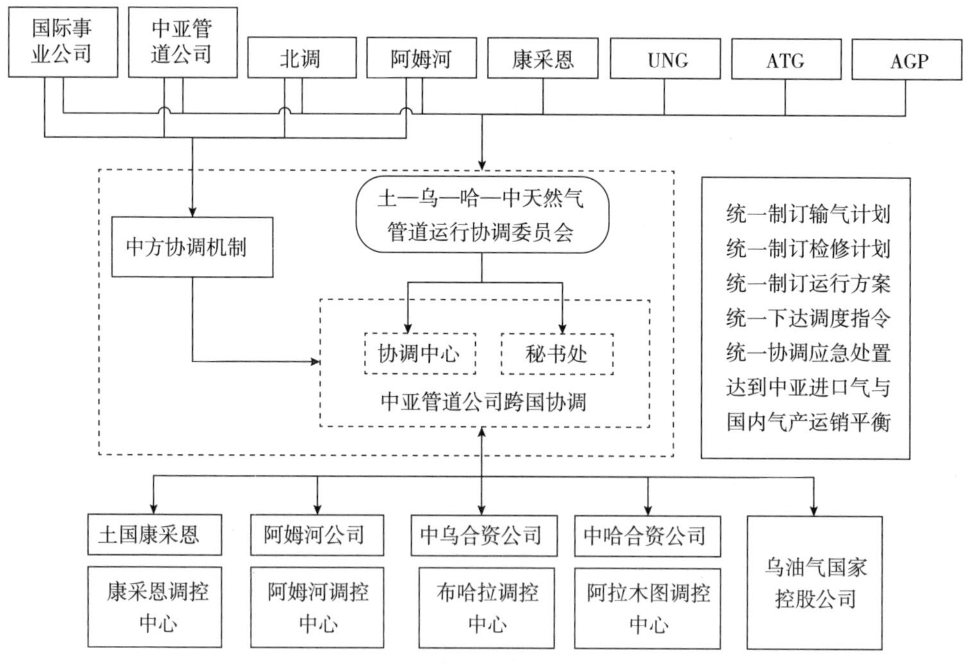

图 4-6 “四国多方协调机制”示意图

（2）组建土—乌—哈—中天然气管道运行协调委员会，形成负责协商确定中亚天然气管道的年度、半年度、月度输气计划和维检修计划等工作的协调议事机构，以协调工程运营过程中的技术和操作问题为主，对管道运营中的争端进行集中统一管理。协调委员会的组织结构及工作职责如图 4-7 所示。

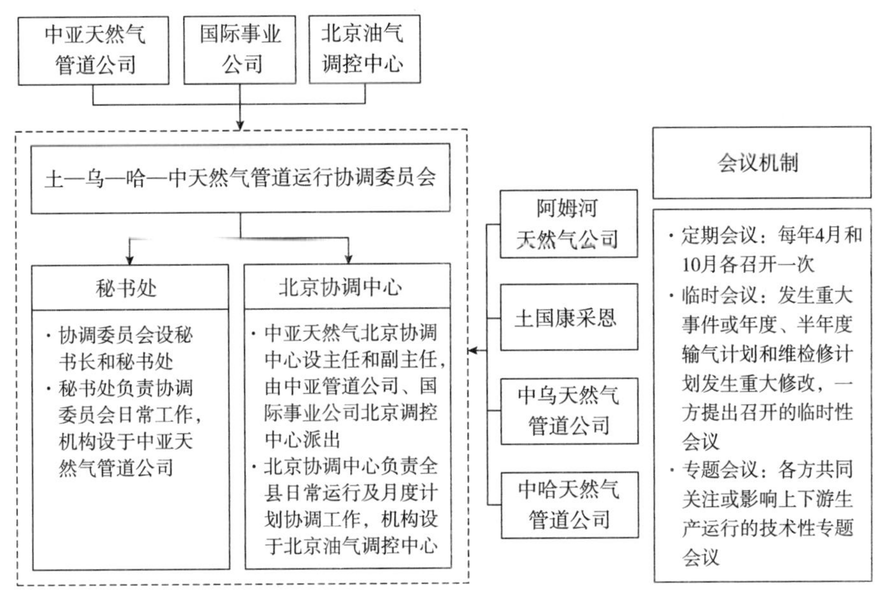

图 4-7　土—乌—哈—中天然气管道运行协调委员会组织机构及工作职责

土—乌—哈—中天然气管道运行协调委员会下设秘书处和北京协调中心。秘书处是协调委员会的常设办事机构，负责协调委员会会议的筹备和组织日常工作，成员参加协调委员会会议，机构设于中亚管道公司。北京协调中心设主任和副主任，由中亚管道公司、国际事业公司、北京调控中心派出，负责协调全线日常运行及月度计划协调工作，参与供输气计划/检修计划协调，机构设于北京油气调控中心。

协调委员会采用会议协商制度。协调委员会会议每年 4 月和 10 月各召开一次。4 月份年度协调委员会会议协商确定下半年及次年一季度分月输气计划和维检修计划；10 月份协调委员会会议协商确定下一年度全年分月输气计划和下一年度维检修计划。

临时会议：如因发生重大事件或年度、半年度输气计划和维检修计划发生重大修改，一方提出召开协调委员会临时会议的书面请求，秘书处应在收到该请求后立即协调委员会其他各方协商，在5日内确定召开会议的具体日期和地点，原则上临时会议召开的日期不迟于秘书处收到提出召开临时会议方要求之日起3周内。

专题会议：各方共同关注或影响上下游生产运行的技术性专题会议可根据实际情况不定期召开。

（3）形成先中方、后外方的协调机制，推动互利多赢共同发展。中方参与到中亚天然气管道运营的单位众多，分布于油气“产、购、销、用”各个环节。中亚管道公司充分发挥中国石油天然气集团公司综合一体化的优势，协调全产业链，实现集中领导，制定先内部协调统一中方口径、再跨国协调和确定输气计划的工作程序。首先，在中亚管道公司、国际事业公司、北京调控中心和阿姆河天然气公司之间建立中方内部协调机制，明确各方在气质改善、计划调整、运行方案制定、上下游日常协调、北京与现场工作组织等方面的工作职责，通过生产协调会议、工作协调函等各种手段，根据已确定的年度分月供输气协议计划及各方计划调整申请，协调制订月度计划调整。其次，通过土—乌—哈—中天然气管道运行协调委员会进行跨国协调，根据各方资源配置情况，协商确定年度分月供输气协议草案计划。草案计划下发给四国多方征询意见，根据意见做进一步调整。最后，确定中亚天然气管道的年度分月协议计划，并下达四国多方。

（4）签署《联合调度协议》，保障安全、平稳、高效运行。进入2015年，中亚地区天然气气源产销矛盾进一步突出，各方协调难度加大，因此需要通过与中亚天然气管道过境国调控中心签署《联合调度协议》，进一步夯实中方对管道全线的调控权，充分发挥中亚协调调度中心（TCDC）具备的硬件、软件优势，进一步保障了能源通道的安全、平稳、高效运行。经过前期TCDC对中乌管道和中哈管道的调控权实施经验，TCDC编制了《中亚管道调度协调程序》，该程序是保证中亚天然气管道安全、平稳、高效运行的基本框架，也是确保中、乌、哈三方股东及合资公司利益最大化的有力保障。2017年3月，ATG、AGP赴京与TAPLine开展交流会期间，完成的该协调程序的签署，至此标志着调控管理正式由对中方管理转向对合资公司管理；在程序签署后三个月的实践中，计划方案和协调指令执行到位，中亚协调调度中心、过境国调控中心、站场三者的调度协调更加顺畅。

第四节　全面优化运行管理

管道投产后，安全平稳运行、完成输气任务成为管道运行的最大目标；“十三五”初期，由于国内经济下行压力对天然气销售影响凸显，国内天然气需求增速放缓，资源供应初显宽松，市场竞争日趋激烈，要求中亚管道公司必须进一步精细化、科学化管理，提质增效，巩固核心竞争力。因此，围绕“安全、可靠、高效”三原则，中亚管道公司高度重视生产安全，确保管道运行安全平稳；完善内外部协调机制，推动签署《中亚天然气管道运行协调委员会章程》，增强跨国协调的规范性和约束性；强化股东协调，公司运行管理逐步由管中方项目向管合资公司转变。实现中方调度令在合资公司合法化，调控能力进一步增强；推动优化运行向优化运营转变，由控制自耗气量向控制自耗成本转变，建立空压机大修维护模式标准，减少外委工作量；按照抢修能力“五落实”原则，满足应急抢修实战需要。

一、过境国管道运行权的获取

（一）哈萨克斯坦管道运行权的获取

中哈天然气管道一期工程启动于21世纪初期，此时经济蓬勃发展，国际能源正处于卖方市场，并且哈萨克斯坦有着与中国能源行业丰富的合作经验，各相关方在天然气管道的建设和运营中有着不同的利益诉求，中哈天然气管道的运行权及执行者将直接影响管道的本质安全和平稳高效运营，同时也会在两国的政治、经济和民生方面造成深刻的影响，基于上述因素，中哈双方在管道运行权的掌控方面寸土必争互不相让。中方要实现对中哈天然气管道运行的掌控，有效途径就是通过AGP直接负责中哈天然气管道运行管理，而哈方则坚持由哈萨克斯坦输气公司KTG控股的全资子公司ICA负责并进而掌控中哈天然气管道的运行权，双方企业均不妥协，但面临政府间协议里面规定的2009年底中哈天然气管道A线必须投产的政治压力。基于《哈萨克斯坦许可证法》，并结合社会、政策、相关法律环境和项目的实际情况，通过中哈两国相关政府部门及企业多次博弈之后，中哈天然气管道一期工程（即中哈天然气管道 AB/C 线及同管廊内的其他管道）的运营权最终归 AGP 所有。

2012 年 1 月 31 日，哈国重新修订并生效的《哈萨克斯坦许可证法》修正案 No. 461-IV，从法律层面而言，自 2012 年 2 月起，ACP 即拥有了中哈天然气管道独立运营许可，但基于运行中哈天然气管道的巨大经济利益和政治利益，KTG 始终未完全同意 AGP 组建符合实际需求的运行管理组织机构并招聘相关人员。

结合之前的干线 ICA 外委服务合同执行情况，以及站场代运行期间存在的问题，鉴于中哈天然气管道对中国的民生、政治和经济利益，中国石油推动并与中国政府层面一起与哈国政府及 KTG 进行了有礼有节的博弈，在合作共赢的理念下并综合各方面利益平衡，2012 年 10 月 23 日中国石油天然气集团公司（CNPC）与哈萨克斯坦国家油气股份公司（KMG）双方代表就中哈天然气管道运行及 C 线开工前准备相关工作交换意见，关于一期管道运行方面做出的决定如下：

鉴于《中华人民共和国政府与哈萨克斯坦共和国政府关于中哈天然气管道建设和运营的合作协议》2 号补充议定书第 13 条规定：AGP 应负责包括以前一期管道的运行、提供输气服务作业、独立的工作状态调度作业管理（一期管道的调控）以及一期管道的技术维护和维修等。为保证一期管道的安全运行，AGP 将引入 ICA 公司为一期管道线路运行提供服务；AGP 将实施一期管道站场的运行、技术维护和维修，同时 AGP 有权引入第三方提供的服务和专家。至此，通过中哈两国相关政府部门及企业在进行大大小小上百次博弈后，中哈天然气管道一期工程（即中哈天然气管道 AB/C 线及同管廊内的其他管道）的运营权之争彻底落下帷幕，中哈天然气管道的安全、平稳、节能、高效运行彻底由 AGP 的中哈方专家共同掌控。

（二）乌兹别克斯坦管道运行权的获取

乌国境内的所有乌国国家管网都由乌石油下属单位乌输气公司（Uztransgas）统一调度、统一管理。中亚天然气管道乌国段工程实施初期，中国石油和乌石油就确定以成立合资公司的方式对乌国境内的管道进行建设和运行，在股东级合作协议签署生效后，JV ASIA TRANS GAS LLC（ATG）合资公司成立，具备管道建设和运行的资质。

ATG 合资公司具备运行资质不代表就可以运行管道，还必须取得乌国政府部门颁发的运行许可才行。运行许可颁发的前提是运行组织机构是否合理、中乌运行人员比例是否满足国家要求、强制第三方服务（安保、消防服务等）是否签署合同、应急预案及设备操作规程是否报批、管道和站场设施是否取得最终验收证明、维抢修能力建设是否满足抢修要求等一系列必须得到乌国政府相关部门的审查、批准和单独许可后，才能获得最终的运行许可，获取运行权。2009 年在中亚天然气管道 A 线投产之前，合资公司设立专门部门——技术文件报批部负责运行许可的获取，最终按时获取运行和抢修许可，管道按时投产。

二、优化运行理念的发展提升

中亚天然气管道是我国进口国外管道天然气的主要通道，对保障国家能源安全具有重要作用。截至 2017 年底，中亚天然气管道已建成 AB 线 300 亿立方米/年、C 线 250 亿立方米/年的输气能力，具备向国内每年供应 550 亿立方米天然气的输气能力。中亚天然气管道输量受上游资源和下游市场影响较大。由于国内天然气市场还在培育发展阶段，市场需求波动较为明显。“十二五”末至“十三五”初，由于国内经济由高速增长转向中高速增长，天然气消费需求增速由两位数放缓至个位数，中亚天然气管道面临低输量压力；进入“十三五”中期，受国内大气污染治理政策影响，天然气消费增速回归两位数增长，中亚天然气管道管输负荷快速提升，在冬季保供期间几乎可以达到满输，对优化管道运行提出了较高要求。在以往运行过程中，该管道系统在工艺运行方面主要暴露出以下问题：各压气站配置的燃气轮机—离心压缩机组（简称燃驱机组）的出厂特性曲线与实际运行特性存在较大偏差；在分别指定各气源总供气流量的前提下，为该系统供气的两个气源在 AB 线与 C 线间的供气流量分配对整个系统的运行方案、运行能耗和输气成本有显著影响；高温季节燃气轮机输出功率不足将导致管输能力下降。为使该管道系统充分发挥输气能力并尽可能保持高效低耗运行状态，中亚管道公司不断优化和完善运行调控体系。主要目标是通过科学制定能效指标，固化优化运行工作程序，在仿真优化工程师与运行调控工程师之间通过 CHECK-LIST 既形成了清晰的职责界面，也通过仿真测算与实际调控紧密结合，达到了良性循环，最终实现优化技术向实际生产力的转变；专业技术方面，利用专业管理优势，加大压缩机组能效管控力度，深入推进优化运行技术的应用转化力度；绩效管控方面，合资公司、中方内部针对运行优化节省输气成本制定了激励制度，实现了优化技术向公司及员工切实效率的转化；人才培养方面，从专家讲解、技术培训、工具学习、实践积累四方面着力建设中亚管道优化运行技术团队，并逐步向外方人员发展，以形成国际天然气管道优化运行专家团队。

中亚管道公司从2009年初开始筹划建设跨国运行调控体系，分成软硬件两方面内容，硬件以建成北京总部的协调调度中心为基础，并具备四大功能：一是调度监视及运行协调功能；二是应急抢修协调中心功能；三是视频会议及工业电视显示功能；四是对外窗口展示功能。建设伊始，通过国际对标优化系统设计方案，高起点建设SCADA系统、通信系统、视频会议系统、工业电视系统，并完成了与乌哈合资公司、土国阿姆河已建系统的不同厂家设备的互联互调，推动乌国、哈国、中国政府、企业层面审批，最终实现集团公司第一条跨国光缆互联互通；项目执行期间与18家单位同步沟通，利用跨四国光缆将生产数据传输至中亚协调调度中心。2014年新建成的中间数据库系统使第三方应用系统充分利用SCADA系统数据进行数据存储和优化运行分析，对跨国运行调控作用重大。

在建成中亚协调调度中心硬件设施的同时，积极推进跨国调控体系软实力建设。对内，以充分发挥调控运行一体化优势为目标，完成了调控工作流程、运行调控与协调管理程序、人员培训、信息化、基础体系、能力素质六方面标准化建设；通过了规范输气计划管理、统一维检修作业管理、明确各国调度人员的职责管理（Checklist）、标准化调度日常管理和信息通报管理、强化调度人员从业技能管理等实现了固化流程管理程序；在运行调控和协调方面，通过制定《压力和管存控制原则》，执行《优化运行方案》，发布《重大节日生产安排》，编制《冬季生产安排》；在调度基础体系建设方面，编制完成了《跨国生产运行管理程序》《跨国调度管理程序》《跨国调度运行手册》等基础文件；在能力素质方面，培养了一批具有优化运行能力、模拟仿真能力、运行调控能力和跨国协调能力的调度队伍，为跨国调控体系的全面建成奠定了坚实的基础。

中亚管道公司不断完善“以总部调控中心（TCDC）为核心，合资公司调控中心为支撑”的一体化调控体系，持续优化管道运行。根据“四国多方跨国运行协调机制”，TCDC负责协调管道全线日常运行及月度计划协调，参与供输气计划、检修计划协调。TCDC以完成输气计划为原则、以优化运行能耗为目标，通过对全线压气站实施压力控制、压缩机燃机效率跟踪分析、管存控制原则制定等调控优化措施，持续开展优化运行工作。利用模拟仿真技术，实现中亚AB、C线最优输量匹配和最优管存的配置，通过PPS生产管理系统开发调度令管理模块，每天将运行方案通过调度指令下达各合资公司调控中心，指导全线运行，有效降低能耗，控制管道输气成本。在生产数据管理方面，利用PPS生产管理系统，开发生产数据管理模块，对海量运行数据进行有机整合，形成标准的数据管理模式，为生产调控及优化运行提供有力支撑。中亚管道公司形成了具有公司特色，符合中亚各国国情的，保障企业高效运行的创新运行模式。

1. 体制创新

中亚管道公司以中亚协调调度中心为基础平台，成立了优化运行工作小组，负责中亚天然气管道的整体优化，保障了组织目标的高效实现。

2. 管理机制创新

经过多年的研究摸索，已建立了优化运行管理机制，形成了优化运行方法论，即《优化运行指导办法》，编制了优化运行工作 CHECKLIST，建立了详细的优化运行分析体系，每季度编制优化运行总结报告，做到日计算、周跟踪、月分析、季总结，形成了科学化、实际化、程序化的优化运行基础程序。优化运行工作小组的工作内容涵盖模拟仿真测算、分析历史运行数据、测算压缩机组效率、研究输气量、管存、机组效率变化等因素对耗气量的影响等，通过对中亚天然气管道自身运行特性进行的深入剖析，能够掌握中亚天然气管道在各季节、输量下的运行特征。

3. 管理体系创新

通过借鉴国际先进水平管道公司的指标管理体系，共梳理制定管道负荷率、管存控制量、单位周转量综合能耗、压气站能源利用率四项运行指标，为优化运行工作搭建了良好框架并提出合理目标。与此同时，将制定优化运行指标积极向合资公司推广，从管理理念出发，将优化运行的管控点向执行层逐步渗透，实现了指标受控；具体实施内容包括：①建立中亚天然气管道 AB 线和 C 线联合运行的模拟仿真模型，并通过实际生产数据和数学拟合方法校正管道模型，保证燃驱机组、管道元件模拟结果与实际稳态运行工况误差在合理范围内。②运行校正后的模型测算不同输气量下 AB 线和 C 线的最优输量匹配，再结合月度运行气量计划及日度运行实际工况，制定每日优化运行方案。③定期测算压缩机多变效率、燃气轮机效率、压气站能源利用率等运行指标，建立优化运行分析数据库，分析管道运行的效率及瓶颈点。④制定中亚天然气管道管存控制原则，以全线各压气站和计量站为节点将管段分为若干段，实现每段最优管存量的控制，进而实现全线最优管存量和管存位置的控制。⑤利用压缩机组负荷分配系统实现机组压力控制，每日模拟测算全线最优压力控制值，通过调度令下达项目执行，实现全线最优压力控制。⑥固化哈国 DLE 机组燃烧室控制模式，优化耗气，为公司高效、节约运作提供了保障。

三、标准化理念在中亚的落地

统一的专业技术标准规范业务活动和员工行为，实现管理的精细化，是运营管理持续改善、提升效率降低风险的必然要求。管道公司的技术标准代表公司技术水平。受“分国分段”项目组织模式以及过境国采购办法等因素的影响，中亚天然气管道存在同一类设备品牌、型号多样，技术标准以及操作流程不统一等问题。同时，为进一步缩小与世界先进国际化管道公司之间的差距，中亚管道公司运行管理通过新的指导思想制定了新的工作目标：以合资公司为平台，中方发挥主导作用，推行并强化运行管理标准化的理念，并将这种理念转化为系列成果，最终在合资公司落地应用。

首先，强化全员的运行管理标准化理念。公司在股东层面邀请世界级高水平管道公司的专家及各合资公司派人参加的运行管理标准化系列研讨会，这些会议的成功召开，把大家的思路打开了，眼光放得更远了。公司还多次组织各合资公司管理层和运行管理骨干到欧美国际化管道公司、国内兄弟单位进行运行管理标准化方面的考察和调研，通过走出去，让合资公司的管理层尤其是当地员工切实认清了不足，找到了差距。

其次，深入开展对标工作。中亚管道公司针对管道运行 10 个专业，按照先进性、系统性、全面性、实用性的原则，参照国际先进水平管道运行技术标准制定 126 项中亚天然气管道运行管理标准，形成公司中俄文版技术标准手册，为提高管道运行管理水平，实现管理规范化、精细化、科学化提供依据。在“十三五”开局之年的关键时刻，中亚管道公司提出了创建世界先进国际化管道公司的“十三五”目标，并对“先进”和“国际化”这两个概念进行了量化，制定了 11 个方面的“世界先进”建设目标。其中，建立完善的技术标准体系和实行站场标准化建设成为排名前两位的关键目标。这两个方面既是重点工作，又是核心工作，中亚管道公司将综合多个世界级管道公司的优秀成果以及行业内应用最成功最广泛的一些通用技术规则和方法，来搭建中亚管道的技术标准体系和各合资公司的站场标准化管理体系。

最后，标准化管理的系列成果在合资公司落地。一是确定了合资公司技术标准管理体系建设模式。成立了合资公司运行技术标准委员会的专项组织机构，制定了一套合资公司执行的技术标准管理制度办法，建立合资公司应用的企业级技术标准体系。预计在 2019 年全面完成企业级技术标准体系。二是从基层管理入手，搭建完成了站场标准化管理体系。通过站场标准化建设强化公司运行基础、提升公司管理水平，体现基层“集约、简化、统一”的管理思想，实现 QHSE 管理体系合资公司基层站场的落地融合和简化优化。

四、应急管理确保万无一失

（一）建立政府层面跨国管道安全运营和应急协调机制

从长远看，建立政府间的管道运营协调保障机制是解决跨多国管道在突发事件下的应急协调和安全运营问题的重要保障。2013 年 9 月，中国政府分别与吉国和塔国签署了中亚 D 线建设运营协议，在协议中增加了建立管道安全运营协调机制的条款和附件，就紧急沟通协调机制、安全运营协调机构、信息交流、沟通语言、沟通方式和频次以及协调机制启动条件等进行了约定，同时双方还约定可以在此基础之上启动管道相关国家的多边协议磋商，签署管道安全运营多边协议、建立多边应急协调机制，为下一步围绕中亚天然气管道 AB/C/D 线构建统一的跨多国安全运营协调机制奠定了基础。

（二）分级分层应急管理

为确保管道运营各类突发事件得到及时有效处置，中亚管道公司坚持机构完善、预案建设和应急演练并重，设施建设与应急培训同步的原则，持续完善“企业自身+专业机构+政府协调”的立体化应急管理体系。成立总部和项目（合资公司）两级应急管理领导机构，建立公司总部（总体预案+专项预案）、合资公司（总体+专项预案+现场处置预案）两级三层完整预案体系应急预案体系，涵盖生产运行、工程建设、自然灾害、社会安全、交通安全、事故灾难、公共卫生、投资环境八个方面。采用召回培训+送教海外、课堂讲授+在线学习多种方式开展预案宣贯，提升各级员工应急处置履职能力。坚持逐年制订并严格执行上述八个方面突发事件实战型应急演练计划，确保应急能力，保障人员与管道安全；注重国家层面应急处置沟通机制建设，尤其是在高度敏感的在役设施的安全保障和防恐管理方面，落实与所在国强力部门、我驻外使领馆的沟通联系，不断强化社会安全人防、物防、技防、信息防应急管理。中亚管道公司生产安全类突发事件应急响应流程如图 4-8 所示。

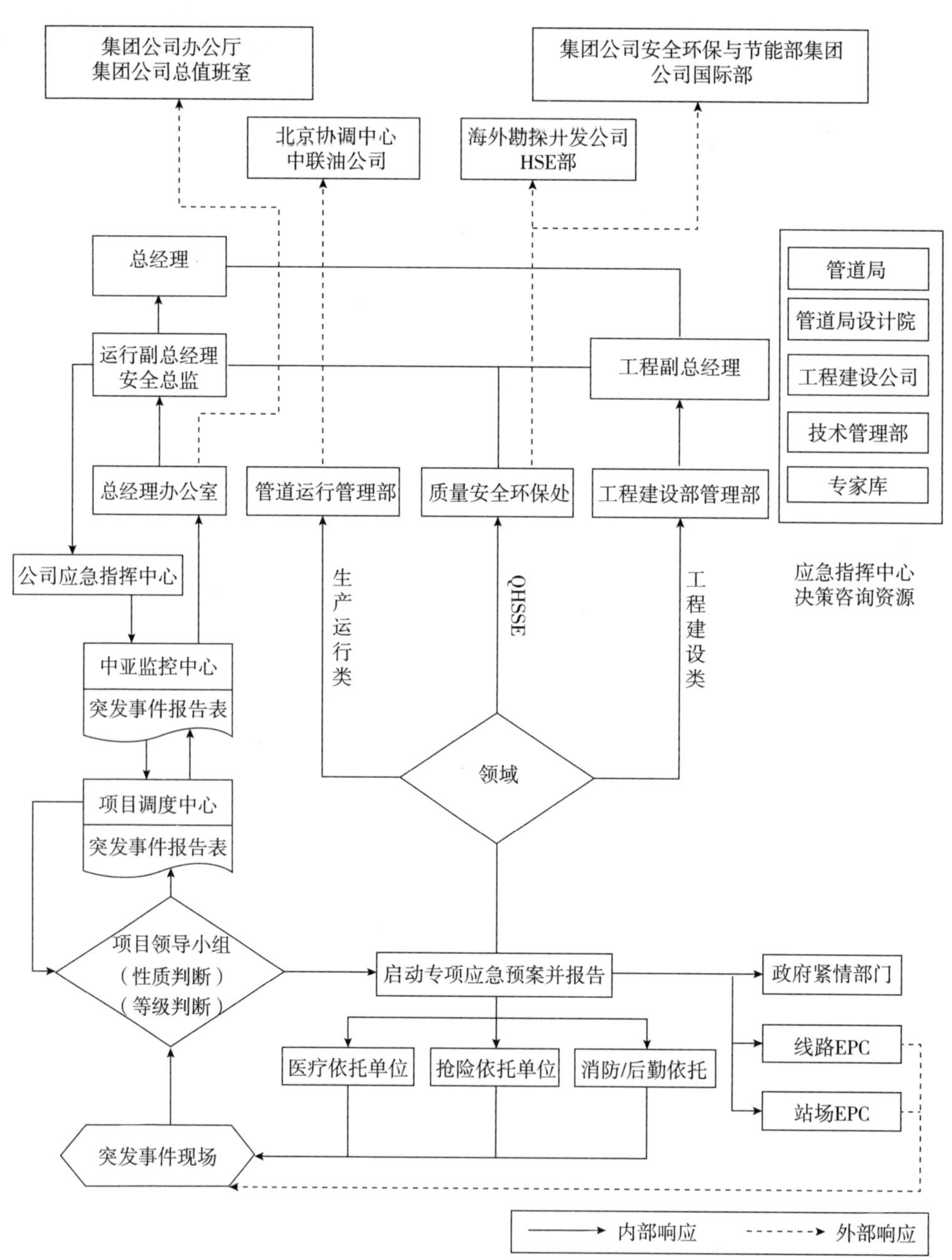

图 4-8　中亚管道公司生产安全类突发事件应急响应流程

（三）高效及时抢修管理

管道出现异常工况或险情时要进行紧急处置，以确保管道运输不中断或在最短时间内恢复输气，因此管道维修抢修能力的培养和保持尤为重要。几年来，中亚管道公司围绕维修抢修能力培养，持续完善 72 小时维抢修体系，确保管道运行一旦发生中断，可以在 72 小时内（国内可以接受的中断供气时间）恢复通气。一是建立在应急状态下的协调程序。在“四国多方跨国运行协调机制”下，明确 TCDC 负责管道的应急指挥，在中哈、中乌段管道出现异常情况或险情时，根据自救时间计算更新应急方案，及时下达布哈拉、阿拉木图调控中心，以降低异常工况或险情对生产的影响。在发生重大险情时，TCDC 成立应急领导小组，对现场应急反应进行指挥，并借助信息系统与合资公司、上游和下游气源等相关方保持及时联系，实现最优工艺调整的协调。二是持续开展管道完整性管理。中亚管道公司建设完成《中亚管道完整性管理系统——PIS》，满足总部、中哈及中乌合资公司等多层次的完整性管理需求，实现基于风险管道完整性管理，降低管道运营风险和成本，并能在维修抢修中提供必要及时的信息支持，包括故障点的位置、地理信息、内外检测记录、维修记录等。三是强化能力建设与培养。中亚管道公司在沿线维抢修中心的建设中狠抓“五落实”（包括人员、机具、物资、预案、演练），通过组织维抢修专项培训如焊接、组对等提高员工的技术水平，并通过演练来提高员工的熟练程度；通过举行中外方员工维抢修竞赛、邀请中方专家到现场指导等方式，不断提升中亚管道突发事件 72 小时维抢修的处置能力。

第五章

国际视野　齐心构筑安全共同体

油气管道是经济和社会发展的生命线，安全既是管道的生命，也是管道平稳、高效运行的基础和前提。油气管道由于易燃易爆、高压高能、有毒有害、连续作业、点多线长、环境复杂等特征，使其安全问题至关重要，既影响居民生活和企业生产，也威胁线路国境地区民众的生命安全和生活环境，更关乎国家的能源安全。中亚管道公司在管道建设和运营过程中，坚持以国际一流安全管理为目标，在中国石油安全管理框架下，提出了全面安全管理的总体理念框架，通过QHSSE体系的建设和标准化，以安全生产责任体系为主线，在管道建设和运营过程中狠抓安全管理，与东道国携手构筑能源安全、经济安全和社会安全的安全共同体。

第一节　树立全面安全管理理念体系

中亚管道公司自成立之日起便牢固树立中国石油“一切事故都可以预防和避

免”的基本理念，在中国石油安全管理“6955”原则框架下①，对标国内外管道企业安全管理的成功实践和案例，创新地提出了全面安全管理理念体系（Total Safety Management，TSM），推进全域、全员、全过程和全方位的安全管理。将安全扩大到全业务领域，以保障人员安全、设施安全、生产安全、社会安全和环境安全作为管理的重要内容；推动全员参与安全管理过程中，以管理层承诺为核心，驱动全员参与安全管理过程中，将供应商、承包商等纳入安全管理体系中，引导属地民众参与安全管理；在建设和运营全生命周期关注安全，确保全过程安全可控；不断加强制度建设、流程管理以及文化建设等，实现全方位的安全管理目标。如图 5-1 所示。

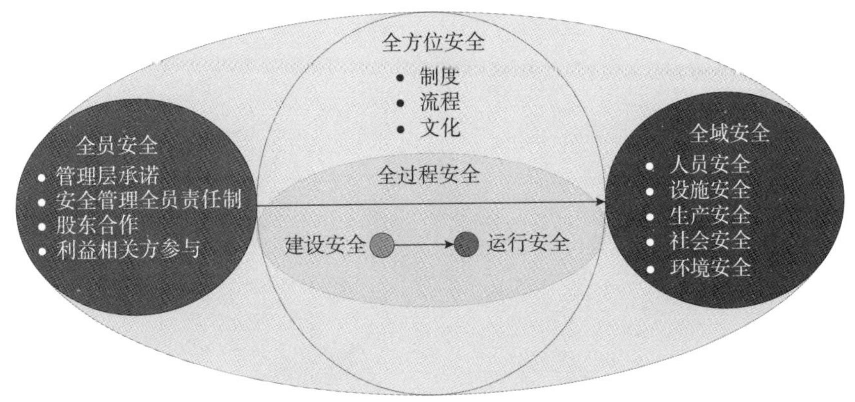

图 5-1　中亚管道公司全面安全管理（TSM）理念体系示意图

① “6955”原则，包括反违章“六条禁令”、HSE 管理的“九项原则”、承包商安全管理“五条禁令”和强化安全生产应急处置的“五项规定”。反违章“六条禁令”：①严禁特种作业无有效操作证人员上岗操作；②严禁违反操作规程操作；③严禁无票证从事危险作业；④严禁脱岗、睡岗和酒后上岗；⑤严禁违反规定运输民爆物品、放射源和危险化学品；⑥严禁违章指挥、强令他人违章作业。HSE 管理的“九项原则”：①任何决策必须优先考虑健康安全环境；②安全是聘用的必要条件；③企业必须对员工进行健康安全环境培训；④各级管理者对业务范围内的健康安全环境工作负责；⑤各级管理者必须亲自参加健康安全环境审核；⑥员工必须参与岗位危害识别及风险控制；⑦事故隐患必须及时整改；⑧所有事故事件必须及时报告、分析和处理；⑨承包商管理执行统一的健康安全环境标准。承包商安全管理“五条禁令”：①严禁建设单位免除或转移自身安全生产责任；②严禁使用无资质、超资质等级或范围、套牌的承包商；③严禁违法发包、转包、违法分包、挂靠等违法行为；④严禁未经危害识别和现场培训开展作业；⑤严禁无证从事特种作业、无票从事危险作业。强化安全生产应急处置的“五项规定”：①所有员工必须接受岗位应急培训并取得上岗资格；②重点岗位必须持应急处置卡上岗作业并定期开展应急演练；③危险作业必须同时落实应急措施，应急准备进入临战状态；④现场应急物资装备及设施配备必须齐全、管用；⑤紧急逃生通道必须保持畅通，严禁盲目组织抢险。

一、树立全域安全管理理念

中亚管道公司根据公司跨国和长距离管输业务的特征，超越一般意义上的生产安全理念，提出覆盖人员安全、设施安全、生产安全、社会安全和环境安全的全域安全管理理念，实现了企业从外部压力推动下的“要我安全”理念向内部驱动的“我要安全”的理念演进。如图 5-2 所示。

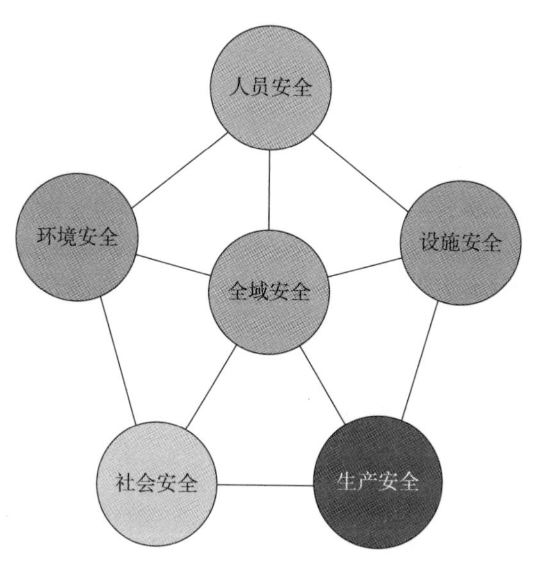

图 5-2　中亚管道公司全域安全管理理念

（1）以人为本，注重员工关爱，保障员工身心健康。中亚管道公司始终坚持以人为本的经营理念，在企业经营管理活动中将保证员工的生命安全和身心健康放在突出位置。为保证系统化地推进员工身心健康活动，公司制定并实施了《员工健康管理实施方案》，不断更新《健康体检项目标准》和《公司健康管理规定》，建立公司 SOS 联系体系，利用大数据推动员工年度健康分析报告和大病统计报告。项目层面，构建了覆盖全体员工的健康体检制度，完善员工健康档案，开展项目健康管理巡查，在全部站场配备诊所和专职医生，对危害作业场所开展职业危害持续监测，定期开展职业健康体检，加强饮食卫生管理检查和隐患治理，为员工健康、娱乐以及舒适的工作生活环境创造条件，丰富员工的业余生活，舒缓长期海外工作导致的焦虑等异常心理状态。

（2）注重管理，确保管道等设施的本体安全和运行安全。管道作为公司最核心的固定资产，是公司开展经营活动的根本之所在，基于这一认识，中亚管道公司在工程建设之初就极为重视管道建设质量的把控，在设计、采购、施工、验收等全过程控制质量，防范建设过程中的设施安全风险。在进入运行阶段后，中亚管道公司更是将管道等设施的安全管理放在重要位置，以完整性管理统率管道运行管理工作，具体工作过程中加强人防、技防和安防管理，不断更新管道运行过程中的检测与检测技术，强化管道的日常养护和定期维护，并注重与路由国的合作，推动多方共同参与保障设施的本体安全。

（3）预防为主，保证生产运营中的作业安全。中亚管道公司在本部尤其是在合资公司层面，积极推动预防性安全管理理念“留在心中，指引行动”。通过不断加强安全培训，包括管理层、技术层和操作层员工的安全培训，帮助员工树立安全管理理念；不断完善安全管理制度体系建设，在“一岗双责”的基本原则下将安全绩效与单位绩效、部门绩效和个人绩效有机结合，形成制度保证安全的基本态势；注重对运营过程中安全的全方位管理，包括操作安全、维修安全、运输安全等，确保生产运营过程中安全“无死角”。

（4）强化社会安全管理，确保员工生命和财产安全。基于中亚管道公司跨国运营的特点以及中亚国家社会安全的实际形势，公司每年对中亚国家社会安全风险进行综合评价，并在综合评价的基础上量化其风险等级，进而出台对各项目社会安全风险管理的指导意见，完善社会安全管理体系文件。在此基础上，公司不断推动和完善各项目公司强化站场、管线、办公区、驻地的安保力量，并向各项目提出增强安保力量建议，积极推动安保关键点防恐措施落实。公司结合项目和场站所在地的实际情况，在中国石油海外安全管理的总体框架下，有针对性地配置恰当的人防标准，并与当地和国际先进的安防管理单位合作，以技术保障公司员工和财产的安全。

（5）严格环境与公众关系管理，为公司发展营造良好的外部环境。公司倡导积极的环境管理者理念，在建设和运营过程中注重环境保护，并积极与公众沟通，营造良好的外部环境。中亚管道公司推行《环境管理系列规范》，并将其转化为企业标准——《环境保护管理标准》，指引合资公司和项目的环境管理工作。在《环境保护管理标准》框架下，项目公司分别制订并执行环境管理计划（EMP），开展环保合规与制度建设，将专业公司《环境管理系列规范》结合项目实际，细化为项目公司制度并在现场严格落地实施。除了注重“硬环境”的保护，公司积极推动外部经营环境营造，打造良好的“软环境”。通过良好的公共关系管理，合资公司和项目公司联合承包商，积极与当地政府、社区领袖、社区民众沟通，为经由地区提供教育培训和就业机会，实现与管道经由国地方政府和周边社区的共生。

二、树立全员安全管理理念

中亚管道公司深刻地认识到，安全不仅是一线员工的职责，更需要公司全体员工共同努力和利益相关方参与。基于这一基本认识，中亚管道公司积极推动“有感领导、直线责任、属地管理”和“一岗双责”的安全管理理念，在确立安全管理第一责任人的基础上，持续构建全员参与的安全制度和文化建设，并积极推动合资公司股东推进，吸引承包商等利益相关方积极参与，构建了全员参与的安全管理网。

（一）确立安全管理第一责任人原则

中亚管道公司强调最高管理者对安全管理的承诺和责任，强调企业的最高管理者是安全管理的第一责任者，对安全管理的方针、目标和宗旨予以承诺，并确保这些承诺转变为人、财、物等资源的支持。确定总部领导干部“安全生产联系点”，定期或利用工作之便到“联系点”开展安全产管理检查调研活动；推行属地管理、安全环保责任承包、个人行动计划“三全员”管理，扎实落实安全环保责任；开展定期事故事件分享。各级企业管理者通过本岗位的安全管理表率，树立行为榜样，不断强化和奖励正确的安全管理行为。

专栏 5-1　中亚管道公司的 HSE 管理体系领导承诺

中亚管道公司的 HSE 管理体系领导承诺由公司总经理签发，主要内容如下：中亚管道公司一贯认为：世界上最重要的资源是人类自身和人类赖以生存的自然环境。保护环境、保护员工的健康以及生命财产的安全是本公司的核心工作之一。为了获得和保持良好的健康、安全与环境表现，中亚管道公司向员工、雇员、客户以及社会郑重承诺：

（1）遵守所在国家和地区的法律、法规，尊重当地的风俗习惯。

（2）保护环境，合理利用资源，致力于可持续发展。

专栏 5-1（续）

(3) 坚持预防为主，追求无事故、无伤害、无损失的目标。

(4) 优化配置人力、物力和财力资源，持续改进 HSE 体系。

(5) 各级最高管理者是 HSE 体系第一责任人。HSE 表现和业绩是奖惩、聘用人员以及雇佣承包商的重要依据。

(6) 实施 HSE 培训，建立和维护 HSE 企业文化。

(7) 向社会公开 HSE 业绩。

(8) 在世界上任何一个地方，在业务的任何一个领域，对 HSE 态度如一。

中亚管道公司的所有员工、雇员、客户和承包商都有责任维护本公司对健康、安全与环境做出的承诺。

（二）明确安全管理全员责任制

在“以人为本”基本理念的指引下，中亚管道公司将安全管理体系落实到每位员工，规定各级组织和人员的安全管理职责，强调公司内的各级组织和全体员工必须落实安全管理职责。强调将安全工作落实到岗位职责中，在安全管理理念的指引下把本职工作做好，在做好本职工作的同时做好安全管理工作，强化审查考核，不断提高公司的安全管理绩效和综合绩效。对于各项目公司，全员签订《安全环保责任书》，层层传递安全环保责任；全员制订“年度个人 HSE 行动计划”；确定项目领导干部“安全生产联系点”，定期到“联系点”开展检查调研活动；并坚持经常性 HSE 管理培训。

（三）以股东合作推动安全管理在合资公司的落实

安全管理工作最终需要落实到生产经营活动中。中亚管道公司本部作为管理、服务、投资和监督机构，其安全管理工作需要最终落实到合资公司和项目公司中。中方股东积极发挥自身优势，在具有比较优势的安全管理领域发挥“中方主导”作用，并在过程中积极强化与外方股东的合作，以股东间的合作共同推动安全管理在合资公司的落地。在工程建设过程中，中亚管道公司通过中方主导的技术标准、设计方案、施工方案等，以高于管道过境国的安全标准确保建设过程中的安全；随着项目从建设阶段向运营阶段的变化，中亚管道公司在国际通用HSE相关标准的基础上，推出适合中亚管道公司实际运营的企业标准，并以股东治理的方式推动其在合资公司的实施，确保管道运行过程中的安全。

（四）推动利益相关方参与安全管理

为保证全面安全管理目标的实现，中亚管道公司积极推动承包商、供应商、运输商、社区等利益相关方参与安全管理工作中，实现安全目标多维度可控。第一，中亚管道公司积极将承包商纳入安全管理范畴。在前期项目建设经验的基础上，中亚管道公司于2016年面向总部及项目修订发布《服务商QHSE管理规定》，面向项目公司正式发布《承包商HSE管理标准》，持续推动各项目（项目公司）从严落实承包商资质、业绩、素质、施工和现场管理“五关”管控规定；并要求各项目在管道建设、运行过程中严格执行集团公司《承包商安全管理禁令》。第二，将供应商、运输商纳入安全管理范畴。在供应商和运输商目录选择时，将供应商和运输商的安全管理能力和绩效置于重要的考核维度，在采购过程中注重对供应商安全生产、安全运输和安全安装过程的考核，确保设备及材料供应的安全可靠；将运输安全作为对运输商考核的重要维度，确保运输过程中的人员、设备、设施等全方位的安全。第三，将社区纳入安全管理范畴，在保证社会安全底线的基础上，积极与当地政府和社区营造良好的共生关系，推动当地社区和民众参与到公司的安全管理中。

三、树立全过程安全管理理念

中亚油气管道工程事关国家能源安全，全过程的安全管理是保证安全的重要保证。中亚管道公司坚持落实安全管理“三同时”理念，在工程设计、建设和运行各阶段，基于风险防控需要，制定系统的安全管理方案，确保全生命周期的安全。

（一）建设前期的安全防范

工程项目建设前，本着“保证本质安全”的原则，中国石油广泛组织中国及各项目所在国专业机构，开展包括社会安全在内的各专业评价，并基于评价成果，运用风险管理工具，科学组织工程设计。在（预）可行性研究（投资论证）、初步（基础）设计和施工图（详细）设计过程中，由中外双方成立设计联合体，签署《设计联合体协议》，保证多方对设计过程中安全的有效沟通。设计过程中，在参照欧美标准的基础上，结合在中亚国家广泛适用的俄罗斯标准，本着安全性和经济性兼顾的原则，选择较高的设计标准保证工程安全和质量。设计方案广泛征求中方、外方和第三方专家意见，确保能够满足工程建设的总体要求。

（二）建设过程中安全控制

中亚天然气管道在工程建设期创新项目组织管理模式，实行“PMT+PMC+TPI+EPC”的项目管理模式，引入多方主体共同实现对项目施工全过程的质量控制，并将全面质量管理理念引入到过程建设过程中，确保工程建设的本体安全。与此同时，通过多种方式的安全管理措施，确保安保中的人防、技防、物防等工程设计得以具体落实，实现了安防措施“同步施工”，确保了工程建设过程中的施工安全、运输安全、场站安全和员工安全，也奠定了同步投运的坚实基础。

（三）工程投运后安全运营

基于中亚地区社会经济状况和地缘政治复杂性的考虑，中亚管道公司在工程投运之后，坚持安全生产的基本原则，通过构建完善的安全协调机制为顶层设计，不断健全公司应急管理体系，在运营过程中强化风险分析和预警，确保运营过程中安全事故的可避免。首先，中亚管道公司主导和推动四国七方组建了由购气、供气、输气等七家相关方组成的跨多国联合调度的工作机制“运行协调委员会”，以协调工程运营过程中的技术和操作问题，对管道运营中的争端进行集中统一管理，为系统地解决管道运行中的安全问题构建了有效的顶层设计。其次，不断升级和完善 HSE 体系，将人员、设施、生产过程、环境、社会安全纳入构成完善的安全管理体系，并通过不断完善的标准化建设，以标准指引合资公司的安全体系建设，完善自上而下的安全系统。最后，建立健全应急管理体系，坚持预案建设和应急演练并重、设施建设与应急培训同步的原则，有效地保证了管道的安全建设和平稳运行。

四、树立全方位安全管理理念

基于对安全管理的高度重视以及需要系统性建设的思考，按照“制度管人、流程管事、文化治企”的思路，中亚管道公司坚持全方位安全管理理念，将安全管理与企业制度建设、流程管理以及文化建设融合。

（一）以制度形成“硬约束”

安全管理的根本在于制度。中亚管道公司深刻地认识到制度对于安全管理的重要意义，以不断完善安全管理制度推动企业安全管理水平的不断提升。公司以 QHSSE 体系建设为核心，将安全管理工作融入公司战略和组织系统；通过程序性文件和操作性文件，将安全管理工作融入每一个工作岗位，实现安全管理工作的“一岗双责”；明确安全管理绩效与个人绩效挂钩，以制度保障企业的安全管理。通过制定系统的安全管理制度，中亚管道公司实现在总部层面、合资公司层面和场站基层全方位覆盖，“制度管人”保证安全的基本目标得以实现。

（二）以流程管理确保安全操作

完善的制度建设是安全管理的根本和基础，而流程管理是确保安全落地的核心。中亚管道公司基于这一认识，不断强化流程管理，在系统梳理公司业务流程和管理流程的基础上，以全面流程标准化为抓手，通过流程再造实现安全工作嵌入到每一个流程中。明确业务流程每一个环节的操作标准，制定详细的操作规程，确保操作的标准化和准确性，严格避免操作上的安全隐患；不断完善和优化管理流程，从企业管理和运营的实际出发，以问题为导向，通过流程管理消除制度建设中可能遗漏的安全隐患。

（三）以文化形成“软约束”

文化是企业的凝聚剂，它以一种“软性”的方式影响着员工的思维方式和行为习惯。中亚管道公司在企业文化建设过程中注重安全要素的有效融入，持续建设和巩固以三全员管理、隐患报告奖励、安全经验分享、HSE 绩效分析与考核等表现形式的企业安全文化。通过科学的企业文化评估工具，多维度、多层次地定量化评估中亚管道公司和合资公司当前企业文化的特点和不足；对照优秀的企业文化案例，提出加强企业文化建设的多种途径，尤其提出公司领导如何引领的行为指导；修订完善公司的《企业文化手册》，突出安全环保内容；对中亚管道公司及合资公司通过在办公、生产场所进行标准化目视化建设方面提出措施。通过多维度的文化建设方案，中亚管道公司在全公司营造了良好的物质层、制度层、行为层和精神层安全文化，指引全员的生产经营活动过程中的意识和行为安全，确保安全管理目标的实现。

第二节　构建一流的 QHSSE 管理体系

基于全面安全管理的理念，中亚管道公司在对标一流 HSE 模式的基础上，不断完善公司的安全管理内容，构建符合中亚管道公司实际的 QHSSE 体系，创造性地通过标准化建设推动体系在合资公司和项目公司的落地，并以全方位的措施保障体系的落地与实施。

一、对标探索全球领先的 HSE 管理模式

伴随着工程建设持续，管道运行深入，项目公司数量增多，中亚管道公司在 HSE 管理方面面临合资公司管理理念冲突、管理规范不精细、资源支持不足、国际化水平不高等问题。在“建设世界先进水平国际化管道公司”的战略目标指引下，中亚管道公司采用国际通用的 HSE 管理对标手段，深入了解企业 HSE 管理现状，借鉴国际优秀实践，推动提高自身 HSE 管理水平。

（一）明确对标目的

中亚管道公司自成立以来，坚持国家战略和集团公司要求，分别确定了“十二五”期间“建成中亚地区有影响力的国际化管道企业”和“十三五”期间“建成世界先进水平的国际化管道公司”的阶段性战略发展目标。为实现这些阶段性目标，公司不仅注重完成输气量和确保经济效益的目标，在保证生产安全、员工健康与环保，承担企业社会责任等方面也积极行动。为进一步提升公司的经营管理水平，尤其是安全管理绩效，中亚管道公司开展与国际一流管道公司对标工作，希望通过国内、国外对标了解中亚管道公司 HSE 工作所处水平，识别差异、分析原因并提出改进建议，帮助公司明确未来人员、技术、管理水平的提升方向，以及建立高效的 HSE 管理体系，最终帮助中亚管道公司向世界先进水平国际化管道公司战略目标迈进。

（二）设计对标体系

为保证对标的有效性，中亚管道公司采用价值树分解方法，基于公司战略的

目标，以“相互独立、完全穷尽”的原则、绩效指标体系综合平衡、体现优秀公司管理的先进性、指标精简、绩效指标必须符合 SMART 原则等原则，选择中亚管道公司对标的绩效指标。最终，中亚管道公司 HSE 管理绩效指标体系总体包括 6 个层级，共 158 个绩效指标。

(三) 对标实施

基于 6 个层级 158 个指标体系的分解，中亚管道公司基于先进性、可行性、领先性等原则，选择西部管道公司和北美管道公司开展对标。如表 5-1 所示。

表 5-1 中亚管道公司 HSE 绩效指标体系

价值驱动因素层级	对应指标总数（个）	典型指标举例	
第 1 级	6	■ 员工/承包商死亡率 ■ 安全生产事故数	■环境污染或生态破坏事故数 ……
第 2 级	6	■ 员工/承包商损工伤害率 ■未遂事件次数	■总可记录伤害率 ……
第 3 级	27	■领导成员年度 HSE 行动计划完成率	■员工行为观察与沟通的频率 ……
第 4 级	51	■安全关键部件检查完成率 ■环境风险评价更新频率	■职业健康体检比例 ……
第 5 级	24	■风险点识别工作计划完成率 ■隐患分析计划完成率	■消防及安全设施受检合格率 ……
第 6 级	44	■承包商资格预选比率 ■承包商员工 HSE 培训比率	■应急演练计划完成率 ……
合计	158	—	

1. 与西部管道公司对标

在 HSE 绩效指标体系基础上，选定了 26 项指标，与西部管道公司开展了 HSE 绩效对标。通过对中亚管道公司和西部管道公司进行 130 余张数据表的收集、60 余人次的现场访谈、300 余份资料的研读，深入掌握了对标企业在 HSE 各方面的管理水平和管理实践。通过对比，总结了中亚管道公司的管理优势和短板，并对未来可提升之处提出了改善建议。

2. 与北美国际管道公司对标

认真遴选了3家与中亚管道公司业务内容相同、管理特点相似的国际管道公司（ENBRIDGE、KINDER MORGAN、Trans Canada）作为此次北美管道公司对标的对象。通过系统收集北美管道公司的数据开展对比，明确了中亚管道公司在HSE管理上与国际先进水平的异同；同时，通过研究北美公司股东对于下属合资公司HSE职能的管理定位、管理职责与管理手段，为中亚管道公司所属合资公司的管理提出了切实可行的优秀实践参考与管理提升建议。

（四）启示与借鉴

通过对标，中亚管道公司明确了其在HSE管理上的差距，为其提升和改进HSE工作提供了参照和借鉴。①中亚管道公司及合资公司需要进一步加强HSE管理机制建设，尤其是需要探索在公司领导层的认知以及将其在制度中固化，明确中亚管道公司在合资公司推行HSE的手段，并进一步明确中亚管道公司在推行HSE过程中各部门和个人的职责和沟通机制。②需要强化中亚管道公司及合资公司安全领导力和安全文化评估与建设，突出安全环保以及社会责任等内容，以文化推动安全建设。③进一步完善中亚管道公司HSE管理制度体系，完善HSE管理制度，明确管理制度转化成程序文件或执行文件的工作计划，建成管理手册、程序文件和作业文件共同支撑的HSE管理制度体系。④需要强化中亚管道公司对合资公司HSE管理体系的指导和促进作用，并确定中亚管道公司与三家合资公司体系更新的具体方案。⑤完善中亚管道公司及合资公司完整性管理系统建设，实现管道管理的信息化。⑥强化中亚管道公司及合资公司HSE培训管理体系建设，提升全员的HSE履责能力和履责意愿。⑦探索安全保障新技术手段研究与试点推广，以创新驱动中亚管道公司HSE管理的持续改进。

二、构建符合公司自身特点的QHSSE体系

基于HSE对标的结果，在中国石油HSE体系框架内，中亚管道公司结合自身的实际，探索适合跨国管道运营的HSE体系，并不断充实HSE体系内容，形成了完善的内容管理体系和制度管理体系。

（一）持续改进的QHSSE内容体系

中亚管道公司在早期A线建设阶段，通过“PMT+PMC+EPC+TPI”对工程质量和HSE予以监管，公司的安全管理系统尚停留在Q+HSE阶段。随着公司进

入建运并重阶段，结合中亚国家社会安全的实际情况，中亚管道公司将社会安全置于安全管理的重要位置，并不断完善应急管理体系，形成适合跨国和长距离管输业务的中亚管道 QHSSE 体系。这一体系超越一般意义上的生产安全内容，涵盖从质量管理（Quality）、健康管埋（Health）、生产安全管理（Safety）、社会安全管理（Security）、环境管理（Environment）到应急管理（Emergency）的全方位内容，为中亚管道公司未来长期的安全运营奠定了坚实的基础。如图 5-3 所示。

图 5-3　中亚管道公司 QHSSE 内容体系

（二）构建分层的 QHSSE 制度体系

为推进 QHSSE 的实施，中亚管道公司构建了分层的制度体系，以管理手册、程序文件和执行层文件确保公司经营管理过程中制度的全方位保障。2012 年 8 月 1 日，中亚管道公司发布了第一版 HSE 管理体系，包括 HSE 管理手册、21 个程序文件及若干执行层文件。随着 AB 线运行管理的深入、C 线投产运行和 D 线前期工作的启动，2012 年版 HSE 体系文件在文件内容和数量方面，需要不断修订以满足体系管理充分性、适宜性和有效性要求，同时，质量管理体系建设也被提上日程。基于现实的需要，中亚管道公司将总部各路业务相关规章制度纳入 QHSE 管理体系，进一步丰富了公司 QHSE 体系作业层文件，同时修订升级社会安全管理体系。目前，公司 QHSE 管理体系包含 2 个手册、28 个程序文件、264 个作业层文件（96 项规章制度+168 项管理/技术标准），社会安全管理体系包括 1 个手册、9 个程序文件、6 个作业层文件，体系文件更加完善，与公司各路生产经营业务进一步融合。如图 5-4 所示。

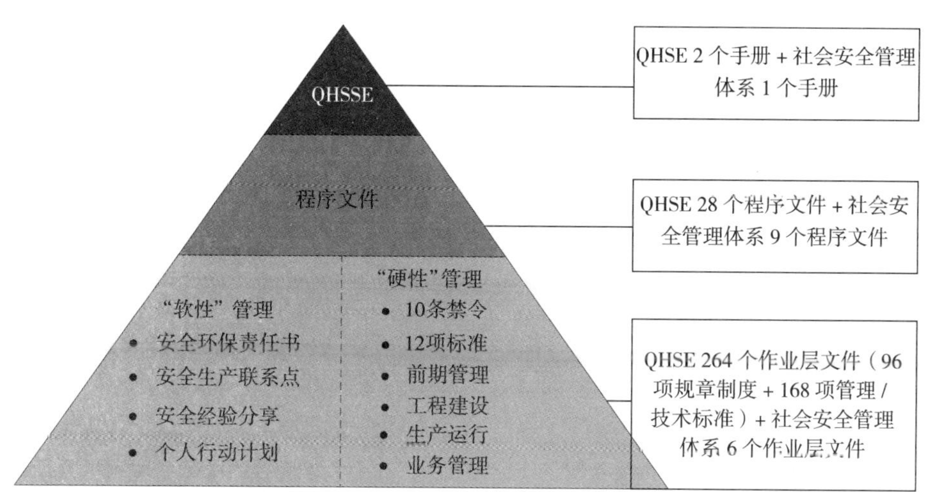

图 5-4 中亚管道公司 QHSSE 制度体系

通过在企业发展过程中不断完善安全管理的内容体系，并在此过程中以系统性的制度体系建设，为中亚管道公司开展安全管理工作创造了良好的前提条件，有力地支持了中亚管道公司各项工作的顺利开展。

三、以标准化推动 QHSSE 体系落地

随着中亚管道公司对合资公司的管理从“中方主导”向“股东治理”的演变，中亚管道公司需要重新审视安全管理的方式和手段。在不断完善的 QHSSE 体系基础上，中亚管道公司创新性地提出了将 QHSSE 体系标准化，以企业标准甚至是行业标准来推动合资公司安全管理目标的实现。

（一）编制 QHSSE 标准

借鉴国际企业两标、三标、多标一体化的体系建设模式，对比、整合质量管理体系标准 ISO 9001、健康与安全管理体系标准 OHSAS 18001、环境管理体系标准 ISO 14001、中国石油 HSE 管理体系企业标准 Q/SY 1002. 1（各类标准规定的体系建设逻辑均遵循了 PDCA 过程管理模式），中亚管道公司在 QHSSE 一体化管理体系的基础上，组织编写了 42 项 QHSSE 管理标准，涉及项目前期、工程建设、生产运行、综合管理四个方面。42 项管理标准融合了国际最为先进的 HSE 管理理念和方法，并兼顾了中国石油、海外板块的最新管理要求。

表 5-2　42 项 QHSSE 管理标准清单

序号	领域	标准名称
1	项目前期	建设项目前期 QHSE 管理标准
2		项目投资 HSE 业务管理标准
3	工程建设	承包商 QHSE 管理标准
4		隧道建设 QHSE 管理标准
5		物资、设备采购管理标准
6		工程物资设备进场管理标准
7		施工营地 QHSE 管理标准
8		作业许可管理标准
9		工程现场 HSE 监督管理标准
10		环境保护管理标准
11		建设项目试运行管理标准
12		建设项目竣工验收 QHSE 管理标准
13		建设项目后评价 QHSE 管理标准
14	生产运行	生产场所进入管理标准
15		隔离锁定管理标准
16		管道清管、内检测作业管理标准
17		设备设施维检修管理标准
18		资产完整性管理标准
19		特种设备管理标准
20		HSE 持证管理标准
21		相关方管理标准
22		管道保护管理标准
23		生产设施及场所巡查管理标准
24		高后果区（HCA）管理标准
25		在役装置 HAZOP 分析管理标准
26		安全风险量化分析管理标准
27		应急抢修抢险管理标准
28		维抢修作业 QHSE 管理标准
29		场站 QHSE 管理标准

续表

序号	领域	标准名称
30	体系运行及其他	HSE 管理体系运行审核管理标准
31		HSE 目视化管理标准
32		作业前安全分析（JSA）管理标准
33		行为安全观察与沟通管理标准
34		变更管理标准
35		员工属地 HSE 责任管理标准
36		HSE 培训管理标准
37		员工健康关怀管理标准
38		员工劳动保护用品（PPE）管理标准
39		HSE 合同管理标准
40		HSE 认可度调查管理标准
41		HSE 绩效管理标准
42		员工 HSE 履职能力评估标准

42 项企业 QHSSE 管理标准的编制，以国际最佳实践为基础，首次以中亚管道公司视角提出涉外项目 HSE 管理的标准要求；满足不同投资形式（参股、控投）企业的 HSE 过程管理标准要求；为中国石油涉外投资，在创建 HSE 管理方面起到了示范标杆作用。标准采用 PDCA、3W1H、RACI 的文件编写原则，实现“全面覆盖”，为达到国际先进水平提供了技术支持；对现有 HSE 管理的要求进行梳理、整合，满足各项专业 HSE 管理的要求，拓宽管理广度，实现资源的有效利用。标准融入国际行业最佳实践和国际标准最新要求，在认可度调查、相关方沟通、HSE 后评价、安全风险量化分析、健康关怀等方面均符合最新的国际标准规范。

（二）QHSSE 标准实施

为保证 QHSSE 标准在合资公司的落地，中亚管道公司以股东沟通为基础推动股东间对 HSE 工作的高度认同，以签署合作协议推动标准落地，通过强化培训推动全员对标准的认知，并最终以基层场站的标准化建设推动标准的落地。

1. **强化股东沟通，以联合工作强化相互间的认同**

自 2014 年起，针对 HSE 监管，中亚管道公司作为中方股东，主动寻求与外方股东接触，建立了 QHSSE 业务的股东间联合工作机制，与外方股东定期会晤，以及对合资公司联合下达工作任务、实施审计/检查、听取年度 HSE 工作汇报等，均顺利完成并达到预期成果。通过联合工作机制，提升了外方股东对安全的重视度，为双方股东在合资公司层面共同合作推动标准实施创造了条件。

2. **签署 HSE 监管合作协议，推动标准在合资公司落地**

为固化联合工作机制，明晰股东监管界面，维护中方利益，中亚管道公司 2016 年起草并倡议与外方股东签订《合资公司 HSE 监管合作协议》，作为《政府间协议》《企业间协议》《合资公司章程》以外的第四份合作契约。协议的签署和实施，将能从合资公司监管体制、机制方面彻底理顺中方 HSE 监管意愿落地的诉求。

3. **开展培训，提升全体员工对标准的认知水平**

为保证各海外项目执行中方股东 HSE 管理理念意识、工具方法步调的一致性，持续提升海外项目高层管理人员 QHSSE 管理能力，中亚管道公司在与外方股东充分沟通和合作的基础上，对合资公司 QHSSE 工作开展多种类型的培训。公司总部层面先后组织开展了总部 QHSE 管理知识培训，对各项目公司展开了 QHSSE 体系的送教上门培训，协助各项目根据自身需要开展一些有针对性的培训。

4. **实施标准化建设，确保标准在合资公司和项目的落地**

中亚管道公司为推动 QHSSE 体系的落地实施，根据 QHSSE 体系要求，指导各合资公司和项目构建了自上而下的管理标准、技术标准和作业标准，并推动标准在基层单位的具体实施。其中，作为企业生产运行的第一线的基层站场，是生产风险最为集中的场所，是确保公司体系、流程、标准和规章制度执行到位、落实到底的重要单元，是公司提升基层建设水平的重点。中亚管道公司以开展站场标准化建设为突破口，通过在过境国实施取得成果后再在合资公司各部门开展标准化工作，以点带面实现管理提升。具体来看，中亚管道公司为推动 QHSSE 标准在场站的落地，将站场标准化工作分为硬件标准化和软件标准两部分，硬件标准化是统一目视标准化，将沿线各站场的目视化建设工作进行统一；软件部分是针对站场人员岗位职责、岗位工作内容、站场作业文件、物资配备标准和风险控制分析等进行统一的梳理和规范。通过标准化建设，中亚管道公司构建的标准化制度在合资公司最基层单位得以落实。

四、完善保障措施推动 QHSSE 落地实施

为保证公司 QHSSE 体系的落地，中亚管道公司通过强化组织和资源保障机制，加强培训强化人员的履职能力，并在过程中加强沟通和文化建设。如图 5-5 所示。

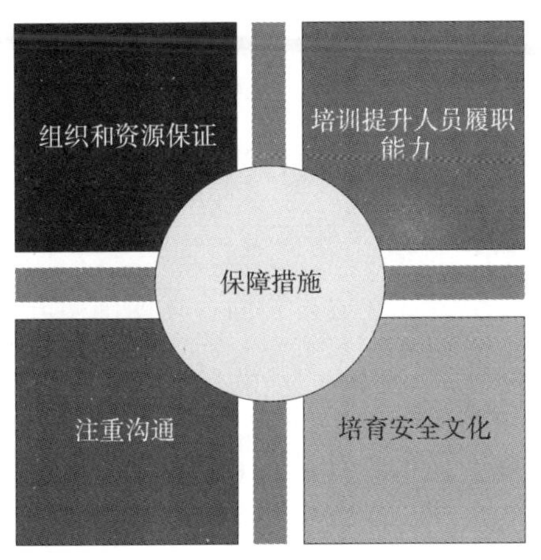

图 5-5　中亚管道公司推动 QHSSE 落地实施的保障措施

（一）构建 QHSSE 实施的组织和资源保证机制

QHSSE 的实施，需要组织和资源的保障。为此，中亚管道公司不断完善相关管理制度，在 2016 年发布了《中亚管道公司总部 HSSE 职责管理规定（试行）》，界定了总部各职能部门 HSSE 监督及管理职责，同时，组织各部门将 HSSE 职责分解至各岗位，也为项目各业务条线履职提供了参考依据。在此基础上，总部外方股东发函，要求合资公司建立或完善项目公司部门及岗位 HSE 职责。公司总部及各海外项目 HSE 管理组织机构（安委会）构建完善，HSE 职责明确，能够按公司体系文件要求履行 HSE 工作统筹管理职责。与此同时，公司已形成稳定的 HSE 费用保障政策，主要用于隐患改造、PPE 配备、健康体检、体系认证、管理咨询、培训、审核、检查、奖励等方面。

（二）强化培训提升人员履职能力

QHSSE的落地和执行最终需要落实到全体员工。为提升全员对QHSSE体系的履职能力，公司有序地推动相关培训。公司每年制定《中亚管道公司QHSSE培训计划》，并依此计划组织开展管理知识培训、各项目公司送教上门培训、安全处级干部/HSE体系内审员/质量体系/专职安全管理人员等培训。项目层面，各项目根据HSE年度培训计划，积极开展资格取证、现代企业安全管理、法律规范、消防演练、应急物资使用、CPR急救、交通安全、事故事件汇报等各方面内容的培训，具体通过知识培训、专职内训、资质培训、技能培训等方式入手，全面提升员工安全素养和实操水平，提升项目单位QHSSE的履职能力。

（三）开展相关方及内部沟通协商

有效的沟通是确保QHSSE实施和落地的重要手段。公司在QHSSE实施过程中，始终将沟通置于重要位置。在股东层面，在四国多方框架内，持续推进各股东的日常沟通和重大事项沟通；安全管理条线，中亚管道公司组织、推动召开总部、项目（项目公司）安委会，从总部到项目管理层面保障QHSSE标准的推进；积极组织各项目安全总监、服务商召开QHSE管理专题研讨会，就QHSE业务管理思路、目标、对策等听取项目同事及专家的意见和建议。

（四）培育安全文化助推QHSSE建设

文化是安全管理的重要抓手，中亚管道公司持续建设和巩固以三全员管理、隐患报告奖励、安全经验分享、HSE绩效分析与考核等为表现形式的企业安全文化。总部层面，各部门副职以上领导干部全部划定了安全生产联系点，全员确定了HSE职责，全员制订了个人HSE行动计划，建设了主页HSE专栏和微信群。各项目均实现了全员属地划分、全员签订安全环保责任书、全员制订个人HSE行动计划，还通过各种形式的安全文化宣传、安全知识和理念培训，实施隐患报告奖励等不断强化项目公司安全文化建设。

通过一流QHSSE体系的构建，中亚管道公司取得了良好的安全管理绩效。自公司成立以来尚未发生一般B级以上安全生产事故，未发生职业病伤害、环境污染或生态破坏事故事件；自2011年开展百万工时绩效指标统计以来，LTIF、TRIR、VIR累计实现0.18、0.81、0.18，截至2017年10月底，分别实现0.14、0.35、0；连续获得专业公司、集团公司年度HSE先进单位荣誉。

第三节　全力保证工程建设的 HSE 管理

建设过程中的安全既是管道运行安全的基本前提，也是实现全面安全管理目标的必要条件。中亚管道公司将全过程安全管理的理念融入管道建设，以高质量的工程建设保证了管道的本体安全，确保管道建设的高质量，为管道的高效、安全运营夯实了基础，并在建设过程中严格要求，确保施工全过程的安全。

一、全过程管理确保建设过程中的本体安全

管道工程建设是一个系统性过程，工程质量管理具有控制点多和子项目组合连接界面多的特点，这势必要求中亚管道公司在管道建设中对工程建设全过程严格控制，以全过程管理确保工作建设过程中管道的本体安全。中亚管道公司在管道建设论证决策阶段即严格控制，从源头上杜绝可能出现的质量安全隐患；狠抓工程设计，保证管道整体质量的可靠性和领先性；注重采办过程中的审核，防范工程采办过程中出现的风险；创新机制强化过程管理，以 PMT+PMC+TPI+EPC 组织模式确保施工质量可控；落实工程验收，确保竣工时的质量达标。如图 5-6 所示。

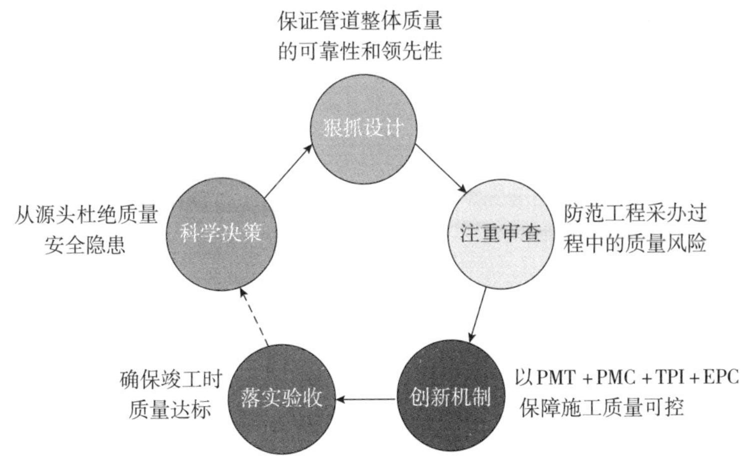

图 5-6　中亚管道公司全过程安全管理保证建设过程中的本体安全

（一）科学决策，从源头上杜绝质量安全隐患

工程规划和决策阶段是中亚天然气管道工程质量管理的起点。为保证管道建设过程中的质量，中亚管道公司强调从根源处控制质量和防范可能出现的安全隐患，以事前控制的基本思路，对工程规划、决策阶段予以追溯，从源头上把好关，避免盲目规划、胡乱决策而留下后患。

中亚管道公司在所有项目的决策过程中，都积极主动履行管道所经各个国家规定的基本建设管理和决策审批程序，在不同阶段都对相关前期研究工作成果进行了严格的专家研讨和评审，确保项目决策科学、有效，防范决策失误可能引发的整体质量和安全隐患。中亚管道公司严格按照过境国要求，在项目前期对管线的环境影响、地震、考古以及安全性等进行了初步评价，并形成评估报告。对项目的经济性和技术型参数予以严格科学的论证，形成科学有效的可行性研究报告，为项目决策提供重要依据。项目决策遵循中国石油的“三重一大”原则，以党委决策和集体决策为基本方式，广泛征询专家意见，在程序上和实质上保证决策的科学、合规和高效。对于涉及沿线各国的相关决策，中亚管道公司严格按照管道沿途国家和企业的项目建设管理和审批程序要求报送相关审批文件，与外方商议共同决策。

（二）狠抓设计，保证管道整体质量的可靠性和领先性

针对项目建设所在地区技术相对落后、规范更新相对较慢的现状，中亚天然气管线施工图设计有针对性地从技术的实用性和可实施性、当地政府的强制性要求等方面开展设计和相关工作。工程技术人员充分吸取国际国内同类工程成功经验，在管道勘察，选线，以及各专业包括工艺、自控、管道防腐、水保、消防、电力、通信、土建等方面都采用了成熟可靠的工艺和技术并结合相应的国际规范，保证了设计的科学性、合理性和可行性，满足了实际生产运行要求。在设备材料选择上体现了高效、精准的原则，并满足国际招标的技术要求，节约了能耗，降低了成本。在环保、消防、安全等方面严格遵循当地规范的要求和国家的强制法规要求，确保设计完整并满足审查和验收的要求。

中亚管道公司通过加强项目设计方案本身质量的监督，选择高水平设计单位，严格执行设计工作程序，从初步设计、技术设计到施工图设计，层层细化，层层把关，为工程后续建设的高质量奠定了坚实的基础。具体来看，9.81MPa 设计压力为乌国、哈国管道建设史中的最高水平；首站采用的 SOLAR 和 GE 压缩

机机组在乌国是截至目前引进的最先进的增压设备；全线采用光缆和卫星通信系统及采用的 SCADA 控制系统在当地也属于最高水平。从管材选择上采用国际规范和国内的规范，让直缝管和螺旋管均在项目应用之列，既满足了国际招标的要求，又满足了项目管材供货进度的需要。从燃气轮机和压缩机组的技术要求上采用国际标准设计，并按照哈萨克斯坦国内的高标准选择了低排放的燃气轮机和压缩机组。针对苏联规范对防腐和阴保的局限性，对于管材的防腐层设计和线路阴极保护设计采用国际规范，最大限度地减少了干线阴保站的设置。对于计量设备引进了国际通行的超声波流量计的系统，提高了天然气计量精度。消防设计遵照当地规范进行，包括设备采购均立足于当地规范和苏联规范，满足了审查和验收的需要。环保设计遵循当地规范，由当地的设计单位进行分阶段进行编制环评报告，并由当地的环保部门审查通过，在具体的项目实施中遵照执行。安全设计遵照当地规范，根据乌国规范的要求，压气站需要进行特殊的安全保卫设计（包括围墙、警卫室、瞭望塔、枪械库房等）。

（三）注重审查，防范工程采办过程中可能的质量风险

采办工作是保障中亚天然气管道项目能按期建成和保证质量的重要环节。根据工程建设要求，为优质、高效完成建设物资供应任务，中亚管道公司通过认真分析工程物资采办的特点，深入梳理物资采购工作所面临的内外部商务环境，严格服从项目建设总体部署，及时建立了物资采办管理体系及管理制度，制订了采办目标和实施计划。中哈、中乌合资公司坚持中方引导，在 PMC 和第三方监理的协助下，通过科学组织，严格管理，克服时间紧、任务重、人员少、商务环境复杂的诸多困难，保证了采办工作规范、有序、全面开展，确保了工程物资经济、及时供应，为工程建设提供了可靠的物资保障。

为保证工程供应物资的质量，中亚管道公司制定物资供应商标准，对项目潜在物资供应企业的产品、生产和供应能力、工艺设备、质量体系、运输情况、售后服务、资信状况等方面进行综合考察，定期通知参与工程建设的施工、监理、设计等单位，通过择优资格评估列出符合要求的物资供应企业名单。且通过在有效期结束前对上年评估的物资供应企业进行复评调整，发布新的评估结果，以动态管理方式保证采购质量可控。

对于不同类型的物资采购，中亚管道公司采用不同的采购策略。①对于属于业主负责采购的物资，业主或业主代表（PMC）对设计规格书进行审查，完成招投标之后，对长周期和关键设备派人驻厂监造，业主、设计单位、监理单位、

制造方对所有设备、材料按照设计和标准进行入场检验，不合格的产品不予以验收。②对于通过 EPC 合同要求的大宗物资采购，也必须采取招标采购的方式。为保证 EPC 总承包商关键物资采购的规范化，在 EPC 总承包商进行关键设备材料采购招标时，业主和第三方监理要对其进行全过程跟踪与监督。在招标过程中，业主和第三方监理仅仅是监督和“旁站”，业主关注的重点是招标程序是否规范，并不直接决定和影响评标结果。第三方监理作为质量监控单位，直接影响评标结果，如果材料质量不能令监理满意，监理可以一票否决。

（四）创新机制，以 PMT+PMC+TPI+EPC 模式保障施工质量

施工阶段是形成工程实体和实现质量标准的阶段，是质量控制的重点。施工阶段的质量控制是从对投入资源的质量控制开始，直到完成工程质量检验为止的全过程的控制。

为保证中亚天然气管道工程建设的高质量和高速度目标实现，中亚管道公司创新地构建了 PMT+PMC+TPI+EPC 的多方合作模式保证工程建设本体安全。由项目管理团队（Project Management Team，PMT）牵头、统领工程建设；项目管理咨询（Project Management Consultant，PMC）负责工程设计审核和长周期、关键设备驻厂监造；第三方监理（Third Party Inspection，TPI）负责现场监督工程总包商（Engineering Procurement Construction，EPC）的施工质量和安全，EPC 在合同界定的工作范围内，遵守合同规定的作业标准保证管道建设质量和安全。如图 5-7 所示。通过国际竞标选择国际管道咨询公司（德国 ILF）和第三方监理（英国 MOODY）参与项目管理，严把设计审查关键环节，优化项目管理模式。工程所有设计方案需经 PMC 严格审核并签字认可后方可实施；当投资双方出现技术意见分歧时，利用咨询公司的独立专业话语权做出客观仲裁，有效化解与外方由于技术标准不统一或利益驱动带来的技术分歧，及时平息股东争议，确保项目快速推进。利用第三方监理，严格公正的特点，实行 24 小时旁站监督；从工厂制造到现场施工，监理对 88 道工序严格监督。国际化项目运作管理方式，确保设计方案、项目管理达到国际先进水平，工程质量获得所在国国家验收委员会的极高评价。

（五）落实验收，确保竣工质量达标

在工程竣工验收阶段，建设单位组织设计、施工、第三方监理、PMC 承包商等有关单位对施工阶段的质量进行最终检验，将实际工程质量指标与合同文件

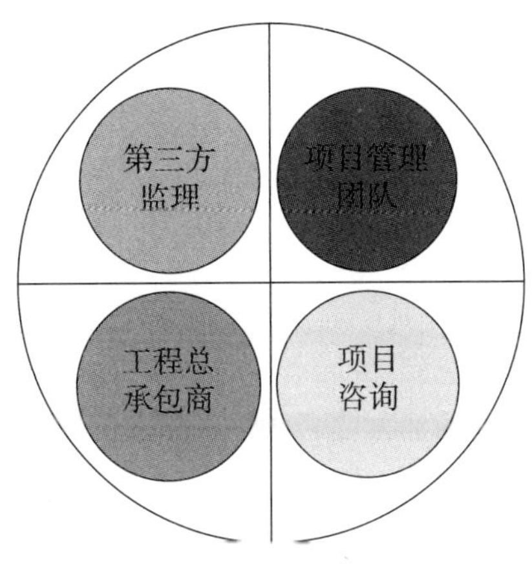

图 5-7　中亚管道公司工程建设的多方合作模式

或设计文件规定的指标进行比较，以考核质量目标是否符合设计阶段的质量要求。这一阶段是工程建设向交付使用转移的必要环节，体现了工程质量水平的最终结果。尽管全面质量管理强调事先预防，但事后检验同样重要，这一阶段的质量检验一方面防止了不合格工程，另一方面也有利于总结经验教训。

通过全过程的安全管理和质量管理，中亚天然气管道实现了原定的质量目标：管线现场焊接一次合格率 90%以上，管道补口补伤一次合格率 98%，单位工程合格率 100%，优良率 85%以上。根据乌兹别克斯坦国家技术监督局、油气监督局和建设委员会的每月定期检查，以及中间检查验收的 24 个分项中，全部一次合格，通过验收。根据哈萨克斯坦国家验收委员会对 A 线工程质量的评定，委员会 35 名成员没有提出一条意见，建设项目单位工程合格率为 100%，达到了工程质量的预控目标。后续建设完成的 B 线、C 线和哈南线在 A 线的基础上，工程合格率继续保持在 100%。通过高质量的本体安全建设，保证了中亚天然气管道未来运行阶段的整体安全。

二、强化管理保证工程建设的全域安全

针对施工过程中可能出现的操作安全、施工人员生活的安全、施工环境的安全等问题，中亚管道公司不断强化管理，以保证工程建设的全域安全。

（一）加强施工现场安全管理，确保操作安全

除了保障工程建设的质量之外，中亚管道公司提出的 PMT+PMC+TPI+EPC 安全保障模式可以有效地防范施工现场可能出现的操作安全问题。业主委托监理人员到现场全面负责质量与 HSE 工作，要求承包商制定严密的质量与安全保障措施，并将监督其严格执行。选择的承包商要符合工程要求资质，安全业绩良好。要求承包商制订详细的施工计划（方案）和具体作业程序并严格审查，要求承包商严格按照计划和作业程序执行。业主委托 TPI 现场监督（旁站），如果需要，另派业主人员住进现场加大监督力度；严格制定并执行监督汇报制度。要求承包商建立施工应急响应预案，并监督承包商按计划进行演练，确保应急预案不断完善。

交通安全是现场施工中重要的风险点，为此，公司极为重视交通安全管理。总部层面，通过百万车公里统计指标 VIR 对全公司交通管理绩效进行动态监测；修订发布《公司交通安全管理规定》；通过体系审核完善总部车辆道路风险识别评价、“三交一封”记录、驾驶员台账等管理内容。各项目（项目公司）层面，开展道路风险辨识，按季度发布风险点源分布，明确风险防范措施，每月开展事故案例培训工作，每周召开司机安全会议；按计划对车辆进行维护、保养和维修，为车辆配置急救包、拖车绳、灭火器等安全设施，出车前对车辆进行安全和健康检查。对于车辆使用，通过实施内部准驾证制度，来加强对司机的管理，通过对司机进行防御性驾驶培训，不断提高交通安全意识；通过带车人对司机的行为进行监控，来避免不良驾驶、疲劳驾驶等情况发生；通过给车辆安装行车记录仪，来有效监控车辆行驶速度。

另外，对于施工现场作业中的高风险作业，如吊装、高空、下沟作业等，采取加强作业许可审批制度，并加强对现场的监控，保证各类高风险活动在有效的控制范围内。

（二）加强场站安全建设，防范社会安全风险

鉴于中亚地区严峻的外部环境，中亚管道公司针对海外建设和运营中可能存在的社会风险，公司参照中国石油《海外营地安全防范工程建设规范》（Q/SY 1428）场站建设，保证场站安全。首先，不断健全组织落实责任。全公司建立了以安保风险管理为核心、符合项目所在国实际情况的防恐安全管理体系，并严格按照“谁主管、谁负责”的属地化原则，明确各级主要领导的安保责任。其次，

实施防恐安全体系化管理。公司将承包商的安保管理体系纳入项目统一的安保管理体系中，统一标准、统一管理，先后制定下发《项目保安管理规定》《门禁管理规定》和《员工外出管理规定》等一系列规定，严格员工的外出行为，并组织承包商开展多种形式开展海外防恐安全培训，定期组织各参建承包商进行防恐安全专项联合检查，发现问题及时整改。再次，切实保障防恐资源配置。项目部与当地政府内务部门、安保公司签订协议，所有场站、线路、办公区域以及营地配置武装安保人员，所有驻地和办公区域的围墙上都加装了铁丝网和红外线防侵入装置。最后，因地制宜、有效应对。结合线路现场作业实际，适时调整施工计划，合理安排作业方式，减少零星作业，并在保证管线施工进度的情况下，适当减裁人员少和使用率低的小营地，同时，通过推动员工本地化进程，减少员工的暴露机会。

（三）实施关爱计划，保障员工身心健康

员工是企业的核心资源，保障员工生命安全和身心健康是公司存在和发展的根本。中亚管道公司组织制定并实施《员工健康管理实施方案》，根据实际情况持续更新《健康体检项目标准》和《公司健康管理规定》；梳理 SOS 业务申请流程，更新公司 SOS 联系人和授权人名单和信息，确保紧急情况下流程畅通有序；完成公司员工年度健康分析报告和大病统计报告，并进行健康答疑活动；积极组织健康及心理专家赴海外项目开展健康巡诊和健康讲座。

项目层面，各项目积极改善健康体检制度，完善员工健康档案；开展项目健康管理巡查，邀请当地医生和国内专家大夫到驻地坐诊并开展健康讲座；推动合资公司在全部站场配备诊所和专职医生，坚持每天由诊所医生对每位员工进行例行健康体检（血压和酒精测试等）；对危害作业场所开展职业危害持续监测，定期开展职业健康体检，并为危害作业场所作业的员工提供额外休假、牛奶等保健条件；制定食堂卫生管理制度，加强饮食卫生管理检查和隐患治理；发布天气预报、饮食指南，定期开展伙食调查；为员工健康、娱乐以及舒适的工作生活环境创造条件，租用专门的足球场、网球场、游泳池，供员工进行体育锻炼，举办运动会等活动，丰富员工的业余生活，舒缓长期海外工作导致的焦虑等异常心理状态。

（四）注重环境安全管理

工程启动初期，中亚管道公司就按照建设一条安全、绿色、环保管道的承诺

和目标要求，制定了一系列有关环境保护方面的规章制度，同时仔细分析研究各国关于环保措施的法律法规，确定相关环保措施。

公司严格遵照管道沿线所在国有关环境保护、文物保护方面的法规和规定和要求，按要求编制了环境影响评价报告（EIA）、考古报告等专项评估报告，并上报东道主国家政府部门审批。审批通过后，在建设过程中，公司严格按照相关报告提出的要求和结论执行，加强责任落实，要求各承包商按照 EIA 内容编制环境保护执行程序文件和执行计划，以施工过程中按程序文件监督执行。为更加有效地对工程建设实施环境监督，公司还邀请 MOODY 监理进行环境监督。

公司在对承包商的 HSE 管理过程中，环境保护也作为一项重要的工作内容，从对承包商上报的 HSE 程序文件中的环境保护内容审核开始，到现场的监督检查，再到督促承包商与当地的垃圾处理公司签订相关的合同，对营地和施工现场有害的垃圾进行处理等事宜，都有详细的规定和要求。要求监理公司严格监督施工单位的作业带面积不得超过征用土地范围，所有施工车辆或设备在已有道路或作业带内行驶，尽量避免碾压作业带以外的地表植被等，在管沟开挖时，将地表土进行剥离和生熟土分离堆放，并按顺序进行回填。公司责成承包商按照已编制的环境保护方案，抓好现场文明施工，减少施工对植被、生物的破坏。对于管道沿线的野生动植物保护，公司要求承包商在施工作业带预留通道，供动物迁徙穿越使用；不许惊扰、捕捉受保护的野生动物。对于管线经过的环境敏感区，施工完毕后，严格按要求进行恢复。砍伐或迁移树木前，要取得许可，对不慎砍伐的树木要立即进行补救。

由于中亚管道公司实施了高标准的环境保护要求，认真履行有关环境保护方面的承诺，在管道建设期间，从未发生过因环境的问题而引发的纠纷，未发生任何环境污染事故、重大社会投诉事件和生态环境破坏事件，不仅有效地保护了沿线的生态环境，造福了当地群众，而且得到当地政府和人民的充分肯定。真正体现了中国石油“创造能源与环境的和谐”环境保护宗旨，实现了“绿色”管道的建设目标。

通过完善体系、严格监督、落实责任，实施全方位风险管理，确保了本项目的安全生产。截至 2009 年底，参与中亚天然气管道建设及运行人员在高峰时共有 9117 人，其中公司总部及两个合资公司 547 人，承包商 8570 人，累计完成 3258 万工时（合资公司 130 万工时，承包商 3128 万工时），车辆总行驶里程 5657 万千米，单车月均行驶 4300 千米，未发生任何一起 B 级及以上工业生产事故，施工作业面横跨三国七州，未发生一起环保环境污染事故，HSE 业绩表现良好。

第四节　全方位保障管道运行的安全

安全是管道运行的常态，也是管道运行的基本前提。中亚管道公司借鉴国际先进的安全管理模式和技术，在保证管道运行本体安全的同时，强化对管道运行社会风险的监控和管理，全方位保障管道运行过程中的安全。

一、“五位一体”保证管道本体安全

中亚管道公司构建起“五位一体”的管道安全运行体系，以当前世界最先进的完整性管理为基本立足点，以完整性管理防范管道可能出现的安全风险，不断强化企业内部的安全制度建设，以数据化和系统化方式对管道运行过程中的风险予以监控，并不断提升管道防护水平和预警应急体系，确保管道运输过程中的本体安全。如图 5-8 所示。

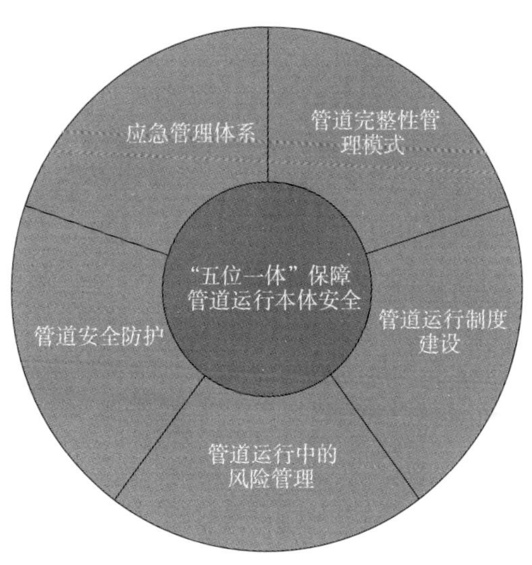

图 5-8　中亚管道公司“五位一体”保障管道运行本体安全体系

（一）推广完整性管理模式

完整性管理（Pipeline Integrity Management，PIM）是世界上最先进的管道安全管理模式，它是提高管道运行安全、降低成本的基础，是对所有设备、设施、仪器、仪表进行计划性维护以及强制性检验、检查，以保障其工作状态良好。完整性管理已于 2016 年 3 月 1 日成为国家标准（GB 32167《油气输送管道完整性管理规范》）强制实施。中亚管道公司在管道投运之初就积极推行管道完整性管理模式，致力于通过完整的数据库动态管理，达到“防患于未然”的目的。

为推动完整性管理模式在合资公司的落地，中亚管道公司与国内公司合作，完成了 GB 32167《油气输送管道完整性管理规范》俄文版的翻译公司，推动了国家标准在国外的应用，并使乌哈深入了解国内完整性管理标准。在了解相关标准的基础上，中亚管道公司与合资公司共同研究并制定了中亚天然气管道完整性管理体系建设方案，其提出的建议方案在完整性管理技术大会上得到了国内管道公司认可。进而，公司积极推动完整性管理体系文件融入合资公司管理体系文件，实现管道完整性管理模式在三个合资公司的正式落地。

（二）强化管道运行的制度建设

建立健全安全运行管理规章制度是保证管道长期安全平稳运行的基本条件。为此，在 A 线即将建成之时，中亚管道公司即组织开展运行管理规章制度的建立工作。根据项目的工艺、技术和设备要求，完成管理规章制度、岗位职责、部门职责作业指导文件调度手册的编制，为管道安全平稳运行提供了强有力的技术支持。在此基础上，为应对中亚地区可能出现的外部风险，公司编制了突发事故应急处置预案，形成了管道运行的基本制度体系。随着中亚 C 线以及哈南线的陆续投产，中亚管道公司根据管道运行和安全管理的新要求和新情景，持续开展相关制度规范的修订和更新工作，形成以 QHSSE 体系统领的安全运营管理制度体系。

（三）加强管道运行过程中的风险管理

中亚管道公司在完整性管理模式和 QHSSE 体系下，围绕管道运行中可能存在的本体风险、社会风险和自然风险，开展了一系列有针对性的管理工作。针对管道本体在运行中可能出现的运营风险，公司以科技引领，采用专业的检测与分析工具提前监测可能出现的安全风险问题。例如，采用 HOZAP 分析对危险与可操作性问题进行辨识，消除风险，达到安全运行生产；在运行过程中运用 JSA、

PSSR、STOP 等技术进行隐患排查和风险管理，保证运行安全。针对突发自然灾害可能对管道运行产生的危害，在公司安全运行管理制度下，不断加强运行管道巡检频次和力度，尤其是可能被洪水或泥石流冲刷暴露或损坏管段，合理制定清管周期并及时组织管道的清管工作。确保管道阴极保护系统的正常运行，对管道腐蚀状况定期进行检测，发现问题及时采取措施。针对中亚国家安全局势问题可能产生的场站、阀室、管道线路等固定目标的风险，中亚管道公司本着“风险管理”和“事故可以预防”的理念，从严推行“直线责任、属地管理”理念，全面辨识生产安全、社会安全薄弱环节和薄弱时点，明确风险、明确属地、明确责任人、明确地面/空中立体管控措施和执行标准，保证人、财、物资源投入，并辅以严格的安全生产责任考核和奖惩兑现，努力实现人尽其责、物尽其用，确保社会安全风险受控。

（四）持续改善管道防护水平

针对可能的社会风险对管道安全的威胁，中亚管道公司不断改善管道防护机制和措施，确保管道不被人为力量破坏。

中亚管道公司十分重视管道安全，利用一切可以利用的机会或条件，保证安保工作机制有效运行。首先，坚持通过兄弟单位、协作单位以及政府使（领）馆等渠道，不断收集项目所在国社会安全信息，动态开展信息敏感性评判，为及时开展适宜的应对决策创造条件。其次，依托中国石油总部专设机构，组织系统内外专业机构，动态跟踪、评判中亚地区各国、相邻地区国家及世界范围内能源、政治、经济变化情况及走势，为宏观决策、微观应对提供决策参考。最后，从严推行赴外人员全员安保培训，区别管理人员和操作人员，分别设计培训课程，确保持证外派后，既能具备自保意识和能力，又能有效组织团队开展安防管理和具体实践。

结合项目所在国特殊环境和安保管理需要，充分发挥项目所在国专业机构资源优势。在乌兹别克斯坦，引入内政部下属专业安保公司开展场站、倒班村和线路明管跨越点位的值守和巡护；引入 MACSUS 开展生产设施维护保养，确保设施完整性，保证本体安全；引入专业消防队伍对生产场所进行消防保障；引入内卫警察对总部基地进行全天候保安。在哈萨克斯坦，引入 SEMSER 专业安保公司对生产场所、生活基地和线路敏感点段进行武装保卫；引入 ICA 开展管道线路设施维护保养；为生产场所专门建立自有专职消防队伍，负责场站消防保障。通过注入此类措施，有效落实了中亚天然气管道安全保卫所必要的人力资源，使人防措施得到了有效落实。

（五）完善管道运行的应急管理体系

应急管理是安全管理的重要内容和构成部分，也是安全管理的最后一道防线。为确保管道运营各类突发事件得到及时有效处置，中亚管道公司坚持机构完善、预案建设和应急演练并重，设施建设与应急培训同步的原则，持续完善“企业自身+专业机构+政府协调”的立体化应急管理体系。成立总部和项目（合资公司）两级应急管理领导机构，建立公司总部（总体预案+专项预案）、合资公司（总体+专项预案+现场处置预案）两级三层完整预案体系应急预案体系，涵盖生产运行、工程建设、自然灾害、社会安全、交通安全、事故灾难、公共卫生、投资环境八个方面。采用召回培训+送教海外、课堂讲授+在线学习多种方式开展预案宣贯，提升各级员工应急处置履职能力。坚持逐年制订并严格执行上述八个方面突发事件实战型应急演练计划，确保应急能力，保障人员与管道安全；注重国家层面应急处置沟通机制建设，尤其是在高度敏感的在役设施安全保障和防恐管理方面，落实与所在国强力部门、我国驻外使领馆的沟通联系，不断强化社会安全人防、物防、技防、信息防应急管理。

二、多方合作防范风险保证社会安全

中亚地区社会安全形势严峻，恐怖袭击活动较为频繁，这对中亚管道公司在中亚地区的油气管道运行带来较大的安全隐患。为此，中亚管道公司积极探索与中亚国家和股东合作构建完善的社会安全防范体系，对中亚国家社会安全风险持续监控和评价，不断强化安防建设，融入当地社会共促安全，以多方合作共筑安全共同体。

（一）多方协作构建多维社会安全防范体系

中亚天然气管道作为在中国能源安全战略布局中处于重要地位的跨多国长输管道，其长期保持安全运行意义重大。结合中亚天然气管道管输距离长，站场设备设施种类繁多；过境国家多，政治、安全形势复杂，管道运行面临自然灾害、恐怖袭击、设备事故等多重风险的实际，中亚管道公司经过探索与实践，构建涵盖政府、股东、合资公司、场站、员工的多维度社会安全风险防范机制。中亚天然气管道项目启动之初，中国政府与管道过境国政府分别签署《政府间协议》，中方股东与外方股东分别签署《企业间协议》，合资公司建立《合资公司章程》，这些法律框架内的协议文件，明确了政府、股东、企业在安全管理方面的责任、权利和义务，奠定了多方协作的社会安全防范和管理体系的基础。在此基础上，中亚管道公司以制度形式制定了《中亚管道有限公司社会安全突发事件应急预案》，将中亚管道公司社会安全纳入中国石油的安全管理体系，形成场站、合资公司、中亚管道公司和集团公司共同协作的社会安全突发事件处理方案。如图 5-9 所示。

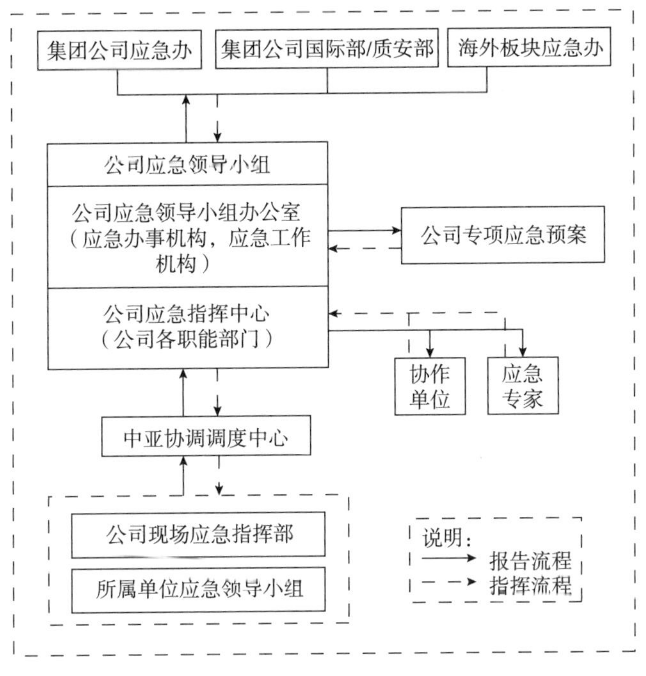

图 5-9　突发事件应急指挥流程

（二）强化社会安全监控与评估

中亚地区社会安全形势严峻，给中亚管道各海外项目安保工作带来严峻挑战。基于此，中亚管道公司在中国石油海外项目社会安全管理总体方针下，将项目所在国社会安全突发事件分为Ⅰ～Ⅳ四个等级，并针对不同的风险等级采用不同的预警和处理方式。公司社会安全突发事件预警分为三个级别，并依次采用红色、橙色和黄色表示。预警信息一旦发出，涉及的海外项目必须进行应急准备或启动相应级别的应急响应。2016 年，针对中亚国家安全局势的问题，中亚管道公司响应集团公司国际部关于中亚五国加强安保统一管理要求，要求各项目制订应急预案和撤离计划，并完善各项目部对社会安全突发事件的应对和紧急撤离措施，做好人员和财产安全预案。

（三）强化安防管理保障人身安全和财产安全

为保证运营后中方员工的人身和财产安全，中亚管道公司将社会安全风险落实到安防管理工作中，并在合资公司层面具体落实。在中国石油安防管理的基本框架下，中亚管道公司采取多种措施，确保实现技防、物防、人防措施同步到位，保障资产安全。①技防措施方面，设立了光纤通信、卫星通信互为备用的通信保障网络；针对工程生产场所、生活基地、临时营地等，设计了系统、完备的工业电视监控系统和防侵入报警系统；生产设施基于各类检测和自控装置设计了数据采集和监视控制系统（SCADA），具备突发事件紧急关断（ESD）功能和有效的消防功能。②物防措施方面，对于生产场所、生活基地和临时营地设计了配置刺网、辅以外围隔离沟的物理围墙，出入口设置防撞墩或防撞闸板。社会安全高风险地区的生产场所专门设计了“混凝土+刺网”的双层物理围栏，出入口中间缓冲地带专设检车区，实现对于车辆的全方位检查。针对线路关键穿跨越点段，专门设计防冲撞、防接近控制措施，避免社会因素对于敏感点段的非正常接触。③人防措施方面，中亚管道公司海外项目安排安保人员 24 小时值守或巡视；安排安保人员对场站主入口、周界、重要的设备设施进行定期巡视，保证场站人防措施；项目安保公司制订巡线计划，严格按计划巡线，对第三方施工或环境异常状况保持警惕，对巡线时发现问题及时处理或上报；海外项目与所在国警察、安保公司、社区治安管理部门建立联系，与当地员工建立和谐、友好的工作关系，及时获取有用的社会安全信息，及时预警，必要时采取紧急应对措施并启动应急预案。

（四）融入当地社会共促安全

作为“一带一路”的先行者和践行者，中亚管道公司积极融入东道国，严格环境与公众关系管理，主动承担企业责任，并推动东道国一道加强安全保护工作的宣传，实现与东道国当地民众共促安全的目标。

公司推行专业公司《环境管理系列规范》，并将其转化为企业标准《环境保护管理标准》，保证了专业公司环境管理要求在海外项目（公司）落地实施；按中国石油要求开展海外项目环境风险评估工作，在上报成果的同时，补充控制措施，动态监控各类、各级环境风险。具体项目层面，中哈、中乌项目投产站场认真制订并严格执行环境管理计划（EMP）。中哈油管道项目按照赤道原则要求，接受融资银行委托的国际环境保护专家到项目检查环境保护措施落实情况；河流穿越处的水下检测，并出具经当地州环境保护部门认可监测报告；和专业公司签订单价合同，做好因打孔盗油导致污染土壤的及时处理准备。

公共关系处理方面，各项目协助承包商与当地政府做好沟通，向当地学校捐赠物品，为当地提供就业机会；项目公司也积极与管道经过区域居民互动，定期走访附近的警察局、消防局、边防军，与其保持了良好关系；另外在进行试压等作业时，提前向当地政府及居民区发出公告，提醒注意安全；在运行期间，合资公司定期进行排放监测，及时获取排放许可，确保符合法律要求；加强宣传，向附近村落居民发送管道运行宣传手册，增强管道沿线群众对管道安全重要性和违规行为危险性的认识和了解，努力营造群众参与监督、全社会广泛支持的保护管道安全的浓厚氛围。

日常工作过程中，加强同各相关方的沟通与联络。各项目密切保持与使馆、当地政府、警察局、社区及重要社会人士的接触和联系，实时关注项目所在地和作业现场周边社会安全事件的分析和预警，并与相关单位和部门及时交流、共享和报告重要信息；在节假日期间，项目公司建立 24 小时应急值班机制，成立由主管领导、主管部门负责人和工作人员组成的应急值班小组，及时发现、传达和预警相关的信息。

第六章

内外合作　优化财务资源共同体

中亚管道公司的世界先进水平国际化管道公司战略目标的实现，一方面，既离不开公司内外利益相关方的合作，也离不开公司财务资源的保障，为此，中亚管道公司通过内外合作，不断优化财务资源共同体，而为了打造有效的财务资源共同体，又离不开对公司投融资管理的优化；另一方面，中亚管道公司战略目标的顺利实现，也离不开科学的预算管理落地实施与有效的风险管理全面保障。

第一节　构建创新型财务管理模式

中亚管道公司构建了战略型与集约化相结合的新型财务管理模式，既立足于国家能源战略实施与“合理较低管输费”经营管理目标，将财务管理目标与公司战略目标相契合，又统筹实施，采取集约化财务管理手段确保企业经营管理目标的实现。

一、构建战略型的财务管理模式，确保实现公司战略目标

（一）覆盖全产业链的财务管理模式，从空间上实现“管输费合理较低”

中亚管道公司立足国家能源战略和中国石油天然气产业战略定位，对中亚天然气管道进行全产业链分析，明确“管输费合理较低”为公司的经营管理目标，也是中亚管道公司战略型财务管理的目标，并以此配合和落实中亚管道公司的战略发展目标，实现公司综合效益最大化。进口中亚气成本包括上游购气成本、管道过境国关税/增值税、境外天然气输送费用、国内税费、国内运输成本等，而

中亚天然气管道是进口中亚气成本价值链上的一个重要环节。因此，要想降低进口中亚气成本，提升产业链价值，还应尽量控制管输费。在管输费确定的基础上，降低成本费用支出，控制投资，方能进一步提升公司效益。此外，为了保障管道长期安全平稳运行，满足还本付息要求，关注过境国的合理诉求，还必须确保管线运营的必要支出，使管输费处在合理水平。

（二）贯穿项目全生命周期的财务管理模式，从时间上实现管输费受控

中亚管道公司以“管输费合理较低”这一财务管理战略目标为出发点，通过对项目进行全生命周期分析，分解财务管理战略目标，确定管输费高低的全部影响因素。具体而言，中亚管道公司以 30 年作为项目的生命周期，建立 30 年平均管输费控制模型，构建包括项目整个生命周期的经营状况和效益预测、5 年滚动规划、年度预算的体系，通过 30 年效益预测，完成管输费试算，从而优化前期参数选择，明确控制手段，以此指导 5 年滚动规划和年度预算编制，将财务管理工作贯穿至项目实施的全生命周期中，实现对管输费的全过程控制。

（三）全过程考核导向的财务管理模式，从过程上实现管输费受控

中亚管道公司以预算模型、管输费模型和融资模型为管控工具整合收入、投资、折旧、成本费用、融资、还款、损益、现金流等财务指标，控制建设、运行与行政成本，将管输费保持在合理较低水平的基础上，在公司内部强调以全过程成本费用控制为考核导向，密切配合财务管理工作，与集团公司、国际事业公司等保持密切沟通，确定合理管输费；与此同时，中亚管道公司在向集团公司积极争取在既定管输费前提下，提高管道负荷率，进而提升利润和投资收益；此外，中亚管道公司对合资公司则主要强调合资公司的投资（技改及大修理投资性支出）、付现成本、管理费用等现金支出控制要求，次要考核其收入和利润水平等指标。

二、实施集约化的财务管理手段，确保实现财务管理目标

中亚天然气管道 AB、C 线的运营管理涉及多个财务管理主体，因此，中亚管道公司通过资金集中管理、会计信息共享、统筹税务筹划和统筹保险集中管理等集约化财务管理手段，提高财务管理效率，降低财务管理成本，推动公司财务管理战略目标和公司战略目标得以落实和实施，如图 6-1 所示。

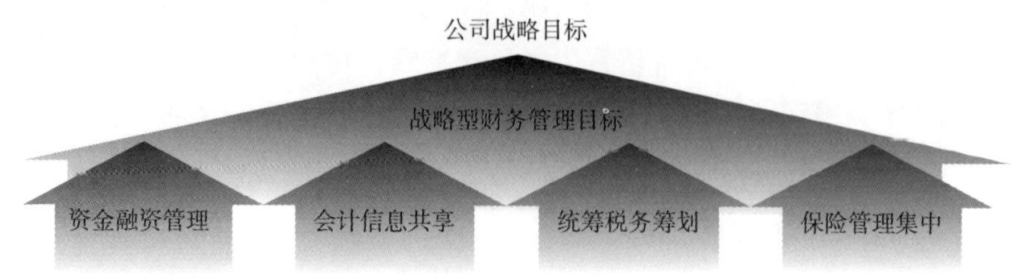

图 6-1　中亚管道公司集约化财务管理手段

（一）资金集中管理

公司实行资金集中管理，不仅按照集团公司规定实行资金收支两条线管理，对合资公司的资金也采取集中管理。在资金收支两条线管理方面，由集团公司统筹拨付资本金与营运资金给中亚管道公司，中亚管道公司分别拨付资本金与管理费用给合资公司与中方项目，合资公司将分红上交中亚管道公司，中亚管道公司将资金收入上存集团公司。对合资公司资金集中管理主要体现在融资管理方面，一方面，通过融资集中管理，优化资金使用，降低了集团负债，强化中方控制，如充分利用 AB 线剩余现金流及 C 线收入，减少 C 线融资总额；充分利用不同协议利率差异，节省财务费用。此外，D 线采取项目分步注资方案，依据建设进展控制注资节奏，降低资金成本。另一方面，通过融资协议，利用银行相关规定，规范项目管理，突破当地法律，监管合资公司资金使用，实现预期财务目标，如自 2014 年起通过开展冗余资金定存业务，推动将美元存款从零利率、活期利率商谈变更为定存利率的做法，可每年获取存款利息约数百万美元。此外，细化项目资金管理，减少持有当地货币，保证货币贬值损失最小化。

（二）会计信息共享

为解决中亚管道公司下属各核算单位间由于会计制度与管理标准不统一所带来的会计信息可比性与时效性差的问题，并加强会计核算管理，中亚管道公司创造性地设置会计信息共享中心，对公司下属各个核算主体实施统一核算，实现公司总部对现有项目会计信息的集中监控，强化股东决策支持力度。此外，中亚管道公司还以会计信息共享服务中心作为主体建设了新设核算主体的 ERP 系统，实现了对中亚 D 线的集中核算和 ERP 系统的全面应用，打破了中亚地区项目使用1C软件的惯例，实现了新项目全线管理信息集成。利用不同核算准则下可选用不同记账本位币的规则，推动乌国美元账建立，有效提升中方投资回报确认，最大限度地降低汇率波动对损益的不真实体现。

（三）统筹税务筹划

考虑整个项目生命周期的税负，在项目前期实施综合税务筹划，通过政府间协议明确税收政策，争取项目建设及运营期税务优惠，保障项目税务环境，如图6-2所示。由于过境国税务环境不稳定，在项目实施过程中，中方通过多手段多举措，利用外方股东及政府协调机制，解决了困扰项目建设和运行的税务风险，保证了项目的顺利实施和中方的利益。具体而言，中方以下述四个手段统筹实施了纳税筹划：①通过政府协调解决重大问题，如乌国过境气消费税豁免和哈国增值税返还；②争取所在国法律优惠，如乌国增值税减免；③利用避免双重征税双边协定，实现利息代扣税、红利税等非侨民所得税的减免；④在业务环节实施纳税筹划，如融资利率规划。中亚管道公司通过上述纳税筹划手段，预计项目运营期可节约近百亿美元。

（四）统筹保险集中管理

在中亚管道公司层面，公司优化保险方案设计、降低保险成本、提升管理水平，按照集团保险集中管理要求，引入集团公司保险单位，提升集团公司整体利益。针对全线保险分国购买的实际，加强中方对整体保险方案及再保策略的统一设计，在昆仑保险经纪及国际保险经纪公司协助下，实现多国再保策略在整个国际市场上的一致与稳定；通过比价策略有效抑制合作方对保险市场的争夺，在保障中方50%权益市场自主安排权的前提下，有效压低了保险整体的费率。在合资公司层面，中方通过提前筹划，明确AB、C线及哈南线项目保险方案，通过与贷款行及保险经纪的沟通，统筹制定合理的保险方案，进行合同审批，招标采购，安排风险勘查，充分覆盖可保风险，有效控制保险成本。如建设期的保险包括建设一切险、第三方责任险、强制保险，运营期的保险包括财产险、第三者责任险、强制保险，而这些保险都是经过了统筹规划，包括制定保险方案、采购招标、安排风险勘查，特别是在采购招标方面，中哈天然气管道AB/C线实行AGP采办条例，相比使用SAMRUK采办条例及其电子平台进行招标采办，会有更多供应商参与投标报价，可以扩大供应商筛选和价格对比范围，达到降低采购成本的目的。

第二节　优化投融资管理

中亚管道公司基于对其所处的特殊运营背景和复杂商务环境正确认识和理解的基础上，借鉴项目融资管理思想，勇于实践，创新性地设计并成功实施了大型跨多国投资项目的投融资管理模式，保障了项目的顺利实施与目标实现。

一、科学权变地优化投资管理

（一）股权投资方式创新

中外方对等股权的公司型合资有以下几种模式：

（1）设计公司型合资结构的项目投资结构。由于项目资金需求巨大且风险程度较高，远超过单一投资者的承受能力，因此通常该类项目的实际投资者往往不止一个，这样就产生了项目的投资方式问题，同时这一问题也是进行项目融资结构的一个重要方面。在项目融资中项目的投资方式是指在项目所在国的法律、法规、会计和税务等外在客观因素的制约条件下，寻求一种能够最大限度地实现各投资者投资目标的项目资产所有权结构。近年来，在采用项目融资方式的项目投资结构中越来越多地体现出一个趋势，即项目是由具有互利的目标、能力和资源的多个投资者组成的合资集团共同开发、拥有和控制的。本着共同投资、共担风险；充分利用不同背景投资者之间具有的互补性效应；利用不同投资者的信誉等级吸引优惠的贷款条件和通过合理的投资方式设计充分利用合资方国内的有关优惠政策的投资理念，中亚管道公司分别与 UNG 和哈萨克斯坦输气股份公司（KTG）成立了公司型合资公司，公司型合资结构如图 6-2 所示。公司型合资结构是目前世界上最简单有效的一种投资结构，这种投资结构历史悠久，使用广泛。图 6-5 所示的公司型合资结构的优势与劣势并存，优势在于，建设期完工担保为或有负债，不增加集团公司资产负债率，运营期集团公司不承担担保责任，释放担保能力；劣势在于，建设期集团公司承担全部担保责任，股东间责任分配不均衡，运营期主要由中方签署照输不议协议，国际事业公司风险增加。

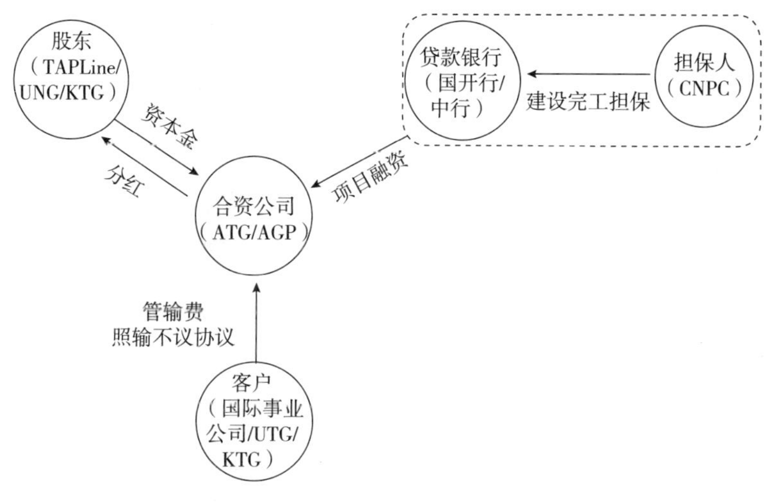

图 6-2　公司型合资结构

（2）在过境国当地注册对等股权的项目合资公司。本着规避资产风险，规避政策变化风险，创造良好管理环境及融资和税收筹划条件的原则，跨多国的中亚天然气管道工程分别在过境国当地注册对等股权的项目合资公司。在合资公司法律组织形式的确定上，中亚管道公司根据过境国普遍存在的公司组织形式为“股份公司”或“有限公司”的现实情况，考虑到合资公司的股东人数、决策效率以及注册速度，最终分别与 UNG 和 KTG 成立了“有限责任公司”的合资公司，作为两国管道建设运营的法律主体，负责项目建设组织实施和投产后的运营管理事务。在合资公司股权结构设计方面，由于受到过境国“管道领域外方参股比例不得超过 50%”的法律约束，中亚管道公司本着互利共赢的原则，经过多次艰苦谈判，中乌、中哈合资公司的中外方股比均最终确定为 50%：50%，如图 6-3 所示，该对等股比已经是中方争取到的重大成果，确保了合资公司中各方利益的体现。虽然中外方在合资公司中的股权对等，但中亚管道公司在项目建设阶段掌握有关工程的全部资料，保证了中方的主导地位，增加了中方的话语权，提高了中亚天然气管道工程的建设速度。此外，由于中方非控股股东，在权益法核算下，不需要合并财务报表，实现了表外融资，降低了集团公司资产负债率，而且因投资额低，既减小了投资风险，也提高了资本收益率。当然，对等股权的合资公司也可能存在决策效率较低的缺点。

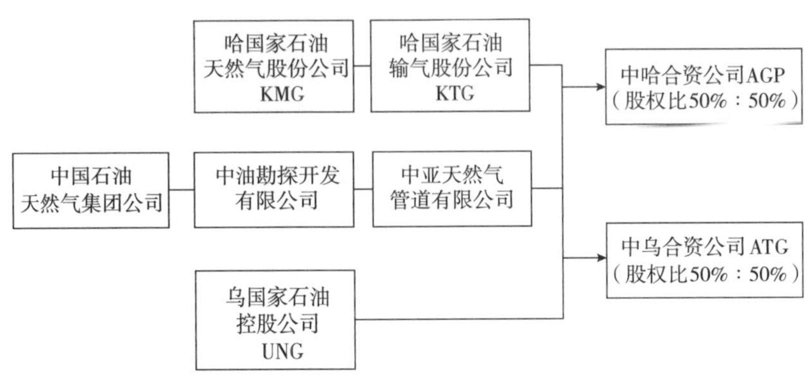

图 6-3　中乌、中哈两合资公司股权结构

（二）构建项目投资的目标管理体系

在项目建设初期，中亚管道公司通过国际竞标、中方低价制衡，直缝管改螺旋管，线路优化以及增加每车铁路运输量等措施多方位节省建设投资 20 余亿美元；进入 2009 年后，随着国际金融危机对实体经济的影响进一步加剧，集团公司提出了公司要在 110 多亿美元的基础上再压缩 10%，使项目总投资控制在 99 亿美元左右。由于大部分工程项目已完成招标，进一步压缩投资的难度极大。为实现项目投资的目标管理，中亚管道公司以集团公司投资管理办法为指导，在项目建设阶段构建了项目投资的目标管理体系。

（1）项目投资的全方位管理。中亚管道公司通过对投资管理的全要素分析，确定了“优化技术方案——抓根本”“强化精细管理——抓节俭”“争取税收优惠——抓政策”“优化投资节奏——抓资金”的四大重点投资管理方向，并进一步在各要素下又确定了数十个专业工作要点，从而实现对项目投资进行全方位管理。

（2）项目投资的全员参与。在项目投资全方位管理思想的指导下，项目通过依托组织机构建立起部门、专业投资控制责任及奖惩体系，从计划管理机制与组织基础上为全面实现投资管理目标提供了保障。同时，中亚管道公司对投资项目的目标体系进行量化，并将量化的目标体系与组织责任体系的矩阵拟合，建立起以基本投资单项为管理单元的投资管理网络，以实现有效管理。针对 99 亿美元的项目总投资管理目标，中亚管道公司会同中乌、中哈项目对各自投资构成单项进行了实事求是的分析和再评价，确定了 99 亿美元的项目投资总目标下完整的全子项投资管理分目标体系，从而实现了从上到下的项目投资总分目标的结合。

（3）项目投资的“阶段化动态总控 PDCA 循环”过程控制模式。项目投资控制成功的关键在于有效实现过程管控，中亚管道公司根据项目建设周期安排，确定了以“季度”为基本过程单位，以序列季度控制构成项目全生命周期控制的过程控制模式。在每一季度起始点，中亚管道公司基于上季度投资控制绩效对全部投资构成子项进行再评价，对投资总控目标进行动态调整，再以优化后的“动态总控目标”为基础，以生产进度计划为依据测算确定季度投资计划，作为季度投资控制的控制基准，以此实施 PDCA，完成季度投资控制小循环，并将其贯穿项目全生命周期，以实现项目全生命周期的“过程受控”。

二、创造适宜有效的融资管理模式

（一）选择项目融资模式，保障项目顺利实施

项目融资是一种无追索权或有限追索权的融资或贷款，其与传统融资相比具有一些鲜明的特征：以项目的资产和现金流量为融资基础，而非借贷人/发起人的资信；债权人一般只有有限追索或无追索权；项目风险由各方分担，包括发起人、债权人、担保人、供应商、消费者等；发起人出资比例较低（通常低于30%），杠杆比率高；如果发起人对项目公司非控股，那么，项目债务仅出现在项目公司的资产负债表上，对于发起人来说是一种资产负债表外融资。而项目融资模式与中亚天然气管道项目特征以及中国投资方的需求正好相符，如图 6-4 所示。具体而言，中亚天然气管道项目于 2007 年 8 月正式启动，AB 线于 2009 年 12 月如期建成并投产运行，短短 28 个月的工期极其紧迫。为保证工期，所需资金的及时到位尤为关键。中亚管道公司在工期要求极为苛刻、项目的融资条件不利、融资环境急转直下、投资各方利益诉求不一致的环境下，通过选择项目融资模式，解决了巨额建设资金来源问题，为中亚管道项目顺利实施提供了有力保障。

（二）合理设计资金结构，满足资金需求

由于中亚天然气管道项目在 2008 年 7 月必须开工建设，在这之前需要支付原材料预付款和其他费用，而此时项目融资谈判正在如火如荼地进行，融资合同还未敲定，项目资本金则远远不能满足需求。对于项目融资落实前的初期资金缺

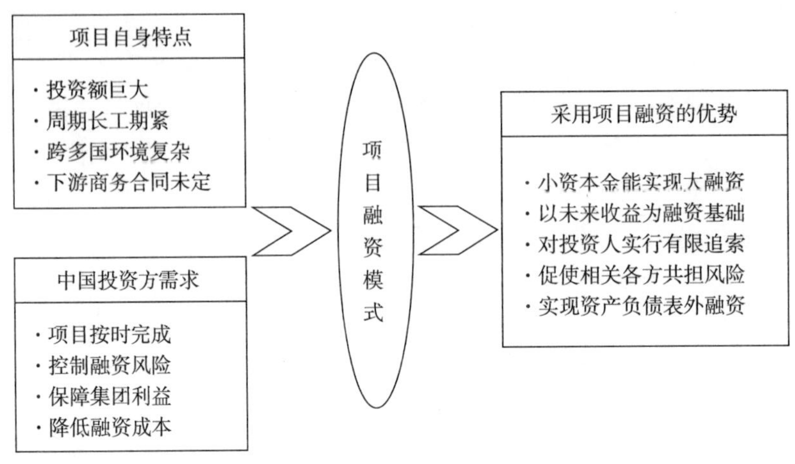

图 6-4 采用项目融资模式的原因与优势

口，在集团公司的统一协调下，中亚天然气管道项目先后获得了三批金额较大的过桥贷款。三批过桥贷款及时弥补了中亚天然气管道工程融资的时间缺口，解决了合资公司前期费用及采购预付款问题，确保了工程的顺利开工和初期建设。过桥贷款对于保证项目按时完工的初期资金需求至关重要，同时也增强了项目融资贷款银行的信心，促进了之后项目融资贷款的实施。至此，中亚天然气管道项目在极端的资本金比例约束和异常的工期要求下，形成"小比例资本金+过桥贷款资金+项目融资贷款"的独特资金结构，保证了工期紧迫要求下顺利实施项目的资金需求。

（三）巧妙设计担保结构，保障集团公司债信水平

由于中亚天然气管道项目面临资本金比例小，收益相关协议尚未签署，合作伙伴不愿承担融资风险，以及分国分段环境复杂等不利的融资条件。中亚管道公司在这种融资条件下选择项目融资模式，只有有限追索权的贷款银行要求资信质量优良的集团公司为其贷款提供担保。如何既让贷款银行同意贷款，又保障集团公司的债信水平是融资中的一大难题。为此，中亚管道公司巧妙设计了对集团公司有限追索、合作伙伴共担风险的融资担保结构，如图 6-5 所示，具体而言：①在项目建设阶段，中方集团公司为过桥贷款担保，并对建设完工提供担保，直到项目机械完工、财务完工、法律完工（包括照输不议协议的签署）均实现后，集团公司的完工担保才被释放，同时，各方股东需签订股东支

持协议，承诺不会放弃项目；②在项目运营阶段，合资公司提供照输不议协议质押或资产抵押，建设期担保与运营期担保就此实现了无缝衔接，也避开了融资谈判阶段中未来收益相关协议尚未签订的问题。该融资担保结构创造性地将集团公司的担保责任控制在有限范围和有限时间内，也使合作伙伴共担风险。

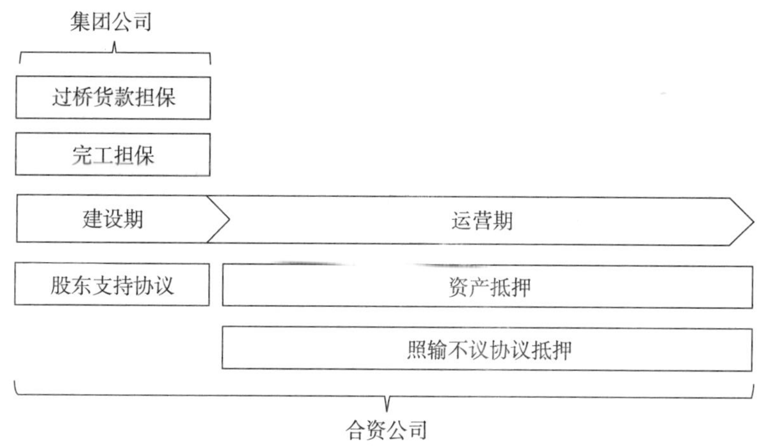

图 6-5　中亚天然气管道项目担保结构

（四）科学预见项目再融资需求，有效控制融资风险

中亚管道项目在建设期与运营期均可能存在再融资需求，为此，中亚管道公司积极与贷款银行协商，有效控制了再融资风险。在项目建设期，由于集团公司在项目融资担保结构中承担了完工风险，为了避免由于建设成本超支所带来的担保风险，中亚管道公司突破一般完工担保的做法，通过与贷款银行协商，使银行在贷款合同中承诺按照增加后的项目预算作为融资额度，并确保在增加预算获得国家批准后即可放款，这一机制，排除了成本超支情况下的再次融资问题，有效保障了项目建设的资金需求，减轻了集团公司的完工担保风险，使建设过程中的融资风险得到控制。在项目运营期，为满足融资环境发生变化可能产生的再融资需求，中亚管道公司还与贷款银行做出再融资约定，即在贷款银行拥有同等优先选择权的情况下，借款人在运营期内可以进行再融资安排，这一机制保障借款人拥有筹资灵活性，保留了在运营期内可以获得相对更低成本资金的权利和操作空间。

第三节　强化预算管理

全面预算管理作为对现代工商企业成熟与发展起过重大推动作用的管理系统，是企业内部管理控制的一种主要方法。这一方法自 20 世纪 20 年代在美国的通用汽车、杜邦公司产生之后，很快就成为大型工商企业的标准作业程序。从最初的计划、协调，发展到兼具控制、激励、评价等功能为一体的综合贯彻企业经营战略的管理工具，全面预算管理已处于企业管理控制的核心地位，具有全员、全额和全程的特征。从内容来看，全面预算管理一般包括经营预算、投资预算、融资预算和财务预算；从机制来看，全面预算管理具有规划功能（组织目标的具体化）、协调功能（协调各部门的重要手段）、控制功能（控制日常经济活动的工具）、沟通功能（全员参与预算编制）以及考核与激励功能（业绩考核的标准）；从流程来看，全面预算管理一般包括预算编制、审批、执行、控制、调整、监督、核算、分析、考评及奖惩等一系列预算管理活动。此外，对于跨国公司来说，全面预算管理也是一种重要的管理工具和内控组织形式，对跨国公司（尤其是我国现阶段的跨国公司）的经营管理、组织运作和绩效进行着有效约束。作为跨国公司的中亚管道公司应用全面预算管理工具，并且不断强化预算管理，优化资源配置，提高运行质量和经营效益，强化风险管控，实现公司优质高效可持续发展，使企业战略目标得以落地实施。

一、构建全面预算管理体系

（一）全面预算管理体系的构建思路：战略引领与价值导向

预算管理必须突破片面追求短期利润的短期思维，企业只有坚持短期与长期相结合，以战略引领与价值导向，与平衡计分卡等相结合，才能使预算管理焕发生命力。在全面预算管理中企业战略与价值成为编制的重要一环，引导着管理的方向与路径。预算目标是企业战略的短期具体化和详细化，是实施企业战略管理的重要手段，预算目标和预算指标选择应与战略保持一致性，适应企业战略的变化。预算管理沟通了企业战略与经营活动的关系，使企业战略能够具体并细化为可实施的行动方案。预算编制的过程就是企业战略落地的过程，各项预算最初目标值的确定都应以企业战略为导向。而平衡计分卡不仅是企业战略分解贯彻的理想工具，而且是企业战略与预算管理间的桥梁工具，将二者连为一个整体，从而使预算对企业战略的贯彻和支持得到充分保证。引入平衡记分卡可以将企业战略与预算密切结合，同时还可以弥补企业过于偏重财务指标预算体系的不足。在战略规划与预算制定过程中，管理人员既为财务维度（股东价值）拟定预算，同时也将顾客、内部业务流程以及学习与成长的考核指标引入企业短期目标。在这些具体目标下，企业管理者就可以不断地对企业的经营过程进行监控和修正，企业战略通过平衡记分卡和预算工具将其过程进行量化并最终反映到企业财务报告中。中亚管道公司围绕公司愿景和战略目标，利用平衡记分卡进行目标分解，并梳理出财务、客户、内部流程以及学习与成长方面的重点工作，以实现投资资本回报率。2017 年，中亚管道公司在五年滚动规划的基础上，继续优化完善，深入开展储气库利用、低输量下经营策略、管输费调整、资源保障等重点问题研究，做好价值评估、经济评价工作。同时，加入科技发展专项规划，与总体规划、管道运行、工程建设、人力资源、信息化建设、QHSE 规划共同构成“一总六分”的五年滚动规划体系，使公司中长期业务规划切实有效发挥战略引领作用，确保各项目标顺利实现。

（二）全面预算管理体系的架构特点：全主体、全内容与全流程

中亚管道公司构建了覆盖全主体、包含全内容、贯穿全流程的全面预算管理体系。从预算主体来看，通过总部预算、所属公司预算、中方账目预算管理，覆盖了公司总部、合资公司、海外项目、驻外办事处和所属公司等全部预算主体，体现了全面预算管理体系的全主体特征；从预算内容来看，包括业务预算、资本预算、筹资预算、专项预算和财务预算五个部分，体现了全面预算管理体系的全内容特征；从预算流程来看，通过编制预算、批复预算、执行预算、控制预算、调整预算与考核预算的闭环预算管理，贯穿全部预算流程，体现了全面预算管理体系的全流程特征。

二、多渠道提高全面预算管理科学化水平

（一）构建全面预算管理组织体系

中亚管道公司根据集团公司的要求和结合公司实际，构建了一套专门的全面

预算管理组织体系，该体系由全面预算管理的决策机构、管理机构、执行部门以及监督部门组成，并且明确规定了每个部门所承担的职责，在其管理机构的领导下共同负责中亚管道公司全面预算管理。具体包括以下内容：①预算管理决策机构：预算管理委员会。预算管理委员会是全面预算管理的决策机构，预算管理委员会主任由公司总经理担任，公司有关领导和相关部门负责人担任预算管理委员会成员，其主要职责在于审议批准公司的中长期发展规划预算方案，公司年度预算方案，年度预算执行情况报告，年度预算调整方案，合资公司的年度预算以及需要公司预算委员会决策的其他事项。②预算管理的管理机构：预算管理委员会办公室。公司规划计划部门是预算工作归口管理部门，并作为公司预算管理委员会办公室，负责公司预算管理日常工作。③预算管理执行机构：公司总部各部门以及各合资公司。公司总部各部门除负责编制本部门年度预算外，在职责范围内按业务线条负责公司相应预算管理工作，各合资公司负责编制本公司年度预算以及相应的预算管理工作。

（二）不断完善全面预算管理的制度建设

预算管理制度是对企业的利益相关者在预算决策、编制、执行和评价等管理过程中责、权、利关系的规范，完善的预算管理制度，可以保证财务管理与企业预算得到顺利并有效地执行。中亚管道公司为了保障战略引领与价值导向下的全面预算管理得以有效实施，从全面预算管理基本制度与组织制度等两个方面不断完善公司的全面预算管理制度建设，主要包括预算管理组织体系、预算管理目标指标体系、预算管理编制体系、预算管理监控体系与预算管理考评体系，涵盖了预算编制、执行、调整、控制和考核等模块。为加强公司预算管理和规范公司预算管理行为，根据集团公司有关规定和公司实际，中亚管道公司制定了《中亚管道有限公司预算管理办法》《中亚管道公司预算管理委员会工作细则》。

（三）改进全面预算管理的编制方法

中亚管道公司注重实施效果，紧盯业务发展，实施滚动预算编制方法。中亚管道公司按照五年滚动规划对预算实施滚动编制，按照“一年一滚动，一次看五年”编制原则，即以五年中第一个年度预算执行结果为依据，结合各种因素的变动情况，分析检验预算的科学合理性，及时调整和修正下一年度预算，并以此为起点逐期向后滚动推进一年，连续不断地通过预算规划企业未来的生产经营活动，从而使预算更加切合实际，突出了滚动预算的及时性和连续性。具体而言，中亚管道公司通过召开五年滚动规划编制工作启动会，明确编制方式、编制内容、工作分工、时间节点、工作机制等，以及通过召开五年滚动规划编制工作进展情况检查会，针对公司内外部环境实际变动情况，及时补充完善五年滚动规划结构和内容，使公司中长期业务规划切实有效发挥战略引领和控制作用，确保各项目标顺利实现。

（四）加强预算管理指标的对标管理

对标管理基于企业战略管理的视角，不断寻找和研究行业一流公司的最佳实践，并以此为基准与本企业进行比较、分析、判断，找出差距，从而使企业得到不断改进，进入或赶超一流公司，创造优秀业绩的良性循环过程，其在制定目标、流程分析、评价经营绩效方面具有优势。中亚管道公司为建设成为世界先进水平国际化管道公司，在其全面预算管理中植入了对标管理理念。全面预算管理与对标管理的有机结合，为公司建立了一种动态测量资源投入及产出效果的方法，通过分析公司现状与预定目标的差距，一方面可以集中二者的优势，有利于提高企业管理效率，减少不必要的重复管理成本，另一方面使公司管理者很容易抓住重点，改进薄弱环节，使全面预算管理真正成为公司优化资源配置的有力手段，成为持续发展、增强竞争能力的内部驱动力。在绩效预算管理方面，中亚管道公司积极对标国际同类业务优秀实践，找准差异，明确目标，自我提升，创建一流，开展了项目 HSE 管理对标。2014 年，开展了针对北美管道公司 Alliance Pipeline Company（Enbridge 与 Veresen 对等持股）的 HSE 监管对标，与西部管道公司开展了 HSE 绩效对标。中亚管道公司从结果类、管理类和资源投入类三个方面进行了对标研究，实现了与国际一流管道公司看齐，有利于提升 HSE 现代化管理水平，保持 HSE 优良绩效，在 HSE 方面实现世界领先的战略目标。

三、全方位保证全面预算管理得到有效高效实施

（一）加强关键指标预算控制，提升企业运行质量

中亚管道公司将预算管理与绩效管理相结合，围绕公司愿景和战略目标，利用平衡计分卡（BSC）进行目标分解，并找出保证战略得以实现的业务重点，随

之再将这些关键业务领域量化为关键绩效指标（KPI），通过设定细化绩效指标，增加二级指标和三级指标，作为辅助指标，配合预算的下达与执行控制，实施季度跟踪，每季度末反馈本季度完成情况及下季度预测，对未能完成既定任务的及时予以报警并督促改进。具体而言，中亚管道公司在年度预算编制完成后，分解预算指标，形成具体各部门预算方案，明确预算责任主体，预算分解方案通过预算管理委员会审批后，确定业绩考核指标，签订业绩合同，实现分解后的预算指标与业绩考核指标体系挂钩。在战略导向下的全面预算管理模式中，预算监控与考核的目标都是KPI，围绕着KPI实施预算监控和预算考核，通过加强这些量化的KPI指标的考核，实现预算控制，有利于提升企业运行质量，从而实现组织的远景规划和战略目标。

（二）强化预算刚性约束，做好预算执行监控与分析工作

（1）在预算刚性约束方面，中亚管道公司通过预算编制程序不断固化预算编制和审批流程，经预算管理委员会审议批准的预算一经确定，在企业内部便具有“法律效力”，公司各部门在生产经营管理的各项活动中，充分地按预算办事，围绕实现预算开展经营活动。企业确因市场经营环境、监管政策等发生重大变化导致预算编制基础和假设产生重要变化，或发生重大临时预算项目，或出现重大不可控因素等，可以申请调整预算，但必须履行相关的预算审批程序。此外，合资公司预算编制启动后，双方股东就年度预算编制相关参数、重点工作计划达成一致意见并形成纪要，作为合资公司年度预算编制的基础；合资公司完成预算编制后，双方股东就合资公司预算进行审查，对双方都没有异议项目，签发纪要同意合资公司组织实施；合资公司年度预算如需调整，需经中亚管道公司预算管理委员会审议批准后方可调整。

（2）在预算执行监控与分析方面，中亚管道公司不断加强投资控制和预算管理，做好源头把控，在年度预算执行过程中，打破层级管理，强化全面实施预算一体化管理工作，强化预算的跟踪和控制。中亚管道公司根据各项目上报的预算一体化分析材料，掌握合资公司预算执行情况，跟踪合资公司生产经营动态，为公司整体经营分析决策提供支持，为及时解决预算执行过程中遇到的各项困难提供有效信息，提高预算管理效率。以中哈天然气管道合资公司为例，中方预算管理委员会对合资公司2016年预算编制前后提出30余项建议，控减现金成本7000多万美元，管理费用控减800多万美元。并且定期通报合资公司预算执行情况并提出改进意见，监督预算执行过程。与此同时，中亚管道公司将预算管理、

投资控制与绩效管理相结合，通过设定细化绩效指标，并增加二级指标和三级指标等辅助指标，配合预算的下达与执行控制，并实施季度跟踪，每季度末反馈本季度完成情况及下季度预测，对未能完成既定任务的及时予以报警并督促改进，从而使绩效管理贯穿全年，发挥其真正提高工作效率、保障实现生产经营目标的作用。

（三）加强预算执行结果考核，实现预算闭环管理

中亚管道公司的全面预算管理体系通过预算编制、批复、执行、控制、调整和考核的闭环预算管理，贯穿全部预算流程，其中，预算考评是对“预算执行的过程和结果”的考核和评价。中亚管道公司的全面预算考评主要包括以下三个步骤：①比较预算与实际执行情况，确定预算差异。②分析差异原因，明确相关经济责任。③预算管理委员会对考核结果进行审批、通报和执行。中亚管道公司通过预算考评，一方面了解了预算执行过程，为事后控制提供依据，提高全面预算管理的完整性和权威性；另一方面分析预算执行效果，为调整新一轮的全面预算管理提供有益的建议。

（四）大力推进信息化建设，提升预算管理效率与效果

实施全面预算管理，必须有功能强大的计算机网络系统支持。中亚管道公司以满足中亚公司管道建设和油气运营业务需求为目标，充分借鉴国内外管道公司信息化建设的成功经验，在 2015 年建立公司信息集成系统基础上，将 PPS 系统、海外勘探开发公司 HSE 系统、FMIS 系统接入公司信息集成中；同时，将信息集成系统中运行输量信息、投资统计数据、FMIS 数据输入海外勘探开发公司快报中。此外，推动合资公司 ERP 系统和生产应用系统建设，建成合资公司信息化应用系统，实现对业务流程的全面覆盖，有效支撑国际化管道公司的建设与运营。中亚管道公司通过信息化建设，实现了公司与各部门之间的网络连接、信息传输、实时查询和过程控制，保证预算的提报、审批、执行、控制都通过网络系统实现。将经营作业信息及时转化为财务核算信息，实现业务管理和财务系统一体化连接，达到实时查询和实时控制的目的，从而提升预算管理效率与效果。

第四节　加强风险管理

中亚管道公司的风险管理实施全面风险管理理念，围绕风险管理的总体目标，在企业经营管理的各个环节和业务过程中执行风险管理的基本流程，制定风险管理策略，落实风险管理措施，构建全面风险管理体系、内部控制体系与内外部审计监督体系，培养良好的风险管理文化，为公司的管理规范化和决策科学化提供支持，保障经营管理的合规性和有效性。

一、构建全面风险管理体系

（一）健全风险管理组织体系

中亚管道公司根据《中央企业全面风险管理指引》的要求，结合公司改革与发展需要，不断建立健全风险管理组织体系与制度体系，为深入开展风险管理奠定扎实基础。中亚管道公司全面风险管理体系的组织机构除具有规范的公司法人治理结构外，还设置了内部控制与风险管理委员会和办公室，公司内部控制与风险管理委员会是公司风险管理工作的领导机构，具体机构设置和职责按照公司关于专门委员会相关文件执行；内控审计部门是公司风险业务的归口管理部门，负责风险管理体系的建设和整体运转以及完成公司年度《全面风险管理报告》，具体风险管理职责按照公司相关部门职责文件执行；公司总部其他部门负责各自业务领域内的风险管理工作。各合资公司也建立了符合自身发展的风险管理组织体系，并设立了风险管理归口管理部门，各合资公司负责所属管理范围内的生产和运营风险管理工作。

（二）完善风险管理制度体系

中亚管道公司为加强风险管理工作，提高风险防范与控制水平，根据国务院国资委、集团公司及海外勘探开发公司相关要求，结合公司实际，于 2014 年发布了《中亚管道有限公司全面风险管理指导意见（试行）》，于 2015 年发布了《风险损失事件管理办法》。2016 年，随着公司治理结构和股权管理发生重大变化，为进一步规范公司风险管理程序，中亚管道公司制定了《流程管理实施细则

(试行)》《风险损失事件实施细则》等多项管理制度，审查批准了部分合资公司的风险评估和管理办法。风险管理制度体系不断完善，为中亚管道公司风险管理工作向纵深发展提供了保障。

(三) 健全风险防范与评估机制

在加强公司风险管理的组织体系与制度体系建设的基础上，中亚管道公司多年来通过逐步完善风险数据库与持续开展风险评估，增强了公司识别风险、抵御风险以及防范风险的能力。

(1) 风险数据库逐步完善。中亚管道公司基于发现问题基础数据库，识别评估与控制目标相关的风险，协助指导公司内控体系升级及维护，强化风险评估，并采取相应的行动措施加以控制。中亚管道公司分国别、分项目、分业务条线建立并按年度完善风险数据库，主要包括报告、财务、经营和法律风险四大类。在哈萨克斯坦：AGP 项目建立了利汇率、财税、工程项目管理、地缘政治、经济、保密、法律、公共关系八大类风险数据库，BSGP 项目建立了法律、公司运作、工程项目管理、坚戈贬值、融资中止五大类风险数据库；在乌兹别克斯坦：建立了运营、应收/预付账款、健康安全环保及税务四大类风险数据库；在塔吉克斯坦：建立了利汇率、信息、地缘政治、财税、工程项目管理五大类风险数据库；在吉尔吉斯斯坦：建立了地缘政治、工程项目管理、利汇率、财税、保密、公共关系六大类风险数据库。

(2) 风险评估持续开展。中亚管道公司主要以制度落实和程序完整为突破口，针对重要风险领域及业务环节，通过自下而上的风险识别，从风险发生的概率、内外部环境影响因素、风险发生可能造成的影响等方面开展风险评估，评估出各年度公司前十大重大风险，并设计调整了控制措施，实现对公司重大风险的事前预警、事中控制、事后跟踪分析与监督。

(四) 规范风险管理流程

首先，中亚管道公司按月度对各项目公司范围内发生的风险损失事件进行搜集，全面分析年度内发生的风险损失事件的影响，并对事件影响程度进行评价，明确各层级管理重点，保证风险事件管理与分析的及时性、准确性、有效性；其次，对分散在各管理领域的风险事件分类分级标准进行整合，形成风险损失事件影响程度评价的综合性标准，并确定公司风险管理策略；再次，根据风险评估的结果和公司风险管理策略要求，进行风险应对和控制活动；最后，对风险管理的效率和效果进行持续监督与考核评价，保障公司全面风险管理工作的落实，包括对公司各级单位的风险管理工作执行情况进行定期检查，对风险管理工作任务的完成情况进行考核，并根据监督或考核的结果，对公司全面风险管理工作进行改进与提升，形成风险管理的闭环。

二、持续加强内控体系建设

内部控制是风险管理的重要基础，中亚管道公司为满足外部监管要求、提高公司管控水平建立了"以风险为导向、以控制为手段、以制度为平台、以流程为保障"的内部控制体系，通过不断地融入风险管理理念，强化风险控制措施，内部控制风险管理作用持续增强。

（一）评估控制和管理环境

内外部环境是企业实施内部控制的基础，中亚管道公司面临的外部环境为境外恐怖袭击逐渐增多、哈萨克坚戈断崖式贬值、法律诉讼频发、资源国气源不足、油气价格持续走低，经营形势异常严峻；内部环境主要为公司股权结构出现重大变动。针对公司内外部环境的变化，中亚管道公司进一步强化了风险管理导向下内控体系建设，加强公司风险管控能力，为公司各项建设运行和管理工作保驾护航。

（二）持续完善内控管理制度

①优化业务流程。围绕公司发展战略，根据评估的风险及认定的制度或流程缺陷，结合业务的权责关系，持续推进业务流程优化，并通过下发《业务流程管理办法》，不断完善内控管理制度。②修订内控体系。适时根据股权重组后的治理框架，并结合机构调整情况，建立中亚管道公司内控体系手册，修订中亚气公司内控体系手册。中亚管道公司于2010年编制并发布了《内部控制手册》，初步建立了内控体系；2012年和2014年又先后修订了内部控制管理手册，完成了254个内部管理流程的编制，重点对管理不畅、职责不清的业务范围进行了梳理，保障了公司内部管理程序，提升了公司管理水平，修订后的手册更加契合公司"建运并举"的发展阶段，加强了总部对合资公司的监管力度。③推动合资公司健全内控机制。中亚管道公司将统筹规划业务流程体系，结合各合资公司的实际情况，分国别、分项目逐步推进内控体系落地，健全海外内控管理机制。目

前，已完成调研中哈原油管道及西北原油管道的内控环境，并拟通过以审计委员会、监事会为抓手，推动合资公司建立并完善内控体系。

三、构建内外皆制的监督体系

（一）加强内控测试

为维护内部控制的健全性、合理性和有效性，中亚管道公司根据内控体系自我测试的要求，结合集团公司内控测试指南，针对实际业务，对总部业务层面风险管理，包括规划计划管理、工程建设管理、采购管理、存货管理、财务资产管理、合同管理、人力资源管理、法律事务管理、QHSSE 管理、信息系统管理 10 项重要流程，以及公司 254 个流程中的 183 个进行了测试，重要业务及关键控制点覆盖率达到 100%。并对内控测试所发现的问题积极完成整改，进一步规范公司管理程序，强化企业内部管理，提高控制措施的有效性，为公司安全生产、平稳运行、精细管理保驾护航。

（二）结合审计开展监督检查工作

在企业内部设置独立的审计机构是现代企业制度基本架构下所必须设立的组织机构，也是实施全面风险管理导向型的内部审计监督体系的载体。为加强内部监督，中亚管道公司设立内控审计部门，成为内部监督的专职部门，负责建立和完善内部监督机制，评价内控系统的健全、合理和有效，开展内部经济活动监督；在股东监督方面，按照海外合资公司《章程》规定，以股东联合审计的形式对合资公司年报及经济活动进行审计。逐步建立了以内部控制与风险管理委员会、内部审计、股东审计监督和外部审计相结合的审计监督网络体系，为保障公司及所属单位良好的经营管理环境奠定了基础。

四、加强法律管理，规避法律风险

中亚天然气管道作为跨多国的长输管道，其建设和运营需要同时考虑和协调资源国、过境国以及市场国等多个国家的法律、税务、商贸、外交等方面的规定和规范。由于中国与土库曼斯坦、乌兹别克斯坦、哈萨克斯坦等国在法律体系与具体法律规定上有很大的差异，因此，必须重视法律环境，充分了解中国法律与各国法律的异同，同时考虑国际法律对中亚天然气管道工程的影响，加强法律管理，规避法律风险。

（一）构建法律管理文件体系

法律管理文件体系是跨国管道项目实施的基础和前提，中亚管道公司按照实施“分段分国建设和管理”的思路，筹划了项目从前期工作到建设、运营阶段的全过程的法律管理要素，理顺各方法律关系，搭建了项目的法律文件体系，主要包括政府间协议、企业间协议以及合资公司的法律文件体系等。通过上述法律文件体系设计，在项目主体即项目公司成立前，即为项目的开展奠定了可靠基础。

（二）构建法律风险规避机制

中亚天然气管道项目的法律管理是创立并实施了“分段分国建设和管理”的项目合作法律架构方式和同一个项目多个合资公司之间中方统筹主导重要事项的协调机制。在“分段分国建设和管理”的项目合作法律架构方式方面，首先，中国与管道上游资源、运输过境涉及的土库曼斯坦、乌兹别克斯坦和哈萨克斯坦等国家分别签署政府间协议，分国确定各段管道路由、政府承诺和支持政策。其次，根据政府间协议，中亚管道公司与各相关国有石油公司分别签署企业间协议，分国家组建多个项目公司负责管道各段的建设运营；最后，在当地国法律框架内，以项目公司高效、平稳运行以及在尊重各方利益基础上维护中方话语权为目标，构建各项目公司决策层及管理层的法人治理结构，健全项目公司管理制度，设计项目费用投入、融资等法律风险转移和共担的防控机制。在项目重要事项协调机制方面，在一条管廊系统内、多个项目公司平台之间，建立“统一主导协调、统一管理模式、统一建设进度、统一工程咨询、统一工程监理、统一运行调控”的协调机制，实现项目快速建设和平稳运行。

五、全面从严治党，防范廉洁风险

中亚管道公司以习近平新时代中国特色社会主义思想为指导，深入学习宣传贯彻落实党的十九大会议精神，落实集团公司党风廉政建设和反腐败工作会议精神，以开展“不忘初心、牢记使命”主题教育为主线，把政治建设摆在首位，把全面从严治党推向深入，推进“大党建”责任体系建设，推进党风廉政建设和反腐败工作向纵深发展，为改革创新增动力，为稳健发展打基础，为开创世界先进水平国际化管道公司建设新局面提供坚强保障。

（一）把党的政治建设摆在首位，确保石油队伍绝对忠诚可靠

中亚管道公司要求各级党组织和广大党员干部牢固树立“四个意识”，坚决维护习近平总书记的核心地位，坚决维护党中央权威和集中统一领导，在政治立场、政治方向、政治原则、政治道路上坚决同以习近平同志为核心的党中央保持高度一致，严格遵守党的政治纪律和政治规矩。①在继续深化公司重组改革过程中，认真落实集团公司党组海外油气业务改革精神，与中央推进国有企业改革发展的要求保持一致，把改革重组向项目和基层一线推进，向理念与制度的深层次融合推进。②继续加强两级班子建设，增强党内政治生活的政治性、时代性、原则性、战斗性，营造风清气正的良好政治生态，完善落实领导干部过好两级组织生活与政治谈心谈话机制，为公司改革重组、创新发展把好政治方向。③探索开展党内政治巡察工作，完善推进政治建设检查督促工作机制，为公司决策部署在项目层面得到更好落实提供政治保障。

（二）用新时代中国特色社会主义思想武装全员，筑牢思想基础

中亚管道公司深入学习习近平新时代中国特色社会主义思想，充分发挥各级党组织联系基层和战斗堡垒的作用，通过支部生活的平台组织干部员工认真学习宣传贯彻党的十九大会议精神，凝聚了深化重组改革、推动公司稳健发展的强大共识，不断筑牢了干事创业的共同思想基础。①公司党委带头开展十九大会议精神“大学习、大宣传、大落实”，中层干部举行“十九大精神”专题培训班，支部培育公司特色地学习“十九大精神”的党课文化，在公司上下掀起学习宣传贯彻落实党的十九大会议精神的热潮，为落实好公司决策部署提供思想保障。②推进“两学一做”常态化制度化，以局处级干部为重点，采取多种形式，聚焦岗位实践，全面学习贯彻习近平总书记系列重要讲话精神、十八届六中全会精神，牢固树立保障国家油气安全平稳供应的使命意识、责任意识、担当意识，激发团结奋进、砥砺前行的新动力新动能。③开展“不忘初心、牢记使命”主题教育，以坚定理想信念、激发事业激情为目标，制定差异化、精准化方案，解决好国际管道扬帆起航的动力问题。

（三）持之以恒正风肃纪，推动公司风气向上向善

以永远在路上的坚韧推动党风廉政建设向常态化和综合治理转变，发挥好政

治保障的作用。①发挥好领导干部的“头雁效应”，坚持以上率下，巩固拓展落实中央八项规定精神，继续整治“四风”问题，坚决反对特权思想和特权现象。②强化监督执纪问责，严肃党内政治生活，使“第一种形态”成为监督执纪问责的基本形态，落实主体责任和一岗双责，在党委委员《落实党建“一岗双责”责任清单》和《党风廉政建设“一岗双责”责任清单》中，锁定了领导干部的主体责任，构筑起防微杜渐的责任体系。③加强制度建设和创新工作机制，修订巡视工作规定、巡察工作意见等制度，按照集团公司要求，实现对公司所属单位巡视全覆盖，深化纪检监察体制改革，建立健全审计、纪检监察、巡视等监管部门联合监督机制和区域协作机制，巩固公司良好政治生态。

第七章

多措并举　跨国培育人才共同体

人力资源是企业生存、发展和获取核心竞争力的根本，也是企业最为宝贵的财富。自2007年成立以来，中亚管道公司始终坚持以人为本的理念，不断优化人力资源结构，构建完善的人力资源管理体系，将员工的个人理想和价值的实现与企业的目标紧密结合在一起，海内外员工共同形成人才共同体，在共同的事业追求中一同成长壮大。中亚管道公司能够取得今天的成就与每一个员工的付出和努力是密不可分的，正是由于这些优秀人才的群策群力才使得公司能够克服种种困难将事业发展不断向前推进。由于中亚管道公司的海外项目具有非常大的风险和挑战，如何在保证员工的各种利益同时使员工能够在工作中保持高昂的斗志、实现其个人价值与企业价值的统一是公司一直在探索和努力的方向。公司重视人才的培养，通过不断健全的人力资源管理体系多措并举，来实现跨国培育人才共同体。

第一节　持续优化人力资源管理体系

中亚管道公司根据国际化经营的要求和现代化人力资源管理的基本规律，按照人力资源管理的基本方式，进行探索、实践和优化人力资源体系，打造形成符合公司国际化发展要求的现代化人力资源管理体系。

一、创新人力资源管理理念与模式

知识经济时代，企业竞争的重点逐步开始转向对人力资源的争夺，人力资源管理的理念和模式也需要随之发生改变。中亚管道公司以战略为导向，以服务为根本，以合作为基石，以共赢为目标，形成了现代化的人力资源管理模式。

(一) 战略型人力资源管理

20 世纪末，伴随着全球组织管理的不断演变，人力资源管理也产生了深刻而持久的变革。从 1981 年戴瓦纳提出战略人力资源管理的概念到 20 世纪 90 年代人力资源管理研究领域变为把人力资源看成是组织战略的贡献者，人力资源管理向战略人力资源管理过渡。其中，一种观点为战略导向，人力资源管理能够满足、支撑和服务于企业的战略实现，公司所做的人力资源管理就是通过各种方式使人力资源能够为公司的战略服务，实现公司的长远发展。另一种观点为战略融入，把人力资源管理作为战略的组成部分，将人力资源的部署和规划纳入企业战略中，从战略的制定上将人力资源管理作为重要内容。沃克（1922）就将战略人力资源管理定义为“将人力资源管理融入组织战略中去的管理”。战略型人力资源管理目前处于探索发展阶段，不同的学者从不同的角度构建了战略型人力资源管理的模型。林聪、翁晓玲（2007）提出的模型如图 7-1 所示。

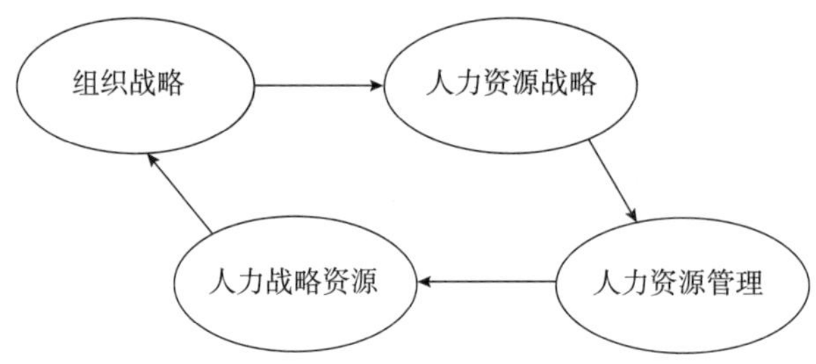

图 7-1　战略型人力资源管理的四环节

中亚管道公司采用战略型人力资源管理，从全面建成世界先进水平国际化管道公司这一组织战略出发，为更好地吸引和留住人力资源使其转变成企业的长期人力资本而构建人力资源战略，进而进行人力资源管理的实践活动，通过人力资源管理的实践活动招聘和培养优秀的复合型人才以及难以替代的专业化人才，收获一批真正认同中亚管道公司的企业文化，愿意奉献并对公司忠诚，有能力且有归属感的志同道合的员工，使其成为公司的人力战略资源，并最终通过这些人力战略资源为企业的组织战略服务。通过人力资源管理这四个环节的有序流动，使得人力资源管理真正成为中亚管道公司战略的一部分，并最终实现为公司的战略服务。

（二）服务型人力资源管理

中亚管道公司对人力资源价值的认识不断深化，提出打造服务型人力资源管理，使人力资源管理实现“两大中心，一个伙伴”的愿景目标，并在这个目标之下开展了服务转型工作。

两大中心分别是建成共享服务中心和人才培训中心，前者是以政策指导工作和支持服务功能上移为核心，更好地建设“强总部”，更好地建设管理制度体系，提供人力资源领域的专业支持，更好地指导合资公司，更多地提供服务，将可以实现共享的事务性工作集中在共享服务中心来完成；后者是以人才培训中心为支柱，成为员工成长可靠的导师，以专业知识、管理体系为员工的能力素质提升与个人成长发展提供学习平台，帮助员工成长并提供有效指引。公司目前已经成立员工培训和发展委员会及中亚管道企业大学，搭建员工培训发展体系。企业大学将以构筑公司全员培训体系为基础，通过企业文化的导入和企业学习习惯的培育，形成公司知识管理、人才培养、员工职业发展的平台。一个伙伴是以成为业务合作伙伴为目标，人力资源工作者不只是 HR 经理，而是通过管理工具、管理手段，利用两个中心的支撑，为业务经理和高级管理人员提供支持，以专业知识、管理体系赢得业务部门及管理层信任，成为业务发展信赖的伙伴，发挥人力资源职能对业务的增值作用，服务于公司的业务，共同推动公司持续发展。

（三）人本型人力资源管理

人本型人力资源管理即以人为中心的管理理念，一切从人出发，以人为本，深度挖掘人自身的特点，把企业看成是依赖人而进行的经营活动，把人和人才作为企业最重要的资源，把企业看成是为了满足人的需要才存在的。在此基础上，人本型人力资源管理将企业的员工看成人力资源管理的出发点和最终的归宿，人力资源管理要满足员工成长和发展的要求，企业通过组织一系列系统的员工培训帮助员工获得更多的工作所需的知识和技术，获得相应的晋升通道以及与晋升岗位相匹配的全方位个人能力。

中亚管道公司从建立初期就面临着种种困难，而这些困难无一不需要发挥人力资源的优势来克服。最大限度地发挥人力资源的优势，必须以人为本，体现人本型管理。这一管理理念的提出使得公司能够更关注于员工的需求，如中亚管道公司的员工有通过海外工作经验的积累成为国际化人才的需求，有外语培训的需求，有专业化知识培训的需求。从人才培训的角度满足员工的需求，可以使员工拥有更好的职业发展。从薪酬福利方面满足员工的需求解决员工的后顾之忧，可以使员工有更大的积极性投入到艰苦的工作之中。

(四) 共赢型人力资源管理

共赢型人力资源管理指的是通过人力资源管理实现企业与员工的共赢，这种人力资源管理理念改变了单方面强调人力资源为企业服务的属性，从另一个角度也突出了企业能够为人力资源的提升提供良好的发展环境。人力资源管理是把个人目标和公司目标结合起来，既能实现个人的发展目标又能实现和推动公司的发展目标，实现个人与公司的双赢。

中亚管道公司一直贯彻共赢型人力资源管理理念，把人力资源即员工的需求放在了重要位置，为员工的个人目标的实现提供了诸如培训、轮岗、海外交流等各种机会，使中亚管道公司内部及其提供的外部资源为员工创造良好的学习和发展的平台。而员工的学习发展伴随着个人素质、技能水平和管理方法的提升，都将使得人力资源更有利于中亚管道公司的长远发展，有利于公司目标的实现。因此，共赢型的人力资源管理是中亚管道公司得以良性循环发展的重要保证。

二、健全人力资源管理机制与体系

人力资源管理体系如图 7-2 所示。

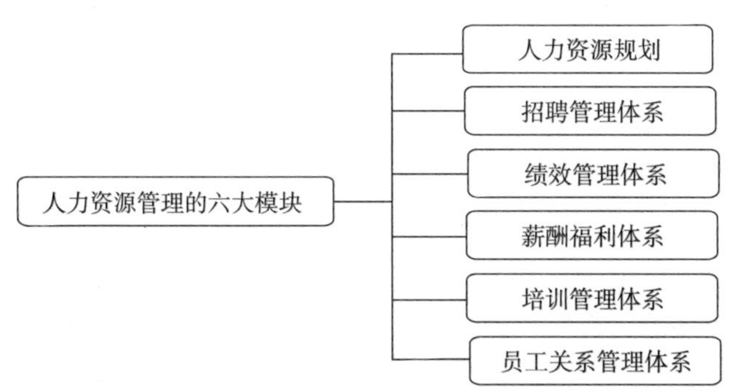

图 7-2　人力资源管理体系

(一) 人力资源规划

人力资源规划是人力资源管理的起点，主要是通过对人力资源的规划来帮助企业预测未来的人员需求数量以及员工的基本素质要求。人力资源规划要能够保证企业目标的顺利实现。中亚管道公司的人力资源规划是以中亚管道公司的目标为基础，通过对外部经济环境（经济增速放缓、能源消费趋缓、竞争压力巨大）和公司内部环境（经营环境多样化、人员管理难度大、多项目管理、管道建设任务延后、精细化管理）的影响分析来制定人力资源规划的。中亚管道公司的主要目标包括：①一体化的人力资源管理模式，建立符合对等股份制合资公司管理特点的跨国公司人力资源管理模式。②专业化、国际化的人才队伍，采用先进的理念、工具，借鉴国内外领先人力资源管理实践建设人力资源管理体系；使得专业人才梯队初具雏形，形成一批高素质能力的内部专家队伍。突破本土文化及机制限制，建设与国际领先公司接近的人力资源管理体系，培养国际化人才。③世界先进的人力资源管理体系，培训体系、人才发展体系、薪酬福利体系、绩效体系健全，并与国际领先公司的人力资源管理体系可比。为了实现这些目标，中亚管道公司人力资源通过对企业人员的流入流出预测，人力资源的配置和人力资源供给状况分析等，形成了长期或短期的规划。包括人力资源的总计划、职务编制计划、人员配置计划、人员需求计划、人员供给计划、教育培训计划和人力资源管理政策调整计划等。

（二）招聘管理体系

招聘管理体系包括人才的吸引、人才来源的控制、人才储备库的管理、人才的甄选以及日常的招聘管理。对于企业特别是大中型企业来说，建立完善的招聘管理体系，使各个环节有效衔接相辅相成，才能保证为企业选到合适的人才。一个完善的人力资源招聘管理体系应该包括以下几个方面内容：①招聘计划，与公司的战略和人力资源规划相一致；②人才标准，对员工技能和素质的具体要求；③渠道选择，根据人员素质要求做出具体招聘方式的选择；④综合测评，笔试和面试流程等多种方法测评；⑤流程与制度，管理体系的流程与制度建设；⑥效果评估，定期对招聘效果进行评估。

中亚管道公司的招聘管理以国际化人才招聘需求为基础，由总部制定统一的招聘管理指导原则，制订符合公司战略的招聘计划，以员工技能素质模型确立招聘人才标准，通过市场化的方式进行多渠道招聘，并结合海外公司的实际需求坚定不移地推进人员招聘属地化，基于各机构管道建设阶段和运营阶段的实际需要，持续优化人员数量与结构配置。优化招聘工具，多种方式选拔优秀人才，实现综合测评。完善相关的招聘流程和招聘制度建设，并且定期评估招聘能否满足中亚管道公司快速发展的需求，相应地结合中亚管道公司实际进行改进。

（三）绩效管理体系

绩效管理体系是一套有机整合的管理流程和系统，专注于建立、收集、处理和监控绩效数据。绩效管理以实现企业的最终目标为动力，以关键绩效指标和工作目标为载体，通过绩效管理的三个环节即制订绩效计划及其衡量标准，进行日常和定期的绩效指导，最终评估考核绩效进行奖惩，来实现对公司全体员工工作绩效的客观衡量、及时监督、有效指导和科学奖惩，来调动全员工作积极性，发挥各岗位优势，提高公司绩效，实现企业整体目标。绩效管理体系常以关键绩效指标（KPI）、平衡计分卡、360 度反馈评价体系为指导，以公开原则、差异性原则、全员参与原则、常规性原则和持续沟通原则来设立科学有效的绩效管理体系。绩效管理的程序体系包括绩效管理组织、管理流程、实施办法、考核结果使用、绩效与薪酬的挂钩、绩效改善行动计划等方面。通常一个有效的绩效管理体系应具备以下四个大的流程：①制订绩效计划，确定关键绩效指标（KPI）；②绩效沟通与辅导，保证绩效管理过程的有效性；③绩效考核与反馈，对前一绩效周期的成果进行检验和反馈；④绩效诊断与提高，总结提高并进入下一循环。

中亚管道公司建立总部对项目公司统一的绩效管理体系、指导及管理原则。寻求与各项目公司的共识，不断优化绩效体系，落实绩效管理，推进绩效文化的形成。综合考虑 PPAD 的绩效管理和当地国习惯进行绩效体系的客制化，将绩效指标和考核方式与当地习惯方式相融合，提高操作性。完善项目公司管理层的绩效体系设计，逐步引导并建立强绩效文化；明确考核目标，梳理绩效指标体系，形成具体的实施策略和工具，分步推广 PPAD 在项目公司全员的全面实施。

中亚管道公司针对合资公司当地员工的绩效评价方式也进行了大胆创新。由于合资公司创新了 50%∶50% 的产权结构，在制度设计上，合资公司实行双签制。在章程中规定总经理和第一副总经理、总经理和总会计师、部门主管和部门副主管职务必须由双方人员分别担任。事项决策及日常工作均需在“双签”的情况下进行，确保双方在权力制衡中充分合作。为与这一创新的组织架构相适应，合资公司当地员工的绩效评价采取中方总经理和外方副总经理双签制，就是针对特定的员工，双方经理同时评价。两份评价提交到人力资源部门进行综合后再对所有人员进行评价。对部门经理和副经理的评价也由双方领导打分，最后的个人绩效成绩反馈给部门经理和副经理，两个人讨论后达成一致意见，并与奖金挂钩进行奖励和表彰。创新组织架构下的人力资源管理创新可以使双方人员的工作积极性得到充分发挥，有利于双方更加广泛而深入地合作。

（四）薪酬福利体系

薪酬福利是企业支付给员工的各种现金形式及非现金形式的报酬。薪酬福利是每个员工都关注的问题，也是企业提升员工满意度的重要因素。公平性和竞争性是其维护员工对薪酬福利满意度的两大原则。薪酬策略可将本企业的薪酬与市场实际水平进行比较，确定薪酬的支付范围。福利是固定薪酬保健作用的强化可以减少员工的不满意感，提高员工对企业的认同感，也反映了企业对员工的长期承诺，在员工的观念中已把福利视为固定收入的一部分。随着时代的发展，企业薪酬福利的支付思维也在发生转变，越来越多的企业开始实行全面薪酬福利战略来激励员工，除了传统的薪酬福利项目，也包括一些非物质的奖励方式，如包括现金方式支付的薪酬，以物品方式和其他形式体现的如休假、医疗等福利，学习机会和发展机会，良好的工作环境，惠及广大员工的利益分享机制等。

中亚管道公司重视薪酬福利体系的建设。规范市场化的薪酬福利体系，在保持适当竞争力的基础上，控制人工成本过快增长。实施市场对标，规范制定统一的薪酬福利体系，结合各国国情，指导项目公司开展制度细化工作。统筹规范的薪酬体系管理。规范建立总部对项目公司统一的薪酬管理原则（包含薪酬框架、构成、组合、水平定位、调薪规则、薪酬成本控制等）；项目公司对现状薪酬体系进行市场竞争力审计，根据总部的管理原则设计完善具有竞争力的薪酬策略与薪酬结构。统筹规范福利体系管理。规范建立总部对项目公司统一的福利管理原则（包含可选福利项目、福利成本控制等）；项目公司对现状福利体系进行流行度及竞争力审计，根据总部的管理原则设计完善具有针对性与竞争力的福利体系。建立长效的薪酬福利方案，设计项目公司企业年金方案；设计长期激励体系。通过对薪酬福利体系的建设更好地吸引人才、留住人才。

（五）培训管理体系

培训管理体系是对企业员工培训进行管理的系统，不仅包括各种培训管理机制，还包括具体培训的操作方法和培训的实际内容等方面的管理。培训管理包含三个方面的概念：①培训需求调查，广泛收集和听取企业培训工作的相关意见和建议。②培训需求分析，在听取建议的基础上，把需求计划进一步深化，深入分析针对不同人群的培训需求。③培训需求诊断，深入企业工作一线，利用培训的专业知识和工具对具体问题进行诊断和分析，进一步明确培训需求的因果关系以解决实际问题。并在此基础上建立培训制度，设计培训工作流程，完善培训课程体系，以及培训效果评估。

中亚管道公司不断完善员工培训发展体系，打造学习型企业，成立员工培训和发展委员会及中亚管道企业大学，把培训作为员工最大的福利，把工作当作带薪学习的过程。员工培训和发展委员会是中亚管道公司员工培训和发展方面的专门决策与协调机构。中亚管道企业大学是以“建设世界先进水平的国际化管道公司”战略发展目标为核心，运用现代教育科技手段，按照电子化学习（E-Learning）和传统面授相结合的混合式培训模式，设立的公司培训学习基地。企业大学将以构筑公司全员培训体系为基础，通过企业文化的导入和企业学习习惯的培育，形成公司知识管理、人才培养、员工职业发展的平台。公司各项培训工作纳入企业大学框架下开展，构建人才培养中心，打造学习型企业。如图 7-3 所示。

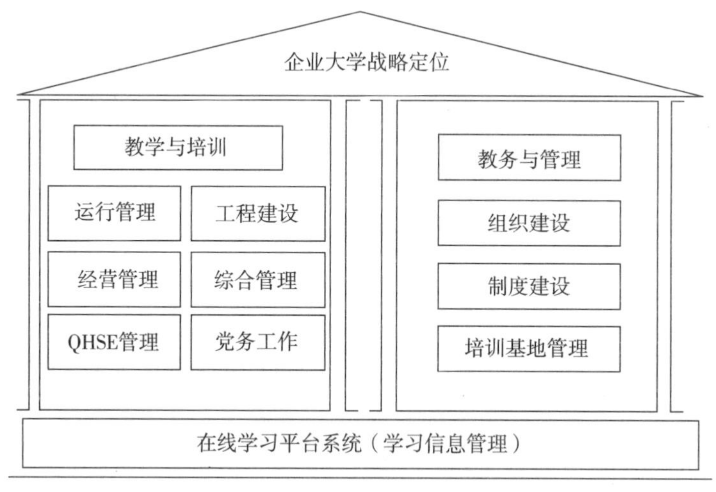

图 7-3　中亚管道企业大学框架

在企业大学教务管理上，拓宽及加深组织建设、制度建设及平台开发。组织建设方面，员工培训和发展委员会是中亚管道公司员工培训和发展方面的专门决策与协调机构，根据公司业务分布，下设运行管理、工程建设、QHSSE、经营管理、综合管理、党务工作六个专业委员会，按专业设置开展工作。企业大学同样设置运行管理、工程建设、QHSSE、经营管理、综合管理、党务工作共六个专业，以 E-learning 在线学习平台为依托对员工的培训学习进行统一管理。制度建设方面，制定形成公司内部培训师管理办法，建立内部培训师选拔、培养、管理和激励机制，逐步制定员工培训取证及自学成才奖励管理办法、员工培训晋级管理办法、学习效果评估制度等。平台开发方面，搭建与完善 E-Learning 在线学习平台，夯实企业大学硬件和网络基础，覆盖中亚管道公司总部及各海外项目，加大课程制作力度和平台功能（培训需求收集、培训资源整合与调配、培训材料存储、培训效果跟踪、评估及反馈、员工培训记录档案、员工能力测评与发展建议结果等）应用。

在企业大学教学培训上，完善年度培训计划，开展各专业培训项目，重点以加强基层员工和青年员工队伍建设作为目标指引，加快人才梯队建设，同时加强外方员工培训力度，提升属地化率。根据培训需求调查，充分利用集团公司、海外板块培训资源，制订年度培训计划，提交员工培训和发展委员会审议。开展各专业培训项目，构建素质能力模型，开发关键序列的专业能力模型，开展专业技术人员培训晋级及岗位“双通道”试运行，全面提升队伍整体素质，拓展专业技术人才成长空间。加强基层员工和青年员工队伍建设，细化落实《关于进一步加强青年员工和基层员工队伍建设的若干意见》。属地化员工培训，通过在线学习平台开展外方员工的语言和企业文化培训，并借助培训基地和国内院校机构开展专业培训。如图 7-4 所示。

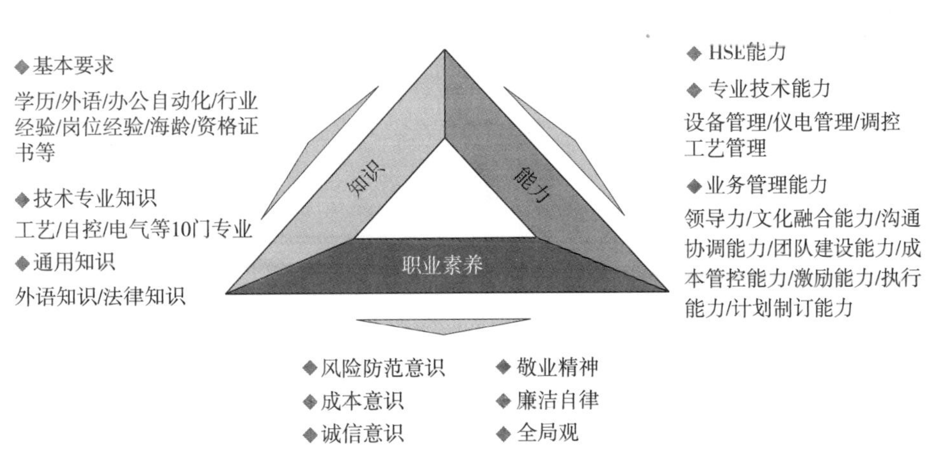

图 7-4　以基层站长为试点搭建岗位素质能力模型

中亚管道公司探索培训需求，完善了培训管理体系。从总部层面建立一体化的培训管理体系，与能力模型和职业发展体系相配套，为项目公司的个性化需求提供资源和组织支持。构建素质能力模型，开发关键序列的专业能力模型；开发领导力及全员的核心能力模型；开发测评工具，设置关键人员能力测评中心；形成能力管理体系。以素质模型为基础开发满足员工需求的培训体系。建立适合中外方人员的管理和专业技术发展的双通道，探索管理与专业人才培养方式，建立支持跨多国开展业务的培训体系，加大培养领军人才的力度。开发 E-Learning 在线培训平台。搭建与完善 E-Learning 系统平台功能（包含培训需求收集、培训资源整合与调配、培训材料存储、培训效果跟踪、评估及反馈、员工培训记录档案、员工能力测评与发展建议结果等功能），并在项目公司推广使用；部分培训实现网络教学。建立中亚管道企业大学。统一规范本部对项目公司培训管理的指导原则，搭建国际领先水平的培训体系框架（包含培训课程体系、培训组织管理、培训资源管理、培训流程与角色框架等），形成企业大学管理流程，开发与素质能力模型相关的课程，拓宽培训渠道，整合培训资源。

（六）员工关系管理体系

员工关系管理是指在企业的人力资源管理中，各级管理人员和人力资源职能部门的管理人员通过制定和实施各项人力资源管理政策和管理行为以及其他管理沟通的方式来协调企业与员工以及员工与员工之间的相互关系和影响，从而实现企业的目标，并提高员工的满意度，引导和建立积极向上的工作环境和融洽的工作氛围。员工关系管理是企业人力资源部门的重要职能之一。员工关系能够影响员工的行为和工作态度，影响员工的工作效率和执行能力。良好的员工关系可以使员工在心理上获得满足感，提高其工作效率和工作积极性，最大限度地保证企业战略目标的实现。从具体的管理内容来看，员工关系管理包括劳动关系管理、员工纪律管理、员工人际关系管理、沟通管理、员工情况管理、企业文化建设、服务与支持、员工关系管理培训。通过对员工关系的管理最终实现提高员工满意度，改善员工凝聚力和归属感，加强员工沟通，加强企业文化贯彻和渗透，提高人才保留率的目标。

中亚管道公司特别重视员工关系的管理。对员工的劳动关系、纪律管理等方面都有详细的管理制度。在中亚管道公司成立之初还成立了员工关爱小组，无论是国内公司员工还是海外公司员工，都可以通过多种渠道提出自己的诉求。如领导直接与员工的座谈，在群众路线实践活动时征求员工意见，通过职工代表大会员工提出自己的诉求。结合公司能做的事情，最终形成了《员工关爱行动方案》，中亚管道公司遵照这个方案再做具体工作。通过多种方式的员工关系管理，加强了与员工的沟通交流，细化了企业员工情况管理，提高了员工的满意度，使得员工更有组织归属感，提高了工作效率和工作积极性。

第二节　全球与本地化相结合的人才培养配置模式

中亚管道公司海外项目的一大特色在于其全球与本地化相结合的人才配置模式。在当地国的合资公司里既需要了解跨国公司建设运营及法律的全球化人才，也有熟悉当地环境因地制宜解决实际问题的本地化人才，两者的有机结合才使得合资公司各项业务顺利开展。

一、人才队伍的国际化

中亚管道公司能在短短的时间内完成筹备组建并开始跨国的建设与运营，与中国石油整体的人力资源优势密不可分。正是由于集团内部前期的各类专业人才储备，才使得中亚管道公司在筹建之初就能够迅速集结一批具有多年海外工作经验、具有良好外语能力的技术和管理的优秀人才，从技术方案、操作规程、管理制度、商务协商的准备工作到公司成立后管道的建设和安全高效运营能够顺利推进。优秀的人才储备这一集团公司人力资源管理的成果奠定了中亚管道公司的人才优势，而中亚管道公司也继承了集团的人力资源管理优势并将国际化人才优势进一步提升。

（一）国际化人才的培养

1. 培养国际化外语人才

由于俄语在中亚国家普遍使用，除了英语这一国际化语言之外，俄语也是合资公司的工作语言。中亚管道公司在培养国际化人才时十分注重语言的培训，长期保持与北京外国语大学、石油大学（北京）等专业院校合作，拓宽培训渠道和创新培训方式，就俄语或英语开发专项课程，对在岗人员进行外语专项能力提升培训，促进全员外语能力持续提高，全面打造符合公司战略发展需要的人才队伍。中亚管道公司自 2010 年开始组织开展俄语脱产培训，截至目前，已经培养英俄双语达标的专业人才 93 人，其中一些人员已经走上了基层领导岗位。

在教学模式上，中亚管道公司结合实际需求不断探索多种方式。语言培训最初是按照专业院校的教学模式来进行的，而后逐渐加入了切合公司实际岗位的学习素材，还编写了自己的俄语口语教材，包括管道运行管理、管道施工管理等，不同的专业根据实际工作需要，还原实际工作场景，同时融入学到的相关知识。如运行人员早会的要点、巡线要求、具体工作布置等，结合俄语语法词汇，拉近培训内容和实际岗位的契合度，真正做到学以致用。同时又增加了学员在学习过程中不仅是知识的吸取者，还要做知识的输出者的内容。通过增加摄像的功能，让学员根据所学内容自己编写对话，以小组的形式将影像录制下来，让大家有展示的机会。还通过结业汇报演出的方式，如表演普希金的诗歌等，力求学习形式多样化以调动大家学习的积极性，同时与实际工作紧密度更高。

2. 培养国际化专业人才

在中亚管道企业大学框架下，对运行管理、工程建设、QHSE、经营管理、综合管理、党务工作六个专业开展各项培训，强化专业技术能力提升。

公司针对不同发展阶段设置培训内容，使员工从入职到成长、发展各个阶段都有培训相伴。上岗资质培训，包括企业文化和核心价值观、岗位基本技能、语言和外事、HSSE；实际应用培训，包括维持和提升业务水平的课程，适应公司管理提升需要的课程，专业标准升级或变更的培训课程。晋级资格培训，确定不同专业、层级晋级所必需的培训内容，包括专业知识和通用知识，实行培训学分累计；专业取证培训，鼓励考取符合公司经营方向的认证，提供培训支持，培训赋予学分，培训与取证适度脱钩。通过这些培训为公司提供了符合国际化工作标准的专业人才。

为拓展专业技术人才成长空间，完善职业生涯规划，中亚管道公司对全面构建“双序列”岗位管理体系进行了探索，通过了培训晋级及岗位双序列初步方案，提出了“试点阶段”“完善阶段”和“推广阶段”三步走的“双序列”岗位管理体系建设方案，内容涵盖管道运行、项目管理、党建管理、财务管理和 HSE 管理五个专业。公司已经开展了以自控工程师为试点的初级培训及考核，同时，策划准备其他专业，如设备、电气、压缩机专业的培训晋级和“双序列”体系。

中亚管道公司对工程建设人员，包括工程设计、项目管理、施工管理人员，以及管道运行人员，包括工艺、机械、压缩机、自控计量、管道完整性、电气、阴保、维抢修、通信、计量人员，都有国际化的专业要求。公司针对不同发展阶段设置培训内容，使员工从入职到成长、发展各个阶段都有培训相伴。

3. 培养国际化管理人才

中亚管道公司对国际化管理人才的培养非常重视，在企业大学设置经营管理、综合管理、党务工作专业，在人才培养上，推进员工培训取证，促进员工成长公司自行组织开展项目管理培训，涵盖项目建设、进度与费用控制、QHSE 管理、融资管理、股权管理以及文控管理等方面的系统化知识，同时积极利用集团公司和海外板块培训资源，选派人员参加国际财务管理培训班、海外油气业务高级计划经理培训班、资金管理业务培训班、业绩考核业务培训班、文字综合与调研培训班、IT 管理与技能培训培训班等多项培训。

通过中亚管道企业大学的特色性人力资源培养模式，围绕公司规划和公司战略发展目标，全力打造学习型企业，构建人力培养中心。公司根据目前的业务分布，结合员工实际工作的需要，除了上述对国际化专业人才的培训课程外，对国际化管理人才的培训也有相应课程。中亚管道企业大学设置运行管理、工程建设、QHSE、经营管理、综合管理、党务工作六个专业，以电子化学习（E-Learning）为依托对员工的培训学习进行统一管理，为培养国际化管理人才打下了坚实的基础。

4. 人才经历国际化

具有全球化视野的员工必定是拥有国际化经历的员工。中亚管道公司的不少员工在加入公司之前就有在俄罗斯工作或学习的经历，培养了外语能力和专业能力，也结识了不少国外的优秀人才，为在中亚管道公司的工作奠定了基础。同时，中亚管道公司也通过已有的海外项目培养国际化人才，为今后新项目的建设奠定了人才基础。无论是海外项目的工作经历还是海外的留学经历都使员工的经历更加国际化，更适应公司发展的要求，成为公司海外项目发展的宝贵财富。

（二）国际化职业经理团队

国际化的职业经理团队最初主要考虑的是中方经理队伍，中方人员级别定位在副处级以上，规模为 80~100 人，占总体人员规模的 1/5。职业经理团队作为合资公司管理层起着举足轻重的作用，职业经理具备水平的衡量指标及人员基本素质公司都做了详细的规划。中亚管道公司从成立初期就开始从全国各地的石油系统内部抽调各方精英加盟海外项目。对国际化的经理人的要求，一是知识国际化。二是经历国际化。如经理人应该具有国际理念，善于从国际视角去整合资源，拥有国际化的交流能力。职业经理人的素质会根据公司的样本量确立关键素质模型。如在海外的生活或工作经历、专业资格证书等。三是规定课程是否完成。中亚管道公司从中国石油内部抽调了大量精通外语、具有多年海外工作经验及管道工程施工管理技术工作背景的优秀管理人员加入海外项目，为管道建设及运营奠定了稳固的基础。

二、人才配置的本地化

人才配置的本地化是中亚管道公司人力资源管理的亮点。在不同的发展时期，公司结合实际需求采取了不同的人力资源策略，人才配置的本地化是有序推进的。在建设期任务艰巨复杂、中亚地区人才缺乏的情况下，公司充分发挥集团公司整体人才资源和一体化服务支持优势，与管道公司、西部管道、管道局投产公司等多家单位签订人员服务协议且与系统内多家单位签订借聘、借调协议，建立了一支灵活而富有弹性的员工队伍，在满足当地国劳动力配额的基础上以人才优势保证了建设期工程的顺利完成。

新时期公司的工作重心转变，中亚管道公司积极推行“员工属地化”的人力资源管理模式，注重当地人才的培养。按照生产运行、项目建设、经营管理和综合管理业务进行人力资源配置，较好地适应了公司工作重心由“以工程建设为主”向“建运并举、以运为主”转变要求，形成专业人才齐备、业务过硬、结构合理的员工队伍。在当地人才培养方面，近年来中塔校企合作培养项目“百人计划”启动，首批 30 名塔国优秀高中毕业生赴西安石油大学学习，为 D 线储备属地化高素质运维人才。

由于合资公司在员工地域结构方面要适用所在国的法律，各个不同国家的要求也不尽相同。以哈萨克斯坦为例，合资公司严格遵循哈国关于本国劳动力配额比例的法律规定，中哈方人员比例达到 1∶9，提供了逾千个长期（30 年）稳定的当地员工就业岗位。在 2008~2016 年长达 8 年的项目建设期，每年参建人员总数平均维持在 3000 人，高峰期达到 5000 人，当地员工占大多数。在 30 年运行期，参与从事运行技术维护、安保、司机、后勤等外委人员总数将长期保持在 1500 人以上，大大促进了当地就业和经济发展，社会贡献巨大。

通过采取“员工属地化”管理模式，公司的人才培养和配置更加科学合理。逐步加大当地员工比例，合资公司入职人员中外方比例约为2∶8，员工地域结构的国际化趋势更加明显。在此基础上，中亚管道公司还提出了在合资公司属地化的比例目标：在运管线员工属地化率达到85%。

三、人才交流的双向化

（一）中外员工互动

经过长时间的共同工作，中外员工之间的互动越来越多，相互之间的汉语学习沟通和俄语学习沟通使得员工彼此成为老师，沟通交流更加顺畅。当地员工向中国员工学习新的技术，中国员工也向当地员工虚心请教共同研讨沟通进步。中外员工在工作之余成了亲密的好朋友，中方员工到当地员工的家里探望，而外方员工也会带家属到中国游玩和学习。有些外方员工的孩子、老人到中国看病，中方员工会帮着联系医院、联系医生、联系食宿等，这些中外员工的互动拉近了双方的距离，外方员工不但在工作上支持中方，在生活上也自发给予很多关照，如当地移民局等到站内检查，外方会第一时间通知中方并主动出面为中方解决问题，双方互动频繁结下了深厚友谊。中外员工的互动对公司的内部信息交流顺畅、管理提升以及技术进步都具有极大的推动作用。

（二）中方员工国外交流

由于国际化人才的要求，中方员工到国外交流学习的需求越来越受到公司的重视。公司会选派中方员工到国外参加国际会议，到美国、意大利的相关企业进行培训，进行如财务、压缩机运行等专业技术方面的交流。通过专业技能的培训和与国外技术人员的交流，使得中方员工的海外项目工作经验得以积累和提升，为海外工作的进一步开展奠定了坚实的基础。

（三）外籍员工国内交流

中亚管道公司选拔优秀外籍员工到国内交流学习，通过学习中国的语言、文化和最新的国际化专业知识，与中国的专业人员进行更好的沟通和交流。通过把当地雇员派往中国学习培训的方式可以让越来越多的资源国当地雇员走上管理岗位。在中塔项目中，公司每年都派外方中高层管理人员到中国石油大学培训，通过到国内的交流，使得中高层管理人员的管理理念得以提升，管理技能得以更新发展，相互之间的文化融合更加顺畅，有利于合资公司的长远发展。外籍人员在中国的交流和培训，对中国汉语和中华文化的接触增进了对中方人员的友好度，对合资公司的团队的融合度有促进作用，提高了对中方员工的理解度和支持度。

在先进管理技能和专业技能的交流方面，除了传统的教室培训之外，中亚管道公司推行了“以赛促学，以赛代训”的新方式。将各个合资公司的参赛队伍汇聚在一起，到国内参加管道运行和专项技术的比赛。通过团队之间的比赛进行技术上的促进和强化，打破了项目和国家间的界限，真正把中亚管道公司的影响力从点对点变成点对面，把沿线涉及的几个国家进行了大融合，从培训的方式上借鉴了“四国协调会”的统筹管理，把不同国家的技术专业队伍会聚在一起进行技术竞赛。通过团队荣誉感和使命感的促进，使外籍员工经过比赛返回自己的岗位后能够更深入地进行岗位专业技术的探讨和学习。这种形式使以后中方再推行一些技术的培训、技改方案的推进以及标准化推行时，外籍员工的接受度会更高。到目前为止，以合资公司为平台，把中亚管道公司所有合资公司的外方人员聚集在一起，大型运行的比赛已举办了两次，专项技术的比赛已办了三次。“以赛促学，以赛代训”的模式配合传统的培训模式，对外籍人员、中方人员和专家的认可度以及技术的整体提升，包括对技术求学的迫切度有了较大的改进。

四、人才队伍的动态优化

（一）人员结构优化

中亚管道公司的人才队伍呈现高学历、年轻化、多样化特点，员工结构富有弹性，是公司发展的有效保障。同时，有序推进员工属地化的管理模式，使得当地员工的比例不断上升。随着公司发展进入新的阶段，从公司的战略发展目标和任务出发，认识和把握人员结构的变化规律，建立一个较理想的人员结构，是提高公司国际竞争力的重要因素。中亚管道公司不断优化人力资源队伍结构并形成中方人员优化调整方案。人员结构的优化促进了人工效能的提升，使中亚管道公司向世界先进水平的国际化管道公司的战略目标更前进了一步。

（二）岗位轮换管理机制

中亚管道公司为了更好地培养和发掘人才，提升员工素质，在人力资源管理中引入了竞争和选择机制，有序试行岗位轮换，探索轮换管理机制。要想留住人才，单靠物质奖励是远远不够的，而轮岗能够提供员工职业发展的空间，在企业内部激活劳动力市场，促进人才的合理流动。为此中亚管道公司制定了详细的公司员工岗位轮换管理办法。通过岗位轮换，实现人力资源的合理配置，不仅使员工在岗位轮换的过程中积累有用的知识，为日后职业发展提供帮助，也使员工能够找到适合自己的位置，激发潜能，提升价值。同时，员工在岗位轮换中积累的丰富工作经验促进了公司管理效益提升。

第三节　统一与差异化相结合的企业文化建设

企业文化是企业的灵魂，是推动企业发展的不竭动力。优秀的企业文化能够营造出良好的企业环境，规范员工行为，提升企业员工文化素养和道德水准，形成企业凝聚力、向心力和约束力，形成企业独特的精神力量和道德规范，从而促使企业资源合理有效配置，提高企业的核心竞争力，成为企业不断发展壮大的文化支撑。

中亚管道公司致力于构建尊重包容合作共赢的企业文化，它既拥有为企业共同目标而努力的统一文化，又因为业务范围涉及不同国家、不同地区而形成的差异化的文化，因此，中亚管道公司的企业文化建设应注重本土化、国际化和专业化相结合，培育发展既能继承中国石油大庆精神、铁人精神，同时契合合资企业多元化、包容性、重实干特点的企业文化，提高不同国籍、不同族群的员工对企业的组织认同、文化认同和价值认同，让企业文化真正成为中亚管道公司向前发展的源泉和动力。

一、建设统一的精神文化

精神文化是企业基于自身的性质特点、任务宗旨、时代要求和发展方向，经过精心培育而形成的企业成员群体的精神风貌。精神文化是企业文化的核心，在企业文化中起着支配性的作用。精神文化以价值观为基础，以价值目标为动力，对企业的经营管理、道德风尚、团体意识和企业形象起着决定性的作用。以“三老四严”“苦干实干”为核心的大庆精神、铁人精神始终是石油人的精神家园和力量源泉。中亚管道公司在传承大庆精神、铁人精神的基础上，建立了“智慧+拼命”的工作作风，过四国之境，仅用28个月时间实现了单线通气，向党中央、国务院和中国石油交上了一份满意答卷，刷新了国际长输管道建设纪录，令国际同行为之震惊，被誉为“中亚管道速度”。“智慧”是强调在先进技术和管理的基础上发挥聪明才智，大胆创新，勇于创造。中亚管道速度是源于“分国分段建设运营”“单线变双线”“直缝变螺旋”等诸多创新的理念和技术，正是因为大胆的突破和敢于尝试的精神让中亚管道公司的奇迹震惊世界，智慧在其中起到了关键作用。要“创造”而非“制造”，只有运用智慧的创新才能够做到。“拼命”精神，是坚韧不拔，艰苦奋斗，无私奉献，忠诚担当，兢兢业业的精神，能吃苦，能战斗，求真务实，拥有对工程负责一辈子的使命感和责任感。“智慧+拼命，一定把气按时送回祖国”，是中亚管道人对大庆精神、铁人精神的新诠释，是激励公司全体员工披荆斩棘、奋力拼搏的永恒动力！公司全体员工将崇高的荣誉感和使命感升华为“为祖国加油，为民族争气”的坚定信念、焕发为“百折不挠、战无不胜”的豪迈激情，全力保障国家能源战略通道的平稳运行。

二、尊重当地的文化习俗

中亚地区是多民族文化的融合之地，有独特的历史文化特征，跨国经营由于文化差异容易带来理解上的偏差和沟通上的困难，如何才能让中方员工、外方员工和谐相处，更好地实现文化融合，是中亚管道公司高度重视的问题。从业务落地中亚国家开始，中亚管道公司便秉承“兼容并蓄”“合作共赢”“奉献能源，创造和谐”的原则，尊重当地文化习俗，营造互相尊重、互相理解、互相信任、互相包容的工作氛围，用真心换真心，与外方人员交朋友，加深相互理解，加强信息互通。

尊重当地宗教文化。中亚国家都是伊斯兰国家，见面握手、做礼拜、斋月等宗教风俗很多。以早晨见面握手为例，如果见面不握手，对方会以为瞧不起他，即使人多，也要认真和每个人握手，不能拒绝和排斥。尊重伊斯兰教的礼拜、斋月习俗及饮食习惯，不勉强别人接受自己的食物。对伊斯兰教的很多习惯，我们可以不照做，但会尊重对方的习惯。

尊重当地年节文化。尊重当地的年节放假制度，保证外方人员完全按照当地的时间安排来工作。以哈萨克斯坦为例，每逢其重要的民族节日和国家节日，公司会组织隆重的庆祝典礼和联欢会，与当地员工一起欢度节日。哈国总统换届选举时，特放假一天以方便当地员工参与投票。为表达对哈国政治信仰的尊重，在哈国独立日之际给当地员工发放了节日津贴。

尊重当地体育文化。体育文化是国际文化交流的重要内容，不同的国家、不同的种族、不同宗教和文化传统的人们通过体育活动聚集在一起，忘记彼此间的差异和分歧，可以改善彼此间的关系。中亚管道公司为了促进工作上的相互沟通和理解，工作之外的业余生活尊重当地体育文化组织中外方集体活动。以中乌天然气管道合资公司为例，在尊重乌方足球文化的基础上，建立了中乌方混编足球队，部门之间交叉组队。以足球运动为契机，加深中乌双方从高层管理人员到普通员工之间的沟通和了解，拉近人与人之间的距离，既增进了感情，又推动了合作，促进工作顺利开展。

尊重当地风俗习惯。在饮食、婚庆、丧葬等方面遵循当地国的习俗。如到当地人家里做客，尊重当地的饮食习俗。参加当地人的婚丧嫁娶，到家里祝贺或慰问。在国际合作公司中，所有的中国员工是一个整体，都代表中国整体形象，故对每一个中方员工的要求都绝不放松。每一个员工都特别尊重当地的习俗，充分考虑到差异性，从细节上照顾周全。中国石油有统一的外派人员行为守则，细致防范每一种可能出现的问题。

三、建设和谐共融的合金文化

统计表明，大约40%的国际合资企业是以失败而告终的，其主要原因是忽略了文化差异。如何适应跨文化交往的需要，通过整合打造企业文化，实现海外合资企业的顺利发展，是中亚管道公司面临的一个重大课题。合金文化的提出，就是中亚管道公司于管道建设期在合资公司层面提出的应对文化差异的解决方法，并逐步在各个合资公司进行了推广。作为国际化的管道公司，中亚管道公司在不同国家和地区之间建设和运营，必然存在文化上的差异。构建既能融合、互补，发挥各自优势，又能融合在一起更有力量的文化，成为打造合作型、向心型项目团队这个小环境的重要手段。合金文化的提出，正是希望能融合不同文化中最优秀的内容，使之拥有金子般闪亮的品质。合资合作并不是你输我赢的比拼，而是要实现互利共赢，因此在文化上要求大同存小异，争取最广泛的理解和沟通。同时深入挖掘双方文化中的优秀品质和闪光点，将这些文化融合在一起形成有机的统一体，成为更包容更多样更加卓越的文化，并将这种合金文化融入企业的运营管理中，促进跨国的合资企业发展。合金文化建设是合资公司凝聚中外员工整体力量、发挥团队整理效能的要求，也是对共同建设“丝绸之路经济带”战略倡议中“民心相通”的贯彻和响应，更是中亚管道公司处理好中方内部管理和合资公司股权管理的成功经验和管理特色。如中乌项目始终注重文化差异，保持队伍稳定，打造和谐团队，坚持互利共赢的合作理念，通过管理会议、联谊活动、技术培训、语言培训、员工关爱等多项活动，积极推动合资公司和谐团队建设，主导合资公司内部不断加强中外双方的沟通和交流，增进认知和理解，探索建立以“尊重、包容、团结、和谐”为主要特征的“合金”文化。

四、开展企业文化建设活动

中亚管道公司的海外项目积极创建各种交流平台，消除员工之间的语言障碍和文化隔阂，促进中国和当地国多种文化背景员工的和谐相处。公司利用节假日组织郊游、宴会、晚会等多种形式的集体活动，邀请所有员工参加，并欢迎带上家属，鼓励大家表演节目。在最初的一些活动中，员工表演的大都是带有本民族特色的节目。随着大家对彼此的了解越来越深，很多员工主动尝试去表演其他民族的节目，有些当地员工学唱中文歌，一些中方员工学习朗诵俄文诗歌、演唱当地歌曲等。继而涌现出不少由不同文化背景的员工相互配合演出的节目。这些集体活动极大地促进了公司内不同文化的交流和融合。

中亚管道公司设立的“一网、一微、一刊”对公司开展文化建设起到了很大的作用。由于80%的员工常年在海外工作，公司以互联网媒体和移动媒体为宣传平台，解决了跨地域和时间的问题，公司网站及时报道公司重大业务动态，微信平台兼顾重要信息发布和趣味性功能，吸引年轻员工眼球，公司内刊连接员工和家属，展现员工生活和所思所想，通过不同渠道，全面反映公司生产经营活动，展现员工工作生活风采，在公司内部开展文化宣传工作。开展知识竞赛，涵盖公司企业文化、工作流程、制度等，将企业文化深深地烙在每个员工的心灵上，促进公司企业文化的认同感。各级海外工会每年组织开展至少两次的活动，如春游、秋游、运动会等；租赁游泳池、健身房；组建竞技运动队伍；组织员工间运动竞技；组队装备及体育器材等。考虑到海外员工常年外派的辛苦，工会专项拨款给予海外经费倾斜支持，海外工会活动次数比总部要多，促进了员工之间的交流和对企业文化的认同。

企业文化建设活动在让员工体会到归属感的同时，能更加激发员工的使命感和责任，提高员工主人翁意识和高尚情操，激发员工的工作积极性、主动性，发挥自主创新和主观能动作用，让员工对自己的职业发展满怀憧憬，而且能使员工对企业产生深厚感情。所有员工的共同努力将凝聚成一股坚不可摧的力量，推动着企业不断向前发展。

第八章

着眼一流　创建科技信息共同体

科技创新和信息化对中亚管道公司全要素生产率和市场竞争力的提高具有重要意义。10 年来，公司始终着眼于精益求精，争创一流，在全面提升科技创新能力、加强标准管理、优化信息化管理三个方面下足了功夫，采取了一系列创新思路和特色举措，取得了显著的效果，例如，创造出了“中亚管道速度”的奇迹；管道输气量超额完成，有力地保障了国家西北能源通道的安全。随着业务的发展以及内外部形势的变化，为了进一步提高管理水平，促进降本增效，公司按照建设世界先进水平国际化管道公司的要求，积极打造一流科技创新能力和信息化水平。

第一节　全面提升科技创新能力

近年来，中亚管道公司按照创新发展的要求，全面实施创新驱动战略，通过建立健全科技创新体系，实施重点领域科研突破，开展技术改造与群众创新来全方位提升公司的科技创新能力，充分发挥“科学技术是第一生产力”的作用，为公司可持续发展提供技术引领和有效支撑。

一、优化科创理念，全面实施创新驱动战略

（一）科技创新的理念

理论研究表明，不论是国家或地区，还是企业，其科技发展战略都必须要符

合发展阶段的要求，这也是科技政策取得成功的最重要的因素之一（李月，2012）。[①] 著名管理学大师迈克尔·波特曾将经济发展划分为四个阶段：要素驱动阶段、投资驱动阶段、创新驱动阶段以及财富驱动阶段。对于企业来说，在成长发展过程中同样存在以上四个阶段，每一阶段都有其特殊的科技需求，在由某一阶段向更高级阶段过渡的过程中，科技进步都发挥着至关重要的作用。

中亚管道公司自成立伊始就深刻认识到科技发展必须与发展阶段相适应的客观规律，并始终秉承这一理念，根据公司发展不同阶段的特征和需求，制定动态化的科技发展战略。在初创和跨越发展阶段，公司面临短期内从无到有的艰巨任务和国家使命，为了加快推进 AB 线、C 线以及哈南线的建设和投产，公司出于技术安全和提高外方接受度等考虑，着眼于管道建设和运行的实际情况，提出采用“成熟先进技术”的思路和策略，通过大胆引入国内和国际上较成熟的先进技术，并对工程建设和运行过程中的技术成果进行有效集成和综合运用，不但能保证管道技术的先进性，而且能大大降低施工成本，成为中亚管道在 10 年内取得快速发展的关键因素。

虽然与世界先进水平管道公司及国内管道公司相比，中亚管道公司的输送能力已经跻身世界大管道公司行列，但在发展质量方面还存在着不小的差距。随着 2016 年中哈原油管道的并入，公司逐渐步入“油气并举、建运并重”的新阶段，不但管理幅度拓宽、管控模式复杂、治理结构多样化、合作方众多，而且还越来越多地面临资源、市场、竞争力和管输提升等多方面的挑战，这促使公司必须客观分析内部资源和外部环境的变化，及时实现发展方式的转变。在“十二五”规划提出“推进基础管理和技术创新”发展思路的基础上，公司的“十三五”规划进一步明确指出，要转变思想观念，实施创新驱动，全力打造高效能油气能源战略通道，确保安全、提升效益和促进和谐，并将加快技术进步列为未来四项重点工作之一。

（二）创新驱动发展战略的内涵

党的十八大提出实施创新驱动发展战略，强调科技创新是提高社会生产力和综合国力的战略支撑，必须摆在国家发展全局的核心位置。所谓创新驱动，就是创新成为引领发展的第一动力，科技创新与制度创新、管理创新、商业模式创

① 李月．技术创新、发展阶段与科技战略选择——以台湾“后发式”科技发展战略为例［J］．经济地理，2012，32（6）：92-97.

新、业态创新和文化创新相结合，推动发展方式向依靠持续的知识积累、技术进步和劳动力素质提升转变，促进经济向形态更高级、分工更精细、结构更合理的阶段演进。依据国家对创新驱动发展的定义，结合自身发展实际，中亚管道公司认为创新驱动就是企业具有创造力和持续创新的原动力，通过技术、管理、组织等方面的创新，形成强大的市场竞争力，最终推动企业成长和发展，具体包括以下三个方面的内涵：

（1）创新是发展的动力。如果说技术和管理是支撑企业发展的两个轮子，那么创新驱动就是动力来源。目前，中亚管道公司已经进入“建运并举”的发展阶段，公司的油气管道网络已初步形成，中亚D线已开工建设，因此，依赖要素和投资驱动已经无法再复制过去的发展速度，必须要切换发展引擎，由创新来提供持续发展的动力。

（2）创新是发展的要素。根据增长理论，除了资本、劳动力、土地、环境等生产要素外，还有一些构成全要素生产率的隐性要素对经济增长发挥了极其重要的作用，而创新是其中的关键变量。对于中亚管道公司来说，目前管理深度、管理幅度和协调难度都日益加大，为了实现建设世界先进水平国际化管道公司的战略目标，必须坚持发展是第一要务，推进公司管理方式由粗放型管理向精细化管理转变，由传统管理向信息化管理转变。推动实现“两个转变”从本质上看就是要将创新作为发展的关键要素贯穿于公司建设、运营、管理等的全过程、全方位。

（3）创新是发展的保障。当前，中亚管道公司发展面临很多内外部问题，内部劣势包括管理基础薄弱、管道运行成本高、当地国生产运行人员素质不高等，外部挑战包括国内天然气市场不完善、过境国经营环境复杂、低油价造成天然气竞争力不足等。这些使得公司未来发展将会出现很多的不确定性，因此，公司提出降本增效的发展思路，而创新驱动是实现低成本发展，提升质量效益和核心竞争力的根本途径。

根据熊彼特的创新理论，创新包括五种形式，分别是新产品、新生产方法、新市场、新原材料以及新组织形式①。对于中亚管道公司来说，创新的重点主要在于技术创新。

（三）创新驱动的思路与实现方式

为了在“十三五”期间全面落实创新驱动，推进“两个转变”，充分发挥科

① 或者称之为产品创新、技术创新、市场创新、资源配置创新、组织创新。

技创新在公司主营业务发展中的支撑引领作用，为推进公司稳健发展提供坚实保障。中亚管道公司紧紧围绕建设世界先进水平国际化管道公司的目标，结合“管道+跨国”的自身特点及科技创新管理工作现状，提出了“业务主导、自主创新、强化激励、开放共享”的工作思路，具体来说，就是通过“做强总部，做优项目，做实基层”的方式，围绕公司发展的大局，坚持服务于业务需求、服务于现场需求的原则，开展技术研发和管理创新，不断强化创新激励，并通过股权管理加强创新在合资公司的应用和推广。

具体工作抓手和内容主要包括：①重点领域技术进步，即根据公司业务需求，着力推动工程建设与管理、管道输送与储存、管道设备维修维护、管道安全防护等领域的技术进步与运用。②设计管理的优化，不断规范、完善公司的设计管理制度及程序。③标准化的加强，引进、对标国际先进标准，构建完善公司标准，并在公司范围内，尤其是合资公司层面进行推广运用。④信息化的提升，用先进的信息化管理理念和技术，统筹好各系统之间的关系，形成企业级公共数据标准和接口规范，继续提升中亚管道信息化实力，更好地为公司发展提供支撑。

二、深化改革创新，建立高效科创管理体系

实现创新驱动发展，离不开相对完善且行之有效的涵盖公司总部、项目公司、合资公司的科技创新管理体系。中亚管道公司结合行业特点，针对科技创新成果很多需要借助于数量多、股权复杂、管理理念差异大的海外合资公司平台实施，因而存在难度较大的特殊性，须不断建立健全组织体系、制度体系以及投入体系。

（一）组织体系

为与科技创新理念的优化演进相适应，中亚管道公司在组织体系方面也进行了相应的调整。公司对于科技管理和信息化方面的工作历来十分重视，在决策层面，公司成立之初的重大科技决策主要依托于总经理办公会。为顺应国家创新驱动发展战略要求、推动公司“世先”目标的实现、促进公司科技工作有序、有效发展，目前，公司已经根据科技发展新要求成立了科学技术委员会，专门负责公司科技发展决策以科学引领科技发展方向。

在科技创新管理具体工作层面，随着科技和信息化在公司发展中的作用越来

越突出，2012 年，公司在总部部门中设立了技术管理和新项目部专门负责实施科技管理和信息化工作，即实行归口管理。其具体职能包括：制定和完善本部门业务相关制度和标准；管道建设工程投资项目预可研、可研及初设相关的技术审查和管理；管道建设工程项目初步设计和 EPC 设计协调、设计变更监督和设计质量管理；新项目前期技术方案规划、组织和实施；科技项目、对外科技合作与交流、科技信息的管理；知识产权、科技成果、专利、标准化、技术档案、节能节水管理；参与管道建设项目合同的技术审查；计算机网络及其他信息技术基础设施的建设、运行、维护及技术支持。之后，为了进一步提高工作效率，公司通过专业化分工对该部门的职能、人员配备等进行了不断的调整优化。2014 年，公司取消了技术管理和新项目部关于新项目管理的职责，并将其更名为技术与信息管理部。

目前，针对技术与信息管理部科技管理职能定位还不够明确，专职的科技管理人员不足以及合资公司暂未明确科技工作的工作职责和管理部门等问题，公司正在考虑增加科技管理岗位人员，并要求各合资公司依托相关技术部门设置科技管理岗，逐渐推动合资公司成立独立的科技管理部门。

此外，由于一直以来公司的科技创新主要依赖于外部力量，为了开发内部潜能，鼓励群众创新，公司在组织层面已经或即将开展两点尝试：①成立了科技进步与管理创新奖评审委员会，制定专门政策，针对科技进步与管理创新成果和论文进行评审和奖励。②公司将在适当时机依托合资公司建立中亚管道技术试验基地，逐步建立独立的科研机构，为公司生产业务提供持续的技术保障。

（二）制度体系

中亚管道公司成立后，将建章立制作为科技管理工作的重要抓手，较早地开始了制度建设方面的探索，并一直不断完善。为了适应不同时期科技创新及管理要求的变化，公司相继制定了《科技项目管理办法》《科技进步与管理创新奖励办法》《专利管理办法》等规章制度。这些制度都会依据业务发展逐步调整、修订，例如，为了调动基层员工科技创新积极性，公司正在对《科技进步与管理创新奖励办法》进行修订，形式上针对科技进步和管理创新分别出台奖励办法，内容上奖项增多，奖励范围扩大。这就形成了一套相对完善的科技创新管理制度体系，有效解决了推动科技创新与管理过程中的规范和激励问题。如表 8-1 所示。

表 8-1　科技创新管理主要制度及内容特色

文件名称	主要内容与特色
《科技项目管理办法》	目的就是促进技术进步，根据生产技术支持项目和科研攻关项目的不同性质和特征，实行有差异的科技项目管理办法。该办法涵盖了科技项目研究的全过程，包括立项、实施、经费、验收。此外，还对科技成果的推广应用、保密和知识产权以及考核和责任进行了规定
《科技进步与管理创新奖励办法》	规定公司设立科学技术进步奖、管理现代化创新成果奖以及优秀论文及著作奖，每年评选一次，并明确了奖励范围和标准、评审组织、成果推荐、评审程序、异议及其处理以及授奖等具体内容及方式
《专利管理办法》	旨在加强公司及所属单位对职务发明创造成果的专利申请、维持与保护、实施许可、转让与引进等全过程的管理，并明确了“统一制度、规范管理、激励创造、有效保护、注重实施”的原则

（三）投入体系

创新发展离不开要素投入，尤其是资金的投入。中亚管道公司在业务发展过程中逐步探索形成了适合自身特点的资金投入体系，主要包括：①科研经费投入使用规范机制。为提高投入产出效率，公司出台了一系列制度规定，比如科技项目经费以项目或课题为基本单元实行专项管理，项目承担单位建立专项台账，确保专款专用；项目经费在执行期内可以跨年使用，但必须按预算进行执行和管理等。②科技投入保障机制。建立公司独立的科研预算制度，重大科技项目推荐申报上级开展攻关，“小改小革”等主要依托工程建设或改造计划投资开展。确保中亚管道年均科技经费投入满足公司科研需求（包含科研课题经费及科技工作费用，不含上级计划费用）。

为适应科研项目投入逐渐向以合资公司投入为主发展的需要，公司总部正逐步推动建立合资公司科技投入机制。对于各合资公司共性需求，由总部组织技术研究，经费由各合资公司分摊；对于合资公司个性需求，由合资公司独立承担技术研究及经费投入。

三、明确方向重点，突破关键技术科研领域

毫无疑问，“中亚管道速度”必须建立在科技进步与创新的基础上。中亚管

道公司围绕生产经营业务主线，贴近实际开展技术研究，在管道建设运营中一方面推广采用成熟先进技术，并结合实际在技术、工艺、方法等方面进行创新；另一方面学习储备前沿技术并探讨其应用，形成了许多重大突破。

（一）新技术、新工艺、新方法的探索

在过去“以建为主”的发展阶段，中亚管道公司为实现早日建成国家西北能源通道的战略目标将更多的精力投放在生产技术支持项目的突破方面。这些突破都较好地反映在了工程建设实施过程中采用的新技术、新工艺及新方法上。主要包括：①全自动焊的广泛应用。主线路焊接采用全自动 CRC 焊接和 PWT 焊接工艺，全自动焊接机组的投入不仅提高了中亚天然气管道线路工程的施工质量，也加快了线路工程的施工进度。②内焊+半自动焊技术。该技术根焊速度快，同时可减少半自动焊焊丝填充量 30%以上，通过使用该技术，实现了月焊接 28.6 千米，创造了日最高焊接 158 道口的纪录，焊接一次合格率在 96%以上。③定向钻穿越。中亚天然气管道工程哈萨克斯坦段应用定向钻技术穿越了伊犁河和锡尔河，顺利完成了这两大控制性工程，避免了对穿越点周边环境的影响。④自动挖沟作业和沉管法施工。在管沟易成型地段采用自动挖沟机进行作业，在沙漠地段采用沉管法进行施工，提高了工作效率。⑤干空气干燥法。中亚天然气管道工程哈萨克斯坦段应用了排量为 250 立方米/分钟的大排量干冷空气干燥设备，确保 A 线成功投产进气。⑥自动顶钢套管穿越技术。该技术施工速度快、适应复杂性质的性能强、套管穿越施工偏差小，中亚天然气管道工程普遍使用其进行铁路、公路穿越。⑦先进光缆施工技术。光缆施工采用放缆机布线，铧犁设备挖沟、下沟和回填作业，保证了光缆施工的进度和质量。

（二）重点科研项目攻关

中亚管道公司过去在科研攻关项目方面的投入及成效相对薄弱，主要呈现出“碎片化”状态。随着外部发展环境的变化以及公司业务逐渐由“以建为主”向“建运并重”转型，科研的重要性日益凸显并得到公司更多的关注。为满足学习储备前沿技术的需要，一方面公司持续开展科研攻关工作。除了结合科技发展规划及年度科技工作计划开展公司科研项目立项、研究、验收等工作外，还积极申请承担或联合承担集团乃至国家重点研发计划项目。例如，目前，公司正持续稳步推进国家课题“中国标准走出去适用性技术研究（二期）”、集团课题“油气管道合资企业标准化合作对策研究”等的研究工作，切实实现科技在公司发展中

的支撑作用。通过开展科研项目攻关以及对科技项目管理实践的总结，不但锻炼了人才队伍，而且也有利于进一步完善公司的科技管理制度，为后续规范、高效开展科技立项工作奠定基础。

另一方面不断加强科研成果管理。主要采取了三大措施：①科研成果评审常态化。公司每年都会对科技成果及科技论文进行评审及奖励，例如，2016 年共评选出公司科技进步成果二等奖 2 项、三等奖 1 项，优秀科技论文二等奖 2 篇、三等奖 20 篇。同时，为了总结提升公司科研成果管理工作，便利公司内部技术交流，公司还对历年优秀科技论文编辑成册，完成 5 册《中亚管道有限公司优秀科技论文集》。②推荐高质量科研成果申报奖项。对于公司评审获奖成果推荐参评海外板块科技进步奖、集团公司科技进步奖以及更高奖项。自公司成立以来，累计获得省部级以上奖励 3 项，海外板块（CNODC）科技奖励 10 项。其中，与其他单位合作项目“我国油气战略通道建设与运行关键技术”获得 2014 年国家科技进步一等奖。目前，公司还在组织推荐科技项目“中亚天然气管道运行优化技术研究”申报集团公司科技进步奖；“中国标准‘走出去’在中亚天然气管道 D 线的实践及应用”“中乌天然气管道 A 线绕行段置换投产研究及应用”参评“2017 年度中国石油和化工自动化行业科学技术奖”等。③加大对发明专利的梳理和申报。近年来，随着知识产权保护意识的增强，公司越来越重视对发明专利等重大科技创新成果的梳理和申报。截至当前，共梳理出专利 15 项，软件著作权 2 项，申报材料均已通过集团公司审核。[①] 如表 8-2 所示。

表 8-2　中亚管道公司所获科研奖项

序号	获奖项目名称	获奖时间	奖项
1	我国油气战略通道建设与运行关键技术	2014 年	国家科技进步一等奖
2	中亚天然气管道气质特性和运行参数跟踪研究	2011 年	CNODC 科技进步一等奖
3	中亚天然气管道压缩机出口振动原因分析及防治措施研究	2012 年	CNODC 科技进步二等奖

① 15 项专利包括：一种冷却风扇通用拆卸工具；一种应用于阀门执行机构齿轮箱的自动排气装置；一种交换机降温装置；磁力钻固定平台；相邻压气站场空气系统供给互联方法；连杆连接处的防风沙装置，一种适用于高压天然气站场切断阀的指挥器；移动可拆卸盲板吊装支架；电加热器加热芯吊装装置；盲板吊装及法兰对中装置；液压扳手使用辅助工具；一种输气管道压缩机站 ESD 系统双回路供电方法；一种铅酸蓄电池保护装置；一种用于高温环境下超声波流量计电动行吊设施；一种降低压缩机出口压力变送器震动的方法。2 项软件著作权包括离心式压缩机性能计算软件，输气管道线路及站场天然气放空计算软件。

续表

序号	获奖项目名称	获奖时间	奖项
4	管道生产管理系统在中亚区域的创新应用及效果分析	2012 年	CNODC 科技进步二等奖
5	跨国油气管道伴随光缆互联专题研究	2013 年	CNODC 科技进步三等奖
6	中亚天然气管道工程多气源流量控制优化方案	2014 年	CNODC 科技进步二等奖
7	中亚管道公司统一信息平台研发及应用	2014 年	CNODC 科技进步三等奖
8	中亚天然气管道运行优化技术研究	2015 年	CNODC 科技进步一等奖
9	中亚天然气管道压气站 ESD 系统控制逻辑研究	2015 年	CNODC 科技进步三等奖
10	中亚地区长输天然气管道技术标准体系研究、建设与应用	2016 年	CNODC 科技进步三等奖
11	中亚管道站场远程集中调控、自动连锁控制关键技术研究	2016 年	CNODC 科技进步三等奖

（三）未来技术突破方向明确

为了满足业务需求，实现技术把关目的，进入“十三五”后，公司通过充分利用外部资源，对前期科技成果的梳理、总结，并结合发展现状，初步建立了相对完善且行之有效的中亚管道技术体系，包括 5 个技术领域，19 个技术群（见图 8-1）。根据计算需求调研—技术需求梳理—技术需求测评的流程，筛选出以降本增效为核心的 4 个领域所面临的 27 项技术需求，需要进行重点突破。如表 8-3 所示。

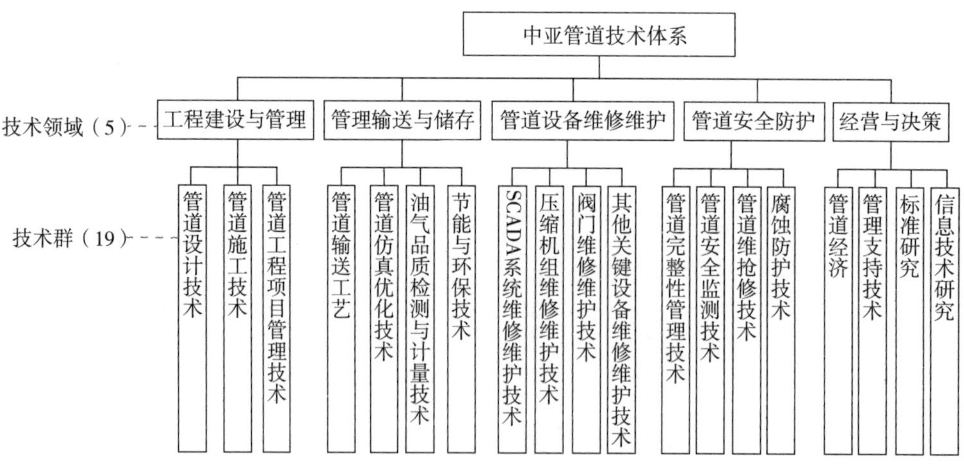

图 8-1　中亚管道公司技术领域及技术群

表 8-3　中亚管道公司亟待突破的重点技术领域与方向

技术领域	技术方向	技术需求
工程建设与管理	管道设计施工技术	通过高烈度区及活动断裂带管道及穿跨越工程抗减设计技术
		高烈度区及活动断裂带隧道抗减隔震技术
		隧道工程建设风险管控技术
		山区管道施工水土保持技术
管道输送与储存	管道仿真与优化技术	中亚天然气管道 A、B、C 线联合运行优化技术
		低输量下原油管道优化运行技术
		油气管道 SCADA 稳定性仿真分析技术
		有组织放空系统流程再造分析及放空动态模拟技术
	节能环保与计量技术	以燃机余热综合利用为基础的输气管道机组系统节能优化技术
		D 线天然气国际贸易计量交接技术
		冷凝液收集器在天然气管道行业的应用分析技术
管道设备维修维护	压缩机组维修维护技术	中亚天然气管道压缩机远程诊断技术
		相邻站场燃气发电机联合供电优化方案
		压缩机站场自发电机组配置方案
管道安全防护	管道完整性管理技术	中亚 D 线生命周期一体化信息化建设技术
		管道环焊缝缺陷检测技术
		跨境油气管道信息化建设及应用技术
	管道安全监测技术	天然气管道无人机巡检测控及泄露监测技术
		无人或少人压缩机站自动控制系统及安全巡检技术
		IAS 集中告警系统的应用技术
	管道地质灾害防护技术	地质灾害多发区地灾识别评价、防治与监测技术
		瓦赫什河水库区穿越库岸再造和岸坡稳定性分析技术
		泥石流、深切冲沟区管道安全防护技术
	管道维抢修技术	原油管道泄漏污染控制技术
		应急决策支持技术
		管道明管大跨度跨越段应急抢修技术
	管道腐蚀防护技术	站场区域阴保技术

四、强化创新激励，开展降本增效技术改造

（一）加大鼓励群众创新

考虑到成立以来主要采用成熟先进技术，中亚管道公司将科技管理工作的思路确立为“业务主导，促小倡新，开放共享”，其中，“促小倡新”指的是在生产实际中促进小发明、小创造、小革新，激发专业人员创新活力、调动创新主体积极性；同时，针对中亚管道公司核心技术问题开展科研攻关、合作研究、技术引进等，倡导创新驱动与企业发展相结合。由此可见，相对于借助外部力量合作开展科技创新项目，群众创新更是公司实现创新驱动发展的主要方式和重要途径，因此，公司历来都十分重视充分调动广大基层员工的创新积极性。从组织和激励等方面制定措施并不断完善，鼓励群众创新。

（1）2011 年公司就成立了科技进步与管理创新奖评审委员会，其主要目的是鼓励公司员工撰写科技、管理论文，开展科技与管理创新成果研究集成，为管道长期安全稳定运行保驾护航。截至 2016 年底，已经开展了五届优秀论文及科技进步成果奖评审，共评选出公司科技进步及管理创新奖 14 项，优秀论文 139 篇。

（2）不断优化科技项目管理流程，使之更符合中亚管道公司的实际情况，为员工积极参与科技创新项目提供更宽松、顺畅的条件。

（3）努力完善科技奖励标准。公司拓宽了奖励范围，在“科技进步成果奖”和“优秀论文奖”的基础上，增加了“技术发明奖”和“技术革新奖”。其中，技术发明奖侧重取得专利、产生较大效益的发明创造，提高在重大发明创造方面的奖励标准；技术革新奖面向广大基层员工，增加获奖比例，强调对基层员工的小发明、小创造、小技改的奖励。

（4）依托合资公司平台，重点培养生产技术人员科研能力，鼓励基层员工立足本职工作开展以“新技术、新工艺、新材料、新装备、新方法”和“小革新、小发明、小改造、小设计、小建议”为主要内容的“五新五小”技术创新，每 3 年开展一次创新成果评价总结大会，对贡献（含技术创新、成果应用等）突出人员进行表彰奖励。

（二）积极开展技术改造

采用新技术、新工艺、新设备、新材料对现有设施、工艺条件及生产服务等

进行改造提升，提高生产效率，改善设备性能，实现内涵式发展的投资活动是实现技术进步、提高生产效率、推进节能减排、促进安全生产的重要途径。国际经验表明，在经济下行阶段尤其需要加大技术改造投资，这样才能使企业在经济回暖时抓住市场机遇，提升竞争力。

对于中亚管道公司来说，虽然 AB/C 线、哈南线等天然气管道建成投产时间不长，且在建设过程中均采用的是先进成熟技术，技术改造的需求并不是很多，但是公司仍然非常重视技术改造，积极跟踪国际最先进的管道建设和运行技术，加强对建成项目的技术改造，技改项目主要包括：①压缩机技改。管道运行管理部重点围绕夏季高温问题，对全线出现的燃机温控瓶颈问题开展深入研究，多次与设备厂家进行交流，确定了一套无须大量用水的燃机进气制冷解决方案，并形成了具体的技术汇报，力争在解决问题的同时，尽可能降低投资，节约能耗。此外，协调设计院及厂家完成 WKC1、WKC2 站 UCP1 机组加装空调改造、机组负载分配功能等技改，确保机组运行安全高效。②空压机技改。开展乌国空压机含油改造项目，目前已经完成 6 台阿特拉斯空压机的含油改造作业。③电气技改。为实现压缩机组不间断运行，组织设计院调研国内现场技改情况，分别对不同品牌燃驱压缩机组制定相应的供配电改造技术实施方案。

专栏 8-1　技术改造案例——燃气发电及安装假负载改造

措施名称：创新思维、团队合作、主动攻关——燃气发电及安装假负载改造

实施时间：2014 年

实施地点：CS2、CS4、CS6、CS7 站

经济效益：100 万美元/年

基本情况

中哈天然气管道 AB 线压气站均为自发电，并且是按站场最大负荷配置的燃气发电机组，在夏季低输量期间长时间出现用电负荷较低的情况，实际用电负荷仅为燃气发电机组功率的 40%左右，在满负荷输气的夜间或冬季高峰期可达到 60%左右。根据活塞式机组特性，燃气发电机组的最佳运行负荷应该为最大功率的 75%~85%，长时间的低负荷运行易造成气缸积碳及烧机油等问题，进而导致保养频次增加或中修提前，增加运行成本。如果通过额外

专栏 8-1（续）

启动其他设备加大用电负荷，也会增加其他设备和系统备件及耗材的消耗，同样也会增加运行成本。

实施过程

机关、现场技术人员经过收集数据并与厂家人员反复研究论证，最终确定了安装假负载方案。考虑到站内电力负荷突增、突减的特性，为确保发电机的稳定运行，假负载必须选用多路投送分开控制，最终选型为两台 300kW 的假负载，一备一用。每台假负载有五路阻值可选，分别为 25kW、50kW、50kW、75kW、100kW 的低噪声型假负载，通过自动/手动两种控制模式来保证发电机组有 75%~85%的输出功率，同时搭建了遮阳棚进行防护。

通过数据比对，在低负荷工况下，发电机组在 1 万小时左右就需要进行中修，每台次大修费用约 28 万美元。通过安装假负载进行调节后，基本在 2 万小时才需要进行中修，中修次数减少一半，假负载的一次性投资约 20 万美元，综合测算下来，每年减少发电机的中修费用约 100 万美元，经济效益十分显著。同时也避免了发电机在负荷突变时造成的谐波干扰及停机概率，确保了站场供电的稳定性。

主要经验

机关、现场技术人员通过分析天然气发电机组本身特性、站场用电特性以及必须确保压缩机连续平稳供电特性，提出安装纯阻性假负载以调节燃气发电组运行工况的方案。该方案发挥了燃气发电机组的运行特点，能够按照燃气发电机组的最低运行需求来调节实际负荷，使燃气发电机组能够长期平稳运行在最佳工况，从而有效延长燃气发电机的中修时限，一方面极大降低维修费用，同时减少了停电造成的压缩机组 ESD 停机天然气放空量，并且确保了压气站的安全平稳运行，真正达到了降本增效的效果。

集思广益，将降本增效理念宣贯到基层，从小事做起，从细节做起，积少成多，自下而上全方位确保降本增效工作落到实处。

第二节　全面加强标准管理

标准是科技成果的载体，标准研究是公司在技术上保持不断吐故纳新的手段，标准管理是公司参与国际竞争、增强竞争力的抓手。积极、持续开展和参与技术标准的研究并具有相关的能力，全面加强标准管理是公司业务走向成熟的标志。

一、提升顶层设计，完善标准管理基础保障

中亚管道公司认为，标准化工作是实现建设“世界先进水平国际化管道公司”目标的重要保障。虽然与世界先进管道公司相比，公司对标准的学习和掌握还不够，技术标准编制仍处于初期，标准的落地执行也存在差距，但是自成立以来，特别是近几年，公司投入了大量的人力、物力、财力进行标准引进、完善以及推广运用，“十三五”以及未来一段时期，公司将进一步加强标准管理，主要思路是，以体系基础建设为抓手，同时注重构建顶层设计，重点强化标准实施与监督、组织标准宣贯、标准备案、标准制修订、标准体系建设、标准征订、标准研究、软课题管理等。当前，重中之重是加快公司标准化体系建设，即通过国内外企业对标，探索、研究企业标准范围与深度，逐步建立和完善公司标准体系，并推广至合资公司。为此，公司主要从组织构建、制度完善、投入保障及人才建设四个层面进行顶层设计，逐步建立完善符合中亚管道公司实际的标准管理体系。

（一）组织构建

为了促进公司标准管理工作更加规范有序，必须要从组织架构上进行调整、支撑。为此，中亚管道公司成立了公司标准化技术委员会（见图 8-2）。其主要职责包括：研究和提出公司标准化的发展方向和技术组织措施；审批公司制修订标准体系表；审批公司企业标准制修订规划、年度计划及费用预算；审批公司制修订的企业标准。标准化技术委员会下设四个专业标准化技术委员会，分别是生产运行、安全环保、工程技术及信息技术。其主要职责包括：负责编制本专业的

标准化工作计划；负责本专业公司企业标准的制修订和复审工作，对标准的技术内容负责；承担本专业相关标准的识别评价工作；负责本专业标准的宣传、实施和监督工作，收集本专业标准实施信息。

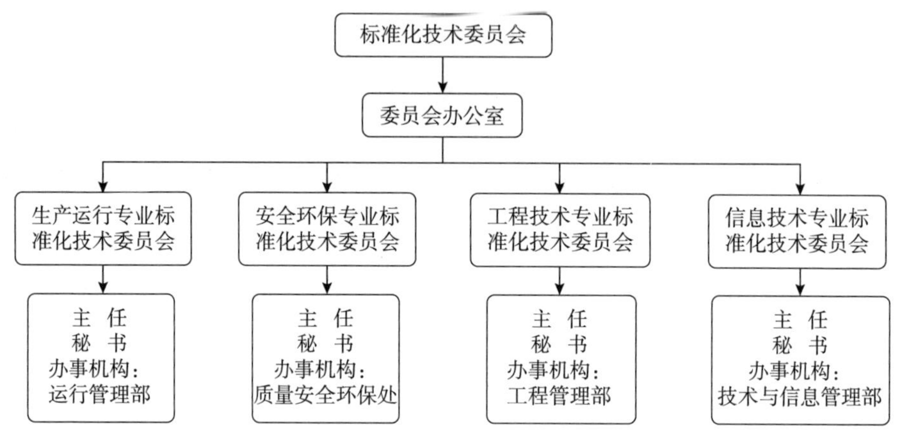

图 8-2　标准化技术委员会组织架构

（二）制度完善

制度完善主要体现在四个方面：①目前，公司已经完成《公司标准化管理办法》并试运行，并组织宣贯，细化技术标准管理程序；②整理完成总部和项目技术标准资料台账，建立技术标准库，使技术标准管理更加高效精准；③结合世界标准日宣传活动，组织标准化方面的讲座、培训等；④协调集团公司相关部门、海外板块和国家标准委等相关单位，积极推进 D 线沿线国家标准的互认，实现标准联通。

此外，由于完善技术档案归档、查询等工作制度是实施标准管理的重要基础，公司还不断规范技术档案管理，制定了《技术档案实施细则》完善建设项目档案的收集、整理和归档工作。主要工作思路是：开展面对面交流，结合集团公司和海外板块要求，针对项目特点制订档案工作计划；利用项目公司外方档案管理人员来华机会，提升其对档案管理重要性的认识；对外方承包商竣工档案提出要求。

（三）投入保障

为保障标准化工作的投入，公司规定每年年底根据标准制修订立项计划、标准资料购买计划、标准翻译计划、标准研究计划等编制上报下年度标准化工作费用预算。

(四) 人才建设

中亚管道公司在加强标准化人才队伍建设方面主要进行了四个方面的探索：①加强公司技术人员标准化工作能力培养；②组织开展标准化知识、企业标准化体系知识培训及标准化信息平台相关内容宣贯；③充分利用外部资源，建立稳定的专家队伍，达到资源共享；④通过对国内管道公司的调研、分析和比较，结合公司发展对标准化管理工作的需求，配备专职标准化管理人员，以加强公司的标准化管理力量。

二、加强引进制定，构建高质公司标准体系

10 年来，中亚管道公司的定位逐步由国际化管道公司向地区有影响力的国际化管道公司在向世界先进水平的国际化管道公司转变。这就要求加强与国际标准、行业标准等对齐，通过标准的引进、研究，制定完善公司的标准体系。

(一) 标准引进

公司一直很注重行业标准、国际标准等的引进，并将引进作为对标以及构建公司标准体系的重要基础。①为方便技术人员对国内新标准的了解和应用，公司每年都会在征求各单位、各部门技术标准需求的基础上，组织征订技术标准规范。近年来，公司共组织订购各类技术标准近 2000 册，并已经下发给各项目使用。②组织人员对技术标准分批次、分重点开展英俄文版翻译引进，截至目前已完成压缩机专业 5 个标准翻译并下发合资公司应用。③引进的标准由技术与信息管理部牵头，对公司各部门的技术标准借阅查询提供了良好的支持服务。例如，在公司网站链接了石油标准网址，具备在公司总部和项目驻地点击可以实现在线阅读集团公司企业标准、石油行业强制性标准和标准目录查询功能等。

(二) 标准制修订

为建立与运用先进的技术标准体系，中亚管道公司主要开展了四个方面的工作：

（1）引导业务部门编制适用于中亚地区应用的相关标准。目前，公司已经在工程建设、管道运行、HSE 管理等不同的专业领域高水平地编制了 10 个专业 33 册 129 个技术标准，初步形成了较为完善的专业标准体系。专业标准体系的主要内容包括：①《中亚天然气管道工程用热轧钢板技术条件》等 22 项技术标准。②《钢质天然气管道维抢修技术规范》系列标准，并于 2016 年升级为行业标准《SY/T 7033—2016 钢质油气管道失效抢修技术规范》。③《管道运行技术标准手册》，包括 126 个技术标准。④《站场标准化手册》1 套、244 个文件。⑤《HSE 管理标准》42 项。

（2）加强标准方面课题研究工作。过去标准研究大多是按专业来进行，并由相关部门负责牵头组织，近年来，公司越来越重视标准方面的课题研究。除了增加投入、积极申报承担或联合承担集团及国家课题外，还在管理体制上进行了完善。当前，公司标准方面的课题研究统一由技术与信息管理部进行归口管理。2017 年，公司不仅承担了集团软科学课题《油气管道合资企业标准化合作对策研究》，而且还首次联合承担了“标准走出去”国家重点研发计划课题“重大装备标准走出去适用性技术研究”，其中，公司主要负责课题核心内容“我国油气管道标准走出去适用性技术研究”的研究。

（3）参与相关国际标准、国家标准、行业标准的编制，并理顺企业标准的升级通道。目前，公司主持制定两项集团企业标准《钢制油气管道在役焊接技术规范》和《天然气管道贸易交接系统技术规范》；参与编制行标《报废油气管线处置规程》、集团企标《油气长输管道运营企业应急预案编制规范》、国标《进入天然气长输管道的气体质量要求》；参与修订国标《天然气分析系统性能评价（GB/T 28766）》和《天然气发热量、密度、相对密度和沃泊指数的计算方法（GB/T 11062）》。

（4）做好技术标准体系宣传学习培训和应用完善。例如利用新媒体工具，通过公司门户主页及微信推送的方式，每年组织策划开展世界标准日宣传活动等。

三、坚持多管齐下，推动公司标准体系落地

为推动公司制定的标准在项目所在国及合资公司交流和应用，提升中方在合资公司的技术主导权、话语权和影响力，公司采取了以下四个方面的举措：

（1）搭建标准交流平台。包括三个层面：①公司技术与信息管理部牵头完

成了总部与项目之间技术标准交流平台的搭建。②加强与国际同业领域专家交流、研讨，不断提高对技术标准作用和地位的理解认知，缩小公司与世界先进管道公司在技术标准方面的差距。2016 年，公司参加国际标准日论坛并投稿论文，获一等奖。③以中方标准为基础推动合资公司企业标准、行业标准的制定，以此促进公司与海外项目的标准交流，助力公司标准“走出去”。例如，积极推动塔国行业标准、塔国合资公司企业标准制定，目前由中方主导编制的塔吉克斯坦国家系列管道运行标准已正式启动，将从 2018 年开始陆续发布，计划于 2020 年全部完成。

（2）参与完整性国家标准翻译工作。中亚管道公司与国内公司合作，完成了 GB 32167《油气输送管道完整性管理规范》俄文版，推动了国家标准在国外的应用，并使乌、哈深入了解国内完整性管理标准。

（3）协调推广技术标准应用。主要采取分步推进策略，首先推动公司标准在合资公司层面落地。公司完成 129 项技术标准手册的英俄语翻译，推动在合资公司成立专业技术组，通过以中方技术组引领合资公司技术组的方式，推进技术标准的修改完善，最终引导合资公司借鉴 TAPLine 标准形成标准手册，实现技术标准的落地实施。目前，公司各职能部门组织编制的很多专业标准，因其针对性强已经在合资公司逐步开展推广应用，如《中亚天然气管道工程用热轧钢板技术条件》等 22 项技术标准已在 AB/C 线建设期间实施；管道运行系列标准已下发各项目，组织开展技术标准翻译并在合资公司层面试行；《HSE 管理标准》已经发布至各海外项目，开展先期宣贯，并以 AGP 和 BSGP 为试点在合资公司推行。2016 年，公司推动标准“走出去”方面取得重大突破，中吉项目成功推动中国管道建设标准《输气管道工程设计规范》（GB 50251）采标成为吉国国家标准，填补我国在中亚地区输出中国标准的空白；中塔管道项目建设中应用的 14 项我国标准得到塔国认证，正式升格成为塔国国家标准 CTY-PT 10-2016。未来，还将继续努力将管道建设、运行标准逐步在塔国、吉国、乌国等认证、落地，为管道高质量建设以及长期安全高效运行创造条件、夯实基础，持续提升公司影响力。

（4）稳步推进站场标准化建设和管理。站场标准化建设是规范站场管理，保障管道安全高效运行的重要手段。目前，已经完成 AGP 合资公司 CS4/7 站，ATG 合资公司 WKC2&GCS 站站场目视化建设，协调 C 线承包商完成 C 线站场目视化建设，列入施工验收内容；在 ATG、AGP 全面推广管理标准，试点推进维抢修中心标准化建设。

专栏 8-2 推进油气管道标准“走出去”

近年来，我国油气管道在管道设计理念、工程建设实践、运行管理经验等方面发展迅速，尤其是自 1993 年实施油气“走出去”战略，我国油气管道技术正在逐步走进国际舞台并大放异彩。随着技术的不断进步，作为生产力桥梁，我国油气管道优势标准在其管理、体系、技术水平和应用等多个方面也正在与国际先进水平接轨。

中亚管道有限公司不忘初心，勇于担当，不辱使命，在推动标准“走出去”方面探索了路径，做出了表率。目前在中亚天然气管道 D 线工程项目中，中亚管道有限公司组织对中塔隧道勘测、设计、建设和验收标准进行对比研究，以国内油气管道隧道相关标准，包括《油气管道山岭隧道设计规范》《铁路工程抗震设计规范》《混凝土结构设计规范》《地下工程防水技术规范》《油气输送管道工程水域盾构法隧道穿越设计规范》《油气输送管道工程测量规范》《岩土锚固与喷射混凝土支护工程技术规范》《油气管道穿越工程施工规范》《油气田及管道岩土工程勘察规范》《铁路隧道施工规范》《地下铁道工程施工及验收规范》《铁路隧道喷锚构筑法技术规范》《工程测量规范》以及《盾构法隧道施工与验收规范》为基础起草编制了塔吉克斯坦国家隧道专项标准《在塔吉克斯坦共和国采用中华人民共和国标准设计、施工和验收中亚天然气管道 D 线隧道工程》CTY-PT 10-2016。同时，通过申请吉国国家政府令的方式成功在吉尔吉斯斯坦将中国标准《输气管道工程设计规范》GB 50251 采标成吉国国家标准 KMC GB 50251。两项标准在中亚天然气管道 D 线工程中得到了实施应用，其经济效益巨大，塔吉克斯坦采用中国标准设计、施工和验收中亚 D 线隧道工程，仅型钢和钢筋两项就可以节约工程费用约 7500 万美元；吉尔吉斯斯坦采用中国管道建设标准 GB 50251后，中亚 D 线吉国段仅管道路由调整及调整后拆迁费两项就节约投资 4350 万美元。

“得标准者得天下。”这句话揭示了标准举足轻重的影响力。而在中国企业“走出去”的过程中，输出“中国标准”一直都被视为最高追求。中国标准通过不同的形式进入塔吉克斯坦和吉尔吉斯斯坦两个国家，不仅体现了我国技术的软实力，同时也为中国标准走出去提供了一条可借鉴的成功之路，这是我国油气管道标准“走出去”最典型的案例。

专栏 8-2（续）

借鉴中国隧道标准在塔国落地的成功经验，中亚管道公司未雨绸缪，先行推动开展管道运行维护系列塔国天然气管道行业标准的研究与编制，依据中国相关标准编制塔国系列天然气管道运行标准的工作已正式开展。未来该系列高钢级、高压力、跨多国的管道运行标准不仅填补了塔国同类标准的空白，同时，对于中亚俄罗斯地区来说也将是开创性成果。

目前，中亚管道公司作为联合方还依托海外工程承担了国家重点研发计划课题“重大装备标准走出去适用性技术研究”的子课题“我国油气管道标准走出去适用性技术研究”，拟开展油气管道工程建设、管材、管道设计、管道运行维护多个方面的优势标准“走出去”研究，力图从更高层面总结归纳我国油气管道标准走出的共性规律、普适路径、同质模式，包括但不限于中国石油具有优势的管道完整性管理规范、管道内检测技术规范、油气管道穿越工程施工规范、输油管道工程设计规范、输气管道工程设计规范、燃气轮机烟气排放测量与评估规范等多项标准。

中亚天然气管道是“一带一路”的重点工程项目，是重要的国家陆上能源战略通道之一。同时，中亚管道公司认真贯彻落实习总书记在第 39 届国际标准化组织大会上的指示，即坚持需求导向、标准引领、创新合作、互利共赢、滚动实施原则，主动与项目所在国标准化战略对接和标准体系相互兼容，积极推动中国标准国际化，以标准“软联通”打造合作“硬机制”。为推进“一带一路”建设贡献自己的力量。

第三节　全面优化信息化管理

信息化是中亚管道公司实现降本增效，提升管道竞争力，并向建设世界先进水平国际化管道公司目标迈进的关键。10 年来，公司一直高度重视信息化的发展，并将其定位为业务发展的重要保障。为了补齐过去信息化发展中的短板，实现跨越式发展，公司通过实施适当的发展战略，在树立信息化发展理念、实施信息化支撑战略、夯实信息化多元基础、打造信息化统一平台等方面积极进取，主动作为，不断提升公司的信息化发展水平，取得了明显成效。目前，中亚管道公司的信息化建设在很多方面，如信息化管理体系、信息化基础建设、信息化平台构建、信息化安全管理等方面都处于集团公司的先进行列。

一、布局未来，树立信息化引领理念

中亚管道公司信息化建设所取得的一系列成果与其所秉持的发展理念和采取的发展战略密不可分。进入“十三五”时期，随着国内外政治经济形势的变化，为了加快向世界先进水平国际化管道公司的战略目标迈进，公司提出了“两个转变”，其中之一便是推进传统管理向信息化管理转变，突显了信息化在新时期公司发展中的重要作用。

（一）创新发展理念

当前，我国已经步入信息化社会，信息化手段日益成为现代企业发展必须依靠的工具。长期以来，中亚管道公司一直将信息化建设视为业务发展的重要保障，即信息化要为主体业务服务，要以业务为中心，紧急围绕业务需要，与业务需求相适应。随着信息越来越成为一种新的生产要素，深刻影响着全要素生产率，特别是在向“世先”目标迈进过程中信息化逐渐起到破解发展困境，激发发展动力的作用，中亚管道公司开始重新思考并创新、提升信息化发展理念，即信息化不再仅仅作为业务的保障，而且应该发挥引领业务发展的功能。这种引领作用主要体现在以下三个方面：

（1）信息化有利于“稳增长”。近年来，国内经济下行压力较大，油气管道沿线的中亚国家普遍经济不景气，同时，中亚管道公司发展又面临着资源环境、原材料、劳动力等要素成本上升的双重困难。因此，必须通过降本增效来实现公司的“稳增长”目标。而信息化可以提高管道建设、运营的技术密集度，一方面提高了公司产品与服务的技术含量及附加值，进而促进投入产出效率的提升；另一方面减少了用工、原材料等生产要素的需求和损耗，有助于节能减排和降低成本投入。

（2）信息化有利于“调结构”。中亚管道公司已经进入油气并举、建运并重阶段，不但管理幅度进一步拓宽，而且还势必需要进行业务结构、治理结构等的调整。信息化有利于公司业务结构的转变，一方面，随着运营为主特征的逐渐显现，信息化可以推进运营的智能化、高效化、精准化，提高运营效率和效益；另一方面，信息化还有助于管道建设的自动化、协同化、高端化，降低建设投入和成本。信息化手段的运用还可以在新的发展环境下有效提高公司的治理效率。

（3）信息化有利于“转方式”。目前，中亚管道公司正以党的十九大精神为指导，贯彻落实集团公司总体部署和海外油气业务工作要求，围绕全面建设世界先进水平国际化管道公司奋斗目标，推进“两个转变”，即推进公司管理方式由粗放管理向精细化管理转变，由传统管理向信息化管理转变。显然，信息化作为工具和手段有利于推进公司的“两个转变”。

（二）提升发展定位

基于信息化引领的发展理念和功能认识，中亚管道公司在借鉴国内外对标企业以及集团公司对信息化建设要求的基础上①，结合自身实际，将信息化工作的定位确立为“信息引领、专业管理、技术支持”，并通过“绘蓝图、夯基础、建平台、定标准”促进公司由信息化向信息化管理转变，进而服务公司业务开展，保障系统平稳运行；引领公司信息化发展，支持企业战略；制定信息化规则，管控信息化过程。其中，“绘蓝图”主要包括对标企业学习、编制总体规划、做好技术跟踪、加强股东交流；“夯基础”主要包括基础网络建设、基础应用推广、企业数据梳理、信息安全体系；“建平台”主要包括协同办公平台、企业数据平台、硬件云化平台、智慧决策平台；“定标准”主要包括系统过程管控、数据标准制定、内外接口规范、细化信息考核。

在具体的工作中，中亚管道公司坚持“统一规划，统一标准，多元投入，分级管理”的原则，遵循“业务主导，统筹协调，直线责任，属地管理”的工作机制，依据公司信息技术总体规划，由信息化管理部门负责规划编制、基础及综合办公平台与企业大数据平台搭建、公共数据编码及信息化管控等。各单位、各业务部门在规划框架内，按照信息管控及数据编码规则，推进各专业系统的建设，避免重复投资和信息孤岛，保障最终的数据共享和决策智能，进而持续提升生产经营管理水平。

---

①　2016 年 4 月 28~29 日，中国石油召开科技与信息化创新大会，针对当前和今后一个时期的信息化工作，王宜林董事长强调：信息化是推进企业创新发展的重要手段，对于提升效率、创造价值具有重要作用。要大力提升信息化助力创新发展的能力和水平，“十三五”期间，集团公司要全面完成信息化应用集成建设，持续提升信息化水平，进一步迈向共享服务与数据分析应用的新阶段，努力建成“共享中国石油”。

（三）明确发展目标

随着信息化重要性的日益凸显，中亚管道公司提出信息化建设的总体目标是，以满足管道建设和油气运营业务需求为目标，充分借鉴国内外管道公司信息化建设的成功经验，加强信息化管控、强化数据治理、建立安全体系、健全信息队伍，建设支撑企业经营管理和综合办公、贯穿管道整个生命周期、覆盖管道主营业务、满足国际化管理需求的信息化平台，信息系统达到全面集成，数据充分共享，应用成熟新技术，支持公司业务高效、快速发展，使信息化建设整体水平达到行业领先，接近国际先进水平。如图 8-3 所示。

随着业务规模的不断扩大，中亚管道公司已经步入“油气并举、建运并重”的新阶段，管理幅度、治理结构、管理流程等方面均出现新挑战，加上目前传统行业正处于工业 4.0 转型的重要变革期，公司信息化面临更为严峻的内外部挑战，因此，只有进一步夯实基础、补齐短板，强化信息化顶层设计和过程管控，提升 IT 支持能力和服务水平。基于此，中亚管道公司提出信息化发展近期需要实现的阶段性目标，即项目管理规范化、数据治理标准化、信息安全体系化、IT 服务流程化、IT 人员专业化。

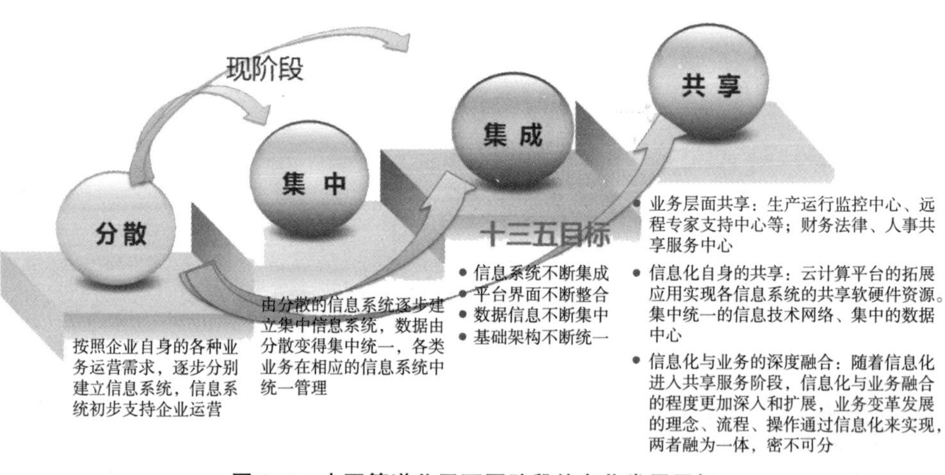

图 8-3　中亚管道公司不同阶段信息化发展目标

二、分步推进，实施信息化支撑战略

为了深化信息化应用，提高精细化和科学化管理水平；强化信息化与工程建设、调度运行、资产完整性等业务有机融合；加强经营管理，提高办公效率，建立适应世界先进水平国际化管道公司管理的先进管理信息系统，中亚管道公司按照轻重缓急，审时度势，确立了分步推进信息化支撑战略，通过集中有限的人力、物力、财力等资源寻求关键领域的率先突破，取得了良好进展。

（一）分步推进的历史经验

为了全面服务管道建设、运维等业务方面的需求，突破人员等要素方面的自身瓶颈，中亚管道公司明智地选择了分步推进的实施路径，并大力发扬“智慧+拼命”的精神，自 2007 年成立以来，信息化建设零起步，从无到有，逐步深化、持续优化，实现了从“基础建设和应用”向“业务应用与集成”的跨越。从发展历程来看，2009 年主要完成的是网络和视频等基础设施建设和邮件、OA 等基础应用系统建设，随着 AB 线投产，公司进入建运并举阶段后，2010 年由 IT 引导启动了 PPS、ERP 等专业系统建设；“十二五”期间，“业务主导，统筹推进”工作机制逐步形成，业务应用逐步深化，并实现了移动办公和初步集成；2016 年又实现了单点登录①和部分系统的深入集成，并正式挂牌成立“中亚管道+ICT 中心”。可以说，目前公司的信息化建设正在稳健地向“中亚管道+ICT”的新阶段迈进。

（二）分步推进的未来策略

前一阶段的快速发展在取得显著成效的同时，也产生了一些短板，如信息化顶层设计不完善、信息安全不系统、专业队伍不健全等，面对海外基础设施薄弱、信息安全风险高，信息技术进步快、用户体验要求高，业务复杂、应用系统多、数据管理难，油气行业控制成本、IT 核心能力不足等越来越多的挑战，唯有加紧“补课”，不断增强信息化核心发展能力，才能促进全面建设世界先进水平国际化管道公司目标的早日实现。为此，中亚管道公司提出了“三步走”策略，即：2017~2018 年主要完善夯基础、补短板目标；2018~2020 年基本完成数据治理，应用拓展；2020 年之后逐步实现深度集成，充分共享。如图 8-4 所示。

三、重点突破，夯实信息化多元基础

为了实现信息化建设的目标，充分发挥信息化引领功能，中亚管道公司对自

---

① 推广身份认证，实现单点登录。该 Ukey 除为系统提供单点安全登录功能外，还提供了类似“三生密钥”的加密功能，支持文件本地加密以及整个集团范围内的外发文件点对点加密。

图 8-4　中亚管道公司信息化发展历程

图 8-5　中亚管道公司信息化“三步走”策略

身信息化发展进行了准确评估，不但总结了发展中积累的经验，也找到了发展亟须补齐的短板和突破的瓶颈。目前，中亚管道公司的组织机构发生了重组，已启动的信息化建设项目也极有可能根据重组情况发生相应变更，这无形中增加了公司信息化发展的难度。但中亚管道公司依然保持发展定力，围绕“夯基础，补短板”，除了开展了一些信息化项目建设外，还采取了一系列创新举措，进一步加强信息化组织与人员队伍基础、制度基础、安全基础、基础设施基础等。

（一）组建 IT 中心，夯实组织与人员基础

为加强信息化管理工作，推进信息化建设与应用，切实加强对信息化工作的领导，中亚管道公司于 2009 年 5 月成立了由公司总经理亲自挂帅、公司领导共同参与的信息化工作领导小组，同时成立了由相关人员组成的信息化领导小组办公室，完善了信息化管理体制。改“分散建设”为“集中建设”，开始在统一领导、统一规划下进行中方各境外项目的信息化建设，确保了信息化建设的一体化，避免重复投资。

在完善信息化决策机构的基础上，中亚管道公司信息化发展的具体工作由技术与信息管理部牵头负责。为了解决部门专业人员不足的问题，提高管理与执行效率，公司进一步强化分工与协作，实行管理与运维、支持的分离，设立 IT 中心，专门负责信息化工作的执行。该 IT 中心，即“中亚管道+ICT 中心”，于 2016 年由公司与中油瑞飞合作成立，依托瑞飞在信息技术、通信及安防工程、自动化、建筑智能化、物联网研究与应用、大数据分析、管道应用方面的技术能力和一体化服务优势，在“十三五”期间协助公司推动 ICT 具体工作的实施。由此，形成决策—管理—执行三层信息化建设与管理组织基础，为公司信息化进行精细化管理提供了有力保障。如图 8-6 所示。

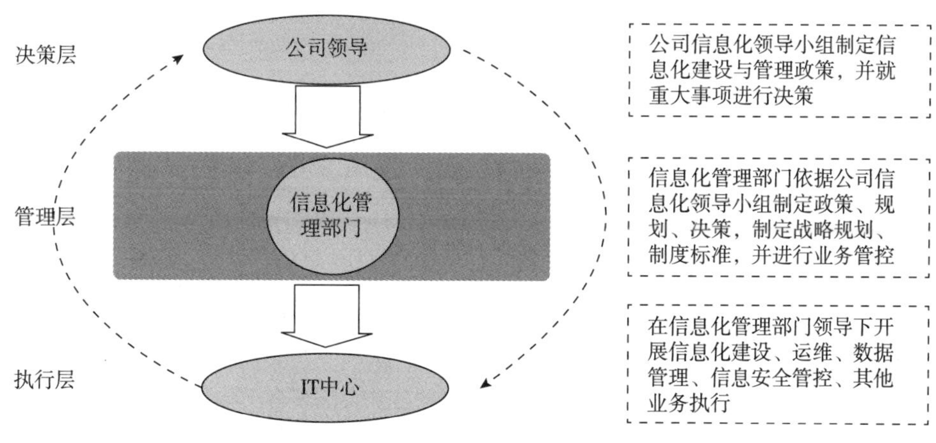

图 8-6 中亚管道公司信息化组织框架

根据中亚管道公司批准的“十三五”信息化滚动规划，技术与信息管理部设主管信息化副主任1人，专业经理2人，管理人员4人，外委运维人员5人。目前，仅有专业经理1人，外委人员4人，分别负责信息化规划与项目管理、应用系统与信息安全管理、网络及视频会议支持维护、办公软件及计算机桌面维护。虽然信息化专业人员严重不足，但中亚管道公司一直通过多种举措加强信息化人才队伍建设，具体来说，正在或即将要进行三个方面的努力：①信息化涉及规划计划、项目管理、信息安全、应用架构、系统开发、数据库、信息集成等诸多方面，专业性强，且IT技术更新较快，随着“中亚管道+ICT”的开展，以及诸多全局性信息系统的陆续建设，公司将增配必要的专业人员并进行专业管理。②加强与信息化专业队伍的合作，以各信息化专业队伍为依托，培养了一批理念先进、水平过硬、态度积极的技术服务队伍。加强技术交流，及时跟进信息化发展趋势、新技术应用。③加强总部、项目、合资公司员工培训，培养了一批精通业务、熟悉信息化系统应用、了解信息化新技术的复合型人才。

（二）加强顶层设计，夯实制度基础

中亚管道公司加强信息化制度基础主要开展了两个方面的努力：

（1）编制完善信息化专项规划，强化信息化发展顶层设计。高度重视信息化专项规划的编制工作，将其作为信息化发展的大纲和指南，是公司“十三五”四个专项规划之一。在部门访谈、上级单位、兄弟单位调研等的基础上，根据“建运并举、油气并存”的实际和信息化工作的要求，并结合IT技术最新进展，务实开展了专项规划的编制与调整，除了提出了具体的工作思路与主要任务外[①]，还对原规划框架项目做了三项优化，分别是二三维一体化平台优化为工程建设数据采集平台；将综合分析平台、压缩机远程监控平台、生产数据综合展示平台合并为数据综合分析平台；推迟桌面云项目。

（2）制定了一系列关于信息化的管理制度，形成了一套相对完善的制度体系，并且一直处于动态调整及优化状态中。例如，2015年，为规范管理，根据集团公司和海外勘探开发公司现行管理规定，结合公司实际，制定发布了公司信

① 中亚管道公司信息化专项规划提出三大主要任务：一是保障系统平稳运行。搭建完善基础设施，提供信息资源平台；完善信息安全体系，确保系统安全运行；梳理现有数据资产，完善数据管理体系；搭建办公系统平台，支持办公高效开展；引入信息运维体系，提高综合服务质量。二是引领信息化发展。通过规划引领；通过项目引领；通过对标引领；加大全员培训；加强双方股东沟通；新技术跟踪。三是制定信息化规则。数据标准制定，内外接口的规范；专业支持项目建设，管控项目建设过程；加强监督考核，促进系统应用。

息化管理办法，同时对原视频会议管理办法进行了修订，并结合公司采购管理实际，废除了原计算机和软件采购管理办法。通过这些管理办法，对信息化项目管理流程，以及信息化建设中业务驱动、信息协同的工作机制等分别进行了固化，为后续信息化持续建设奠定了制度依据。如表 8-4 所示。

表 8-4 中亚管道公司信息化管理制度体系建立过程

年份	信息化管理制度
2009	《信息设备采购与管理实施细则》，《计算机软件采购与管理办法》后纳入公司统一采办管理，已废止
2011	《公司视频会议系统管理暂行办法》
2015	发布《公司信息化管理办法》，并修订《公司视频会议系统管理办法》
2016	发布《公司身份管理与认证服务平台管理细则》《网络与信息系统安全突发事件专项应急预案》

目前，中亚管道公司信息化管理制度体系主要包括信息设备采购与管理、软件采购与管理、视频会议、信息化管理办法等制度和规范。

《公司信息化管理办法》作为整个信息化管理制度体系中最核心的制度在 2016 年 1 月正式发布实施，整个管理办法总计 68 项管理制度，内容包括管理职责的界定，信息化规划计划的制定流程、落实管理规定，信息技术项目立项、实施与验收的主体、流程规范，信息系统应用与运行维护的指导意见，信息系统安全的保证办法，信息技术标准的确定，检查与考核的办法等。

（三）构建安全体系，夯实安全基础

中亚管道公司非常重视信息安全的保障工作，大力构建信息安全体系。在组织层面，成立了公司安全管理委员会，专门负责与信息安全相关的决策工作。在制度层面，信息系统安全依据《中国石油天然气集团公司信息化管理办法》有关信息系统安全规定执行，同时，还制定了《网络信息安全专项应急预案》，建立了信息系统安全风险评估机制，定期或在重大事件、特殊需要时组织开展信息安全风险评估。公司组织年度信息系统安全检查，总部相关业务部门、所属各单位、全资子公司及参股公司按照部署对本单位的信息系统开展信息安全自查，分析存在问题，采取整改措施，消除信息安全隐患。技术与信息管理部负责对自查和整改结果进行监督检查。

在实际操作层面，中亚管道公司不断加大信息安全检查力度，提升信息安全能力。具体来说，一是扩大安检范围。为提升信息安全能力，加强信息安全意识，以集团公司信息安全检查为契机，结合实际，将信息安全检查范围扩大到了境外各中方项目，并结合实际做好问题整改，使信息安全检查工作常态化和规范化。二是强化技术保障。为加强终端计算机的网络安全，借助外部专业资源，如从系统内部支持单位中油瑞飞公司采购并部署了基线安全加固软件，为日后公司的信息安全检查工作常态化提供了工具支持和平台基础。三是涉密文件检查。例如，2016 年，依托集团公司信息安全项目组提供的涉密文件深度取证系统，启动了公司涉密文件检查工作，此专项检查历时 40 余天，未发现违规情况。

目前，中亚管道公司已与国家信息技术安全研究中心等签署了保测评和风险评估服务协议，开展信息系统安全定级、等级测评和安全检查、安全风险的整改、系统备案、培训及后期技术服务、工控领域信息安全检查和保护建议方案等工作，目前已完成第一阶段的工作，下一步将结合实际，对信息安全体系的搭建进行研究并完善。

（四）推进建设改造，夯实基础设施基础

构建高水平 IT 基础设施是推进信息化建设的重要基础。目前，中亚管道公司主要开展两方面的具体工作：

（1）构建完善的信息化网络，包括广域网和云视频。截至当前，公司及境外项目已经全部完成广域网专线接入、视频会议、IP 电话等系统建设，便捷了沟通，并为各系统在总部机关和境外拓展奠定了良好的基础。2016 年，公司还试点了云视频，提升了视频能力。目前，总部及境外项目驻地都建设了视频会议系统，同时也实现了办公视频与生产视频系统的互通，但这些视频系统仍局限于特定会议室进行，为解决在上述视频会议地点外参会的特殊需求，公司协同集团公司推进云视频的部署和各种问题排除。目前，除乌兹别克斯坦因国家限制不能使用外，其他项目主要所在地，云视频均正常。基本满足了公司领导出差时用 PAD 加入视频会议的特殊需求。

（2）推进基础设施改造。2015 年中亚管道公司完成了总部视频会议系统改造。总部视频会议系统于 2009 年投入使用，部分设备已经老化，为保障频繁的视频会议需求，对总部视频会议室进行了简易升级改造，实现了硬视频、软视频、电话会议几个系统的语音融合，改变了每次会议临时布线的局面，既简化、美化了会议室环境，又提高了会议稳定性，升级改造后，会议保障率基本达到了 100%。

专栏 8-3　合资公司信息化基础设施情况

合资公司的信息化基础设施情况包括：①中乌合资公司（ATG）。局域网自 2009 年建成以来，已稳定运行多年。布哈拉管理处及各站办公网络已经与塔什干 ATG 办公楼的办公网络通过运营商的 VPN 链路连接起来，连接带宽目前是 10Mbps。同时实现布哈拉管理处及各站办公网络电脑通过光缆可访问丝路国脉网站和中亚企业大学网站。②中哈合资公司（AGP）。AGP 内部局域网未接入集团广域网。AGP 内部局域网暂无内部升级改造计划。生产网络建设 SCADA 系统与其他系统隔离，中国石油广域网无法通过交换机对其进行直接访问。AGP 机房共有 41 个服务器，目前均投入使用。符合 Tier3 机房标准。③哈南线合资公司（BSGP）。驻地局域网接入哈萨克斯坦区域网络中心。合资公司接入哈电信 Internet。2017 年，合资公司考虑接入哈电信和 Altel 公司两条链路。目前，管道光纤正在建设施工期，建设完成后独立运行，与合资公司办公网物理隔离。合资公司机房建设符合专业机房的标准建设。④中塔合资公司（TTGP）。中国石油广域网于 2016 年 3 月 3 日在中方项目正式开通使用，2016 年 11 月 3 日中国石油广域网延伸至合资公司。局域网建设今后一段时间内无后续计划。合资公司新调控中心建设时再进行局域网调整与建设。合资公司由于机房为临时使用，为节约成本，除防雷及灰尘不达标外基本符合机房标准。⑤中吉公司（TKGP）。中吉项目中国石油广域网接入点为项目中方驻地 Sayakat，办公楼 Maximum 通过光纤专线与驻地 Sayakat 互联。中吉项目在驻地与办公楼均建设有局域网络，驻地与办公楼局域网通过光纤专线互联，形成一个大的局域网。中吉项目暂无生产网络。中吉项目主机房为电视设备系统间改造而成。⑥中哈原油管道公司（KCP）。在联合公司重新调整局域网，优化网络流量，全部计算机网络实名化。完成阿塔苏—阿拉山口管道光通信网络设备软件升级，流量优化。生产网络与办公内网物理隔离，生产网络与现场办公网络逻辑隔离，并使用防火墙制定访问策略。机房采用 30 平方米 TIA 标准机房，4 个 42U 标准机柜。⑦西北管道公司（MT）。目前公司广域网未接入，并尚未建设局域网，只是有邮件系统。公司目前暂无生产网络。机房有一台主机，面积大约 59 平方米。由于单位人少，相对可以满足使用。

四、高度集成，打造信息化统一平台

中亚管道公司基于降本增效、提高信息化水平的目的，围绕共享 IT 人员、软件、硬件、服务等资源的目标，形成了“集成、集中、统一”的发展策略。“集成”包括横向集成（业务集成、企业集成、社会集成）和纵向集成（与集团集成、与项目集成）。“集中”包括物理集中（整合小机房、共享资源）和系统集中（集中部署、云化服务）。“统一”包括技术统一（统一规划、统一标准、统一建设、统一管理）和管理统一（全球 24 小时统一服务平台）。显然，集成、集中、统一的落实需要载体，这就是信息化平台。一直以来，为有效支持重点业务环节，实现对管道建设和运行的有效管控，公司在推进信息化的过程中除了加强信息化基础设施的建设外，还强调以业务部门为主导开发信息化系统应用。截至目前，公司已完成 30 多个信息化项目或系统的应用，其中集团统建系统 18 个，利用集团公司产品或技术独立部署的系统 5 个，公司自建或外系统引入的 8 个，形成了以“集团统建系统为主、公司自建系统”为辅的信息系统框架。这给下一步的集成、集中、统一打下了良好的基础。目前，中亚管道公司已经通过搭建应用信息化平台对各业务部门开发的系统、应用进行了初步集成，未来一段时期将进一步开展深度集成，打破各系统应用之间的“竖井”，为建设世界先进水平的国际管道公司提供 IT 保障和支撑作用。

（一）构建“三位一体”信息化平台体系

可以说，中亚管道公司已经基本建成决策支持平台、经营管理平台、管道建设和运行管理平台，形成公司信息化平台体系。如图 8-7 所示。

（1）决策支持层。中亚管道公司借助集团公司整体优势，进一步挖掘决策支持系统（经营信息系统）功能，通过对专业应用系统和经营管理系统的集成以及相关数据整合，实现企业生产和管理各类数据的统一管理，逐步建立决策支持模型，使之在现有报表展示的基础上，增加趋势分析和决策支持功能。决策支持系统是集团公司信息化从集中建设向集成应用跨越的标志性项目，于 2015 年 11 月正式上线。该系统涵盖了公司建设、运行、HSE、计划、财务等核心数据，通过该系统，各类经营报表可自动生成，并进行多维展示，系统上线后为经营决策提供数据基础，有效提高管理人员的工作效率，促进公司经营管理水平的提升。

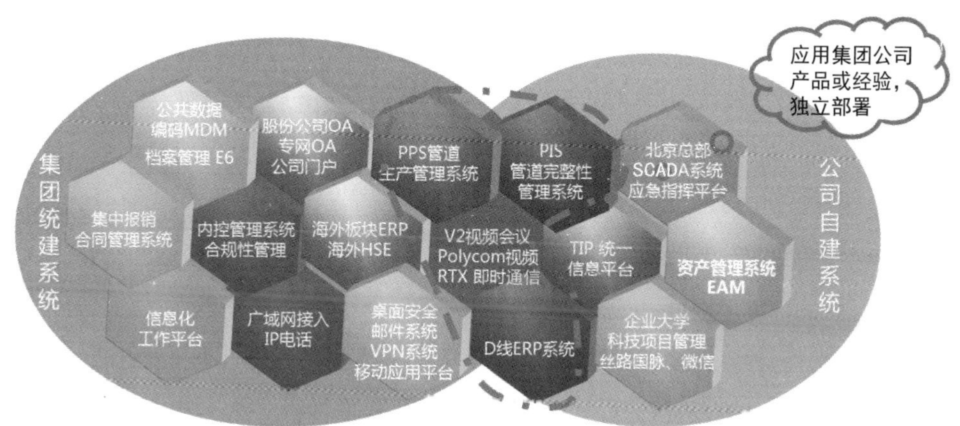

图 8-7　中亚管道公司信息化平台体系

（2）经营管理层。中亚管道公司通过协同办公平台和 ERP 系统的深化应用，逐步形成了高效的经营管理信息平台，实现公司内部信息的充分利用和共享，提升企业的经营管理水平和协同能力。公司统一信息平台，于 2014 年初上线试用，在做好一期应用的基础上，结合业务需求对该平台进行了深入拓展。首先，结合业务需求，增加了因私证件、会议室、办公用品、用印审批等功能模块，持续提升业务管理的信息化率；同时进一步推广移动办公，使移动办公范围扩展至部门负责人及部分关键岗位，提高了审批效率，降低了跨部门间的工作协调时间成本。

（3）生产运行层。进一步完善管道生产管理系统，实现实时浏览、监视和控制生产、回顾生产情况及各类信息共享；建立完整性管理系统，对影响管道安全的因素进行综合、一体化的管理使管道整个生命周期处于完整、安全和良好状态。

目前，中亚管道公司一方面通过数据梳理、大数据平台研究、协同办公平台优化升级等途径打破信息孤岛，不断加强系统之间的集成程度，完善信息化平台建设，如启动数据梳理和大数据平台研究，规范系统内外部数据；完成协同办公优化平台一期建设，实现公司信息系统由集中建设向集成应用的跨越等。另一方面着力推进信息系统建设，促进已上线的系统深化应用。例如，一是系统上线。应用集成根据 CNODC 要求，超前完成实施工作；E-learning 在线培训系统覆盖北京、中乌管道项目各基层站场、哈项目阿拉木图、吉项目比什凯克；PIS 系统完成实施，在总部、中乌、中哈、哈南上线应用；超声波流量计 CBM 远程诊断已在乌、哈计量站应用。二是系统提升。设备管理系统有序开展、移动应用优化系统建设、ERP 系统深化应用、PPS 系统进行系统深化应用。三是项目启动。中间数据库、统一监控平台（通讯）已授标，待后续实施。绩效管理系统完成前期调研，方案优化后推动实施。

（二）推进数字化管道建设

建设数字化管道是中亚管道公司提出的增强管道竞争力的重要手段，也是公司信息化平台建设的主要特色。目前，公司已启动 D 线管道干线工程建设数据采集标准制定并纳入 ITB 文件，为数字化管道建设奠定基础。公司提出数字化管道建设推进的主要思路是结合全生命周期的数字化管道理念，做好总体规划和顶层设计，统筹推进。已开展的工作主要体现在数字管道建设工程招标、工作界面、技术方案及组织领导等方面。

（1）D 线数字管道建设方案已于 2014 年底获得公司总经理办公会审查通过，考虑到 D 线工期总体后退，较早确定数字管道咨询服务商可能发生较大费用，故尽管早已做好招标准备，并未开展实质性招标。目前，公司正积极完善 D 线数字化合同并完成招标启动合同实施。

（2）组织编写了 EPC、TPI 承包商及数字管道咨询服务商的数字管道建设工作范围及责任，并要求各项目部编入招标文件及合同中，目前塔、吉项目已经完成，乌国项目正在编制中，切实做到了纵向到底，横向到边，权责分明，不留死角。

（3）结合“十三五”信息化规划，并重点考虑运行管理部门和其他职能部门在建或者拟建的运行及管理系统，重新核对 D 线数字化管道合同工作范围和实施要求，完成了数字化管道数据库标准统一规划。

第九章

全面落地　健全绩效管理共同体

全面绩效管理是现代企业科学管理体系的重要内容，它通过采取有效的管理工具，对员工和组织行为进行过程辅导，并进行及时的组织反馈，激发个体、团队和组织潜能，有效改善和提高组织绩效。中亚管道公司正在进入新的全面提升和优化管理阶段，公司发展已从规模增长阶段转向高质量发展阶段。公司的绩效管理体系经历了从无到有和持续完善的过程，初步形成了公平、科学、有效的绩效管理文化。公司绩效管理紧紧围绕根本目标的转变，不断健全优化管理体系，创新管理工具，激励团队和员工不懈进取、追求卓越，推动公司各部门、各项目公司不断创新挖潜，降本增效，成为建设世界先进水平国际化管道公司的重要驱动机制。

第一节　建立健全全面绩效管理体系

全面绩效管理并无最优管理模式可言，最优的绩效管理一定是与企业实践相结合，并在实践中反复调整和修正的特色化管理体系。在委托代理框架下，绩效管理体系有助于建立有效激励机制，促使所有者和经营者利益及风险偏好趋于一致，实现激励相容，改进和提升公司绩效。当前，全面绩效管理已成为中亚管道公司基础管理体系之一，是驱动全员围绕公司战略目标，挖潜降耗、开源节流、提质增效的重要管理工具。中亚管道公司通过制度创新、体系优化和组织架构调整，已经建立了全员、全业务、全过程覆盖的绩效管理体系。

一、健全绩效管理制度

绩效管理是中亚管道公司“四梁八柱”管理体系的重要组成部分，是公司打造激励相容管理体系的重要抓手。为凝聚全体员工共识，确保各部门、各合资公司绩效管理有章可循、有规可依，中亚管道公司根据自身发展需要和境外项目实际，大力推动绩效管理文化创新，持续推动绩效管理制度化建设，使公司绩效管理体系不断优化。

（一）创新绩效管理文化

体系创新，理念先行。管理理念是企业确定管理方式、明确管理目标的思想宗旨。中亚管道公司作为创新“一带一路”合作模式的先锋和打造跨国管理共同体的典范，在绩效管理方面积极破除传统的平均主义思维，树立了绩效管理的多维价值导向、战略目标导向和员工发展导向。其中，多维价值导向决定企业绩效管理的意义归属，战略目标导向规定了绩效管理的路径方向，员工发展导向则提供了绩效目标的动力保障，如图 9-1 所示。

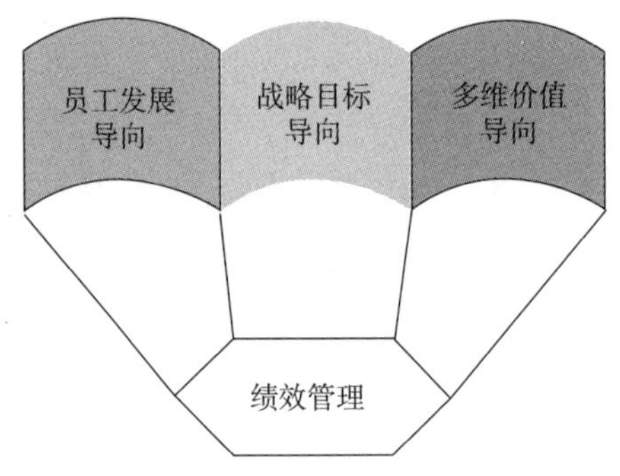

图 9-1　中亚管道公司绩效管理理念体系

1. 多维价值导向

价值管理是全面绩效管理的核心。公司进行绩效管理的根本目的是提高公司多维价值创造能力，实现各价值主体的价值均衡最大化。对于肩负国家能源安全使命的国有企业和跨国合资项目的主导者，中亚管道公司从国家利益、股东价值、员工价值、顾客价值、社会价值等多维度的价值域出发，通过多维价值管理，理顺企业内外部相关主体的相互关系，打造价值共赢体系，激发绩效管理体系的最大效用，促进企业可持续发展。多维价值导向是企业据以确定各时期战略目标的根本依据。

2. **战略目标导向**

动态调整是保障绩效管理有效性的必要手段。中亚管道公司从成立之初发展到目前的国际先进管道公司，在不同时期经历了前期建设、中期运营和后期扩建、提升等不同阶段，公司发展的国际国内环境也在发生变化，因此公司根据不同阶段的环境约束、自身在不同阶段的使命及管理复杂度，不断调整自身的中长期战略和短期发展目标，并据以调整、完善绩效管理体系，逐步建立了与公司战略目标相匹配的全面绩效管理体系。

3. **员工发展导向**

企业战略目标的实施依赖于员工能力的充分发挥，而好的绩效管理体系能够促进员工职业能力提升。中亚管道公司不仅将绩效管理作为公司实现战略目标的基础工具，更重要的是将其作为促进员工成长、激发员工积极性的重要手段，通过沟通与辅导，提高员工能力与工作目标匹配度，打造“争优创先”的内部氛围，使企业多维价值创造始终具备动力之源。

（二）健全绩效管理制度

制度建设是实现绩效管理落地的根本保障。随着绩效管理思路的逐步明确，2011 年，中亚管道公司总部制定了《中石油中亚天然气管道有限公司员工绩效管理办法》，各合资公司也分别制定了项目考核办法，明确了以双方股东批准的公司年度预算为绩效合同的编制基础；管理办法通过制定绩效合同评分方法，明确了效益类、营运类、重点工作类和控制类指标的计分方法。中亚管道公司以绩效合同为基础，充分发挥合资公司成本效益单元作用，深入挖掘降本潜力，努力开拓开源空间，强化绩效考核指标推动作用，实现目标任务层层分解，开源节流降本增效工作取得明显成效。降本增效正向引导和激励机制进一步完善。2017 年，公司总部出台《降本增效成果评估与奖励管理办法》，AGP、ATG 和 BSGP 分别建立降本增效奖励制度，公司降本增效管理进入制度化管理阶段。

中亚管道公司在构建全面绩效管理体系之初，就明确了绩效管理的四条原则，作为绩效管理实施过程的准则，以降低阻力，提高可操作性，切实保障绩效管理效果。

1. **双向沟通原则**

沟通是理解的桥梁，理解是合作的基础。在绩效管理的各个环节，各级领导与下属、直线领导与员工，负责部门和相关部门，都应进行充分沟通并尽可能达成一致意见，形成绩效管理实施的良好氛围。

2. 指标精练原则

绩效目标的确定应基于员工所在单位的KPI指标和重点工作，坚持少而精，提炼出与员工工作直接相关的主要指标，进行合理的权重分配，提高评价可操作性和准确性。

3. 客观公正原则

绩效考核必须依据员工实际的工作业绩并按照公司制定的考核办法进行考核，减少考评的主观随意性，提高业绩和考评结果的相关性。

4. 正向激励为主原则

坚持结果考核和过程评价相统一，坚持考核结果与奖惩相挂钩，坚持绩效改进和绩效反馈相结合，对绩效欠佳人员给予改进的机会并提供指导与帮助，切实将绩效管理作为促进员工成长的体系平台。

二、构建全面绩效管理体系

全面绩效管理是保障公司战略落地的重要途径。中亚管道公司为构建全面绩效管理体系，建立了上下联动的工作推进机制，重点打造了“计划—执行—考核—提高”的闭环管理体系，在初步建立科学的闭环管理体系之后，公司对该体系进行了全面推广，实现了全员、全业务和全过程覆盖，并在实践中逐步理顺了绩效管理工作流程。

（一）建立上下联动的工作推进机制

中亚管道公司全面绩效管理以公司的愿景、使命为导向，以公司战略目标为指引，是全员参与基础上的全过程管理，其推进过程由上层主导、上下联动的工作机制予以保障。

明确公司战略目标、制定中长期发展规划是推行全面绩效管理体系的前提，这些工作是在集团公司领导下，由中亚管道公司领导层主导完成的；而战略目标的分解、各部门预算的确定、绩效考核指标的选取、各绩效指标的计算，都需要各部门基础数据和相关人员的支持。绩效管理体系的实施，更是离不开全体人员的参与。中亚管道公司全面绩效管理体系的建立，正是建立在全员认同和上下联动的基础上，实现了理念、目标和绩效体系的逻辑一致。

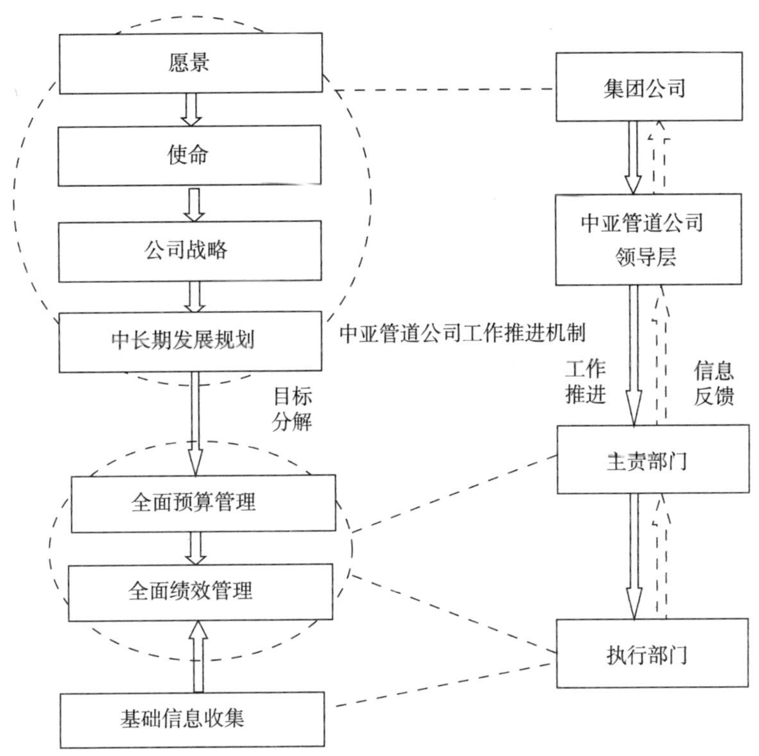

图 9-2　中亚管道公司工作推进机制

（二）打造“计划—执行—考核—提高”的闭环管理体系

绩效管理作为公司战略执行体系的重要保障和人力资源发展的重要手段，本身应该组成一个“计划—执行—考核—提高”（PDCA）的闭环系统。仅注重考核和流于形式的绩效管理，对公司战略执行和人力资源发展的作用必然是有限甚至无效的。中亚管道公司在自身成长过程中，不断调整、提升自身战略目标，围绕不同时期的战略目标，进行战略目标的层级分解、业务分解和岗位分解，着力打造针对各部门、各岗位的行之有效的绩效管理系统。目前，公司已经形成了绩效管理的有效闭环，该闭环系统从绩效计划，到绩效辅导，到绩效考核与反馈，再到绩效诊断与提高，绩效管理的各环节不断循环，螺旋式上升，促进了公司战略目标落地，对项目实施和各岗位职责履行起到了良好的指导、监督和激励作用。同时，员工在这样的管理流程中，不断发现自身和工作中的问题，不断总结、调整，实现了自身职业能力的提升，进一步推动了公司绩效目标的实现。如图 9-3 所示。

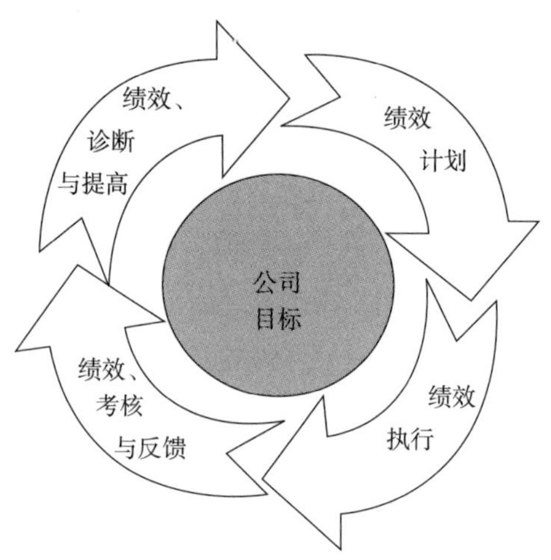

图 9-3　中亚管道公司绩效管理闭环

（三）健全全面覆盖的绩效管理体系

科学有效的绩效管理绝不是一个部门、几个人员的事情，而是涉及各部门、各项目，需要全体员工的共同参与，也是对公司全业务流程的一种跟踪、评价和考核。目前，中亚管道公司已经建立了覆盖所有职能部门和合资项目的绩效管理体系，实现了绩效管理的全员、全业务、全过程覆盖，如图 9-4 所示。

中亚管道公司全面绩效管理体系的特点是“横向到边、纵向到底、贯穿始终”。“横向到边”是指水平分工界面上，各部门、各公司、各业务单元全面覆盖，所有员工全面参与。各部门、各业务单元全员参与意味着指标设置的全覆盖和岗位责任的全覆盖，这保障了绩效管理的跨部门沟通和绩效评价标准的内部统一，有利于提升管理效率，实现激励相容。“纵向到底”是指各纵向管理层级和业务实施流程的各环节全面覆盖，全层级和全过程覆盖保障了绩效目标的有效分解和实施反馈，强化了全员参与，保障了工作绩效目标的持续推进。“贯穿始终”是指在时间纵深轴上，各部门、各项目的绩效管理实现时间节点全覆盖，各考核主体在不同阶段完成相应的绩效目标。在这一体系中，公司通过将总部职能部门、业务部门和合资公司绩效指标任务层层分解到各处室和作业单位，落实指

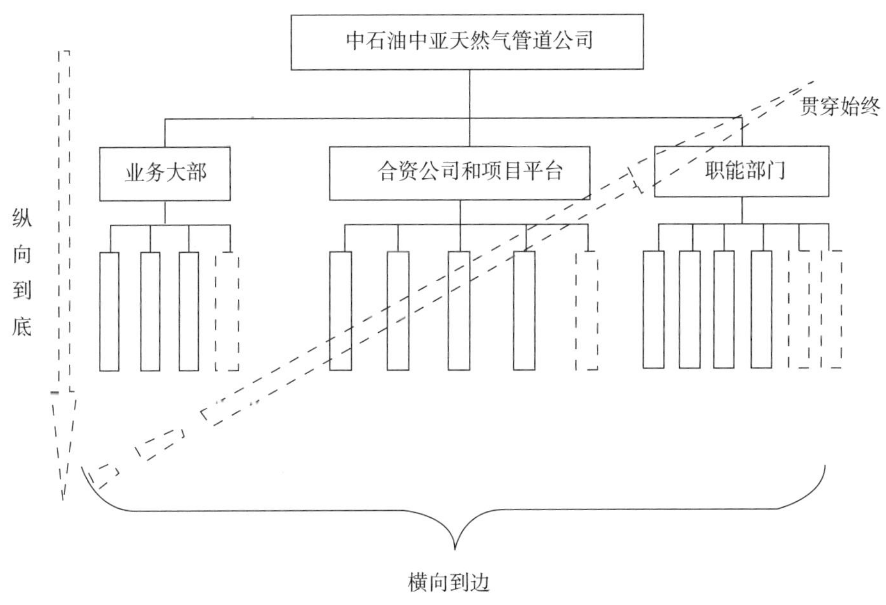

图 9-4　中亚管道公司全面覆盖的绩效管理体系

标责任到具体岗位、具体人员，并在时间序列上进行滚动推进，从而实现绩效管理在各个层次和维度的全面覆盖。

三、建立绩效管理组织架构和绩效计划工作流程

（一）基于业务目标和岗位责任的双线组织架构

中亚管道公司围绕业务绩效管理和人员绩效管理形成了双线组织架构。在分管副总的指导下，规划计划处负责合资公司和总部部门的绩效考核；人力资源部在绩效考核委员会指导下，负责总部员工和合资公司中方员工绩效考核，如图 9-5 所示。

1. 基于业务目标的绩效管理组织体系

在分管副总的指导下，公司规划计划处具体负责统筹公司内部的组织绩效管理，包括管理工具的考察和选择，协调推进各部门、各项目的绩效计划制订、KPI 指标体系的确定，并负责各部门考核结果的汇总和分析。在该组织体系中，

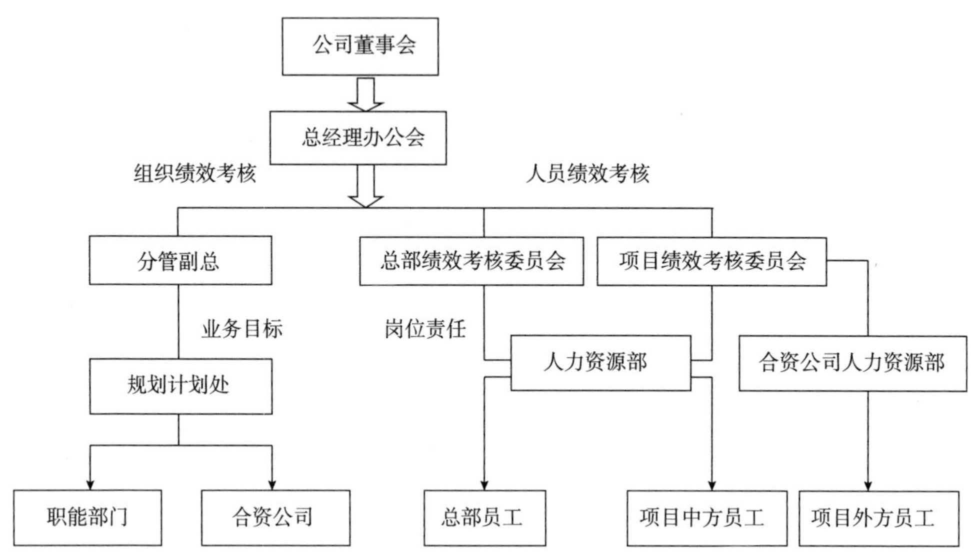

图 9-5 中亚管道公司绩效管理组织架构

各部门责任人为该部门经理，而合资公司的责任人为合资公司总经理。公司总体绩效的责任人为公司总经理，受集团公司管理。

2. **基于岗位责任的绩效管理组织体系**

公司人力资源处负责统筹人员的绩效管理。公司总部、各境外项目分别成立绩效考核委员会，绩效考核委员会的组织成员不少于 5 人，其中需包括本单位人力资源部负责人。境外项目考核委员会主任由项目总经理担任，公司总部绩效考核委员会由公司总经理或总经理授权的副总经理担任。KPI 指标分解到个人后，人力资源部负责推进 PPAD 流程。在该组织体系中，公司总经理的考核由集团公司管理，公司领导班子副职的考核由总经理负责，接受集团公司管理。总部其他人员由员工的直线领导考核。绩效考核委员会的职责包括：员工考核工作的组织安排与协调；研究审查员工预考核结果，确定员工绩效等级；研究审定员工绩效考核评价等级分布；受理员工绩效考核申诉；确保绩效考核过程的公正和透明。

（二）统筹推进的绩效计划工作流程

绩效计划是绩效管理的第一步，是绩效实施和绩效考核的起点。绩效计划的制定依赖于各部门、各项目的参与和合作。只有理顺绩效计划的推进流程，才能明确各主体的绩效实施责任。与公司全面覆盖的管理体系相适应，中亚管道公司建立了责任明确、全员参与、统筹推进的绩效计划工作流程，如图 9-6 所示。

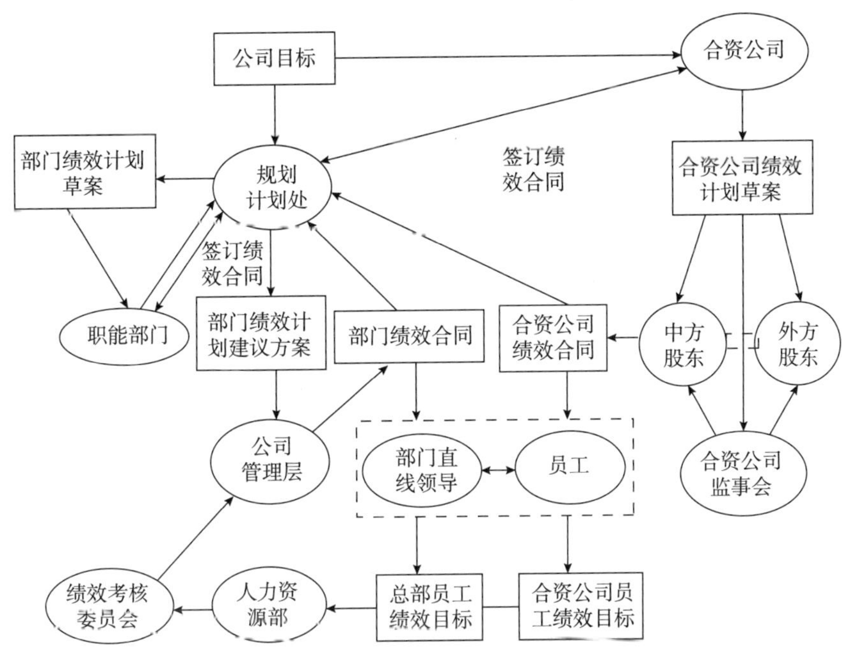

图 9-6　中亚管道公司统筹推进的绩效计划工作流程

1. **各部门充分参与绩效计划制订**

每年年初，规划计划处根据公司战略规划和年度发展目标，提出下一年度总部各部门和境外项目拟完成的绩效目标，形成部门绩效计划草案，并发送各部门充分征求意见，在收到各部门意见反馈后，修改计划草案，形成部门绩效计划建议方案上报公司管理层，经管理层讨论确定后形成部门绩效合同。

2. **合资公司绩效计划的制订体现双方股东权益**

为避免管理摩擦，中亚管道公司在确定合资公司绩效计划时，充分发挥合资公司的自主性，由合资公司提出绩效考核指标草稿，报给双方股东批准。并报合资公司监事会审批，出具意见。最后由双方股东签署 KPI 考核方案。这一组织架构是建立在合资公司 50%：50%股权结构安排基础上，充分尊重并考虑到合资双方的利益关切和价值目标，保障了合资项目绩效考核的公允性和双方参与人员的认可度。

3. 员工绩效目标的确定由考核人和被考核人协商确定

每年第一季度末，各单位考核人根据部门工作目标、年度工作重点、部门职责，结合工作分工，与被考核人协商一致，确定考核人年度工作业绩目标和工作发展目标，并明确各关键绩效指标的衡量标准。

第二节　创新应用绩效管理工具

中亚管道公司创新应用“KPI+PPAD”的绩效管理组合工具，进行绩效管理。KPI 主要针对业务部门的绩效评价，而 PPAD 主要针对员工绩效管理。KPI 注重公司总部战略目标在各个经营单元的分解和目标牵引，PPAD 侧重于 KPI 指标分解到员工个人后的绩效实施过程管理。通过创新性地应用“KPI+PPAD”的绩效管理组合工具，公司初步建立起了经理人员与员工进行工作与学习发展计划制订、实施以及绩效沟通的平台，逐步形成了客观、公正、理性的绩效文化，促进了公司绩效的持续改善。

一、以 KPI 衡量公司业务绩效

KPI 是跨国公司普遍采用的绩效管理工具之一，是企业精细化管理的重要标志。中亚管道公司 KPI 考核围绕中方项目考核和合资公司考核两条主线展开。实际上，中亚管道公司对 KPI 的创新应用主要体现在两种公司管理体系和两种考核导向在公司内的融合。

（一）KPI 体系介绍及其实施意义

关键绩效指标（Key Performance Indication，KPI）即通过对组织内部某一流程的输入端、输出端的关键参数进行设置、取样、计算、分析，衡量流程绩效的一种目标式量化管理指标，是把企业的战略目标分解为可运作的管理目标的工具，是现代企业中受到普遍重视的绩效管理方法。KPI 可以将公司总体目标有效分解到各业务部门，使部门主管明确部门的主要责任，并以此为基础，明确部门人员的业绩衡量指标，使业绩考评建立在量化基础之上，提高绩效考核的公平性和透明度。在公司内部，KPI 体系是全面预算管理落地的重要保障，也是以最高效的方式实现公司战略目标的重要手段。通过识别绩效的关键影响因子，公司各层级和各部门人员得以将主要资源和主要精力配置到关键环节，以提高经营效率。

中亚管道公司在完善全面绩效管理体系的过程中，将 KPI 体系引入合资公司项目评价，是公司从规模型增长向高质量增长转变的内在要求，是培育世界先进水平国际管道公司的必要举措。中亚油气管道跨越多个国家和地区，合作方众多，建立健全覆盖合资公司的绩效管理体系，实现中外方激励相容，对保障合资公司稳健高效运营，打造高效能油气战略通道具有重要意义。这既是在“股权多元”条件下建设世界先进水平国际化管道公司的客观要求，更是向“以合资公司为平台，股权管理为主线”管理方式转变的有益探索。与世界先进水平管道公司相比，中亚管道公司还存在“大而不强”的问题，资产规模、管道里程和输送能力已跻身世界一流行列，但经营效益和品牌溢价与同行业中世界一流跨国公司相比仍有不小的差距。因此，在所有合资公司全面推行 KPI 绩效管理体系，将大力推动公司提高运行质量和经营效益，加快公司向一流跨国管道公司迈进的步伐。

（二）在技术方法上，使 KPI 成为合资公司绩效评价的基础管理工具

绩效管理目标一体化、绩效管理原则标准化和绩效管理体系国际化是中亚管道公司在加强对等股权合资公司绩效管理时坚持的原则。当前，中亚管道公司正在加快建设世界先进水平国际管道公司，管道业务涉及的中亚五国与我国在政治、经济、文化、法律等方面的经营环境迥异，只有建立与国际接轨的管理体系，在合资公司内部设置统一的目标牵引，才能使中外方员工同心、同力、同向而行。也只有按照国际通行的规则行事，中外双方才能够在同一个平台沟通和协调。中亚管道公司在 KPI 的指标选取原则和考核分数计算方法上充分参考国际化标准，在管理体系和管理流程上向国际先进水平看齐，易于被外方管理人员和员工接受。2016 年，中亚管道公司完成了天然气管道全面 KPI 绩效考核签署工作；2017 年，公司推动两个油管道签署 KPI，同时加入 D 线两个合资公司。目前 KPI 已经成为各项目评价的基础工具，起到了内在协调和激励约束作用，有利于推动合资公司提高工作效率，保证公司战略目标的实现。

（三）在组织方式上，双线并进推进合资公司管理人员的绩效考核

从进入方式来看，中亚管道公司在中亚国家的投资属于新建合资公司方式进入。从项目发展历程以及合资公司股权背景来看，前期建设和运营必然是中方主导的，因此，合资公司人员管理和绩效考核存在二元性和事实上的双轨制。从管道建设期开始，中亚管道公司总部就派出工作人员，在合资项目所在国设立中方项目部，由总部对合资公司内中方项目人员进行管理。经过中外双方股东和双方员工磨合之后，合资公司可以作为相对独立的运营主体进行内部管理，则合资公司根据分解后的目标要求，对内部员工尤其是当地员工进行绩效管理。这种方式有利于中亚管道公司通过中方项目部贯彻总部的管理意图，实现中方对合资公司的业务主导。而合资公司的绩效目标，是建立在股权管理和公司独立运营基础上，在充分协调中外方利益关切的前提下，达成的以效益为核心的综合性经营目标，有利于减少中外方的目标冲突和经营摩擦。

（四）合理确定、动态调整 KPI 指标体系

1. 指标选择的总体原则——SMART 原则

建立明确的切实可行的 KPI 指标体系是做好绩效管理的关键。中亚管道公司通过将 KPI 指标层层分解，明确部门和个人的绩效职责。公司层面的 KPI 指标先分解到部门，再分解到个人。公司选取 KPI 指标不是多多益善，而是遵从 SMART 原则，即具体的（S=Specific）、可测量的（M=Measurable）、可达到的（A=Attainable）、现实的（R=Realistic）和有时间截止点的（T=Time-based）。指标体系的简洁、明确，对于绩效指标的理解和执行非常重要，中亚管道公司绩效指标体系一年重点指标不超过 5 个，后来逐渐追加 HSE 指标。公司注重提高绩效指标的可执行性和评价可操作性。KPI 指标直接分配到人，员工只有一个绩效指标。员工的 KPI 绩效指标目前基本固定。包括效益类、运行类、重点工作类、安全类指标。重点工作类根据每年关注点不同进行动态调整；安全指标 2~3 个，基本保持不变。

2. 依据部门职责和业务目标分类设置 KPI 指标体系

根据不同部门职责分工和合资公司业务考核的需要，各部门和项目的绩效指标构成不同，而且各项指标的权重也不同，这种差异性完全取决于业务目标和岗位职责。合资公司考核指标分为效益类、营运类（运行类、建设类）、重点工作类和安全环保类，效益类指标包括税前利润指标、现金输气成本、合资公

司人工成本控制；营运类指标包括工程建设指标、管输量指标、运行技术指标；重点工作类指标包括预算一体化、KPI 绩效体系、组织机构优化指标、管理提升指标和运行管理指标。根据各合资公司的具体情况，可重点囊括不同的考核指标。

合资公司 KPI 考核的总目标是降低管理费用，提高经营效益。虽然各合资公司实施统一的 KPI 体系，但在具体指标的选取和各指标权重的设置上，中亚管道公司充分考虑各合资公司的业务类型和发展阶段，形成了符合自身发展要求的动态化 KPI 体系和激励方式。对于不同的合资公司，由于当地收入水平的差异，同样的薪酬激励对于不同国家员工的效果会有差异。对此，中亚管道公司注重通过 KPI 考核效果的比较对各公司的考核指标进行适应性调整。对 ATG，考虑薪酬去美元化工作难度，在 KPI 中作为加分项纳入。对 AGP 和 BSGP，考虑合作方均为 KTG，绩效考核原则和奖金总额保持一致。对 KCP 和 MT，考虑合作方均为 KTO，绩效考核原则和奖金总额保持一致。对 TTGP，考虑复杂治理结构及中方实际控制需要，对 TTGP 董事会成员和 TTGPB 管理层进行双重考核。对 TKGP，考虑中方独资及与同属 D 线范畴，绩效考核原则和奖金总额与 TTGP 一致。

（五）充分发挥合资公司的经营主体作用，注重股东间的沟通协调

在绩效管理方面，中亚管道公司牢牢把握“以合资公司为平台，股权管理为主线”的管理原则，注重加强股东间协调沟通，初步建立了股东间对合资公司 KPI 指标体系设置、绩效目标设置和绩效考核方式的协调推进工作机制。以股权管理为基础的绩效管理流程如图 9-7 所示。2017 年，公司总部高管带领中方绩效管理人员分别赴各合资公司，与外方总经理和高管就上年考核结果、当年的 KPI 考核方案、管理层激励方案和绩效管理办法等内容进行详尽的沟通，直至各项内容达成一致意见，并签署工作会议纪要。这种保持股东间沟通的方法，有助于及时了解绩效管理过程中存在的问题，减少分歧，提前化解潜在的矛盾或冲突；有助于中外双方统一认识，明确年度工作目标，并推动各项目间的经验进行横向扩散。同时，这种交流本身也是对外方经理层的一个激励，是真正落实“以合资公司为平台，股权管理为主线”项目管理原则的具体措施，有助于合资公司长期有序健康运营。

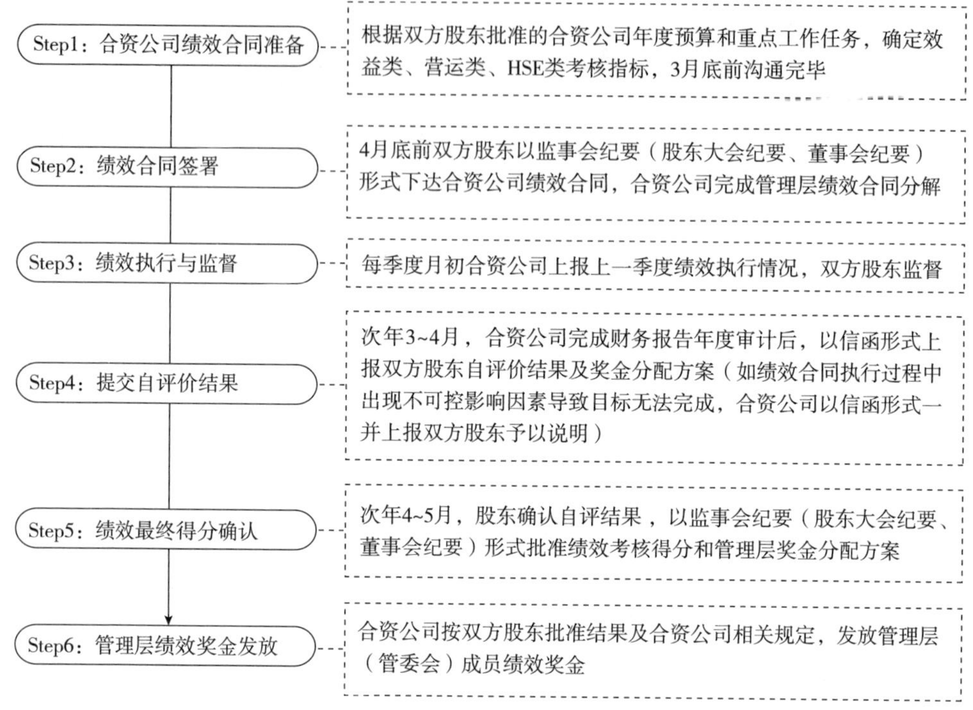

图 9-7　以股权管理为基础的绩效管理流程

二、引进 PPAD 体系管理员工绩效

（一）PPAD 管理工具引进的背景和意义

1. PPAD 管理工具介绍

绩效计划、评估与发展项目（Performance Planning, Assessment and Development Program, PPAD)，是国际大公司广泛采用的全员绩效管理工具，科学实施 PPAD 能够推动个人绩效和组织绩效的共同提高。作为一种先进的绩效管理工具，PPAD 区别于传统的结果导向型绩效考核，它通过对员工绩效进行计划、评估和发展的过程管理促进组织绩效提升。对于公司而言，PPAD 不仅是一个简单的绩效评价工具和管理工具，它还是一个从绩效计划、沟通、辅导、评价到

结果反馈的闭环职业发展工具。沟通和辅导，是 PPAD 的核心。与以往绩效管理相比，员工不仅是被考核的对象，更重要的是不可缺少的参与者，通过实施过程中的沟通和辅导，员工更清楚自身工作与组织绩效的关系，更了解自身需改进的方向。通过对工作的定期回顾和循环改进，逐渐形成良好的绩效文化和追求卓越的工作氛围，好的绩效结果便水到渠成。PPAD 要求各组织明确个人发展目标，这一目标由管理者和员工共同制定，在该过程中逐步形成管理者与员工互动沟通的制度基础。对于管理者而言，PPAD 与生产经营管理和人力资源管理都直接相关，它能够帮助员工或团队更加明确地知悉并理解组织的期望，使员工在组织的支持下不断提高自身技能和能力，从而有效提升企业管理效率，实现组织绩效目标，及时获取绩效反馈。对于员工个人而言，KPI 更加注重组织绩效目标的分解，而 PPAD 则更注重绩效目标实现过程中员工能力的提升。

2. PPAD 引进的背景和意义

“十一五”末，中亚管道公司提出在“十二五”期间建设成为国际化管道公司的发展目标。面对越来越繁重的管道建设、运行任务及人员规模的不断增加，为建立科学规范的员工绩效管理体系，形成良好的绩效管理文化，提高战略目标向部门层面、个人层面的传导效率，完善激励与约束机制，公司于 2011 年从哈萨克斯坦 PK 石油公司引入了 PPAD 全员绩效管理工具，覆盖公司总部除领导班子以外的全体员工，并逐渐推广到合资公司。经过公司总部和中方项目两年多的实践，2013 年率先在 BSGP 引入 PPAD 体系，此后，其他项目公司也陆续实行 PPAD 体系。目前，BSGP、AGP、ATG 和 MT 已实现 PPAD 的常态化管理，并与薪酬分配直接挂钩。当时，BSGP 率先引入 PPAD，作为试点单位推进管理创新。由于哈萨克斯坦当地管理相对落后，“大锅饭”思想严重，以前每个季度都发奖金，不与业绩挂钩。因此，PPAD 推广初期遇到了很大困难，公司通过人力资源处、股东层面引导哈方管理者，做中层管理者的工作，继而在员工中宣讲引入 PPAD 的优势，逐步破除了“大锅饭”思想，初期采取“只奖不罚”的方式，对先进员工给予充分的激励，起到了良好的效果。前期所做的大量铺垫工作，使试点成效出乎意料，当地管理者也从内心开始重视这一绩效管理工具。“十二五”时期，这一工具在使用中得到了磨合改进。引入之初，管理者和员工要坐下来谈绩效，双方并不适应。经过几年时间，这一工具已经逐步落地，在全公司形成了良好的绩效文化。

PPAD 的引进和实施，标志着公司科学管理水平的又一次提升。对公司，有利于形成良好的绩效文化；有利于公司战略目标的层层分解与落实；有利于鼓励各级管理人员采取更为积极的工作行为；有利于引导员工关注公司和部门绩效目标，有助于推动员工绩效的持续改善；有利于提高公司核心竞争力。对管理者，有利于把员工的努力集中到部门目标上来；有利于与员工进行深入的沟通；有利于明确员工绩效考核的目标；有利于提供对员工晋升和调整薪酬的依据。对员工，有助于员工了解上级的工作要求，明确年度工作重点；有利于建立与上级的沟通平台，及时获得指导并加以改进；有利于员工取得较好业绩，兑现个人承诺，确保责、权、利一致；有利于员工获得上级对个人持续学习和技能提高的支持。

（二）因地制宜确定 PPAD 评价指标体系

根据部门绩效合同和绩效目标，考核人与被考核人沟通确定个人评价指标体系，该体系包括工作行为的关键绩效指标、工作业绩的关键绩效指标和员工发展目标的关键绩效指标。工作行为的关键绩效指标包括工作知识与技能、工作能力、工作纪律、团结协作、沟通协调能力、HSE 知识及表现等关键绩效指标；工作业绩的关键绩效指标由考核人根据部门工作目标，对部门工作目标进行分解，并结合被考核人的工作分工与被考核人协商确定；员工发展目标的关键绩效指标由考核人根据任职资格要求，结合与工作相关的知识、技能和能力的发展计划，与被考核人协商确定。确定指标坚持“少而精”的原则，工作业绩关键绩效指标不超过 5 个，员工发展目标关键绩效指标不超过 3 个。指标一旦确定，不可随意更改。

（三）PPAD 管理流程创新

中亚管道公司结合自身的业务特点和工作需要，将 PPAD 流程贯穿到各部门领导和员工的日常工作之中。为突出过程督导，获得及时反馈，公司将 PPAD 管理流程优化为季度流程和年度流程两种，通过季度规划和总结，促进员工年度目标的达成。

1. 季度管理流程

PPAD 季度管理主要依托各个部门，突出短期管控和目标督导，每个季度由员工描述当期个人绩效计划和发展目标情况；由直接领导评价当期员工工作及表现情况并与其进行沟通，明确每名员工下一步的努力方向；然后由部门负责人填写员工绩效评估汇总表，对本部门员工当期工作表现情况与主管领导沟通后排序；最后各部门将 PPAD 表与工作表现汇总表汇集到人力资源部门进行备案。公司推广季度考核制度，旨在进一步加强员工绩效的过程管理，引导管理者和员工走出“绩效考核”等同于“绩效管理”的误区。如图 9-8 所示。

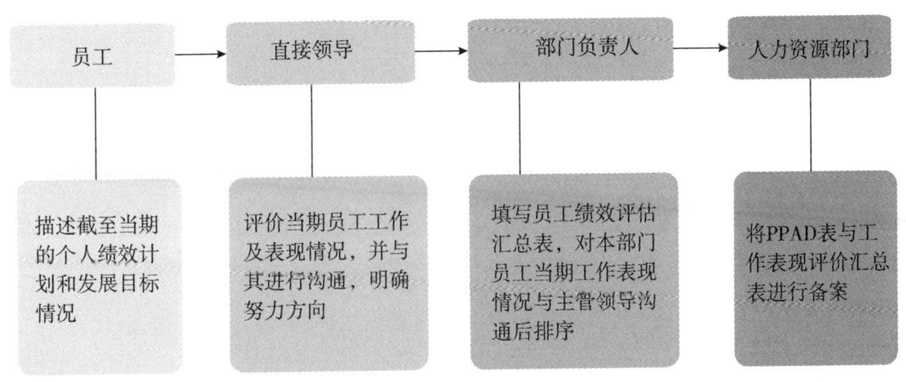

图 9-8 PPAD 季度管理流程

2. 年度管理流程

PPAD 年度流程是直接体现“计划—评估—沟通—反馈—提高”闭环管理体系精髓的制度安排。首先，年初由各部门员工和部门负责人协商制订自己年度绩效计划及个人发展目标，在年度结束时进行自评并提交给直接领导，由其评定当期员工年度绩效计划及个人发展目标完成情况，然后部门所有员工的绩效评价汇总到部门负责人，由其填写绩效评估汇总表，对员工工作表现、绩效计划和发展目标完成情况排序并与主管领导沟通。部门评价完成以后，汇总到人力资源部门，由人力资源专职人员协助各业务板块计算员工全年综合成绩及最终调节分值。随后人力资源部门将员工综合成绩和调节分值提交业务板块主管领导，由该领导召集所辖各部门负责人讨论并确定绩效评分的强制分布。其次，各部门负责人与本部门员工进行充分沟通，反馈初步考核等级，明确员工努力方向，并将 PPAD 表提交人力资源部门备案。再次，考评委员会还要根据板块意见对 A、C 及员工申述情况进行审议，确定考评的最终结果。最后，由人力资源部门将绩效结果反馈到各部门员工，员工对比绩效结果，提出下一年度绩效目标和个人发展目标。由此，一个完整的 PPAD 闭环流程得以实现。如图 9-9 所示。

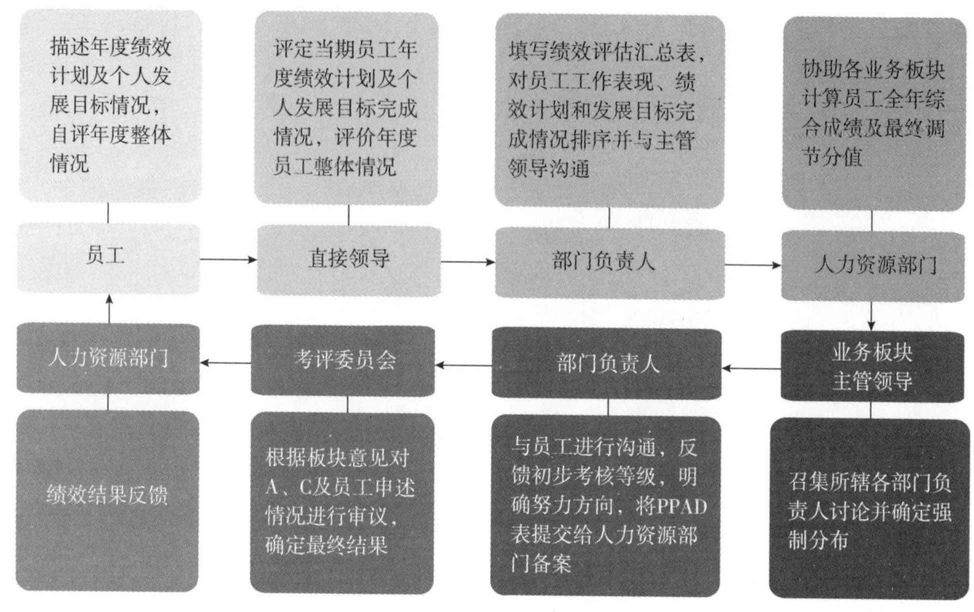

图 9-9 PPAD 年度管理流程

第三节 科学开展绩效考核与反馈

中亚管道公司根据 KPI 指标体系和 PPAD 绩效管理流程，进行各部门、项目以及人员的分类考核。公司对 PPAD 考核等级和评分系统进行了有针对性的优化，确保能够奖励优秀、督促后进，避免挫伤员工工作积极性。根据考核结果，员工得以进行工作改进和职业规划；各部门能够实现实时工作调整，采取降本增效的举措；整个公司可以进行人力资源管理优化、制定总体绩效改进目标。

一、明确分类考核和考核方式

（一）组织分类考核

公司“四个转变”提出以后，绩效考核的重点也在改变。合资公司重点考核经济类指标和重点工作类指标，确保全年管输量目标、成本控制和安全运营。总部部门考核以管理类指标为主，突出各业务大部和职能部门当年的主要工作任务，同时控制成本，兼顾公司效益指标。中方派出机构的考核，主要体现中国特色，指标体系中包括了廉政、党建等内容，同时收控制类指标约束。公司 2018 年开始全流程调整，推行体现科学管理和中国特色的指标体系。如图 9-10 所示。

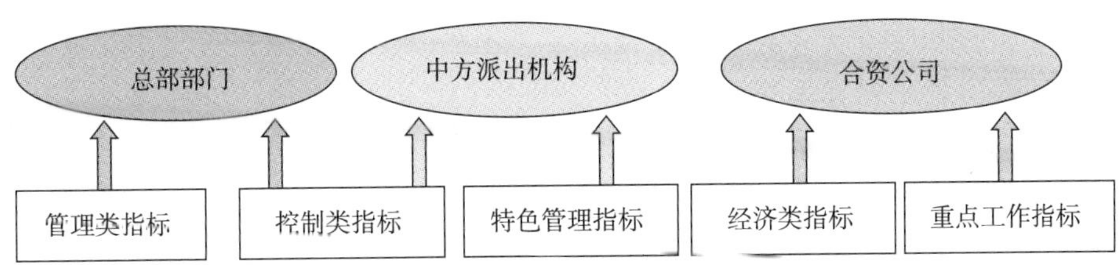

图 9-10　组织分类考核重点

(二) 人员分类考核

为了增强公平性和横向可比性，公司进行人员分类考核。总部人员和项目人员，分别考查综合绩效指标。同时按照业务相近的原则，考虑到强制分布法理论中要求被考核人员较多时才有实际意义，将业务接近的不同部门划分到同一考核板块。

1. 总部人员和境外项目中方员工考核

公司人力资源管理将总部员工按照部门正职或负责人、部门副职、普通员工、辅助人员划分为四个考核团队；将所属项目的员工按照项目总经理、副总经理、部门正职或负责人、普通员工划分为四个考核团队。岗位层级的细分，确保不同岗位层级的员工能在公平、合理的团队中进行横向比较，提升了考核结果的准确度和可信度。

根据考核管理办法，考核人与被考核人应及时沟通，进行正式或非正式的绩效反馈。绩效反馈主要任务是有效评估绩效管理工作的不足之处，进一步明晰绩效目标的衡量标准，对绩效目标进行适当调整，确保绩效过程的动态调整和监控，促进绩效的持续改进。

考核程序分为四个步骤：①个人自评。每年 1 月，被考核人填写年度绩效考核表，撰写当期个人工作总结，对全年工作进行自我评价，自评绩效等级。②预考核。每年 1 月至 2 月，考核人根据被考核人的工作总结，结合各个渠道的反馈信息，对被考核人的工作行为、工作业务和发展目标等方面进行预考核，形成初步建议后与被考核人沟通，填写相关表单。③最终考核。每年 3 月，绩效考核委员会召开绩效考评会议，审查考核人对被考核人的考评意见，受理被考评人申诉，讨论并确定最终绩效等级。④结果审定。人力资源部汇总公司总部各部门和境外项目的绩效考核结果后呈送公司总经理审定。

2. 合资公司当地员工的绩效评价采取“双签制”以减少分歧

合资公司 50%：50%的股权结构决定了中外双方共享管理权的内部控制模式。员工绩效评价操作不当，容易导致合资公司管理摩擦，员工积极性受挫。中亚管道公司针对合资公司当地员工的绩效评价方式进行了大胆创新。合资公司当地员工的绩效评价采取中方总经理和外方副总经理双签制，就是针对特定的员工，双方经理同时评价，针对各评价项，给出 1~10 的打分，综合分数得到 A、B 或 C 的评价。两份评价提交到 HR 之后，由其进行综合，对所有人员进行评价。对部门经理和副经理的评价，也由双方领导打分。最后的个人绩效成绩，反馈给部门经理和副经理，两个人讨论后达成一致意见，并马上与奖金进行挂钩，对得 A 者进行奖励和表彰。如图 9-11 所示。

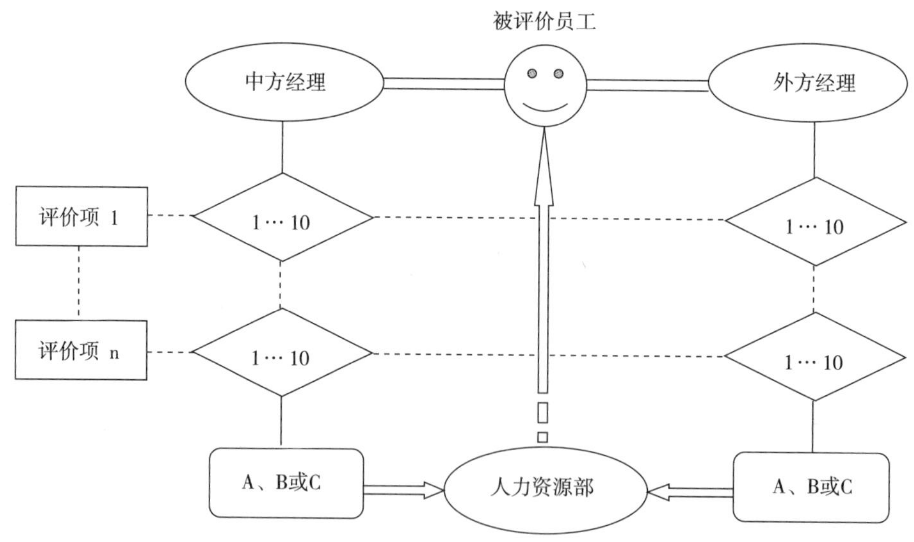

图 9-11　合资公司人员考核方式

二、明确绩效评价得分计算方法

（一）明确 KPI 得分计算规则

公司总部部门 KPI 计算相对简单，部门绩效得分即部门经理绩效得分由各绩效指标得分乘以相应权重后加总获得，管理类指标完成即得满分。

对于合资公司绩效合同中的绩效指标，有分值计算公式的，按照公式计算该考核项的得分；没有分值计算公式的，公司明确了得分计算规则。公司总 KPI 得分计算公式如下：

合资公司绩效合同总得分（S_1）：

$$S_1 = \sum_{i=1}^{n} M_i \times N_i$$

其中，M_i 指绩效合同第 i 项指标的得分；N_i 指绩效合同第 i 项指标的权重。

公司总经理绩效合同即公司年度绩效合同。各合资公司对总经理和副总经理 KPI 设置分值区间，即最高分和最低分。各考核指标最高分为 130 分，最低分为 80 分。

总经理个人绩效总得分（S_2）：

$$S_2 = 100\% \times \sum_{i=1}^{n} M_i \times N_i$$

其中，M_i 指公司绩效合同第 i 项指标的得分；N_i 指公司绩效合同第 i 项指标的权重。

对于合资公司，副总经理个人绩效总得分（S_3）：

$$S_2 = 70\% \times S_1 + 30\% \times \sum_{i=1}^{n} M_i \times N_i$$

其中，M_i 指副总经理业务绩效合同第 i 项指标的得分；N_i 指副总经理业务绩效合同中第 i 项指标的权重。

（二）明确 PPAD 个人得分计算方法

在员工绩效评估时，中亚管道公司采用比例强制分布的方法，目的是把最需要激励的员工选拔出来。公司现有的 PPAD 考核分为 A、B+、B、B−、C 五个等级。PPAD 考核需要确定强制分布合理的级差和等级比例。公司按照不同绩效考核结果的奖金数额差异明显且合理的原则，经过对 PPAD 系数的测算，画出岗级系数与结果的趋势图，得出 PPAD 系数级差为 0.13 时最符合设计要求的结论。所以在将 B 等级确定为基值 1 的前提下，将原来 A、B+、B、B-、C 赋值为 1、1、1、1、0 变更为 1.26、1.13、1、0.87、0。同时，将考核等级的分布比例定为最优秀 A 占 5%，相对优秀为 B+占 90%左右，称职 B-和不称职 C 占 5%左右。

有了季度考核制度、细化岗位层级和板块划分、合理的级差和比例的基础，中亚管道公司设计了一套员工综合得分的计算方法，总体赋分方法如下：

设团队人数为 N，团队内同一等级（如 A、B+、B、B-、C）人数为 Ng，某一员工某一要素的等级排序为 Rg，其等级分数为 Sg。

每名员工的要素调节分数为：

$$Sf = Sg-(Rg-1)\times 0.13/Ng$$

按照各评价要素的权重，计算出员工综合成绩：

$$S = \sum(Sf_{工作表现} \times 5\%)/7 + Sf_{业绩计划} \times 55\% + Sf_{个人发展} \times 10\%$$

针对同一直线领导的不同岗位员工，采取分要素等级评定和各等级内排序的方法，直线领导不必为员工直接打分，转而从 9 个工作要素（季度考核时为前 7 个要素）分别对员工进行评价，对每个要素首先逐一评定本要素下员工的绩效等级，然后对获评同一等级的员工进行排序。

针对同一团队内所有员工的打分排序，由于不同考核者对评判标准的把握不同，造成不同直线领导间的打分差异可能非常大，无法进行横向比较。为了解决统一评判标准的问题，将对同一团队的所有员工的得分进行加权调节，进而得出该团队内的员工得分排序，确定员工最终的绩效考核等级。引入如下几个参数和公式：

部门平均分 Siave=部门得分的总和/部门人数

部门评分尺度 Hi=部门最高分-最低分

团队平均分 Save=团队得分总和/团队总人数

团队评分尺度均值 Have=团队各部门评分尺度之和/团队部门数

尺度调节系数 T1=Have/ Hi

宽严调节系数 T2=Save-(Have/ Hi)×Siave

综合调节分数 S' =T1×S+T2

标准分值系数 T3=1.026/(∑S'/ 板块总人数)

最后得出员工的最终得分：

最终调节分值 S” =T3×S’ =T3×(T1×S+T2)

通过以上计算方法，可以得出同一板块内所有员工在某一考核周期内的得分。年底计算最终得分时，要对每名员工 4 次考核的得分情况进行加权汇总，得出员工年度最终的考核得分，并对板块内所有成员进行排序。

对每个团队的成员进行排序后，按照以下方法确定员工最终的绩效考核等级：

(1) 对综合排序前 30%的人员按 20%确定等级 B+，剩余 10%自动确定为 B。

(2) 对综合排序最后 10%~20%的人员按不小于 5%的比例确定等级 B-，剩余 5%~15%自动确定为 B。

对 B+中人员按照不超过总人数 10%的数量推荐等级 A 人选。

最后由公司考核委员会听取 A 候选人部门负责人推荐意见，按照 5%比例确定公司等级 A 人员，其他候选人自动确定为 B+。

三、考核结果反馈与应用

(一) 考核结果反馈与应用的主要方向

虽然中亚管道公司组织绩效考核和人员绩效考核分别由规划计划处和人力资源处负责，但部门考核和员工考核的基本导向是一致的，都服从总的绩效管理理念，服务于公司总的战略。绩效考核结果的直接作用，可以分解为员工、部门与项目以及公司三个层面，员工、组织和公司可以分别应用绩效考核结果，为相应的发展目标服务。如图 9-12 所示。

总体而言，考核的整体结果是降本增效。为切实提高效益，公司主要从以下几个方面予以改进：减少预算，自我加压；执行预算，精简人员；信息反馈，实时调整；规范收入分配，建立海外市场化薪酬体系；降低劳动用工管理费用。这些措施对公司扭亏为盈、提高总体竞争力提供了重要的支撑。

(二) 合资公司考核与业务改进

合资公司考核的依据是年度效益目标。各合资公司效益完成情况与管理人员和员工奖金挂钩，奖金数额由固定基数与绩效得分相乘而得，在绩效得分中，公司得分占 70%，个人得分占 30%。这一绩效综合得分充分体现了集体绩效与个人

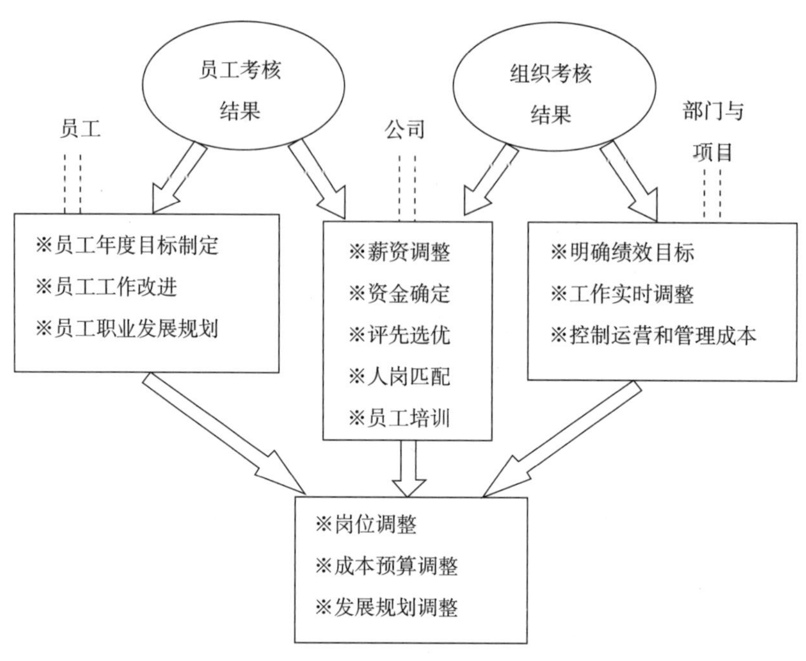

图 9-12　绩效考核结果的应用方向

绩效的结合，既突出团队工作的重要性，又肯定个体业绩表现。虽然中方员工不在合资公司领取工资和奖金，但其收入多少取决于其在合资公司的业绩表现。合资公司考核结果直接反映全体员工在效益指标和安全运行方面的整体表现，如果考核结果未达到绩效计划的目标，则合资公司需根据考核结果中各指标的具体表现加以改进。

（三）部门绩效考核与管理创新激励

中亚管道公司总部部门主要是处理事务性工作。对职能部门进行有效考核与评价是各公司绩效考核的难点。由于各部门工作内容各有侧重，同时有些工作又需要多部门协同配合，工作任务有所交叠，有些工作无法与效益指标直接挂钩，因此，公司 KPI 体系设计时突出了各部门管理特色，通过综合绩效得分来评价部门绩效。同时，由于一些管理体系的内容无法在绩效合同中体现，公司目前采取的是通过管理创新项目申报来引导和鼓励各部门的管理创新活动。目前，管理创新项目申报是推动各部门进行管理创新、提高管理绩效的重要手段，有些管理创新经验通过项目申报，得以总结、深化并推广，收到了良好效果。

（四）人员考核与员工发展与激励

人员考核的结果是员工制订年度计划、改进工作方式、制订学习计划和职业规划的重要参考，同时也为公司人力资源管理提供了重要信息，是公司进行薪资调整、部门奖金确定、评先选优、岗位调整和员工培训的直接依据。

总部管理部门员工考核通过年度目标和执行情况自述、自评及直线领导辅导和沟通，能够帮助员工发现工作中的不足，反思工作方式，提高学习动力，进一步提升职业素养，明确自身职业发展目标。公司规定，对于绩效考核等级为“C”的被考核人，考核人应与其进行面谈，指出存在问题和不足，提出绩效改进的建议和要求，制订绩效改进计划，填写员工绩效改进计划表。并且规定，员工制订绩效改进计划目标时，应坚持少而精，目标不超过3个，且与工作相关度大，可实现。

合资公司员工考核是项目人员培训与激励的基础依据。在管道建设期，中方人员在发挥奉献精神的同时，公司在薪酬福利方面也尽量向一线工程人员倾斜，这些人员的考核以项目建设的进度和质量为主要依据，超前完成任务，则对一线人员予以额外奖励。在管道运营期，中方人员的考核则根据KPI绩效指标体系进行定量考核，通过PPAD流程确定的人员考核结果成为员工薪酬管理、员工晋升、员工培训、员工职业发展规划以及各项人事决策的重要依据。同时，根据考核过程中的沟通和辅导情况，公司也会充分听取员工在个人发展的要求，了解工作推进过程中的薄弱环节，从而明确分级分类全员培训的内容和频次。

综合而言，当前，中亚管道公司绩效考核体系已经成为岗位调整、人员升迁、薪酬调整、奖金确定、员工培训和发展规划调整的基本依据，随着相关细则的完善，公司绩效管理对于员工激励和整体业绩提升将起到更大的促进作用。

第十章

责任担当　携手铸就价值共同体

中亚管道公司作为“一带一路”倡议的先行者和践行者，负责建设和运行的中亚天然气管道项目是我国第一条境外跨多国进口天然气管道项目。面对管道建设工期短、任务重、难度高、环境复杂等多方面的困难和挑战，公司从外部视角切入，以共享价值创造为管理目标，在项目全生命周期高度关注和积极引导利益相关方的参与，通过多方合作形成合力、实现共赢，逐步探索形成了一套复杂项目管理的共享价值创造体系。中亚天然气管道项目不仅为我国经济发展、社会稳定、环境保护做出了重要贡献，也为中亚国家创造了可观的经济收入和就业机会。与此同时，项目建设和运营过程中，带动了国内产业链上下游企业进入中亚市场，提升了海外项目团队的技术和管理能力，探索出跨国合作项目的组织管理新模式，对于其他类似项目具有很强的借鉴意义。

第一节　探索构建履行社会责任新范式

中亚管道公司自成立以来，面对项目任务重、施工周期短、外部环境复杂等多重挑战，适时转变管理理念，引进先进管理方法，创新地探索出一套基于利益相关方参与的共享价值管理体系。公司在项目前期、管道建设和运营的全生命周期，主动识别并积极回应利益相关方诉求和期望，探索建立并持续完善利益相关方沟通、参与及合作机制，最终实现了与多个利益相关方的“互利共赢”。

一、树立“携手铸就价值共同体”的社会责任理念

（一）秉承“奉献能源、创造和谐”的企业宗旨

中亚管道公司在中国石油的指引下，牢固树立企业公民理念，深刻认识到：企业履行社会责任，既是实现经济、环境、社会可持续发展的必由之路，也是实现企业自身可持续发展的必然选择；既是顺应经济社会发展趋势的外在要求，也是提升企业可持续发展能力的内在需求；既是企业转变发展，实现科学发展的重要途径，也是企业国际化发展的战略需要。

中亚管道公司秉承中国石油“奉献能源、创造和谐”的企业宗旨，积极履行社会责任，依法经营、诚实守信，节约资源、保护环境，以人为本、构建和谐企业，回馈社会、实现价值共享，致力于实现经济、环境和社会三大责任的有机统一，努力成为更具财富创造力、更具品牌影响力和更具社会感召力的优秀企业公民。

（二）坚持“互利共赢、合作发展”的合作理念

中亚管道公司自成立之日起，始终坚持中国石油的国际合作理念——“互利共赢，合作发展”。其内涵是：在国际业务中，公司坚持诚信负责、务实合作。发挥公司综合一体化优势，与合作伙伴结成利益共同体，优势互补，共享发展成果。尊重资源国的战略选择，尊重当地文化信仰和风俗习惯，促进就业、改善民生、保护环境、热心公益，推动资源国经济社会全面发展。

中亚管道公司在中国石油的国际合作理念指导下，逐渐形成了自己的社会责任理念，即“负责任地对待每一位利益相关方，携手铸就价值共同体”。首先要与利益相关方达成价值共识，其次要与利益相关方实现价值共创，最后要与利益相关方做到价值共享，从而成为真正的“价值共同体”。

二、探索基于“共享价值管理”的社会责任新范式

（一）共享价值管理是跨国战略管道项目的客观需要

中亚天然气管道项目是一项具有重大战略意义的工程。一方面，这是一项关系到能源安全的国家战略项目，作为保障我国能源安全的四大战略能源通道之一，

能够满足我国日益增长的清洁能源消费需求。管道累计向国内输送天然气超过 2000 亿立方米，惠及 25 个省、市、自治区近 5 亿人口，已经成为国内天然气消费的重要供应来源，被李克强总理称为“最大的民生工程”。另一方面，这是一项关系到多国利益的跨国战略合作项目，作为“一带一路”倡议提出后第一个取得实质性进展的基础设施项目，对重塑中亚地区天然气进出口格局具有关键作用。中亚天然气管道的建设，促进了中亚地区天然气出口多元化，实现了我国与中亚国家能源基础设施互相联通，有效践行了我国“一带一路”倡议与共享发展理念。由此可见，保障管道如期顺利建成并实现安全平稳运行，关系到多个国家的共同利益，通常的单一价值管理模式不再适用，必须采取创新的共享价值管理模式。

（二）共享价值管理是化解复杂环境风险的有效方式

中亚天然气管道项目处于复杂环境下，面临着多重风险。首先，途经中亚地区环境复杂、风险集聚。中亚地区地缘政治关系复杂，国家间的博弈给管道项目实施带来巨大挑战。同时，过境国政治并不稳定，法律政策多变，汇率风险增大，增加了企业经营管理难度。再加上近年来恐怖势力活跃，社会安全状况日趋恶化，也给管道建设和运行带来了极大的威胁。其次，相关参与主体的利益诉求存在冲突。从国家层面来看，资源国、过境国和进口国都有各自的利益诉求，有些诉求甚至存在相互冲突和矛盾。从管道运行阶段来看，涉及“产、供、销、用”各环节多个利益相关方，不同的相关方利益诉求差异较大，要实现上游资源与下游市场供需平衡、相互匹配，保障管道平稳运行，中亚管道公司面临的协调难度较大。最后，各国管理能力和技术水平差异较大。我国与中亚国家在管理理念和文化、施工技术和标准、管理方法和手段等方面存在较大差异，且许多方面并无先例可循，需要中亚管道公司在实践中探索跨多国项目组织与跨文化管理方法。在此背景下，需要协调与平衡不同利益主体的诉求与期望，引领与带动不同利益主体来共同创造并分享价值。基于利益相关方参与的共享价值管理模式，是化解复杂环境风险的一种有效方式。

（三）共享价值管理是现代企业管理转型的必然趋势

在全球新一轮科技革命和产业变革背景下，共享经济模式迅速崛起，要求现代企业的管理模式必须做出相应的转变。大力发展共享经济，已经成为我国优化资源配置、化解过剩产能、培育发展新动能的重要举措，并得到了李克强总理等国家领导人的高度重视。共享经济的核心理念就是资源共享和利益共享。企业作为宏观经济运行的微观主体，也必须顺应这种大趋势，迅速转变经营理念和管理模式，从单纯追求自身利益最大化，向与利益相关方共同创造并分享价值转变。这就要求现代企业树立一种开放性的外部视角，关注利益相关方诉求，促进利益相关方参与，形成有效的利益相关方合作机制与分享机制，从而共同实现价值最大化。

三、建立“全周期、全主体、全过程”的社会责任模型

中亚管道公司高度重视社会责任工作，以社会责任理念为指导，以共享价值创造为目标，逐步建立健全社会责任管理机制。中亚管道公司经过 10 年探索之路，建立了符合自身特色的社会责任“管道截面”模型（见图 10-1）。其核心内涵包括：①贯穿项目前期、管道建设与管道运营的全生命周期。②覆盖政府、股东、员工、合作伙伴、社区等全部利益相关方。③融入价值共识、价值共创和价值共享的全过程。

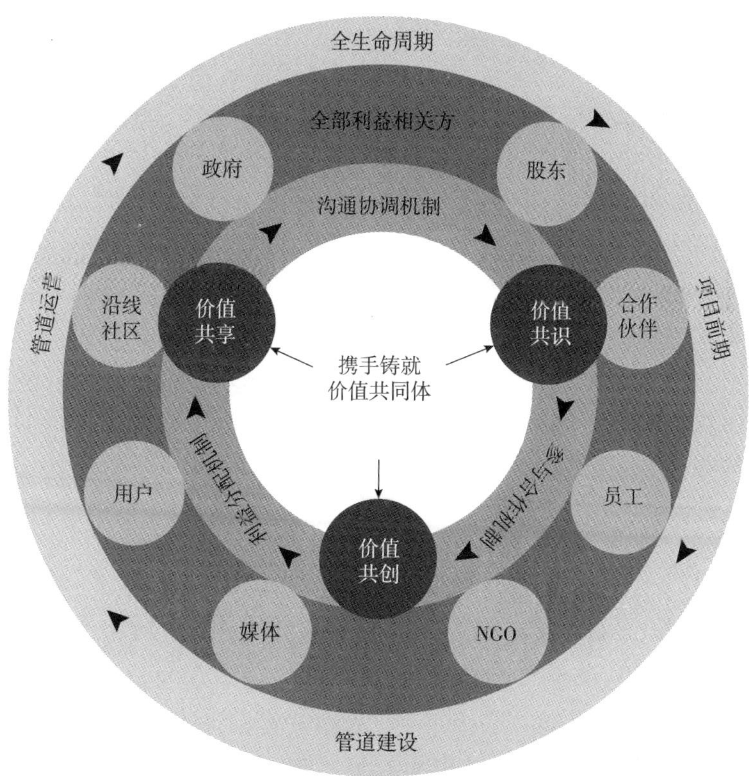

图 10-1　中亚管道公司社会责任“管道截面”模型

（一）贯穿全生命周期

中亚管道公司以油气管道建设与运营为主业的公司，生命周期可以分为三个阶段，即项目前期、管道建设和管道运营。公司社会责任工作贯穿全生命周期，在每个阶段识别出最关键的利益相关方，通过沟通赢得他们的信任，通过多方深入的合作，抢抓建设工期，严控工程质量，保障管道安全平稳运行。

（二）覆盖全部利益相关方

利益相关方是指能够影响企业决策和活动或受企业决策和活动影响的团体或个人，包括政府、股东、员工、用户、合作伙伴和社区等。利益相关方参与企业决策和活动，有利于加深彼此沟通、了解、信任和合作，有利于企业的可持续发展。同时，企业的利益相关方拥有各自的资源和优势，若采取适当的合作方式，将能够创造出单个企业无法实现的价值目标。

（三）融入价值创造全过程

价值创造过程包括从理念到行动再到结果的三个阶段，即价值共识、价值共创和价值共享。其中，价值共识是共享价值创造的基础和前提，价值共创是共享价值创造的来源和保障，而价值共享既是上一轮共享价值创造的结果，也是下一轮共享价值创造的起点。

为此，中亚管道公司重点建立健全三大机制：一是沟通协调机制。识别每一位利益相关方，剖析其核心利益诉求，协调与公司之间的利益冲突。二是参与合作机制。调动利益相关方参与公司决策与行动，探索多利益主体之间的合作机制，联合多方力量共同解决问题、寻求更好发展。三是利益分配机制，坚持公平、合理的共享价值分配原则，尊重每一位利益相关方的投入与付出，最终成为共赢的价值共同体。

第二节　坚持经济效益与社会价值相统一

进入21世纪以来，国际石油市场风起云涌，竞争愈加激烈。中国石油始终以保障国家能源安全为己任，积极践行“我为祖国献石油”的核心价值理念，大力实施“资源、市场、国际化、创新”战略，全力以赴实现产业报国梦。中亚天然气管道工程正是全球能源博弈棋局中的关键一子，是国家能源安全、经济转型与社会和谐的重要保障。如今，每年 400 亿立方米[1]的天然气沿着这条横跨中亚四国的能源大动脉源源不断地输入中国，在服务经济、改善民生、保护环境等方面发挥着日益重要的作用。

一、保障能源安全，支撑经济发展

从世界趋势来看，天然气作为一种清洁能源，正在逐渐取代石油等传统能源。根据 BP 能源统计数据，世界天然气消费量呈持续上升趋势。其中，伴随中国经济的持续快速发展，中国天然气消费量也保持了较高的增长速度，占全世界消费总量比重逐年攀升。截至 2016 年底，中国天然气消费量占全世界比重已经从 10 年前的 2.08%提高至 5.94%（见图 10-2）。由此可见，中国正在成为世界天然气消费大国，天然气正在或即将成为中国能源消费的主体。

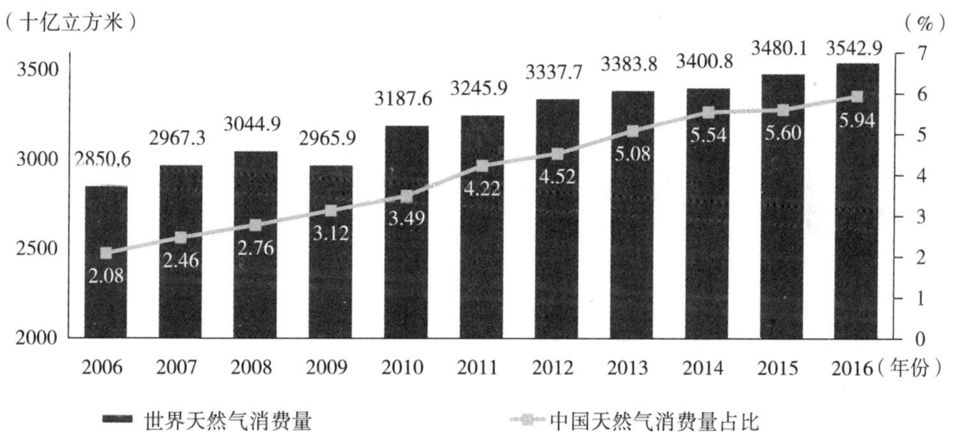

图 10-2　世界天然气消费量和中国消费量比重

注：中国天然气消费量不含香港和台湾地区。

资料来源：《BP 世界能源统计年鉴 2017》。

① 2017 年中亚天然气管道输量达到 396.9 亿立方米，预计 2018 年将达到 500 亿立方米，“十三五”末有望实现满输。

随着国民经济持续稳定高速发展，对环境保护要求不断提高，以及国内天然气输送骨干网络的形成，天然气消费量快速增加，国内天然气产量已远远不能满足需求，供需矛盾日益突出（见图 10-3）。

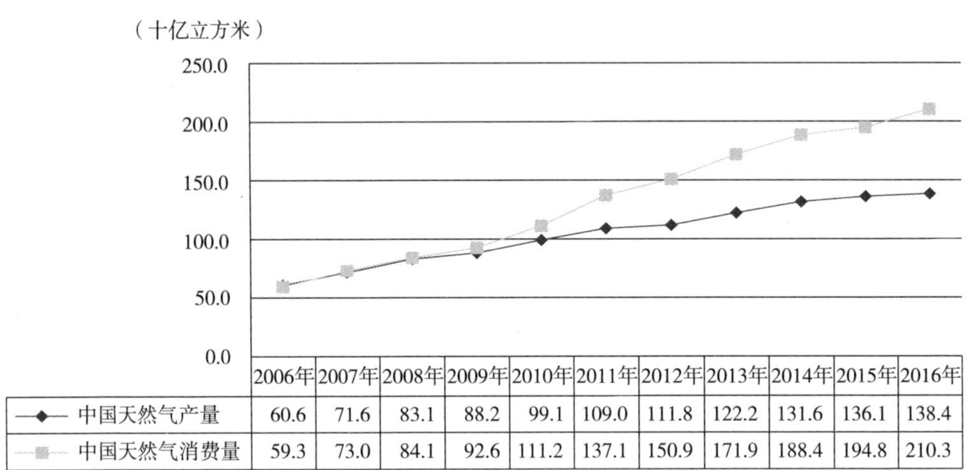

	2006年	2007年	2008年	2009年	2010年	2011年	2012年	2013年	2014年	2015年	2016年
中国天然气产量	60.6	71.6	83.1	88.2	99.1	109.0	111.8	122.2	131.6	136.1	138.4
中国天然气消费量	59.3	73.0	84.1	92.6	111.2	137.1	150.9	171.9	188.4	194.8	210.3

图 10-3 中国天然气产量和消费量比较

资料来源：《BP 世界能源统计年鉴 2017》。

中亚天然气管道项目设立伊始，就确立了其战略目标是：保证以合理较低的成本将中亚天然气安全、平稳、长期地输送回中国市场。目前，通过管道每年向中国供应天然气近 400 亿立方米，占中国天然气进口总量的一半左右。2017 年 11 月 29 日，中亚天然气管道向国内输气累计突破 2000 亿立方米。2017 年，中亚天然气管道累计输气 396 亿立方米，转供国内气量 387 亿立方米，占中国石油国内管网天然气销售总量的 43%，2011 年以来始终保持 1/3 左右的比重。经测算，D 线投产后的未来 30 年，可保障每年稳定向中国供应 800 亿立方米天然气。中亚天然气管道的建设和运行，保障了我国经济社会发展巨大的能源需求，有效缓解我国天然气供应的紧张局面，提高天然气供应保障程度，确保了经济高速平稳运行。与此同时，中亚天然气管道项目，还有利于降低对俄罗斯天然气的依赖程度，为我国在国际关系中争取更有利地位，在未来的国际交往与合作中，将具有更强的话语权。

二、改善居民生活，维护社会和谐

（一）提升居民生活品质

天然气已经成为我国能源消费的重要来源，为众多城市居民创造高质量、清洁化的生活体验。中亚天然气管道主要是将产自土库曼斯坦、乌兹别克斯坦和哈萨克斯坦的天然气输往国内。A、B、C 线经乌、哈两国在霍尔果斯与西二、西三线相连；拟建设的 D 线经乌、塔、吉在乌恰与西四线相连。通过管道输送的中亚天然气惠及中国 25 个省、市、自治区的近 5 亿人口。

保障每年冬季供暖的能源需求，是中亚天然气管道承担的重要民生任务。随着我国“煤改气”政策深入推进，天然气消费结构不断优化，环保政策逐步深入，天然气需求快速增长，中亚进口气已成为我国冬季保供的主力军。自管道投运的 10 年以来，中亚管道冬季保供气量累计量达 1079 亿立方米，占中国石油管网销售量 30%以上，按照 2018 年北京市天然气需求量统计，可满足北京市 9 年的冬季天然气需求。

（二）维护社会和谐稳定

作为中亚天然气管道及西气东输二线向国内供气的第一站，乌鲁木齐—昌吉地区、独山子石化、乌鲁木齐石化便成为中亚天然气的第一批受益者。中亚天然气通过西气东输二线向北疆供应后，短短 20 天，乌鲁木齐市就已全面摆脱了以往供气紧张的局面，让新疆地区用户享受首先来自中亚的清洁优质能源，不仅对新疆北疆经济带的能源结构调整、保证供气安全发挥了重要作用，同时也为促进新疆地区民族团结、政治稳定和社会发展做出了贡献。

过去几年中，中亚天然气管道 AB、C 线相继建成投运，中亚的天然气直达北京、上海、广州等一线城市。已运营的三条管道均起始于土、乌边境，途经乌兹别克斯坦、哈萨克斯坦，进入中国新疆北部。与前三条线路不同，D 线不再从北疆入境，而是从与吉尔吉斯斯坦接壤的天山南麓与昆仑山两大山系接合部的南疆乌恰入境。这不仅在国家能源安全战略上有特殊意义，同时还能拉动边疆地区的基础设施建设，是一条有利于促进民族融合、维护社会和谐的重要能源通道。

三、促进节能减排，保护生态环境

（一）优化能源消费结构

由于我国油气资源有限，富煤、缺油、少气的能源结构在一定时期内难以改变，近几年我国煤炭消费量基本上是以每年增加2亿吨原煤消费的速度增长，同时，天然气消费占全部能源消费的比重逐年提升（见图10-4）。但是这种能源结构若不进行调整，将制约我国社会经济的可持续发展。为适应人民群众日益提高的环保意识，国家提出了建设资源节约型、环境友好型社会的要求，要求大力进行能源结构调整，降低化石燃料的比重，并在化石燃料的比重中降低煤炭的比重。引进土库曼斯坦天然气，建设中亚天然气管道，就是优化能源结构，促进节能减排的一个重大举措。据初步测算，此项目每年将引进天然气约300亿立方米，有效改善我国能源消费结构，每年可替代3990万吨煤炭。可见，中亚天然气管道是造福子孙后代的工程，是一项有利于保障中华民族长远发展的战略性工程。

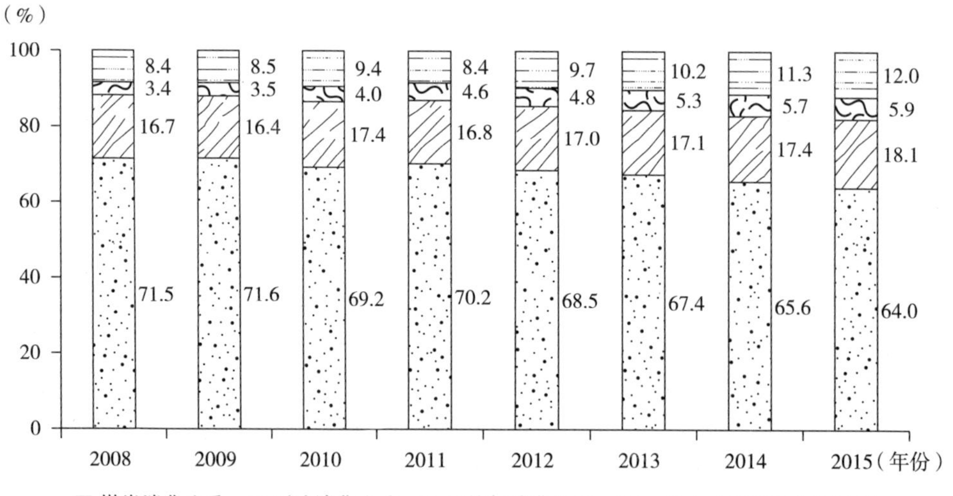

图10-4　中国能源消费结构变化情况

资料来源：《中国统计年鉴2016》。

（二）积极践行节能降耗

自投产以来，中亚天然气管道项目在运行过程中，以节能降耗作为管理提升的重要原则，积极思索、深入研究，有效开展优化运行工作，通过理论研究及实践应用，形成了中亚管道优化运行方法论和一套涵盖管理、技术、标准、人才培养等全方位的优化运行体系，并通过建立仿真模型、制定管存控制原则、推行压力控制、实施联合运行、大数据智能分析等手段，有效优化自耗气率。以2013年运行情况为基线，2016年输量356.77亿立方米，较2013年输量增加64.35亿立方米，增幅22%，自耗气量5.88亿立方米，较2013年降低1.98亿立方米，降幅33.63%；2014～2017年与2013年优化效果对比如下：在输量分别上升6.25%、8.33%、22%、35.75%的情况下，耗气占比分别下降2.5%、37.17%、33.63%、10.09%，总计节约自耗气量10.73亿立方米。

与此同时，中亚天然气管道的建设，将逐步提高我国使用清洁能源的比重，促进节能减排，对于减少温室气体排放，保护生态环境都十分有益。与此同时，中亚天然气管道的建设，将逐步提高我国使用清洁能源的比重，促进节能减排，对于减少温室气体排放，保护生态环境都十分有益。截至2017年11月29日，中亚天然气管道累计向国内输送来自中亚地区的天然气突破2000亿立方米，相当于2.66亿吨煤炭，减少二氧化碳排放2.82亿吨，减少二氧化硫排放439万吨。

第三节 跨国共建丝绸之路的“能源金桥”

中亚天然气管道项目作为丝绸之路经济带最大的能源合作项目，为丝绸之路经济带的建设搭建了一座“能源金桥”，是横跨中亚四国的一条“能源大动脉”，是促进沿线各国经济合作与共同发展的“生命线”，也是改善区域政治格局和维护国家社会稳定的“缓冲剂”，在多国之间构建了一条维系长期稳定双边和多边政治经济关系的“利益纽带”，使他们形成真正的“利益共同体”甚至是“生命共同体”，最终在双边或多边合作中实现互利共赢。

一、增加经济收入，带动产业发展

（一）增加东道国的税收来源

截至 2017 年底，中亚管道公司累计为沿线国家贡献税收近 25 亿美元。同时，项目的实施带动了沿线国家相关施工建设、油服、管道运行、各类服务商、供应商等行业企业的业务发展，创造了可观的经济效益。以中哈天然气管道项目为例，这是哈国独立 20 年来投资规模最大的项目之一。据测算，项目建设期内，在哈国当地的采购合同总金额超过 1 亿美元；在 30 年运行期内，每年在哈国采购的各类商品和服务总金额超过 6000 万美元，合资公司总运营收入高达 300 多亿美元，累计向哈国政府缴纳税费可达 50 亿美元，直接带动了哈国经济发展。以管道经过的三个州之一的江布尔州为例，仅项目公司缴纳税收一项，就使得全州年度财政收入（国家拨款除外）提高了 25%。

（二）加快产能合作与工业化进程

目前，在中亚五国中，只有哈萨克斯坦和土库曼斯坦基本实现了工业化，处于工业化后期阶段，而塔吉克斯坦、吉尔吉斯斯坦和乌兹别克斯坦仍然处于工业化初期阶段，实现工业化任重道远（见表 10-1）。横跨多国的中亚天然气管道项目的顺利实施，能够增进中国与中亚五国之间的理解与信任，从而扩大双边或多边产能合作的空间。这为深化双方产业合作，加快中亚国家工业化进程创造了良好的机遇。实际上，中国与其中一些国家已经建立起密切的贸易联系。以哈萨克斯坦为例，该国最大的进口需求为机电产品，而中国机电出口产品占比高达 29%。中亚天然气管道作为一条跨越多国的能源纽带，不仅极大地促进了中国与多国之间的油气资源合作，同时也进一步带动了其他领域的经济和贸易往来，通过中国与中亚国家之间的产能合作，将有助于各国工业化水平的提升。

表 10-1　中国与中亚五国的工业化进程

国家	工业化综合指数	工业化阶段
中国	83. 69	工业化后期（中段）
哈萨克斯坦	72. 04	工业化后期（前段）
土库曼斯坦	70. 64	工业化后期（前段）

续表

国家	工业化综合指数	工业化阶段
乌兹别克斯坦	29.19	工业化初期（后段）
吉尔吉斯斯坦	23.93	工业化初期（后段）
塔吉克斯坦	0.21	工业化初期（前段）

资料来源：黄群慧：《工业化蓝皮书：“一带一路”沿线国家工业化进程报告》，社会科学文献出版社2015年版，第12页。

二、创造就业机会，投身社区建设

（一）创造东道国的就业机会

中亚管道公司积极推行“员工属地化”的人力资源管理模式，按照生产运行、项目建设、经营管理和综合管理业务进行人力资源配置，较好地适应了公司工作重心由“以工程建设为主”向“建运并重”的转变要求，形成专业人才齐备、业务过硬、结构合理的员工队伍。公司严格执行属地化用工管理，员工属地化率接近80%，员工队伍呈现高学历、年轻化、专业化趋势。截至2017年底，中亚管道公司累计为沿线国家提供长期就业岗位2300余个，建设高峰期创造临时就业岗位2万余个。所属合资公司严格遵循过境国关于劳动力配额比例的法律规定。以中哈合资公司为例，中哈方人员比例达到1∶9，提供了逾千个长期稳定（30年）的当地员工就业岗位。在2008~2017年长达9年的项目建设期，中亚天然气管道项目和哈南线项目每年参建人员总数平均维持在3000人，高峰期达到5000人，当地员工占大多数。在30年运行期，参与从事运行技术维护、安保、司机、后勤等外委人员总数将长期保持在1500人以上。

（二）改善社区基础设施建设

中亚管道公司高度关注并严格保护沿线社区居民的利益。公司在东道国采取多种措施，主动参与社区建设与发展，提高居民生活品质。中亚管道公司积极投身公益事业，改善了沿线社区的基础设施建设。由于管道和压气站途经的大量地区都是偏远村镇，道路交通等基础设施落后。伴随着管道的修建，公司修建了大量的进场道路和伴行路，并对管道沿线一些路况差的现有道路进行了改善，极大地提高了管道沿线村镇道路设施条件。

三、倡导绿色施工，减少环境扰动

（一）多方联合从源头降低环境扰动

中亚管道公司高度重视管道建设与运行过程中对环境的扰动，联合施工单位、监理单位以及沿线社区，共同保护生态环境。工程启动初期，中亚管道公司就按照建设一条安全、绿色、环保管道的承诺和目标要求，制定了一系列有关环境保护方面的规章制度，同时仔细分析研究乌、哈两国关于环保措施的法律法规，确定了相关环保措施。

公司严格遵照管道沿线所在国有关环境保护、文物保护方面的法律规定和要求，按要求编制了环境影响评价报告（EIA）、考古报告等专项评估报告，并上报乌、哈两国政府部门审批。在报告通过国家审批通过后，在建设过程中，公司严格按照相关报告提出的要求和结论执行，加强责任落实，要求各承包商按照EIA 内容编制环境保护执行程序文件和执行计划，以施工过程中按程序文件监督执行。为更加有效地对工程建设实施环境监督，公司还邀请国际知名监理公司进行环境监督。

（二）引导监督承包商开展绿色施工

公司在对承包商的 HSE 管理过程中，环境保护也作为了一项重要的工作内容，从对承包商上报的 HSE 程序文件中的环境保护内容审核开始，到现场的监督检查，再到督促承包商与当地的垃圾处理公司签订相关的合同，对营地和施工现场有害的垃圾进行处理等事宜都有详细的规定和要求。要求监理公司严格监督施工单位的作业带面积不得超过征用土地范围，所有施工车辆或设备在已有道路或作业带内行驶，尽量避免碾压作业带以外的地表植被等，在管沟开挖时，将地表土进行剥离和生熟土分开堆放，并按顺序进行回填。

中亚管道公司责成承包商按照已编制环境保护方案，抓好现场文明施工，减少施工对植被、生物的破坏。规定施工承包商在施工作业带内施工，未经许可，不能乱占作业带以外的区域，以防止对作业带以外的水土造成破坏。作业带与任何水域要保持一定限度的植被缓冲带。作业带挖出的地表土和下层土要求分开堆放，以利地貌恢复后的植被生长。采取必要措施保证现场道路、斜坡等对地面不会形成障碍，造成局部水灾而对水土造成破坏。除了指定的料场，未经当地有关部门许可，不能随意在河床或岸边挖取或者倾倒卵石、沙子或者废弃物。迁移或清理的树木不能超出施工所需范围，也不能乱砍滥伐。施工期临时加宽加固的道路，施工完毕应结合当地实际情况进行恢复。在路边排水沟直通河流的地方，必须在河流附近设立障碍和挡板，形成泥沙沉淀区。其他排水沟不能直接进入任何水域，防止泥沙流入水域。在河床开挖过程中，依据规范要求，在保证施工作业面的前提下，尽量减少河床生态环境的破坏。河床开挖施工完毕后，杂物清除干净。喷砂除锈要在指定的场所进行，施工完毕后要对现场进行清理，并将垃圾清理干净。

对于管道沿线的野生动植物保护，公司要求承包商在施工作业带预留通道，供动物穿越迁徙用；不许惊扰、捕捉受保护的野生动物。对管线经过的环境敏感区，施工完毕后，要严格按要求进行恢复，必要时进行改线。树木进行砍伐或迁移前，要取得许可，对于不慎砍伐的树木要立即进行补救。

四、优化能源格局，改善地缘政治

（一）优化区域能源格局

中亚地区天然气资源丰富，地区剩余探明天然气可采储量约占世界总储量的10%。中亚天然气资源主要集中在土、乌、哈三国，其中近80%集中在土库曼斯坦。根据BP能源统计年鉴，截至2016年底，土库曼斯坦剩余探明天然气可采储量17.5万亿立方米，占世界总储量的9.4%，居中亚第一，世界第四（见图10-5）。

中亚地区天然气资源的主要出口方向包括北向俄罗斯（中亚—中央管道）、东向中国（中亚天然气管道）、西向欧洲市场（跨里海管道[①]）和南向印度（TAPI管道[②]）四个方向，另外由于中亚地区天然气资源分布不均衡，中亚地区内部还有从乌兹别克斯坦到吉尔吉斯斯坦和哈萨克斯坦的地区内部出口管道。中亚天然气管道的建设与运营，一方面保障了中国的天然气供应，另一方面也实现了中亚国家天然气出口的多元化，同时又很好地协调了中亚国家之间的天然气资

① 跨里海管道还在规划之中。

② 是土库曼斯坦进一步实施天然气出口多元战略的重要举措，2015年底土库曼斯坦境内段已经动工，2018年初阿富汗境内段开始动工，但是该条管道面临的资金、建设、安全及地缘政治等方面的困难和风险较高。

源，为乌兹别克斯坦向哈萨克斯坦供应天然气提供了新通道。

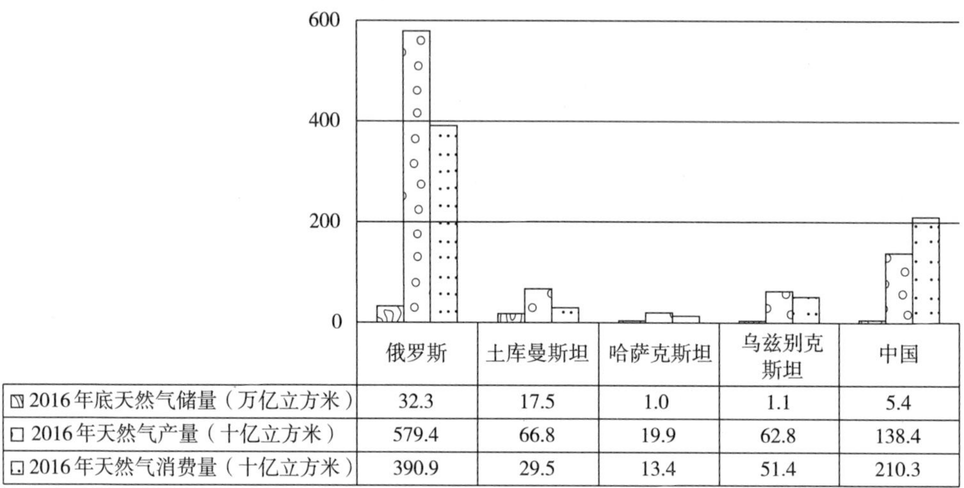

	俄罗斯	土库曼斯坦	哈萨克斯坦	乌兹别克斯坦	中国
2016年底天然气储量（万亿立方米）	32.3	17.5	1.0	1.1	5.4
2016年天然气产量（十亿立方米）	579.4	66.8	19.9	62.8	138.4
2016年天然气消费量（十亿立方米）	390.9	29.5	13.4	51.4	210.3

图 10-5　五国天然气储量、产量和消费量比较

资料来源：《BP 世界能源统计年鉴 2017》。

中亚管道公司负责建设和运营的中亚 A/B/C/D 线四条天然气管道，气源主要来自土、乌、哈三国。目前，中亚天然气管道气源供应已经呈多元化态势。中亚 C 线的气源除了来自土库曼斯坦的天然气外，还有来自乌兹别克斯坦和哈萨克斯坦的天然气。

中亚 C 线建设使乌、哈两国由管道过境国转变为管道天然气供应国，改变了这两个国家对外天然气供应格局，实现了天然气出口多元化，天然气生产和销售的灵活性得到了实现和增强，同时，也为两国在国际能源市场获得进一步拓展和延伸奠定了基础、创造了条件，因此 C 线建设对两国而言具有重要的战略意义。

（二）加强政治经济联系

在实施中亚天然气管道项目前，中国与中亚地区，乃至俄罗斯和整个独联体地区的合作呈现出“政热经冷”现象。一方面，通过上海合作组织等平台，中国同中亚各国的外交关系和政治联系日趋密切；另一方面，中国和中亚、俄罗斯的经济联系主要体现在双边进出口贸易层面，中国政府主导的针对中亚和俄罗斯地区的投资项目无论从数量上还是规模上都处于不高层面。自中哈原油管道项目实施以来，尤其是中亚天然气管道项目实施以来，中国同中亚各国的大型投资项目合作迎来了新的发展阶段。继中亚AB线顺利投产后，中国同中亚各国又相继启动了哈南线、中亚C线和中亚D线，双方在能源领域和其他领域的重大投资项目如雨后春笋般出现，而且通过中亚天然气管道项目的策应效应，已经搁浅多年的中俄天然气管道项目也驶入了快车道并进入项目实施的实质阶段。经济基础决定上层建筑，双边经济联系的日益加强又进一步密切了中国同中亚、俄罗斯的政治和外交关系，为中国地缘政治环境的改善创造了有利条件。中亚天然气管道运行期超过30年，在中国和土、乌、哈、吉、塔等所有中亚国家之间构建了一条维系长期稳定双边和多边政治经济关系的纽带。

（三）增进民族文化交流

中亚地区是多个民族和多种宗教的交汇之地，具有强烈的地方特色。面对客观存在的法律、经济、文化等方面的差异，中亚管道公司始终抱着真诚合作的态度，从资源开发、工程建设到商务谈判等各环节，都注重维护各国各方利益、发挥各自优势，加强沟通交流，得到了合作方的普遍认可。在合资公司，员工不分国籍都是合资公司大家庭中的一员，所有人员的权利都是平等的。在工作中，各方专家互相学习、互相理解、互相帮助、互相支持，彼此间结下了深厚的友谊。在生活中，公司通过传统文化传承、员工培训及文化交流活动等方式，要求所有员工理解和尊重当地风俗、文化和宗教信仰。每逢当地节日或者沿线居民家中婚丧嫁娶等重要日子，公司员工主动参与节日庆祝活动，上门拜访居民并送上小礼物，获得沿线社区的认可与赞赏。通过项目人员在工程建设过程中的沟通和交流，中外双方的友好情谊也在蔓延。

第四节　携手伙伴共创共享商业价值

中亚管道公司在管道建设与运营的全过程中，带动了国内产业链上下游企业“走出去”，有利于化解国内产能过剩，促进产业结构调整。同时，中亚管道公司积极推行“员工属地化”管理，多措并举持续提升中亚国家技术队伍的综合素质与能力。此外，公司创新采取了“分国分段建设和运营”的项目组织和管理模式，同时构建了有效的“四国多方跨国运行协调机制”，对跨多国合作项目具有重要的示范意义。

一、带动国内产业链上下游企业“走出去”

（一）带动国内钢铁和管材等相关产业发展

中亚天然气管道项目在采购、分包、投资等多个环节，带动了国内相关产业发展。包括管材采购、EPC承包以及融资等，签署各类中方大型合同600余个，总金额超过100亿美元，占总投资超过50%，有力地推动了我国高等级钢管的生产与销售，带动了我国工程服务、钢铁业和制管业的发展。此外，通过EPC采购，中国石油工程建设公司和管道局等企业加快了“走出去”的步伐，提高了国际化程度，为今后国际业务的拓展起到了重要的推动作用。

（二）深化产业合作，促进产业结构优化

随着改革开放40年以来中国经济的飞速发展，如何尽快实现产业结构的调整与优化，以满足居民日益提升的消费需求，成为一个亟待解决的问题。国际经验表明，一个国家可以通过产业转移的方式，向工业化程度相对较低的国家输出产能，一方面可以成功拓展巨大的海外市场，另一方面也可以带动东道国的产业转型升级。中亚天然气管道项目的实施即是中国实现产能合作与产能转移的一次重要机会。在管道建设中，凭借中国在材料、施工和服务等方面的比较优势，成功推动超过一半的钢管、管件等主要设备采办来自中国，超过一半的施工总承包工程量由中国工程队伍承担。在2008年爆发并持续几年的全球经济危机大背景下，通过产能合作与产能转移的方式，促进中国的产品和服务“走出去”，实现产业结构的调整与优化，意义尤为重大。

二、提升海外项目团队的技术和管理能力

（一）培育专业技术队伍

要把人力资源管理提升到战略高度，努力把人力资源优势转化为人力资本优势，这种理念在中亚管道公司已经成为共识。除了关心本国员工的成长以外，公司还高度重视对东道国技术和管理人才的培训，多次邀请他们来中国学习。通过中亚天然气管道项目的建设和运行，以及公司每年组织海外员工参与各类培训提

升，为中亚国家培养了一批熟悉现代化管道工艺的专家队伍，促进了这些国家管道人才素质的提升。中亚管道公司为外方员工和中方员工提供均等的培训机会，在中国石油大学培训外方员工（半年以上）累计超过300人次，显著提升了中亚国家管道施工、运行队伍的技术素质和管理能力。

（二）统一管道技术标准

中亚管道公司非常注重国际技术和人才交流，积极搭建交流平台和渠道，举办国际技术论坛、中外技术标准研讨会和技能竞赛，带动所在国技术和标准提升，形成较强的区域影响力和话语权，走出了一条多方合作互利共赢持续发展的道路。在项目开展之初，许多国家仍然坚持苏联的技术标准，但是从国际管道行业技术发展来看，这些标准已经不再适用。通过合资公司的积极沟通和反复推广，促使符合国际先进水平的技术标准在这些国家得以应用。在中亚D线的实施过程中，中亚管道公司借鉴AB/C线建设经验，注重标准输出，目前已经实现中国管道建设标准GB 50251-2015在吉尔吉斯斯坦的直接应用，推动中国14项隧道标准转化为塔国行业专项标准。中亚管道公司通过推广具有世界先进水平的管理体系和标准，带动当地管理水平的提升，向国际化管道公司迈进。

（三）提高运行管理能力

2014年，中亚管道公司建立以HSE为核心的生产运行基础体系，指导合资公司制定并完善相关制度和标准体系，同时加强对员工的技能培训，提高了合资公司的运行管理能力。公司的关键技术经济指标体系已经在合资公司普遍应用，显著提升了当地公司的管理效率和可持续发展能力。此外，中亚管道公司建立以应急机构为基础、应急预案为纲领、抢修能力为核心、应急平台为支持、法律标准为保障的“五位一体”全面应急管理体系，大大提高了合资公司的应急抢修能力。

三、探索形成跨国经营的项目管理新模式

（一）首创“分国分段建设和运营”模式

面对中亚国家关系复杂、矛盾较多且难以协调等特殊环境，中亚管道公司打破以往国际长输跨国管道以“同一项目公司”和“联合体”形式为主的“多边合作”模式，规避中亚国家错综复杂的地缘政治风险，降低并减少多边磋商、协

调一致的时间成本和经济成本，采取以“双边合作”为特征的，按管道过境国分别设立合资公司，中亚管道公司在各段管道持股50%，为同一条管道系统、多个项目公司之间建立中方主导、统一掌控协调机制奠定了基础。通过采取“分国分段建设和运营”的项目组织和管理模式，突出中方在双边合作中的优势，快速优质推动项目实施，同时利用在各过境国合资公司持有股权的优势，形成中方对管道整体建设和运行在管理上的掌控，在兼顾外方合理诉求的同时，确保中方对国家战略型管道核心利益实现。

（二）构建“四国多方跨国运行协调机制”

为创造一个“目标统一、责任共担、协调有力、合作共赢”的跨多国管道运营环境，中亚管道公司在充分沟通、交流的基础上，围绕“中方有效掌控”和“全线输气能力保障”的核心利益，构建“四国多方跨国运行协调机制”，组建“土—乌—哈—中天然气管道运行协调委员会”形成日常业务协调机构，负责具体沟通协调工作。公司依托“四国多方跨国运行协调机制”，以国内市场动态需求为导向，以购气和输气合同为基础，协调土、乌、哈、中四国，推动中石油国际事业公司、中国石油北京油气调控中心、阿姆河天然气公司、土国康采恩、中乌天然气管道公司、中哈天然气管道公司等运营相关方共同开展工作，规范上下游生产运行工作程序，在特殊环境下保证项目投产后安全、平稳、高效运行，突破“双边代替多边”跨国运营体系的弊端。

（三）探索形成系统高效的国际化管理经验

中亚管道公司坚持以创新引领发展，探索形成一套国际化管理经验。10余年来，公司立足能源战略通道定位，以国际化的视野，秉持互利共赢合作理念，坚定维护中方核心利益，注重与合作伙伴的共同发展，发挥实干高效的战略执行能力、兼容并蓄的集成创新能力和柔性变通的组织能力，创新构建项目组织和运作模式、工程建设管理模式和管道运行协调机制，在实践中形成涵盖技术、人力、预算、绩效、QHSE、风险在内的“四梁八柱”管理体系；在复杂经营环境下，积极构建激励相容的制度安排，各合资/独资公司逐步发展成为所在国极具影响力的外资企业，初步形成了企业国际化管理基础；管道建设管理创新成果和管道运营管理创新成果分别获得国家级管理创新成果一等奖，为我国“一带一路”倡议基础设施建设提供了经验。

第十一章

展望未来　全面升级发展共同体

中亚管道公司成立10年来，建设和运行任务艰巨，公司上下紧紧围绕工程建设保节点、管道运行保安全开展工作，在规模和输量上都实现了跨越式发展。目前，中亚天然气管道已经成为我国天然气供应不可或缺的重要力量，同样也是中亚资源国对外输出的最为稳定和可靠的渠道。2016年，按照中国石油统一部署，中哈原油管道纳入中亚管道公司管理；2017年，作为中国石油深化改革的重要举措，中亚管道公司与东南亚管道公司重组合并，正式成立中油国际管道公司，负责建设和运营我国西北、西南两大能源战略通道。面对中国特色社会主义进入新时代、经济发展由高速增长向高质量发展转变的新形势，作为国家能源供应重要的保障者，整装待发的中油国际管道公司必须要进行前瞻谋划，全面升级规划，要在理念上从规模速度转向质量效益，经营方式上从粗放式管理向精细化、标准化管理转变，要向技术进步、管理提升要效率、要效益，打造高效能油气战略通道，提升国内油气资源的可获得性和经济性，助力能源供应不平衡、不充分矛盾的解决，在发展中形成更高质量、更可持续的共同体。

第一节　未来战略布局

未来一个时期，是中油国际管道公司提升管理水平、实现可持续发展的重要历史时期。由于内外部发展环境的变化，重组整合的中油国际管道公司面临着在更加错综复杂情况下保持、提升管道竞争力和经营效益，促进可持续发展，加快向世界先进水平和世界一流水平国际化管道公司目标迈进的重大问题和挑战。我们必须清楚认识到未来五年乃至十年公司发展所面临的国内外经济形势、国内与中亚地区发展环境以及能源发展趋势等情况，厘清公司下一步发展的优势、劣势、机遇与挑战，积极谋篇布局。

一、SWOT 分析

（一）宏观经济及能源发展形势的分析

1. 世界经济继续保持增长，但面临的风险和压力持续上升

当前，全球经济仍然处于后危机时代，世界经济和贸易进入恢复性增长期。近年来，发达经济体实施积极的财政政策和宽松的货币政策，推动经济稳步增长；新兴经济体和发展中国家经济发展焕发强劲活力，保持较快增长速度。整体来看，世界经济有望继续保持稳定的增长态势。但是由于国际金融危机的影响具有长期性和复杂性，全球经济依然面临着后危机时代经济衰退的挑战。近期经济逆全球化浪潮日趋明显，中美贸易摩擦曲折多变，全球经济发展以及预期的不确定性显著增加，国际贸易规则、国际产业链结构、生产要素配置、国际经济治理架构等受到前所未有的挑战，世界经济格局处于深刻变化之中，全球经济下行压力加大。

2. 技术的进步以及应对气候变化的紧迫性，使全球能源转型加速

在新科技革命、气候变化以及绿色低碳背景下，国际能源体系正在发生深刻变化，全球主要国家不约而同地加快了低碳化甚至“去碳化”能源体系的发展步伐。伴随着气候变化及《巴黎协定》的签署，世界各国向绿色、低碳等清洁能源及可再生能源积极转型，欧美发达国家先后提出了明确的能源转型计划、转型目标及推进措施，以中国、印度、巴西为代表的新兴经济体也在不断加大对清洁能源和可再生能源的投资和利用。全球能源正在向高效、清洁、多元化的方向加速转型推进，全球能源供需格局进入大幅度调整阶段。

3. 中国经济转向高质量发展阶段，能源结构向低碳清洁化发展

当前，中国特色社会主义进入新时代，我国经济转向高质量发展阶段，表现为速度变化、结构优化、动力转换三大特点。国家着力推进供给侧结构性改革，积极稳妥地化解产能过剩，扩大有效供给，强化经济增长新动能，预计今后五年会保持年均 6%以上的中高速增长速度。高质量的经济发展要求高质量的能源发展。清洁空气、美丽蓝天是人民日益增长的美好生活需要最重要的组成部分，要求能源消费结构必须实现重大转型，加快向低碳清洁化方向发展。根据国家“十三五”规划，2020 年我国能源消费总量预计约为 50 亿吨标准煤，天然气在一次能源消费结构中占比将达到8.6%左右，2030年将达到15%。

4. **我国天然气市场仍不完善，需要加大培育和发展力度**

我国天然气市场仍处于培育和发展阶段，由于基础设施、交易机制和定价机制等尚不完善和健全，国内天然气消费受经济、政策和季节等因素影响，波动较大。2014年以来，受中国经济进入“新常态”影响，我国天然气消费增速大幅放缓，由2013年的13.6%下降为2014年的8.1%，2015年的增速为5.6%，创10年最低水平。2017年以来，由于政策和价格等原因，国内天然气市场呈现“淡季不淡、旺季更旺”的特点，天然气消费增速再次达到两位数，国内天然气供需偏紧，尤其在冬季，供应的不平衡性和不充分性更加凸显。

（二）中国、缅甸及中亚国家发展环境分析

1. **中国仍处于黄金发展期，社会、政治、经济、生态将全面进入高质量发展阶段**

新中国成立以来，特别是改革开放和党的十八大以来，我国经济社会繁荣发展。经济建设取得了重大成就，跃居为世界第二大经济体；深化改革全面发力、多点突破，破除多方面体制机制弊端；积极发展社会主义民主政治，推进全面依法治国；全面加强党的建设，中国特色社会主义和中国梦深入人心，社会核心价值观和中华优秀传统文化广泛弘扬；大力推进生态文明建设，生态环境治理明显加强；人民生活不断改善，人民获得感、幸福感显著增强。未来较长一段时间内，我国仍将处于社会主义初级阶段，继续保持全面、平稳、较快发展。

2. **缅甸经济发展水平落后，但潜力较大**

缅甸经济发展水平相对落后，是世界上最不发达的国家之一，但自然资源和历史文化资源丰富，劳动力成本低。近年来，随着新政府民主改革的推进，以及包容、可持续发展战略的实施，在一系列经济改革政策推动下，外商直接投资环境得到明显改善，缅甸逐步释放出经济发展潜力，预计2020年前缅甸经济将保持7%~8%的增长速度。

3. **缅甸政治上存在不稳定因素，且政府治理水平较低**

缅甸正处于政治转型期。2010年，缅甸大选实现民选政府上台，促进了威权体制逐步向民主体制过渡，以军队为首的势力和以昂山素季为首的民主力量基本实现了政治和解，国内政治经济改革以及拓展外交空间方面取得显著进展，但是缅甸的民族问题依然错综复杂、根深蒂固，代表各少数民族利益的政党与执政党以及民盟之间的和解将是一个长期的过程。另外，缅甸政府管理流程复杂，办

事效率低，对于外国投资申请批准程序烦琐、时间长、成本高；另外，由于法制体系还不健全，缅甸的法治水平没有得到相应的提高，腐败问题仍然很严重。

4. 缅甸社会安全形势仍然复杂，缅北地方武装与政府军冲突不断

目前，缅甸社会安全形势总体平稳，但缅北民地武活动、南部若开邦民族宗教问题仍然复杂、敏感。昂山素季领导的民盟上台执政后，在民族和解方面取得了一些成果，但是由于根本问题和主要矛盾没有得到改善和解决，实现缅甸全部民族和解任重而道远，前景不容乐观。缅甸2020年大选越来越近，各种势力角逐和暗地较量将逐步显现，给正处于转型中的缅甸社会形势带来不确定性；同时，缅甸南部若开邦安全形势不断恶化，地区风险等级进一步升高。

5. 中亚国家政治形势将保持基本稳定，但潜在风险增多

乌兹别克斯坦实现了新老总统更替的平稳过渡，米尔济约耶夫完成机构和人员调整，建立总统核心精英团队，基本实现对乌兹别克政局的掌控，但是其是否能够牢牢把控局势、确保长期保持稳定还有待进一步观察；哈萨克斯坦顺利完成新总统选举，但老总统纳扎尔巴耶夫对哈萨克斯坦政局的主导和掌控没有改变，哈萨克斯坦“老人政治”的局面并没有得到有效破解；吉尔吉斯斯坦新总统热恩别科夫执政一年，采取多种措施来提升政治势力和影响力，但是吉尔吉斯斯坦政府频繁更迭的局面并没有根本改变，新老总统之间角力日趋激烈；塔吉克斯坦政治形势不容乐观，社会不稳定事件时有发生，根据国际著名评级机构——惠誉的专家评估数据，塔吉克斯坦政治风险高至49%，认为该地很可能发生局部政治动荡；土库曼斯坦政局平稳，政治架构继续完善，别尔德穆哈梅多夫对国家权力的全面掌控依然稳固。

6. 中亚国家经济形势不容乐观，经济下行压力加大

近年来，中亚五国的经济发展呈现出不均衡的基本特征，其中，乌兹别克斯坦和土库曼斯坦保持较快增长，塔吉克斯坦和吉尔吉斯斯坦经济基础薄弱，哈萨克斯坦经济增长出现下滑态势。总体来看，中亚国家由于受外部因素影响经济衰退明显。一方面，当前国际经济复苏乏力，俄罗斯经济不景气，大宗商品价格持续走低，造成侨汇收入和对外贸易大幅度负增长，特别是对那些以能源为支柱产业的国家影响巨大；另一方面，中亚国家货币持续贬值，不但冲击了各国金融市场，也导致通货膨胀压力加大。虽然各国出台了一系列经济刺激政策，但是目前来看效果并不是很理想，预计未来一段时间内中亚各国的经济形势仍将很难得到一定的改善，主要判断依据包括：①对外部资本和市场依赖严重，一些国家面临债务危机，贸易逆差也难以扭转。②国内市场较小，难以实现内需型增长。③长期积累的经济问题短时间内难以解决，比如外商投资环境优化等。

7. 中亚国家安全风险日益凸显，防恐形势愈加严峻

2008 年全球金融危机以来，中亚地区安全形势日益严峻，恐怖活动日趋频繁，随着潜在风险的增多，预计未来中亚地区的安全形势不容乐观。判断依据主要包括：①阿富汗动荡局势影响中亚国家边境地区的形势恶化。②近年来，极端思想的演变和传播导致越来越多的中亚国家的年轻人被吸纳到恐怖组织中，未来这一趋势极有可能加剧。③中亚国家的经济不景气和俄罗斯的经济衰退，使中亚国家失业率上升，赴国外务工人员大幅减少，失业人员无所事事，导致地区安全风险进一步增加。④毒品走私过境中亚问题严峻。

（三）机遇

1. 国家“一带一路”倡议的提出和推动落实提供了历史机遇

“一带一路”倡议的合作领域有能源合作和国际产能合作，合作重点包括政策沟通、设施联通、贸易畅通、货币流通和民心相通。中油国际管道公司主要承担中国石油在中亚和缅甸油气管道投资、建设和运营业务。中亚油气管道和中缅油气管道分别位于丝绸之路经济带和 21 世纪海上丝绸之路，是“一带一路”倡议的重要能源基础设施项目，实现了中国与中亚、中国与东南亚的油气资源的互联互通，实际践行了“一带一路”倡议中“共商、共建、共享”的原则。因此，推进“一带一路”建设为中油国际管道公司的进一步发展提供了难得的历史机遇。

2. 我国能源加快转型为公司发展提供强劲动力

伴随技术进步，全球能源正在深刻转型，清洁能源、绿色能源的开发与利用成为趋势。十九大报告指出，要推进能源生产和能源消费革命，构建清洁低碳、安全高效的能源体系；着力解决突出环境问题，持续实施大气污染防治行动，打赢蓝天保卫战。减煤、增气已经成为我国优化能源结构的主基调，加快天然气利用是我国打赢污染防治攻坚战长期直接有效的手段。目前，国家相继出台包括天然气价格改革等在内的多项政策，积极培育和释放市场需求，鼓励天然气产业健康发展。天然气业务仍然是战略性、成长性和价值性发展业务。

3. 世界能源消费结构趋向低碳化

随着世界主要能源由煤炭、石油向天然气、可再生能源和其他新能源的转化，高碳能源将逐步被低碳能源取代，全球能源消费中碳的平均含量逐渐降低，世界能源消费结构逐步趋向低碳化，天然气拥有广阔的发展前景。我国能源消费结构的主要特征包括：①煤炭在我国能源消费结构中的比例下降，这与煤炭在能源生产结构中的比重下降有直接关系。②天然气在我国能源消费结构的比重不断增加，但仍低于世界平均水平。随着天然气管网和液化天然气基础设施的不断完善，天然气在我国能源消费结构中的比重将呈现递增的趋势。

(四) 挑战

1. 国内天然气市场面临诸多不确定性

一方面，2014 年以来，受中国经济进入“新常态”影响，我国天然气消费增速大幅放缓。另一方面，2016 年，受价格下调和环保政策利好影响，天然气需求增速有所提升，甚至出现了全国性“气荒”，随着我国将继续推进大气治理力度，“煤改气”“油改气”等政策进一步落实，工业燃料、发电用户的增长将进一步提速，天然气需求量将进一步增加。

2. 过境国经济下行，经营环境严峻复杂

从 2014 年下半年开始，中亚多数国家经济增速放缓，尤其是与俄罗斯经贸关系密切的哈萨克斯坦在年初就感受到了经济下行的压力。中亚国家经济困难的内外因素包括：①国际经济恢复乏力，外部市场需求萎缩。②俄罗斯经济遭受沉重打击，直接影响了中亚经济发展。③中亚国家经济结构调整缓慢，动力不足。缅甸经济水平不高，按世界银行的标准属于中等偏下收入国家，近年来 GDP 增长率呈下降趋势，缅甸经济开放水平不高，创新能力相对不足，整体经济结构有待进一步调整。这使得公司在过境国的经营环境日益恶化和复杂。

3. D 线全面启动建设面临工程实施风险

2017 年 10 月，中亚 D 线已经进入实质建设阶段，项目研究制定了塔国段试验性工作开工方案，完成全线初步设计报告编制并提交海外板块评审，吉国段管道沿线建设用地也获吉国政府批准。但是，D 线不同于 AB、C 线的并行敷设，而是另辟蹊径，且要穿越帕米尔高原，地质情况复杂，工程实施面临巨大风险。

4. 进口中亚天然气和缅甸天然气在终端市场竞争力不足

由于进口天然气国内价格倒挂以及管道运输距离长、管输费较高等原因，通过中亚天然气管道和中缅天然气管道进口到国内终端市场的天然气价格竞争力不足，终端销售仍存在亏损。在当前国际油价低位震荡以及世界天然气供需宽松的形势下，中亚气和缅气面临进口 LNG 和东线俄气的竞争压力较大，这对公司进一步扩大输送规模、提升经营效益形成较大的阻力和压力。

5. 新的法律法规的颁布，对公司管道收益将产生一定的影响

目前，《天然气管道运输价格管理办法》及《天然气管道运输定价成本监审办法》试行本已公布。根据规定管道准许总收入和管道运价率与管道负荷率均有较大关系，其中准许收益率按管道负荷率（实际输气量除以设计输气能力）不低于75%，取得税后全投资收益率8%的原则确定，管道实际运输气量为出口气量或委托运输气量。管道负荷率低于75%的，按75%负荷率对应的气量计算确定管道运价率。若管道负荷长期低于75%，管道收益将受到一定影响。

6. 公司重组后的磨合可能会对日常的经营管理活动产生一定的影响

公司重组之后，不但需要推动新公司组建后法人治理结构调整工作，而且还要在满足过渡期间决策需求同时，理顺各项目公司股权管理、法人变更等工作。例如，研究制定整合整体方案，做好管理决策机制和部门职责对接，理顺行政管理程序，确保决策效率和平稳过渡。过渡期的磨合可能会在短期内给公司的经营管理造成一定程度的冲击。

（五）优势

1. 西北、西南两大能源南通道的战略定位和地理优势显著

重组合并后，中油国际管道公司负责建设和运营中亚和中缅油气管道，这两条能源大动脉是我国陆上最重要的能源进口通道，年输送能力达到9494万吨油当量，管道里程超过1.1万千米，规模实力跻身世界先进管道公司前列。未来，伴随中亚D线的投产运行，中哈原油管道的扩能，中缅油气管道规划输送能力的实现，中亚和中缅油气管道能力将有望进一步拓展到1.5亿吨油当量/年左右，成为我国能源保障的中坚力量。中亚天然气管道是截至目前我国最大的境外固定资产基础设施投资项目，中缅油气管道是“人”字形中缅经济走廊的支撑项目。两条油气通道实现我国与中亚，我国与缅甸能源基础设施互相联通，使我国与中亚以及东南亚国家形成真正意义上的利益共同体和命运共同体，有效践行我国“一带一路”发展战略和发展理念。

2. 管网主体布局完成，资产优良

公司管道整体设计水平先进，管输能力充足。在我国西北方向，中亚油气管道历经十余年发展，沿中亚古丝绸之路覆盖中亚四国，形成了以中亚天然气管道A/B/C线为北线贯穿乌哈两国、中亚天然气管道D线为南线横跨乌塔吉三国的双方向、协调、安全、高度灵活的中国进口中亚天然气资源管道输气系统，管道在新疆与西气东输管道系统相联通，形成一条将中亚天然气输送至我国东部沿海、环渤海、长三角、珠三角等地区的巨大能源通道。在我国西南方向，中缅油气管道由南到北贯穿缅甸，在我国云南瑞丽入境，与中贵线相联通，将缅甸气输送至我国西南地区。

3. 重组整合为公司发展提供更加坚实的基础

西北、西南两大能源通道经过十余年的发展、积淀形成了各自的优势。重组整合后，中油国际管道公司通过互学互鉴、互补互助，将汇聚融合更多优势，焕发出更加强大的生机与活力。在两大能源战略通道的建设和运行过程中，逐步形成了一支专业人才齐备、业务素质过硬、国际视野开阔的人才队伍，这是最为宝贵的财富，是公司发展最重要的支撑。两大能源通道的战略地位、规模优势、管理优势、人才优势为中油国际管道公司扬帆起航、续写新篇奠定了最坚实的基础。

（六）劣势

1. 管理基础依然较为薄弱

企业文化尚需加强建设，目前合资公司尚未形成融合中外方特点的企业文化，导致企业经营管理核心理念和主张难以在合资公司得到贯彻，企业文化导向、约束、凝聚和激励作用无法有效发挥；信息化实力不强，信息化规划尚未完全落地，各合资公司信息化建设水平参差不齐，多数仍处于起步阶段，在经营管理中还未形成向信息化寻求解决方案的意识和习惯，信息化对优化管理尚有进一步提升的空间等。

2. 管道运行成本较高

通过初步对标发现，中亚天然气管道在运营效率、能耗、维修维护与大修理、完整性及人员管理等方面，与行业领先水平尚有差距，甚至低于行业平均水平。公司还没有围绕运行管理形成一套完整的技术标准体系，运行管理基础有待进一步夯实，由此导致管道运行成本过高，市场竞争力较弱。

3. 当地国生产运行人员素质亟待提高

员工队伍的职业化、国际化程度还不高，基层员工的业务能力和水平还需进一步提升，高层次人才和优秀项目经理人有待进一步增加。

4. 资源存在不稳定和不足的情况

中哈原油管道上游产区，老油田居多，产量衰减情况较为严重，亟须拓展新的油源；中亚天然气管道的主供气源——土库曼斯坦资源充足，但是近年由于土国对天然气开发投入资源不足等原因，供应的稳定性尚显不足；缅甸境内天然气资源并不十分富集，需要加大力度，拓展和寻求新的资源，以保障中缅天然气管道提升输量的需求。

二、总体布局

随着中哈原油管道、中亚天然气管道和中缅油气管道相继建成投产，我国海外油气管道业务规模不断扩大，不仅完成了我国能源进口通道西北、西南两个方向的布局，也改变了欧亚地区的天然气供需格局，中国自此过程中也逐步发展成为世界油气进口大国。为了确保并进一步提升战略通道的保障能力，实现海外油气管道，特别是进口管道的协调发展和专业化发展，中国石油已逐步整合海外管道业务。继中哈原油管道和西北原油管道纳入中亚管道公司管理，公司业务实现油气并举之后，中亚管道公司与东南亚管道公司重组整合成立中油国际管道公司，打造专业化的海外管道投资、建设和运营管理平台，呈现油气并举、建运并重、海陆协同、股权多元的特征。

由于我国经济将长期保持中高速增长，油气资源消费需求也将保持较高速度增长，中国将成为未来全球油气需求增长的主要贡献者。在注重内部挖潜、提高自产供应能力的同时，加强国际合作也是稳定油气供应的重要渠道。中油国际管道公司肩负保障国家能源供应重责，将继续坚持“保障能源供应，创造和谐稳定”使命，以“构筑能源丝路，打造高效能油气通道”为愿景，稳步增强通道能力、持续优化运行管理，坚持从严治党、理顺股权结构、规范公司治理，不断提升管理效率和经营效益，力争2020年建成世界先进水平国际化管道公司，2030年建成世界一流水平国际化管道公司。

（一）业务协同

自中哈原油管道项目和西北管道项目并入后，公司业务发展进入油气并举的新阶段，2017年集团公司将中缅油气管道项目整合进来，进一步夯实了公司油气运输业务基础。在油气业务大格局背景下，为了促进两大业务协调发展，未来业务战略布局将突出能力建设和输量保障。

1. 能力建设

一方面是现有管道的扩容。为了保障国内天然气市场巨大的潜力需求，同时也为了满足合作伙伴的需求，公司将重点推动：①哈南线扩容。加快推进哈南线150亿立方米扩容建设，进一步扩大哈南线的输气能力，不但可以满足哈国增加对华天然气出口的需求，而且还可以带动哈国沿线地区、中部、北部地区的气化。②中亚天然气管道AB线扩容。结合资源与市场情况，适时推进AB线哈国段新增100亿立方米/年能力建设。③中缅油气管道二阶段能力提升。按照规划，中缅天然气管道二期能力将提升至120亿立方米/年，中缅原油管道二期将扩建至2200万吨/年。

另一方面是规划管道的建设。未来一段时期，在规划管道建设方面，公司重点要推进中亚D线建设。中亚D线是国家“一带一路”倡议提出后实施的首个大型能源基础设施项目，开辟了我国西北方向新的进口天然气战略通道。中亚D线起自土乌边境，经乌兹别克斯坦、塔吉克斯坦、吉尔吉斯斯坦，止于中国新疆乌恰县，全长966千米，设计输气能力300亿立方米/年，与中亚AB线、C线的敷设路由完全不同，不但可以从战略上规避进口中亚天然气单一通道风险，而且也可以有效规避局部地区发生动乱或自然灾害等所带来的风险。远期，考虑到国内油气消费增长的需求和资源国的出口潜力，公司还规划了中亚E线、中亚F线以及中哈原油管道复线建设，全面提升西北、西南两大能源通道的输送能力。

2. **输量保障**

除了能力建设，输量保障是确保我国能源供应的另一关键。在资源约束背景下，公司将重点采取三大举措：一是研究推进乌、哈两国储气库的改造利用，提升冬季气源保障能力。二是加快推进西北原油管道反输改造，将哈国西部原油向东反输，增加阿—阿线出口中国油源的接替。三是研究在原油码头——马德岛建设LNG站的可行性，以增加气源，提高中缅天然气管道输量。

（二）管理提升

随着2009年12月中亚天然气管道A线正式投入运行，公司开始进入建运并重阶段。历经十几年的工程建设，坚持合作共赢、突出国际化管理、发挥集团公司整体优势和坚持科学发展的理念，公司建成了西北能源大通道，合并重组成立中油国际管道公司后，规模实力实现跨越式发展，运营6条天然气管道、3条原油管道和1座现代化的大型国际原油码头，管道里程达1.1万千米以上，年油气输送能力近9500万吨油当量，已累计向国内输送原油超过1亿吨，供气超过2500亿立方米。目前，中亚天然气管道D线也已进入推进建设阶段。在有序开展项目建设的同时，公司初步搭建了以中方为主导，以合资公司为平台，以多国多方运行协调机制为手段，以实现中方掌控为目的的管道运行管理体系，确保了建成管道的平稳运行。随着公司管网主体建设的逐渐完成，在未来一段时间内，公司管理将处于建运并重，以运为主的发展阶段。

1. **建设管理优化**

当前，公司为提升建设管理水平结合项目所在地区的特点，以AB/C线及哈南线的建设实践经验为基础，借鉴国际先进的项目管理体系和通用管理标准，面向项目建设的全过程，从（预）可行性研究、初步设计、施工到投产运营等方面考虑，构建了跨国天然气管道建设项目管理体系（见图11-1）。与美国PMI项目管理体系相比，除了整体管理、时间管理、费用管理、质量管理、风险管理和采购管理相同外，公司还根据自身工作特点及工程建设部的职能建立了设计管理、施工与外部协调管理、试运行管理、验收管理、合同管理和文控管理，以此实现从设计、施工到验收的全过程管理体系。

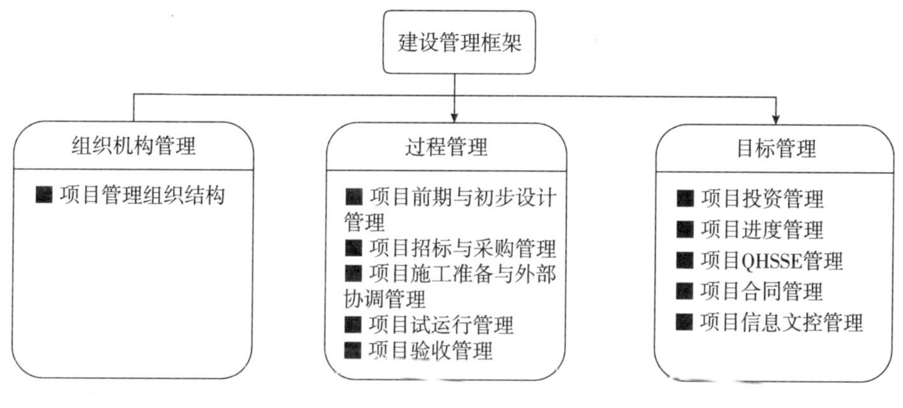

图11-1　管道建设项目管理体系

未来进一步优化建设管理可以从组织机构、人力资源、项目管理模式、项目管理体系四个方面入手，具体来说：①根据项目建设需求以及阶段特点，调整优化现有项目公司组织机构，特别是要针对建设力量日益富余的现状，研究新的组织机构模式以充分利用自身资源。②根据国情、企情、工程项目的特点、项目投资大小、风险分段方式、业主项目管理成本及能力等因素灵活组合，采用最适合的项目管理模式，比如PMT+PMC+TPI+EPC、业主自行管理模式（E+PC+监理或EP+C+监理）。③根据不同项目规模、国家、项目组织模式等特点调整所需的工程建设管理人员规模，对于冗余人员可以通过集中培训、转岗、对外输出等途径进行分流，同时，加强建设人员的语言、专业技术、工程管理等方面培训，并形成常态化培训机制。④建立动态的项目管理体系，一方面在工程建设运用中总结经验，补充完善项目管理体系内容；另一方面根据每年的执行情况适时修订规章制度和管理流程。通过四方面努力，最终实现建设管理工作持续提升的目标。

2. 运行管理优化

除了油气资源、市场需求、季节性输量不均衡以及部分原油管道，如中哈及西北原油管道阿特劳、肯基亚克、库姆科尔及阿塔苏站所属权属于外方，中方不具备运行权等因素的影响，目前，公司在管道运行管理方面还存在一些不足，最主要的有两点：①管道设备设施量大、种类繁多，在生产运行过程中将面临系统高温、机械故障、逻辑不完善、老化等问题，影响管道安全运行。②作为跨国管道公司，公司在设备设施的管理及监控能力上，依靠信息系统的支撑还不够完善，快速的抢修恢复能力有待实战强化，管道安全运行水平需进一步提升。

为了保障管道关键设备安全、高效运行，降低公司管道单位输送成本，提高管道运营管理水平，需要创新运行机制，完善管理体系，实现从“优化运行”向“优化运营”转变。具体可以从以下七个方面着力：一是指标。要建成世界先进水平的指标体系，指导改进工作，提升运行水平。二是运行。要建立中外方认可的贯穿总部和过境国调控中心的管理制度，提升团队调控实力，并以多国多方协调为平台，保障输油供气。三是维护。①借助信息化系统实时掌握管道运行状况，提升管道风险管理水平，实现管道完整性管理和设备精细化管。②通过日常管理、设备维修、管道检测保障管道安全运行。四是抢修。按照 72 小时原则，实现管道事故的快速处理能力，保障管道的安全运行。五是人员管理。提高人员技能水平，加强人员能力培养，实现中方人员“一专多能”，外方人员熟练掌握本专业技能并建设一支精干、业务过硬的国际化人才梯队。六是技术支持。借助外部力量，提高公司生产运行管理水平。七是 HSE 体系。①建成贯穿全运行过程的 HSE 体系，实现各类风险的有效预防及控制。②建成标准化站场，推广学习站场作业手册和标准化手册，以此规范人员操作，提高人员技能水平。

3. 支撑体系完善

从管理战略角度来说，除了建设管理、运行管理的优化外，公司亟须对一些管理支撑体系，尤其是安全质量管理体系、人力资源管理体系和绩效管理体系做出进一步完善。具体地说，在安全质量管理方面，利用公司在重新构架信息系统的契机，将原有的中亚管道公司和东南亚管道公司的 HSE 系统重新构架，打通各部门、各合资公司、各场站的安全质量信息通道，以信息科技保证安全质量问题可提前预警；从顶层设计上明晰总部、合资公司和项目公司的安全质量管理责任，并逐步提升合资公司和一线单位的安全质量管理能力；结合中亚以及缅甸的社会安全形势，做好社会安全风险的动态监控和评估工作，确保可能出现的社会安全风险能够及时掌握，做好风险应对预案。

在人力资源管理方面，一是建立企业后备人才库。为进一步适应公司人力资源战略规划要求，开发培养后备人才队伍，加大人才储备力度建立和完善企业的人才梯队。二是设置后备干部培养计划和核心骨干继任计划。后备干部的培养计划侧重其管理能力的培养和核心价值的评估。通过轮岗、挂职锻炼、职位代理、课程培训等对备选人员进行干部培养，挖掘其能为企业创造的核心价值。在核心骨干的继任计划上完善“双通道”晋升发展体系。

在绩效管理方面，一是尽快完善绩效管理的闭环流程，加强绩效计划、绩效执行与辅导和绩效诊断，提高 KPI 对各项目公司战略目标的引导性。二是增加绩效管理的激励类型，增强激励有效性。三是合资公司双线考核需做到归一化和融合化。四是进一步优化绩效指标体系和绩效计算方法。

（三）股权优化

为落实国家推进“一带一路”倡议，深化沿线资源国油气合作要求，增强海外业务发展动力活力，进一步提升海外管道项目建设和运营管理的国际化能力和水平，公司在股权结构方面进行了多次探索和尝试：①出让部分股权给国新国际，2016 年 4 月完成股权交割。②2017 年 8 月，按照集团公司决定，中亚管道公司又与东南亚管道公司合并重组成立中油国际管道公司。公司已经呈现股权多元化特征。目前，中石油中亚天然气管道有限公司持有中亚天然气管道 AB 线、C 线和哈南线资产，中方股东为国新国际和中国石油，中国石油直接持股公司为天津泰普；中油国际管道有限公司（前身是中亚管道有限公司）持有中亚 D 线资产，受托管理中哈原油管道公司和西北原油管道公司。中油国际管道有限公司由中油勘探 E&D100% 持股。中国石油集团东南亚管道有限公司则由中油国际（CNODC）持股。

总的来说，股权多元化对于国有企业，尤其是竞争性领域的国有企业来说利大于弊。作为国有企业改革的主要内容，其好处主要包括：一是通过股权多元化来转换国有企业的产权机制，通过产权机制来转换企业的经营和管理机制，使其适应市场竞争。二是使国有企业资产得到进一步清晰，明确国有企业的责任制度。三是通过股权多元化，可以增加国有企业资金，使其可以进行战略性操作，将国有资本投在最有效的地方。四是有利于政企分开，建立产权清晰的现代企业制度。

公司的股权多元化一方面使规模实力实现了质的飞跃，提供了发展新机遇，但另一方面也给公司深入推进管理提升，提高国际化经营水平带来了诸多挑战。未来，公司在进一步完善股权结构、加强股权治理、提升股权价值等方面将有更多的施展空间。

(四) 完善股权结构

完善股权结构一直是深化国有企业改革的关键环节，从理论上，公司股权结构是法人治理的基础，股权结构的不合理会对股东、董事会和经理层各自的权责利关系及三者之间有效制衡的相应制度安排造成不利影响，因此，优化股权结构对于公司的发展至关重要。

公司股权结构优化应遵循分散与集中适度的原则。股权结构的集中度过高，不利于促进公司治理的完善，如我国国有上市公司经常会出现内部人员控制现象，其根源在于股权过度集中，即国有股独大；另外，股权结构过于分散也会产生很多不良影响，如降低公司管理层的反应速度，将直接导致工作效率低下等，因此，过于集中或者分散的股权结构都会影响企业的治理绩效。

目前，中油国际管道公司的股权结构主要存在两大突出问题：一是法人数量较多，股权结构复杂。二是由此导致的股权管理和法人治理条线不清。因此，除了要加强法人治理的研究外，公司未来要按照集团公司“压减”的工作要求，主要压缩管理层级和法人户数，可以逐步整合所有下属公司的股权，整合西北原油管道公司、中哈原油管道公司和东南亚管道公司的股权，同时减少上级股东的数量。

(五) 加强股权治理

股权结构的特殊性导致公司治理结构相对复杂，虽然整体运行态势平稳，但仍有需要继续完善的地方。目前，公司总部定位以战略管控为主，其中部分为运营管控、投资管控。对于合资公司的战略管控主要有两种方式：一是通过聚焦核心业务，推进 KPI 考核指标。二是通过制定标准对合资公司业务进行管理。未来要逐步从中方管控转化为充分发挥合资公司作用，因此，要进一步发挥股东作用，推行股权管理。在关键工作推动过程中应特别注重文化影响，逐步形成与外方股东以及合资公司的价值认同、理念融合，从而促使推动相关工作。在这种工作模式中，沟通方式至关重要。

(1) 合资公司层面。通过现场培训以及加强跨文化的团队建设，实现中方和外方员工价值观的融合。

(2) 中方层面。实行轮岗制度，使合资公司关键岗位的中方人员认同总部的工作，进而提升中方人员理念。

(3) 股东层面。在人力资源、HSE、运行、商务、经营等方面加强沟通，并通过联合办公、联合审计等工作，加强对口联系。

(六) 提升股权价值

国有资产的保值增值是国有企业改革的底线要求，因此，在日常经营和股权流转过程中要创新思路和举措，充分提升国有资产的股权价值。一方面通过多种举措切实提升公司的管道竞争力。如利用降本增效、扩大资源、建立储气库、拓展市场、调整管输费机制等手段，合理降低管输费水平，增加管道输量，增强国内油气资源的可获得性和可支付性。另一方面科学有效提升国有资产的估值定价。引入外部资本是推进混合所有制改革，完善国有企业股权治理的主要举措，但前提是确定国有资产的估值定价，这是国有资产在流转过程中保值增值的重要保障。公司在2016年出让部分股权给国新国际时就通过科学设计股权结构，有预见性地在合资公司采用低资本金、高财务杠杆模式，大幅提升了股权溢价。未来公司应进一步加强提升国有企业股权价值的路径研究，在提升股权价值的同时，也要确保国有股权对关系国家能源安全的重点领域如战略方向、生产经营等的控制和引领。

第二节　未来发展蓝图

经过多年的快速发展，公司立足于中国石油自身的经验和能力，吸收国际先进的管理思想和技术、结合中亚、缅甸等国的实际情况，实施了包括项目组织和运作模式创新、工程建设管理模式创新、管道协调运行机制创新、财务管理体系创新、绩效管理体系创新、安全风险管理体系创新在内的六大创新工程，以大庆精神、铁人精神为动力，以尊重各国文化传统为前提，形成了兼收并蓄中外融合的文化氛围，逐步走出了一条中国后发赶超、各方路径依赖持续共赢的“中国式整合”之路，已经基本建设成为地区有影响力的国际化管道公司。

一、总体蓝图

中油国际管道公司未来的发展蓝图可以按阶段分为中短期目标和长期目标。

（一）中短期目标

面对未来发展的重大问题，公司领导班子深入基层实地调研，广泛吸纳各方意见，立足能源战略通道的重大意义和责任使命，以集团公司建设世界一流综合性国际能源公司为战略导向，经过充分借鉴和论证，率先提出到2020年全面建成世界先进水平国际化管道公司的发展目标。公司的创效能力、竞争力和创新力明显提升，综合实力跻身世界管道公司先进水平行列，在行业具有一定的影响力和话语权。

围绕这一目标，公司要坚持发展为第一要务，“推进两个转变”，即公司管理方式由粗放式管理向精细化管理转变，由传统管理向信息化管理转变。确保安全、提升效益、促进和谐是公司工作的核心，安全是管道的生命，效益是企业的中心目标，和谐是安全和效益的共同结果，是企业可持续发展的推动力量。抓好四项重点工作：加快技术进步、提升管理水平、提高员工素质和转变干部作风。技术和管理是支撑企业发展的两个轮子，目前公司管理深度、管理幅度和协调难度加大，对管理提升工作提出新要求，需要理顺公司治理机制，优化管控模式，做强总部、做优项目、做实基层。人才是第一资源，是企业最宝贵的财富，各级领导干部是推动公司改革发展的中坚力量。作风好坏是实现企业目标的决定性因素。

（二）长期目标

从长期来看，中油国际管道公司仍处于发展黄金期，根据党的十九大精神，应力争打造成为具有全球竞争力的世界一流国际化管道公司，有效助力集团公司世界一流综合性国际能源公司建设。实现从“世界先进水平”向“世界一流水平”迈进，强调的是在党建引领坚强有力、规模实力持续增强的基础上，公司核心竞争力和国际影响力要实现质的飞跃，安全绩效、经营业绩与管控能力等关键指标保持领先，整体综合实力迈入世界大管道公司“第一阵营”。该目标提出的主要依据如下：

（1）国内外天然气市场仍将保持较快发展。世界天然气发展遵循启动期

（增速慢）、发展期（增速快）、成熟期（增速缓）自然生长规律，快速发展期一般经历30年左右的时间（美国25年、俄罗斯42年、日本31年）。①世界天然气市场仍处于较快发展阶段。综合国内外知名研究机构的预测，预计到2020年世界天然气消费量将达到3.85万亿立方米，年均增长1.9%；到2030年，世界天然气消费量将达4.58万亿立方米，年均增速为1.75%。②天然气在我国能源发展战略中的地位没有改变。全球能源消费呈现低碳化趋势，国家将大气污染治理和碳排放控制上升至战略高度，天然气作为清洁能源，在环境治理中必将发挥更重要的作用。③从中长期来看，我国天然气需求仍将保持较快增长。按照国务院《能源发展战略行动计划》，到2020年天然气在一次能源消费中的比重将提高至10%以上，提升空间巨大。我国宏观经济基本面没有变化，能源需求将会保持增长态势，我国天然气发展自2004年西气东输建成以来进入快速发展期，预计将持续到2035年。

（2）国内原油市场需求稳步增长。“十四五”至“十五五”期间，国内原油需求将会持续增加，预计2030年国内需求6.8亿~7.3亿吨，进口需求量将达到4.6亿~5.1亿吨，对外依存度为70%左右，在该消费预期下，公司原油管线能力将能充分利用。

（3）油源和气源将会得到夯实。①据资料显示，乌—俄输气合同到期后不再续签，乌国也在积极提升国内用气质量，减少过度消费，未来每年100亿立方米气源有望得到保障。②哈国政府已经完成卡拉恰克纳克气田天然气反输改造，正在协调田吉兹、卡沙干、阿克纠宾等气田天然气实现西气南输，在满足哈南部每年40亿~50亿立方米消费需求后，50亿~60亿立方米可供出口到中国。③卡沙甘油田于2016年9月正式恢复石油开采，从11月起，卡沙甘油田石油日产量已超过7.5万桶，基本达到商业化开采水平。随着未来开采的深入，卡沙甘油田石油开采量将达每年1300万吨。随着西北管道反输改造的完成，将有更多的原油进入中哈原油管道输往中国。

（4）建成世界先进水平国际化管道公司的基础保障。根据计划，预计“十三五”末公司将会全面建成世界先进水平国际化管道公司，这不但会使公司的治理结构、经营绩效、管理水平、技术标准等全方位维度与国际先进水平管道公司进行接轨，而且也为打造具有全球竞争力的世界一流国际化管道公司打下了坚实的基础。

二、蓝图刻画

（一）理论逻辑

从世界先进水平国际化管道公司到具有全球竞争力的世界一流国际化管道公司实际上反映了企业由优秀到卓越的飞跃。优秀企业和卓越企业的概念主要是基于西方学术研究和实践认识背景做出的，两者的区别主要体现在水平上而非本质上，指的是在特定的行业或业务领域能够持续形成和保持市场竞争力、行业领导力和社会影响力，并获得广泛认可的跨国经营企业。虽然通常具有基本一致的内在基因，遵循一般的成长规律，但是作为我国的企业，尤其是国有企业必然会在价值导向、公司治理等方面存在一定的特殊性，需要深化和丰富中国情境下国有企业优秀和卓越的认识和评价标准。根据国资委 2012 年提出的“四强四优”和在“13 个要素”的基础上，公司认为国有企业向优秀企业、卓越企业迈进就是打造“四可企业”。

1. 可信赖的企业

根据“六个力量”的总体要求，国有企业的价值取向不应仅仅是追求企业经济利益的最大化，而是应该充分担负起应有的责任，服务党和国家工作大局、服务消费者、服务经济社会发展，追求政治责任、经济责任和社会责任的统一和社会价值最大化，并推动企业与社会的协调可持续发展。“六个力量”要求国有企业要具备强大的支撑力，从这一角度来看，要实现优秀企业、卓越企业目标首先必须成为党和国家可信赖的企业。

2. 可持续发展的企业

优秀企业、卓越企业必然综合绩效卓越，从生产力的角度来看，就是要能够持续创造经济价值、社会价值和环境价值。这一要求的根本体现实际上就是可持续发展。一方面要将盈利水平保持在一个合理的范围内，使其能够维持企业持续的自我发展，进而才能基业长青，向“百年老店”目标迈进。另一方面要通过对国家五大发展理念的贯彻落实，促进清洁发展、安全发展，最终实现社会和环境的可持续发展，将国有企业建设成为“绿色企业”。

3. 可与时俱进的企业

随着环境的变化和竞争的加剧，企业更新换代的速度不断加快，生命历程的长度日益缩短。对优秀企业、卓越企业来讲，不仅要能够“活得长”，还要能够

“活得好”，因此，这就要求企业要具有一定的市场竞争力。随着国有企业改革，特别是分类改革及混合所有制改革的推进，国有企业面临的竞争将日益激烈。保持甚至增强市场竞争力的关键在于顺势而为，即顺应时势和发展潮流积极主动开展全方位创新。在战略上，及时发现潜在增长点，提前布局；在技术上，实现关键领域的突破，消除瓶颈；在管理上，持续改进制度、流程和文化，提高效率。这样做的本质就是将国有企业打造成为面向世界，着眼未来，持续创新，与时俱进的企业。

4. 可广泛认同的企业

从外部来视角看，品牌知名度高、美誉度好、认同度强是一个企业成为优秀企业、卓越企业的重要标志，这意味着企业具有良好的公众形象和社会影响力。我国国有企业更应以社会评价作为衡量自身是否成功的重要方面。因此，一方面要通过依法合规经营、透明开放运营、遵循商业伦理等一系列行为和举措，积极履行企业社会责任。另一方面要强化品牌建设，树立企业形象，不断提升社会感知，最终实现广泛认同。

（二）维度特征

要实现“四可企业”的总体目标，必须有一系列的支撑要素，使得企业在理念上有意愿、有动力去做好，在能力上有要素、有条件去做好，从行为上真正落实好、表现好，在机制上保证持续、自觉去做好，在绩效上展现出好的结果。这些支撑要素大体上可以概括为党的建设、规模实力、综合效益、管理水平、团队素质及企业文化六个方面。

1. 党的建设

党建引领有力。党建是国有企业的“根”和“魂”，通过进一步加强党建，党建意识得到强化，党建责任得到落实，人力物力保障得到落实，充分发挥党建对于公司发展的“导航仪”“助推器”“孵化园”“凝心剂”作用，将公司真切打造成为“六个力量”的践行者。

2. 规模实力

规模实力较强。通过未来5~10年的发展，公司管理的西北和西南两大油气管道的规模和管输能力得到显著提升，规模实力跻身世界重要油气管道公司前列。

3. 综合效益

综合效益显著。管输能力充分发挥，管输费控制在合理水平，实现集团公司整体利益最大化；关键技术经济指标达到行业领先，公司可持续发展能力强；保障国家能源供给安全的作用突出。

4. 管理水平

管理规范高效。管道建设和运行水平居于业内前列，技术标准先进，公司治理体系规范适用，信息化与管理深度融合，QHSE 绩效指标持续优良。

5. 团队素质

团队职业精干。建成一支规模适宜、业务精湛、结构合理的高素质管理和技术人才队伍，形成一批管理和技术的领军人才，培训及岗位资质认证体系建立完善，员工属地化率保持在 85%以上。

6. 企业文化

文化和谐共融。与股东、社会、员工、自然环境的关系和谐融洽，树立以人为本的理念，大力弘扬中亚管道人精神特征，企业关爱员工、员工感恩企业的氛围浓厚，企业凝聚力持续提升。形成适应管理需要、融合双方特点的合资公司企业文化。

三、基本战略

从理论上讲，企业战略的确定需要结合企业发展所面临的内外部环境，包括优势、劣势、机遇和挑战。进一步，由于所处油气行业和股权结构等方面的特殊属性，公司战略的制定需要考虑技术因素、市场因素以及政策因素。为了有效支撑蓝图愿景，公司确定了规模化、专业化、国际化的努力方向。

1. 规模化

规模化充分考虑了技术和市场因素。一方面油气行业从技术上讲由于前期投资巨大、边际成本递减，具有一定规模经济效应，可以为国内消费者提供“低价优质”的油气产品，从而保障国内能源供应。另一方面从产业组织的角度来看，规模化有利于公司逐步成为产业链“链主”，协同、整合上下游资源和市场。对于公司来说，规模化就是要紧紧抓住“一带一路”倡议实施的历史机遇期，牢牢把握加大清洁能源利用，推进绿色发展的能源转型历史趋势，统筹油气网络战略布局，加快现有管网能力提升和新项目建设，提升油气输送规模；拓展上游资源，开拓下游市场，完善产业链条，提升油气保供能力；积极寻求市场机会，努力开拓新区域、新项目，进一步扩大公司业务规模。

2. 专业化

专业化主要是从供给侧提高企业的经营效率，主要有三层含义：①公司专注于油气管道的建设和运营业务，将所有资源与能力集中于所擅长的领域，以实现高质量发展。②具体的业务环节实现专业化管理和运营，公司不同业务环节的技术壁垒较高，专业化可以提高运营管理效率。③从人力资源匹配的角度来说，要专业人干专业事。因此，要打造统一的对外合资合作平台，实现集团公司海外管道业务的专业化管理；在有效整合西北、西南两大能源通道资源和优势的基础上，打造涵盖管道建设和运营的各环节各领域，专业齐全、功能完备、技术先进，具有全球竞争力的专业化管道公司。

3. 国际化

在推进"一带一路"倡议的大背景下，公司要充分利用"两个市场、两种资源"，实现理念、管理、技术、标准、人才等的国际化。具体来说，就是要充分借鉴吸收国际先进管理理念、管理工具、管理手段和技术标准，结合管道所在国制度文化特点，融合中国石油"走出去"二十多年积累的管理经验，积极推动人才队伍的属地化、职业化，促进建立尊重包容合作共赢的企业文化，形成有中国特色的国际化管理模式，不断提升公司的国际化经营管理水平和能力。

四、实施路径

中油国际管道公司的成立标志着公司发展进入新时期。新时期带来新机遇，同时也面临新老问题交织、矛盾叠加、风险积聚等新挑战，这就要求有新担当，而破题的关键和路径唯有改革。公司应坚持深化改革、强化管理创新，破解公司发展难题、增强企业动力活力、实现发展战略目标。

（一）"改革创新，稳健发展"是公司未来发展的必然选择

经过多年的快速发展，公司已经形成了一套较为成熟的油气项目合作方式、海外收并购及经营运作程序，培育了一支无私奉献、能力突出的国际化人才队伍，逐步摸索出一条特色国际化发展道路。但是，从外部看，一方面国际政治经济发展呈现新特征，另一方面公司各海外项目所在东道国的经营发展环境复杂严峻，不确定性加大。从内部看，目前公司的体制机制、结构和管理等方面仍存在较多问题，体制机制有待优化，经营管理有待提升，党建工作有待加强。

要解决这些矛盾和问题，根本出路在于坚持深化改革，改革创新是解决公司一切发展难题的总钥匙。推进改革创新需要遵循一定的原则、思路和逻辑，善于抓住"牛鼻子"，懂得分清轻重缓急，循序渐进、重点突破。总的来说，突破

“瓶颈”是改革创新的重点。要找准、盯紧制约公司稳健发展的突出矛盾，尽快在理顺体制、健全机制、完善三项制度、解决历史遗留问题等重点领域和关键环节上取得新进展、新突破，带动改革创新全面深化。

激发活力是贯穿改革创新的主线和灵魂。要围绕提高管道竞争力、强化激励约束来部署和推动改革，调动各方面积极性，使公司更具活力更有效率、职工群众更有获得感。

提质增效是检验改革创新成效的重要标准。要以提高质量和效益为中心，立足当前、着眼长远，强化创新引领、深化开源节流降本增效，促进转型升级和可持续发展。

加强党建是改革创新沿着正确方向推进的根本保证。要始终坚持党对改革工作的领导，落实全面从严治党要求，把加强党的领导与完善公司治理统一起来，创新党组织发挥作用的途径和方式，大力弘扬石油精神。

（二）改革创新的重点领域

改革创新重点领域的选择依据是在激发活力、提质增效、加强党建的前提下对标找差。与世界优秀企业、卓越企业相比，国内企业在战略、管理、绩效、人才、文化、领导力等方面存在明显差距，根据理论研究，其中最重要的关键点主要有三，分别是管理、人才和文化。因此，当前及未来一段时期内，公司的改革创新重点应主要集中在五大领域：

（1）全力推进管理方式转变。按照集团公司管理体制改革框架方案要求，加快构建符合公司战略发展需要、规范高效的管理体制。坚持国际化标准和“以合资公司为平台，以股权管理为主线”，强化股东层面的沟通与协调，强化总部对合资/独资公司的股权管理，持续做强总部、做优合资公司、做实基层，深入推动管理方式转变，不断提升管理效率。按照股权管理原则，依据股东管理要求，厘清公司总部、中方项目、合资公司职责与定位，明晰股权管理和中方管理管控清单和界面，梳理总部与合资公司部门职能，明确管理职责。合资公司要适应股权管理，完善管理体系，形成配套的规章制度和管理程序，使股东管理要求能够在合资公司高效顺畅落实。

（2）着力构建以差异化管控为主的管理体系。要借鉴东南亚管道和中亚管道发展经验，根据业务类型、规模、战略价值和所在国法律法规要求，推进实施差异化管控模式，理顺不同管控模式下各层级责权利关系，实现优势互补和“1+1>2”效应。要根据合资公司业务发展阶段、运行管理方式和管理机制特点的不同，因司施策，实施差异化管理。处于运行阶段的合资公司要强化股权管理；处于建设阶段的合资/独资公司要坚持中方主导，注重顶层设计和制度建设，强化规范管理；委托运行的合资公司要强化股东监管，严控运行成本；自主运行的合资公司要强化股权管理，提升合资公司运行管理水平。

（3）坚持全面从严治党。要把党的政治建设摆在首位，用习近平新时代中国特色社会主义思想武装头脑；要坚持党管干部原则，坚持德才兼备、以德为先，建设高素质专业化干部队伍；要加强基层党组织建设，有效发挥战斗堡垒作用和党员先锋模范作用，将加强党的领导和完善公司治理有机统一起来，确保管理方式转变方向不偏、执行有力、落实到位。

（4）加强人才队伍建设。员工队伍职业化是推动管理转变，打造国际化公司的重要手段。要加强人才队伍的职业化建设，坚持正确选人用人导向，严格选拔任用标准和流程，形成竞争上岗、优胜劣汰的选人用人机制。加强基层员工和青年员工队伍建设，注重选拔优秀年轻干部，进一步优化干部队伍年龄、专业和能力结构，强化人才梯队建设，激发干事创业新活力。强化素质提升，建设适应国际化经营管理的人才队伍，员工培训要向一线员工和外方员工倾斜，进一步提高属地化率，着力提升合资公司员工素质和能力。

（5）加快建设集中统一的共享服务平台。按照管理扁平化、流程标准化、系统集成化、服务专业化和运营信息化要求，以总部为主体，逐步建立财务、人力资源、物资采购、技术、信息等共享服务中心。

第三节　未来贡献展望

中油国际管道公司及其前身中亚管道公司自成立以来，不论是综合价值创造能力，还是利益相关方价值创造能力，还是企业价值与社会认同水平都持续提升，在可以预见的未来，以上三方面的能力或水平将得到进一步的提升。

一、综合价值创造能力和水平持续提升

公司综合价值创造能力和水平主要体现在对我国和东道国的经济、社会及环境等的影响。

（一）对我国的综合价值创造

主要体现在五个方面：

（1）“一带一路”的先行者和示范项目。中亚油气管道贯穿古丝绸之路所途经的广大中亚地区，自 21 世纪初即开始规划，2008 年开工建设，可谓是中国“一带一路”倡议的先行者。中缅油气管道是我国西南方向能源战略通道，拓展了我国进口油气资源海上通道，规避了马六甲海峡风险。中亚天然气管道项目和中缅油气管道项目的成功实施，为“一带一路”合作项目的落地提供了样板和示范。

（2）打造“能源丝绸之路”，保障国家能源供应。中油国际管道公司现有年输送能力 9494 万吨油当量，其中，输气能力 702 亿立方米/年，输油能力 3900 万吨/年。未来，公司年输送能力将达到 1.37 亿吨油当量，其中输气能力 1120 亿立方米/年，输油能力 4800 万吨/年。目前，仅中亚天然气管道项目年输气量就占到国内年消费总量的 15%以上，进口总量的 50%以上，有效满足了国内消费需求。随着中亚 D 线建成投产以及中哈原油管道的反输改造和复线建设，未来 30 年可保障每年稳定向中国供应 800 亿立方米天然气及 2000 万吨的原油。

（3）实现安全平稳低成本输气，降低国家进口天然气消费成本。公司制定的“合理较低管输费”的战略目标基本实现。在国内市场疲软，管道负荷率不高的情况下，公司通过降本增效、提高运行效率，成功控制了管输费的增长速度和幅度。以中亚天然气管道 AB、C 线为例，管道投运以来，实际执行管输费较可研管输费低 10%左右，运行 10 年来累计节约国内市场用气成本 12.5 亿美元。

（4）促进能源消费结构调整，助力大气污染治理。中亚天然气管道自投产以来，管道输量的年均增速约 100%，为“十二五”期间我国天然气市场快速发展，能源消费向低碳转型做出重要贡献。以 AB 线实现 300 亿立方米/年输气能力计算，同用煤相比，每年可减少二氧化碳排放 0.43 亿吨，减排效益十分显著。随着中缅天然气管道的并入和中亚 D 线的建设投产，到“十四五”末，每年可减少二氧化碳排放超过 1.2 亿吨。

（5）助力化解国内产能过剩。改革开放 40 年，中国经济飞速发展，但是产能过剩也逐步成为近年来困扰中国产业结构调整和经济运行的突出矛盾。公司在管道建设中，成功推动超过一半的钢管、管件等主要设备采办来自中国，超过一半的施工总承包工程量由中国工程队伍承担。公司在后续的项目建设中将会继续推动国际产能合作。

（二）对东道国的综合价值创造

公司油气管道项目建设运行以来，带动沿线地区经济发展，给项目所在国带来了巨大的经济和社会效益。①为沿线各国积累宝贵的油气管道建设经验，培养大批专业技术人才，全方位带动沿线各国油气管道工业的发展。②仅中亚 AB、C 线建设，就累计为中亚过境国带来投资超过 150 亿美元。③仅中亚 AB、C 线 30 年运营期为过境国创造就业近万个，累计可缴纳税费超过 100 亿美元。未来随着中缅油气管道二期和 D 线的建设运行，公司将会在为东道国培养人才、创造就业岗位、增加 GDP 和税收，以及履行社会责任等方面做出更大贡献。

二、利益相关方价值创造能力持续提升

从宏观层面来讲，中亚和中缅油气管道项目的成功实施，帮助中亚各国及缅甸首次实现了油气资源在市场体制中发展共享，促进中国和中亚、缅甸的能源合作，从而推动中国与中亚、缅甸建成利益共同体。[①] 从微观层面来说，公司通过自身业务和管理水平的不断提升，和谐共融企业文化建设的不断推进，促进了利益相关方价值创造能力的不断增强。随着公司向建设世界先进水平国际化管道公司的目标迈进，利益相关方价值创造能力将持续提升。

（一）股东

股东关系是合资企业内部首要的公共关系。股东为企业的投资者，也是企业的所有者。和谐的大股东关系是企业良性发展的重要前提。海外合资企业往往由多个大股东组成，他们以相同或不同比例的投资实现对企业的联合控股。除了创造利润进行分红外，中亚管道公司还开展了一系列尝试，以保证股东利益最大化。未来需要在此基础上进一步探索构建一套相对完善的股东利益保障机制，具体包括：

---

① 中亚天然气管道目前年输气量超过 300 亿立方米，占到土库曼斯坦总出口量的 70%以上。按照 70~80 美元/桶油价下资源国边境交货价格计算，每年 300 亿立方米的输量为中亚国家带来的天然气贸易额达 60 亿美元；待中亚 D 线建成投产后，中亚天然气管道运营 30 年将带动中国与中亚的天然气总贸易额超过 5000 亿美元。中亚天然气管道成为中亚各国实现天然气多元化发展战略利益诉求最重要的渠道。

（1）以法律文件形式固化当地政府政策支持。海外合资企业的顺利运作发展，离不开政府层面的大力支持。以中亚天然气管道D线塔国段项目为例，首次确定以中塔项目合资公司为签约主体与塔国政府签署《基本原则协议》，在劳务配额、税收减免、设备进出口等问题上明确了合资公司的权利，由于签约主体是塔国政府，为相关优惠政策的执行提供了有力保障。

（2）依据公司章程明确法人治理结构。公司章程是海外合资企业的“宪法”，在建立之初，就要通过签订股东协议、制定公司章程，在股东、决策者、经营者、监督者和参与者之间，合理配置权力、公平分配利益以及明确各自职责，建立有效的制衡、激励和监督机制。特别要明确企业经营管理的主导权，并建立维护主导权的配套的组织架构、管理体系。同时也要建立冲突协调解决机制，将政府、使馆等关键力量纳入机制，一旦中外股东发生纠纷，确保能够及时协调化解。

（3）强化合资企业内部监管控制。有效的内部控制可以提高企业经营效益，从根本上保障股东利益。应充分利用股东会这个平台，加强与中外股东的沟通，根据中外方股东持股比例，合理安排中外方董事人数，完善董事会制度。在此基础上，强化以董事会为中心的内部控制组织，对人、财、物等重点领域、关键环节进行严格监管。加强监督检查、考核奖惩方法的综合运用，在整个内部控制的过程中施以恰当的监督。

（二）社区

企业作为人类进行生产活动的基本组织单元，处于社区物质财富分配的中心，履行着与生俱来的社会责任。在追求经济效益的同时，企业应该服务社区、创造文化、提供就业机会，把高质量的产品和服务以最低的价格提供给消费者，并注重环境保护。中油国际管道公司的项目多数位于海外，在建设运营过程中，始终坚守企业应有的社会责任，维持融洽的企地关系，争做优秀企业公民。为保证当地社区价值创造能力的持续提升，公司现在已经开展以及未来需要加强的主要包括三个方面：

（1）全方位服务当地社区发展。①结合海外合资企业发展需要，充分调研当地教育资源、劳动力市场情况，制定人力资源发展规划，做好属地化员工的招聘工作，为所在国解决就业问题。②严格执行所在国劳动权益相关法律，合理设定工资及福利标准，增加属地化员工收入，保证员工休假等福利执行。③根据企业营收情况，依法足额、及时履行纳税义务，增加所在国各级政府税收。④依托企业主营业务，向所在国提供先进的管理手段、过硬的技术服务、优质的产品供应。⑤利用所在国中资企业商会平台，整合中资企业资源，形成互帮互助、协作共进的合力，促进中资企业在海外协同发展，展示中国实力。

（2）多途径开展社会公益活动。社会公益活动是海外合资企业在所在国履行社会责任、提高公众认可度的重要手段。未来应根据企业营收情况，结合所在国社会人情，制订一个长远期的和分年度的公益实施计划，因地制宜、按部就班地开展扶贫帮困、捐资助学等献爱心公益活动。可以建立社会公益基金，定期投入资金赞助社会福利、慈善事业、教育发展、公共服务设施的建设，让当地社区长期受益。在所在国发生地震、干旱、洪灾等自然灾害的危急时刻，力所能及地提供机械设备和技术支持，组织员工捐款捐物，安排志愿者深入灾区，帮助当地民众克服困难、重建家园。

（3）保护自然生态。公司应切实遵守所在国环保法规，实施大型项目进行环评审查和报告。坚持文明施工、清洁生产，不破坏当地河流、湖泊、湿地、自然保护区的生态环境，注意保护水源、植被、珍稀动物，避免污染环境。坚持节能减排。倡导节约精神，培育节约文化。科学制订节能减排工作计划，定期对计划的落实情况进行检查考核，确保计划落到实处、执行到位。通过强化科技手段的运用，采用节能技术、使用减排设备，提高节能减排工作质量。

（三）员工

追求物质利益、追求精神享受、追求事业成功、实现个人价值是人的自然本性。公司一直以来以有效增强员工对企业的认同感为目标，认真践行“命运共同体”的观念，在企业成长的同时，也确保员工利益同步增长。未来还需要在以下四个方面进一步加强，以实现员工价值创造能力的持续提升。

（1）加强企业管理制度建设、制度宣贯、制度执行。建立企业规章制度，实质是通过规范企业治理，来保障员工的根本利益。确保制度内容职责明确到部门、流程分解到岗位、奖惩落实到行为、合法规范严肃有效。区分管理层、中层干部、普通员工及各类工种有针对性地开展制度培训，增强制度面前人人平等的意识，并对制度培训效果进行考核点评。通过规章制度执行，员工不仅明确了职责，而且强化了责任。

（2）开展员工培训。把培训视为给予员工的福利，加大培训的组织力度，通过开展出国境培训、企业级培训、部门级培训、个人自学等不同层面培训，以及管理培训、业务培训、安全培训等不同内容的培训，拓宽员工视野、思维，提升管理水平、工作技能。高度重视国情文化培训，中外员工介绍彼此的国家，促进文化信仰、风俗习惯的相互理解、尊重和包容，有效避免意识形态、文化观念的冲突和对立。

（3）举办文体活动。充分发挥企业工会作用，多组织文体活动，丰富员工业余文化生活，增进员工的交流互动。在尊重中外文化风俗的基础上，文体活动的形式可以丰富多彩、不拘一格，如举办足球、篮球、排球、羽毛球、游泳等体育赛事，组织观看电影、歌剧、马戏表演、演唱会、参观博物馆和大型展览等文化活动等。

（4）培育“家”文化。重视后勤管理，尽可能为员工提供可口的饭菜、舒适的居住环境。在重要节假日，可以组织大型庆祝活动，安排中外员工交流互访、做客谈心，共度美好佳节。关注企业困难群体，开展员工关爱行动，想方设法解决好员工在家庭照顾、家属就医、子女上学等方面的实际困难。可以采用企业部分出资、员工集体捐款的方式，建立员工关爱基金，给予困难员工家庭持续的帮扶。

（四）合作伙伴

除了股东、社区、员工因素，合作伙伴也是影响企业和谐发展的一个不可忽视的因素。公司在建设运营过程中的合作伙伴主要包括供应商、承包商、监理单位、咨询机构、金融机构等。一直以来，公司始终秉持“互利共赢，合作发展”理念，在国际业务中与合作伙伴结成利益共同体，实现优势互补和共同发展。公司真切了解并尽力满足各个合作伙伴的基本利益诉求。例如，对于供应商来说，主要是保持材料和设备稳定采购，并能够按期收回货款；对于承包商来说，主要是多承担工程量，确保项目在实施过程中的收益；对于监理单位来说，主要是业主和承包商等配合工作，工程符合预期要求等。为促进合作伙伴价值创造能力的持续提升，公司还需要在以下三个方面进一步加强：

（1）实现业务可持续发展和市场竞争力的提升。公司一直坚持诚信负责，务实合作，因此，公司自身的发展是满足合作伙伴基本利益诉求和价值创造能力提升的前提和基础。公司应充分认识未来发展所面临的优势、劣势、机遇和挑战，适应“油气并举，建运并行”的业务格局，通过创新驱动，实现“两个转变”，进而促进公司业务的可持续发展和市场竞争力的提高。

（2）带动国内合作伙伴“走出去”。长期以来，公司通过采购、分包、投资等活动带动了国内钢铁、管材等相关产业的发展，也为部分行业开展国际产能合作做出了一定的贡献。未来公司应基于自身业务发展以及商会平台，进一步带动国内一些合作伙伴“走出去”，例如，公司通过 EPC 采购使得中石油工程建设公司和管道局等企业加快了“走出去”的步伐，促进合作伙伴海外业务的拓展以及全球价值链地位的攀升。

(3) 加强与合作伙伴的沟通。沟通是了解合作伙伴利益诉求的重要方式，随着公司向世界先进水平国际化管道公司的目标迈进，合作伙伴的利益诉求也会发生动态变化，因此，必须加强沟通和协调。除了通过报刊、互联网、各类发展报告等载体进行正常的信息披露外，还应开辟多元化沟通渠道，如参与评奖、召开专家和行业座谈会，以及举办多方参与的面对面交流活动等。

三、企业价值与社会认同水平持续提升

公司经过十余年的快速发展，在企业价值和社会认同水平方面得到了不断提升。在新的历史起点上，通过坚持稳健发展，坚持创新驱动，推进“两个转变”，做好“三篇文章”，开展“四项重点”工作，公司将在“十三五”末全面建成世界先进水平国际化管道公司。在长期，公司朝着打造具有全球竞争力的世界一流国际化管道公司目标继续前进。这些努力将在未来相当长时间内促进企业价值和社会认同水平的持续提升。

(一) 财务价值

一般而言，企业的财务价值不仅包括了企业的整体获利能力，现金流稳定能力，也包括了企业未来创造整个现金流流动的能力。公司目前财务价值不断增长，一个重要的体现就是公司经营绩效表现良好、稳健，对外部投资者产生了巨大的吸引力。2015 年底完成股权合作，实现股权高溢价出售，为 2016 年集团公司合并利润贡献超过 200 亿元人民币，占集团公司全年利润目标的 70%以上。随着公司在中短期和长期向更高发展目标迈进，其财务价值的增长自然会得到体现。

(1) 资产方面。公司在较长时期仍处于建运并重阶段，总资产量还将有进一步提高的空间。其中，最主要的就是，公司将建成投产中亚 D 线，公司管道总里程将增加近 1000 千米。未来还有可能进行中亚 E 线、F 线的开发建设。管道资产的增长在很大程度上能确保公司总输气量和总输油量的提高，保障国内能源供应。

(2) 效益方面。未来5~10年，公司的管输收入、总成本、息税前利润、自由现金流、投资资本回报率、总资产周转率及EVA等财务指标将达到世界主要油气管道公司前列水平，经营效益得到明显改善。

(二) 品牌价值

品牌价值主要体现在两个方面：

(1) 提升中油国际管道公司的品牌价值。目前，公司的业务已延伸至整个中亚地区和缅甸，西北、西南两大能源战略通道作用更为重要。在内外部经营环境日趋复杂多变的情况下，管道安全运行风险日益加大。公司将改革创新作为企业可持续发展的重要驱动力，坚持问题导向和效益导向，以提高企业效率、增强企业活力为重点，建立完善公司治理体系，从国际化管道公司一跃成为地区有影响力的国际化管道公司，大大提升了自身品牌价值，未来通过世界先进水平国际化管道公司的建设以及具有全球竞争力的世界一流国际化管道公司的积极打造，公司的品牌价值将进一步提升。

(2) 提升中国能源企业的品牌价值，扩大中国影响。在跨多国输送天然气战略的实施过程中，公司依靠国家和中国石油的支持，勇于担当，探索创新，形成了国际上公认的先进技术标准和规范，凝练了新型的经济外交和国际合作人才队伍，成长为中国企业跨国经营的新军。展示了中国石油大庆精神、铁人精神为灵魂的组织能力，大大提升了中国能源企业的品牌价值。随着中油国际管道公司的进一步发展，中国能源企业的品牌价值也将随之提升。

(三) 社会形象

良好的社会形象，是企业的无形资产。特别是海外合资企业身处海外，与当地政府、社会、行业、相关企业相处融洽与否，不仅事关企业自身形象声誉，更左右着当地民众对中资企业整体乃至对中国这个国家的认识和印象。十余年来，公司立足自身发展，不断提升规模实力，积极履行社会责任，扩大社会影响力。通过纵深宣传树立了良好的企业社会形象。例如，科学规划合资企业办公场所、办公环境的布局、视觉形象建设，体现出现代化管理理念、中外结合的文化气息，展现企业综合实力。利用海内外电视、报纸、网络媒体，做好企业所经营技术、产品、服务的广告宣传，加大对企业发展、履行社会责任所做工作的新闻宣传，让当地民众更多地了解企业等。

未来在向全面建成世界先进水平国际化管道公司的目标迈进过程中，公司要进一步树立良好的社会形象，具体目标包括：一方面以较低的成本确保我国清洁能源供应，彰显公司对于维护国家能源安全以及满足国内社会能源需求的责任；另一方面与东道国社会和大众建立良好的公共关系，提升公司在当地的品牌认知度、美誉度和信任感。因此，除了加强自身业务实力、管理水平以及履责能力外，还需要借助多元化宣传手段，进一步提升公司的社会形象。例如：①举办企业文化展、产品展销会、建立网站、出版期刊、制作形象宣传片，用当地语言、图片展示、视频播放等形式，生动、形象地讲述企业的发展历程，介绍企业愿景、核心价值观和特色文化。②注重选树宣传优秀企业管理者和员工，把他们塑造成巩固和促进中外友好的使者，传递和谐友好的正能量。③定期公布企业社会责任报告，让股东、客户、公众及时了解企业最新的发展成果和履行社会责任情况。

后 记

艰难困苦，玉汝于成。

伟大的时代造就伟大的工程。改革开放四十年，中国实现了由站起来向富起来的转变，国家经济快速发展，天然气消费快速增长，中亚天然气管道应运而生。面对复杂的地缘政治格局和商务法律环境、恶劣的施工条件和紧迫的建设工期，重大的保供社会责任和艰巨的生产经营任务，中亚管道人坚定信念，迎难而上，开拓进取，高质量建设、高效率运行中亚天然气管道，实现国家和集团公司重大战略部署，为我国经济快速发展保驾护航。

中亚天然气管道是我国第一条陆上长输进口天然气管道，是我国天然气对外合作的重要组成部分，更是陆上天然气进口战略通道布局的先手棋，拉开了我国不断拓宽和深化天然气对外合作的序幕。中亚天然气管道建成投产后，中缅天然气管道落子我国西南方向，中俄天然气合作实现破冰。我国天然气多元供应格局逐步形成。

积力之所举，则无不胜也。

中亚天然气管道从启动建设至今已经十年。十年来，中亚管道人秉持“互利共赢、共同发展”的合作理念，与沿线国家和合作伙伴共筑利益共同体、责任共同体、命运共同体，成为“一带一路”的先行者和践行者；始终牢记“为祖国加油、为民族争气”初心和“保障能源供应，创造和谐共赢”使命，沿古丝绸之路建设并运行了绵延上千千米的管道，创造了 28 个月实现中亚天然气管道 A 线建成投产、连续 3318 天（截至 2018 年 12 月 31 日）安全运行的建设和运营奇迹，累计完成投资近 200 亿美元，建成 6950 千米管道，具备 550 亿立方米/年的进口能力；以“构筑能源丝路，打造高效能油气战略通道”为愿景，以高质量发展为目标追求，提出“世界先进”和“世界一流”两步走目标，不断强化内功，提升管理，提质增效，逐步形成了中外融合的先进管理理念和企业文化，建立了包括建设、运行、法律、绩效、财务等在内的“四梁八柱”管理体系，管理经验日趋丰富成熟，基本实现管道和企业的高效运营。

志不求易者成，事不避难者进。

历经十年发展，中亚天然气管道阶段性规划能力全部建成；中亚天然气管道D线正在规划建设中；2017年，根据集团公司海外业务深化改革要求，将原中亚管道有限公司与原东南亚管道公司重组整合，组建“中油国际管道公司”，负责建设和运营西北、西南两大能源战略通道，管道系统包括“六气三油一港”，规模实力迈上新台阶。十年来，公司从无到有、从小到大、从弱到强，历经孕育成立阶段、创业探索阶段、跨越发展阶段，如今迈入再次起航阶段，面对逐渐拓宽的业务领域、更加复杂的营商环境、更加多元的股权结构、更加艰巨的责任使命，我们立足“打造集团公司海外油气管道运营专业化公司”定位，坚持“改革创新、稳健发展”方针，大力实施“规模化、专业化、国际化”战略，通过坚持全面从严治党，坚持走“差异化、职业化、属地化”道路，稳步推进“以合资公司为平台，以股权管理为主线”的管理方式转变，提升对合资公司管理效率，推动“两步走”目标实现，打造高效能油气战略通道。

奋斗新时代，开启新征程。谨以此书来纪念十年走过的艰辛历程，记录十年形成的丰硕成果；来沉淀和思考过往的经验和不足，描绘和展望未来的发展蓝图。希望通过此书，能够给曾关心、帮助和参与中亚天然气管道项目的领导、同行交上一份满意的答卷，也希望以此为基础和起点进一步提升管理水平和发展质量，使我们在未来的征程上走得更好、更坚定，为实现祖国的繁荣富强和伟大复兴贡献我们最大的力量。

2019年元月于北京